ars vivendi

Geschichte der Frauen in Mittelfranken
Alltag, Personen und Orte

Herausgegeben von
Nadja Bennewitz und Gaby Franger

Anthologie · ars vivendi

Originalausgabe
Erste Auflage 2003
© 2003 by ars vivendi verlag GmbH & Co. KG,
Cadolzburg
Alle Rechte vorbehalten
www.arsvivendi.com

Umschlagabbildungen (von links oben nach rechts unten):
Stilla von Abenberg (Foto: Erich Malter), Maria Sophia von Haller (Foto: Berthold von Haller), Rosa Lehmann (Foto: Familienbesitz), Friederike Louise (Foto: Alexander Biernoth), Clementine Seligmann (Jüdisches Museum Franken), Julie Meyer (Hiltrud Häntzschel)
Lithografie: Reprostudio Harald Schmidt, Nürnberg
Satz: Christine Richert, www.typoholica.de
Lektorat: Ulrike Ehmann
Druck: Wiener Verlag, Himberg
Printed in Austria

ISBN 3-89716-375-6

Geschichte der Frauen in Mittelfranken
Alltag, Personen und Orte

Inhalt

IV. Das 19. Jahrhundert

V. Im 20. Jahrhundert

Frauenorte

Anhang

»Frauen wurden nicht wegen böser Absichten männlicher Historiker aus der
Geschichte herausgelassen, sondern weil über Geschichte nur in männer-
zentrierten Begriffen nachgedacht wurde. Wir haben die Frauen und ihre
Aktivitäten übersehen, weil wir an die Geschichte Fragen gestellt haben, die
das Handeln von Frauen nicht oder nicht angemessen berücksichtigen.«

Gerda Lerner[1]

Geschichte der Frauen in Mittelfranken Alltag, Personen und Orte

Ob es vermessen ist, eine »*Geschichte der Frauen in Mittelfranken*« zu schreiben, zumal wenn sie auf fast 2.000 Jahre angelegt ist?
Ja, denn vermessen, das wollten wir sein.

Frauen haben an der Entwicklung der Zivilisation einen ebenso
großen Anteil wie Männer, waren im Prozess der Zivilisierung aktiv
Handelnde, nicht passiv Unterworfene – allerdings in einer von Männern beherrschten und definierten Welt. Indem wir Frauen in den
Mittelpunkt der Aufmerksamkeit rücken, schaffen wir einen nur le-
gitimen Ausgleich für die männerzentrierte Voreingenommenheit
unserer Kultur. Die bislang einseitige Auswahl dessen, was als
geschichtswürdig galt, hatte fatale Folgen für Frauen. Sie wurden
behandelt, als wären sie geschichtslose Wesen, bedeutungslos für die
menschliche Kulturgeschichte, als hätten ihre Gedanken und Hand-
lungen keinerlei Einfluss ausgeübt.

Mit dieser Publikation brechen wir die bestehende Hierarchie der
Erinnerung auf. Wir stellen neue Fragen und erschließen vernachläs-
sigte Quellen, um so Belege für bisher unbeachtete Aktivitäten von
Frauen im Alltag zu entdecken. Wir begeben uns auf die Spurensuche
nach »bedeutenden«, »mittelmäßigen« und »erfolglosen« Frauen,
nach Frauenalltag in Familie und Beruf, nach weiblichen Lebensformen in Klöstern und auf der Straße, nach Handlungsräumen in Politik und Gesellschaft und nach Gedächtnisorten.

Ein Bewusstsein für regionale Frauengeschichte zu schaffen, ist
nicht nur notwendig, um wissenschaftliche Forschungslücken auf-
zudecken und zu schließen, sondern es fordert auch zu politischem
Denken und Handeln auf. Wir wirken mit dieser Form der Geschichtsschreibung dem Vergessen entgegen, wir bieten heutigen Frauen Vorbilder, Identifikationsmöglichkeiten, aber auch Reibungsflächen an
und fordern zur Auseinandersetzung mit weiblicher Vergangenheit
heraus. Wie die Menschen männlichen Geschlechts haben sich auch

Frauen in verschiedenen Klassen, Schichten und Milieus bewegt, wodurch sich gegensätzliche Interessen herausgebildet haben. Frauen nahmen unterschiedlich an Macht und Herrschaft teil – oder überhaupt nicht.

Die Beschäftigung mit der Geschichte einer Region bedeutet immer auch eine Auseinandersetzung mit den eigenen Wurzeln, mit dem, was als »Heimat« bezeichnet wird. Das Gebiet des heutigen Mittelfrankens erstreckt sich von der Frankenhöhe und dem Steigerwald im Westen und Nordwesten bis zur Fränkischen Alb im Osten und im Süden. Die Landschaft heute hat dieselben Flusstäler und Berge wie vor 500.000 Jahren, als vielleicht das erste Mal Menschen das Gebiet betraten. Die fränkische Geschichte ist reich an interkulturellen Kontakten und diese begannen schon, bevor die Fränkinnen und Franken in das Gebiet kamen – fast zeitgleich mit slawischen Neusiedlern. Es lebten bereits KeltInnen hier, die RömerInnen hatten ein Gastspiel gegeben oder sich durch Heiraten ansässig gemacht und es tummelten sich auch Alamannen in der Gegend. Handel und Austausch wurden mit aller Welt betrieben. Wir treffen auf angelsächsische MissionarInnen, auf jüdische EinwohnerInnen, immer wieder von einem Ort zum nächsten vertrieben, immer wieder neu eine Heimat suchend. Die Kleinteiligkeit der fränkischen Territorien führte dazu, dass protestantische und katholische Kulturen fast von Dorf zu Dorf wechselten. Nicht erst nach dem Zweiten Weltkrieg erreichten Flüchtlinge die Region, sondern in der Frühen Neuzeit kamen ExulantInnen aus Österreich, hugenottische Flüchtlinge aus Frankreich, fränkische Soldaten verschleppten »BeutetürkInnen« in die Region, es lebten Sinti und Jenische hier – alle haben sie die fränkische Region geprägt und sind hier verwurzelt. Zahlreiche Elemente dieses multireligiösen und interkulturellen Zusammenlebens wurden durch den Nationalsozialismus zerstört. Viele »nichtarische« Menschen wurden vernichtet, das lässt sich auch nicht durch eine Erinnerungskultur beschönigen. So hat beispielsweise manche christliche Bildungseinrichtung die Zeiten überdauert, von dem israelitischen Mädchenstift aus dem 20. Jahrhundert existieren jedoch nur noch die Gebäude. Das ist eine schmerzhafte historische Tatsache.

Mit dieser Publikation beschreiben wir Frauenalltag in den verschiedenen sozialhistorischen Zusammenhängen und zeichnen Frauenporträts nach. Jeder der fünf Epochen stellen wir eine Spurensuche voran, die die Beiträge in Zeitläufte und Begebenheiten der

Frauengeschichte in Mittelfranken einordnen. Außerdem fragen wir nach den Räumen, die Frauen in der Vergangenheit eingenommen haben. Denn Frauen und Männer haben unterschiedliche Anknüpfungspunkte an die Region, in der sie leben. Sie wird von ihnen verschieden wahrgenommen, genutzt und gestaltet. Sind die Räume von Frauen anders als die der Männer, gehörte ihnen der kleine Kräutergarten vor dem Haus und jenen der weitläufige Acker? Konnten die Grenzen dieser Orte von Frauen überschritten werden? Wir haben »Frauenorte« in der Region ausfindig gemacht und stellen Klöster, Grabstätten, Burgen, Felder, Parks, ganze Städte, Herrinnensitze, Wohnhäuser und Stifte in der mittelfränkischen Region vor. Besonderen (Lese-)Genuss wünschen wir beim Besuch all dieser Orte.

Diese Frauengeschichte Mittelfrankens konnte entstehen, weil die Gleichstellungsbeauftragten des Bezirks Mittelfranken unser Konzept, Frauengeschichte in dieser Region sichtbar werden zu lassen, erfreulicherweise aufgegriffen haben. Ihnen möchten wir für ihre Unterstützung danken.

Viele haben uns zudem ihre Fotografien zur Verfügung gestellt und uns an ihrem Wissen teilhaben lassen. Wir danken Gerti Gagsteiger vom Heimatverein Eintracht Wilhelmsdorf, Leibl Rosenberg von der Stadtbibliothek Nürnberg, Erich Schneeberger vom Bayerischen Landesverband der Sinti und Roma, Ruth R. Budd und Evy Megerman, Prof. Dr. Donald Wallach, Pfarrer Jürgen Lehner und Hans-Peter Auer, Cerstin Tompkins, Dieter Binz, Andrea K. Thurnwald, Gesche Lipecz, Josef Deubler, Landrat a. D. Dr. Karl Friedrich Zink, Ernie Kutter, Familie Helmbach, Friedrich Tauber, Stadtarchivar Ewald Glückert aus Lauf, Bürgermeister Fritz Körber aus Schwaig, dem Leiter des Reichsstadtmuseums Rothenburg Dr. Möhring, Dr. Helmut Richter vom Stadtarchiv Fürth, dem Heimatmuseum und dem Jüdischen Museum Schnaittach, den Stadtmuseen Schwabach und Herzogenaurach, dem Pinsel- und Bürstenmachermuseum, Bechhofen. Für die ausgezeichnete Zusammenarbeit bedanken wir uns bei Stefanie Kaiser vom ars vivendi verlag.

Nadja Bennewitz, Gaby Franger

Anmerkungen

1 Lerner, Gerda: Zukunft braucht Vergangenheit, Königstein/Ts. 2002, S. 176.

I. Keltinnen, Römerinnen, Fränkinnen
Spurensuche

Schon vor 2.500 Jahren waren Teile des heutigen Mittelfranken dicht besiedeltes Kulturland. Aufgrund von Ausgrabungen konnten Siedlungen von Keltinnen und Kelten in der Gegend von Thalmässing ausgemacht werden. Was von diesen Menschen noch heute in Museen zu sehen ist, sind Schmuckbeigaben sowie Geschirr für die Verpflegung im Jenseits, die in ihren Hügelgräbern aufgefunden wurden.[1]

Mit dem Aufstieg Roms erreichten römische Militäreinheiten Süddeutschland, wo sie in den ersten zwei Jahrhunderten n. Chr. den Limes errichteten, die nördliche Grenze des Römischen Reiches. Damit begann die römische Epoche in den südlichen Teilen Mittelfrankens.[2] Wie stand es mit diesen militärischen Orten, den Wachttürmen und Verteidigungsanlagen, lebten hier auch Frauen?

Ursprünglich durften nur die römischen Offiziere ihre Frauen mit in die Provinzen des Reiches nehmen. Dass Frauen ihre Männer auf Reisen begleiteten, wurde im antiken Rom zugleich bewundert und abgelehnt. Augustus, der Begründer des römischen Kaisertums, hatte noch im letzten Jahrhundert v. Chr. versucht, eine Entwicklung zu stoppen, die nicht mehr aufzuhalten war: Er wollte die Frauen aus dem Militärleben heraus- und stattdessen im Haus halten. Doch schon unter seinem Nachfolger Tiberius gingen die Familien der Amtsträger wieder mit in die Provinzen, was äußerst umstritten blieb. Die Anwesenheit von Frauen in Heereslagern führe zu »*ängstlicher Rücksicht und Hemmungen*« seitens der Soldaten. Außerdem seien Frauen den Anstrengungen nicht gewachsen, lasse man jedoch »*die Zügel locker … marschierten [sie] mitten unter den Soldaten und benützten die Centurionen als Handlanger*«, so echauffierte sich Senator Caecina 21 n. Chr. Er beteuerte im Übrigen, er selbst habe ein sehr gutes Verhältnis zu seiner Gattin. Doch dass Frauen »*bereits über Heere kommandieren*«, gehe ihm entschieden zu weit. Trotzdem wurde sein Antrag auf Ausschluss der Frauen abgelehnt. Die Männer im Heer könnten sich am besten bei ihren Liebsten erholen, so wurde argumentiert. Gewiss müssten die Frauen kontrolliert werden, das sei klar, doch sei dies am ehesten zu bewerkstelligen, wenn man sie in der Nähe habe. Die Anwesenheit von Frauen – zumindest die der Gattinnen von hohen Offizieren – in den römischen Provinzen war bald eine Selbstverständlichkeit. Und die Frauen der einfacheren Amtsträger folgten binnen kurzem deren Beispiel.[3]

Ute Jäger rekonstruiert in ihrem Beitrag »*Wie lebten Frauen in einer römischen Provinzstadt?*« die Lebensverhältnisse eines römischen Auxiliarsoldaten und seiner Frau in der römischen Siedlung Weißenburg, deren Beziehung nach der Beendigung seiner Dienstzeit als Soldat endlich legalisiert werden konnte. Die Autorin beschreibt die Arbeitsmöglichkeiten der Frauen in den römischen Provinzen und geht den rechtlichen Handlungsspielräumen nach.

Die frühesten Nachrichten über »fränkische Menschen« reichen in die Zeit des 3. Jahrhunderts n. Chr. zurück, als germanische Einzelstämme, die sich zu einem Bund zusammengeschlossen hatten, in römischen Quellen als »*Franken*« bezeichnet wurden, was so viel bedeutete wie »*mutig, kühn, ungestüm und frech*« und im eigentlichen Sinne noch nichts mit den heutigen BewohnerInnen Frankens zu tun hat. »Recht frech« drangen diese Franken von Gallien nach Süden wie auch in das rechtsrheinische Germanien vor. Sie stießen nicht auf unbesiedeltes Land, doch gelang den Eingesessenen alsbald eine »Integration« dieser Zugewanderten.[4]

Anmerkungen

1 Vgl. dazu auch: Hoppe, Michael: Spuren aus der Hallstattzeit. Ein Gräberfeld bei Landersdorf/Thalmässing, in: Heimatkundliche Streifzüge. Schriftenreihe des Landkreises Roth 3, 1983, S. 24–29; Lorentzen, Andrea: Frauen in keltischer Zeit, in: Dannheimer, Hermann/Gebhard, Rupert (Hg.): Das keltische Jahrtausend, Mainz 1993, S. 47–53.
2 Vgl. Eine Reise ins Römische Reich. Zu Fuß nach ICINIACUM im Gunzenhausener Land, in: Jugendamt Nürnberg/Geschichte Für Alle e. V. (Hg.): Der Ein-Wander-Führer zu den Zeugnissen von Einwanderern in Mittelfranken von der Steinzeit bis ins 18. Jahrhundert, Nürnberg 1996, S. 38–51.
3 Pomeroy, Sarah B.: Frauenleben im klassischen Altertum, Stuttgart 1985; Rathsam, Wolfgang: Die Römer im Gunzenhäuser Land, Gunzenhausen 1983.
4 Vgl. Wie kommen die Franken nach Franken? Der Kanalbau Karls des Großen im Weißenburger Land, in: Jugendamt Nürnberg/Geschichte für Alle, Der Ein-Wander-Führer, S. 52–60.

Ute Jäger
Wie lebten Frauen in einer römischen Provinzstadt?

Verecunda, Frau des Mogetissa und Mutter der Matrulla in Biriciana (Weißenburg)

Das Leben in einer römischen Garnisonsstadt war überwiegend von militärischen Notwendigkeiten und Aktionen geprägt. Um das Jahr 90 n. Chr. schob das Römische Reich seine Nordgrenze auf die Frankenalb vor und sicherte die Grenze (Limes) durch mehrere Kastellorte. Hierzu zählte auch die heutige Große Kreisstadt Weißenburg mit ihrem Kastell »*Biriciana*«. Im zweiten Jahrhundert lebten darin 500 berittene Soldaten. Der Lagerkommandant war der Einzige, der mit Frau und Kindern im Kastell wohnen durfte. Ausgrabungsfunde wie Haarnadeln aus dem ehemaligen Kommandeurhaus belegen dies. Der einfache Soldat war zur Ehelosigkeit verpflichtet. Trotzdem gab es eheähnliche Beziehungen zwischen Soldaten und Frauen außerhalb des Lagers. Wie sah das Frauenleben in einem von Männern dominierten Ort aus? Folgen wir Verecunda, der Frau des Mogetissa und Mutter der Matrulla in das Jahr 107 n. Chr. und spüren wir ihren Lebensbedingungen nach.

Zeitreise

An Krieg will Verecunda heute nicht denken. Es ist ein warmer, freundlicher Julimorgen des Jahres 107. Sie ist sehr aufgeregt, denn heute fängt für sie ein neues Leben an. Mogetissa wird heute mit einem Festakt aus der Armee entlassen. Endlich. Mogetissa ist ihr Mann. Nun ja, eigentlich ist er es doch nicht. Nach dem Gesetz durften sie, obwohl sie schon viele Jahre zusammen sind, nicht heiraten. Mogetissa ist ein einfacher Soldat aus dem keltischen Stamm der Boier[1]. Sein Vater Comatullus hatte ihn schon mit 17 Jahren für die Laufbahn in der römischen Armee ziehen lassen. Über 25 Jahre lang diente er als Reiter in der Armee. Seine Truppe ist die »*Ala I Hispanorum Auriana*«, die »*Biriciana*« vor 17 Jahren aufgebaut hat. Einige der Kameraden sind Spanier und nach ihnen ist die Truppe auch benannt (»*Hispanorum*«), andere sind Kelten und ein paar sogar aus Italien, aber keiner von ihnen ist römischer Bürger. Mit einer Ausnahme.

Der Kommandant in »*Biriciana*«, der vornehme Herr Marcus Insteius Palatina Coelenus ist selbstverständlich ein »*civis Romanus*«. Aber so ist das eben mit dem Gesetz. Das Bürgerrecht haben sonst nur die Legionäre, die Elitesoldaten Roms. Und doch, Mogetissa musste auch mehr als einmal seinen Kopf hinhalten, um die Grenzen des »*Imperium Romanum*« zu verteidigen!

Aber heute wird sich alles ändern. Mogetissa erhält seine Entlassungsurkunde und dann ist auch er ein Bürger Roms. Wie er sich auf diesen Tag gefreut und vorbereitet hat! Eine Toga hat er sich vom Schneider nähen lassen, die darf er jetzt tragen. Das beste Untergewand musste Verecunda ihm sauber gewaschen zurechtlegen, seine Paraderüstung glänzt und sein Pferd hat er mit dem Prachtzaumzeug herausgeputzt. Matrulla, ihre gemeinsame Tochter, hat eifrig dabei geholfen, die Wohnung aufzuräumen und das Festmahl für den Abend vorzubereiten. Verecunda wohnt mit Matrulla außerhalb des Lagers. Innen darf nur die Familie des Kommandanten leben. Alle anderen Frauen und Kinder der Soldaten müssen draußen bleiben. Es ist nicht genug Platz für alle im Lager und außerdem würden die Frauen die Männer nur von ihrer Arbeit ablenken. Im Übrigen gibt es nur wenige Soldaten, die eine feste und dauerhafte Beziehung haben. Verecunda hat Glück gehabt. Ihr Vater Casatus, ein freier Kelte aus dem Stamm der Sequaner[2], hatte ihr noch prophezeit, dass sie es bereuen würde, einem Soldaten, der sie nicht heiraten dürfe, zu folgen. Aber Mogetissa war ihr treu geblieben so wie sie ihm, und nun werden sie für das jahrelange Warten belohnt.

Schon vor Monaten hatte Mogetissa den Kommandanten gebeten, seinen Namen bei dem Provinzstatthalter Tiberius Julius Aquinus zu melden, damit er ihn nach Rom zum Kaiser weiterleitet. Aquinus befehligt die Truppen in der Provinz Rätien. Vier Alen und elf Kohorten, über 10.500 Mann. Die Zeiten sind hart, Krieg und Krankheiten fordern ihre Opfer. Viele sterben, einige aber erleben ihre Verabschiedung aus dem Heer. Mogetissa musste ein hübsches Sümmchen dafür hinlegen, dass ihn Kaiser Trajan in die Liste der Neubürger aufnahm. Dafür bekommt er die Kopie der großen Urkunde, die in Rom bei der Statue der Göttin Minerva auf dem Forum angebracht wurde. Ob Verecunda diese Tafel wohl je in ihrem Leben zu Gesicht bekommen würde? Am 30. Juni 107 hatte der Kaiser die Konstitution in Rom erlassen. An der Feier dort teilzunehmen, das war nur ein Wunschtraum. Rom ist weit und der Weg dorthin sehr beschwerlich. Eilboten brauchen schon zwei Wochen dafür, und die haben keine Kinder dabei und nur wenig Gepäck! Verecunda hat aber Wichtigeres zu tun, als solchen Gedanken nachzuhängen.

In ihren Augen ist Mogetissa schon seit langem ihr Mann. Immer hat sie gehofft und gebetet, dass er nicht verwundet oder gar getötet werden würde. Jeden Tag ging sie in den Tempel und bat um den Beistand der Götter. Sie darf nicht vergessen, Fortuna und Mars, den Göttern des Schicksals und des Krieges, für ihren Schutz zu danken. Wahrhaft gnädig waren sie ihnen all die Jahre über gesinnt. Einen besonderen Dank will Verecunda der Himmelskönigin Juno abstatten, ihr vielleicht ein kleines Armband aus Gold, bestimmt aber ein großes Dankopfer darbringen. Juno ist die Beschützerin von Ehe und Familie und hat ihr sicher geholfen. Ja, der Ehrentag ihres Mannes wird gleichzeitig ihr Hochzeitstag sein. Mogetissa hat es ihr versprochen. Zukunftspläne haben sie auch schon gemacht. In »*Biriciana*« gefällt es ihnen. Verecunda versorgt ihren Haushalt und arbeitet als Hebamme. Mogetissa beherrscht die lateinische Sprache, er kann sie sprechen, lesen und schreiben. Auch sein Kommandant hält große Stücke auf ihn und hat ihn gebeten zu bleiben. Manch anderer Veteran zieht sich nach der Entlassung auf ein Landgut zurück, aber das ist nichts für sie. Auch darf nicht übersehen werden, dass ihre Tochter Matrulla nach der Hochzeit zur römischen Bürgerin aufsteigt. Das erhöht die Heiratschancen für das Mädchen. Sie ist ja schon zwölf, da wird es allmählich Zeit, nach einem geeigneten Bräutigam Ausschau zu halten. Aber erst ist sie an der Reihe. Sie hat die Hochzeitsformel schon tausendmal im Stillen geübt: »*Ubi tu Gaius, ego Gaia!*« (Wo du Gaius bist, dort will auch ich sein, deine Gaia.)

Zeitzeugen aus Bronze

So oder so ähnlich könnten die Gedanken von Verecunda gelautet haben. Bis auf die Namen wissen wir sehr wenig von den Menschen der damaligen Zeit. So ist dies ein Versuch, mit dem allgemeinen Wissen um die Lebensumstände in der Antike und ein wenig Phantasie, die Welt in »*Biriciana*« vor 1.900 Jahren im Geiste wieder lebendig werden zu lassen. Wenden wir uns nun der Quelle unserer Darstellung zu und versuchen wir, das Bild noch etwas abzurunden.

Die in unserer Zeitreise verwendeten Namen sind dem »*Weißenburger Militärdiplom*« entnommen. Es wurde neben anderen Ge-

genständen im Winter 1867/68 bei den Bauarbeiten an der Eisenbahn-trasse durch Weißenburg gefunden. [3]

Das Diplom stellt eine der seltenen Schriftquellen jener lang ver-gangenen Epoche dar. Es ist das einzige vollständig erhaltene Exem-plar, das im Gebiet der ehemaligen römischen Provinz Rätien gefunden wurde. Es wurde am 30. Juni 107 unter der Regierung des Kaisers Trajan (98–117 n. Chr.) für »*Mogetissa, Sohn des Comatullus*«, sei-ne Frau »*Verecunda*« und seine Tochter »*Matrulla*« ausgestellt. Es enthält auch »*eine fast vollständige und zugleich die älteste Truppenliste der prokuratorischen Provinz Rätien*«.[4]

Wozu diente ein solches in Bronze gearbeitetes Schriftstück? Al-lein das widerstandsfähige und witterungsbeständige Material lässt darauf schließen, dass es sich um ein wichtiges Dokument handeln musste. Und tatsächlich ist ein Militärdiplom ein offizielles Doku-ment, das als amtliche Entlassungsurkunde aus dem Dienst des rö-mischen Militärs ausgestellt wurde und an welches bestimmte Rechte geknüpft waren. Unser Diplom führt uns an den Anfang des zweiten nachchristlichen Jahrhunderts zurück. In dieser Zeit bestand ein Großteil des römischen Heers aus so genannten Hilfstruppen, d. h. Söldnern, die nicht das römische Bürgerrecht besaßen.[5] Um diese meist sehr jungen Männer[6] an das Heer zu binden, musste man ih-nen einen Anreiz bieten, damit sie der Truppe treu blieben. Ange-sichts des eher mageren Soldes war die Aussicht, am Ende der Laufbahn in Ehren entlassen und reich belohnt zu werden, sicher verlockend. Der Hauptanreiz aber, ins römische Militär einzutreten, lag in dem Versprechen des Staates, einen Soldaten nach Beendi-gung seiner 25-jährigen Dienstzeit in die römische Bürgerschaft auf-zunehmen. Das »*ius Romanorum*« war einem Söldner während seiner aktiven Dienstzeit versagt. Erst das Militärdiplom bescheinigte dem Veteran seinen neuen Status als römischer Bürger (»*civis Rom-anus*«). Dieses Recht brachte ihm, gerade wenn er der unterprivile-gierten Provinzbevölkerung entstammte, nicht zu unterschätzende Vorteile: Er genoss einen besseren Rechtsschutz, hatte eine geringere Steuerlast zu tragen, durfte Grund und Boden erwerben sowie öf-fentliche Ämter bekleiden, d. h. er konnte eine politische Karriere innerhalb einer städtischen Kommune beginnen.

Darüber hinaus wurden dem entlassenen Soldaten seine bei der Ein-heit aufbewahrten Ersparnisse[7] ausbezahlt. Auch bekam er Grundbe-sitz in der Umgebung, so dass er sich dort niederlassen und für die

Versorgung seiner ehemaligen Kameraden sorgen konnte. Das Bürgerrecht umfasste auch das so genannte »*connubium*«, d. h. das Recht zur römischen Eheschließung. Hatte der Soldat bereits zu Dienstzeiten eine zwar illegale, aber geduldete Beziehung, so durfte er seine Frau erst jetzt nach römischem Recht heiraten.

Da das Militärdiplom für seinen Inhaber von größter Wichtigkeit war, versuchten die Römer, diese Urkunden möglichst fälschungssicher zu machen. Zum einen wurde in Rom beim Standbild der Minerva an der Mauer hinter dem Augustustempel auf dem Forum Romanum die Originaltafel angebracht, auf welcher die vom Kaiser in Ehren entlassenen Soldaten als »Neubürger« zusammengefasst waren.[8] Zum anderen bestand die Empfängerkopie aus zwei Teilen, die doppelt beschrieben waren: Beide enthielten sowohl auf der Innen- wie auf der Außenseite den vollständigen Text. Durch eingestanzte Löcher wurden die Tafeln mit Hilfe eines Drahtes verschlossen und versiegelt, so dass man die Außenseiten zwar lesen konnte, die Innenseiten aber unzugänglich waren. Nur in einem Rechtsstreit durften beide Tafeln auseinander genommen werden, um zu überprüfen, ob die Texte auf den beiden Seiten übereinstimmten.

Stellen wir uns nun den Grenzort »*Biriciana*« im Jahr 107 vor. Es ist ein guter, sicherer, aufstrebender Ort. Zwar ist die Reichsgrenze nah, aber das Lager liegt doch weit genug im Hinterland und wird durch den Limes und einige vorgelagerte Kastellorte geschützt. Das verschafft den Einwohnern genug Zeit, um sich in das schützende Lager zu retten, wenn es zu einem Angriff der Barbaren kommt. Diese müssen erst über die Grenze und an den Truppen in »*Sablonetum*« (Ellingen) und »*Iciniacum*« (Theilenhofen) vorbei, um bis nach »*Biriciana*« vorzudringen. Beinahe 20 Jahre leben die römischen Soldaten nun schon an diesem Ort, dessen Namen sie aller Wahrscheinlichkeit nach von den Kelten übernommen haben. »*Biriciana*« ist kein lateinisches Wort, sondern geht auf keltische Ursprünge zurück, auch wenn wir heute nicht mehr wissen, was der Name bedeutete. Seit ihrer Ankunft um das Jahr 90 waren die Soldaten sehr fleißig. Das Militärlager, in dem sie wohnen, essen, schlafen und hinter dessen hohen Holzpalisaden sie sich vor den feindlichen germanischen Volksstämmen sicher fühlen, ist mittlerweile vollständig erbaut. Nicht weit haben sie eine kleine, aber komfortable Badeanstalt (Thermen) errichtet, die von einem Pächter betrieben wird. Soldaten gehen dort ein und aus, um sich nach einem anstrengenden Tag zu entspannen, aber auch die Einwohner der Siedlung findet man dort. Einige Handwerker und Kaufleute haben sich in der Nähe des schützenden Lagers niedergelassen und kleine Häuschen und Werkstätten gebaut. Vor allem Schmiede, Gerber und Töpfer sind gefragte Leute in der Siedlung, brauchen die Soldaten doch Waffen, Rüstzeug und Geschirr. Von den Gutshöfen im Umland (»*villae rusticae*«) werden die Siedler mit Nahrungsmitteln versorgt. Manchmal sind die Ernten schlecht, dann muss der Gürtel etwas enger geschnallt werden. Aber es gibt rings um »*Biriciana*« weite Wälder und ein paar Flüsse, in welchen die Soldaten Wild jagen und Fische fangen können.

Werfen wir noch einen Blick auf die beruflichen Möglichkeiten der Frauen. Grabinschriften bezeugen, dass Frauen in den meisten Fällen eine ungelernte Tätigkeit ausübten. Aber es gibt in medizinischen und sozialen Berufen auch Ammen (»*nutrices*«), Ärztinnen (»*medicae*«) und Erzieherinnen (»*educatrices*«, »*paedagogae*«).[9] Im häuslichen Umfeld arbeiteten Frauen als Friseuse und Kosmetikerin (»*ornatrix*«), ein überwiegend von Sklavinnen ausgeübter Beruf. Im Handel ist Frauenarbeit üblich. Zahlreiche Verkäuferinnen vertreiben Lebensmittel, Gegenstände des täglichen Bedarfs und Luxusartikel. Im Bereich des Handwerks oder in manufakturartigen Produktionsbereichen sind Frauen nur im Textilgewerbe vertreten, dafür aber sehr zahlreich. Frauen, die öffentlich auftreten, sind gesellschaftlich

Das rekonstruierte Römertor von Biriciana im heutigen Weißenburg

gering geachtet. Schauspielerinnen (»*mima, pantomima*«), Musikan-
tinnen (»*tibicina*«, »*psaltria*«, »*musica*«), Sängerinnen (»*cantrices*«,
»*cantatrices*«) und Tänzerinnen (»*saltatrices*«, »*gaditana*«) zählen
zur Halbwelt und werden oft mit Prostituierten in einem Atemzug
genannt. Einen ähnlich schlechten Ruf haben übrigens auch Frauen,
die in der Gastronomie arbeiten. Angesehene Frauen in hochgebildeten und künstlerischen Berufen wie Juristin (»*advocata*«), Malerin (»*pictor*«), Dichterin (»*poeta*«) und Philosophin (»*philosopha*«)
gibt es äußerst wenige.

Es gibt nicht viele Frauen in »*Biriciana*«. Allein die 500 Soldaten
sorgen schon dafür, dass die männliche Bevölkerung bei weitem über-
wiegt. In kleinen Siedlungen sind die beruflichen Möglichkeiten von
Frauen naturgemäß eingeschränkt, doch sind sie keineswegs nur auf
den Haushalt konzentriert. Wie die Beispiele zeigen, existieren auch
Frauenberufe außerhalb des Hauses, meist abhängig vom sozialen
Status der Frau. Verecunda haben wir den Beruf einer Hebamme
(»*obstetrix*«) gegeben, was durchaus im Bereich des Möglichen liegt.

Anmerkungen

1 Boier: Herkunft nicht gesichert. Möglicherweise kam Mogetissa aus Pannonien oder
  Obergermanien. Vgl. Czysz, Wolfgang/Dietz, Karlheinz/Fischer, Thomas/Kellner,
  Hans-Jörg: Die Römer in Bayern, Stuttgart 1995, S. 136.

2 Sequaner: keltischer Stamm, von Cäsar 58 v. Chr. unterworfen; lebte im Gebiet zwischen der heutigen Schweizer Grenze (Jura) und der Saône (mit Besançon als Haupt-
  stadt).

3 Vollmer, Fridericus: Inscriptiones Bavariae Romanae, 1915, S. 162; Lambert, Ni-
  cole/Scheuerbrandt, Jörg: Das Militärdiplom. Quelle zur römischen Armee und zum
  Urkundenwesen, Stuttgart 2002, S. 20–25.

4 Czysz u. a., Die Römer in Bayern, S. 133. Abdruck und Übersetzung des Diploms
  bei Kuhnen, Hans-Peter: Führer durch die Abteilungen Vorgeschichte und Römer-
  zeit im Römermuseum Weißenburg, München/Bad Windsheim 1984, S. 23–26.

5 Bis 140 n. Chr. besaßen im römischen Heer nur die Offiziere und Legionäre das »*ius
  Romanorum*«. Erst mit der »*Constitutio Antoniniana*« des Kaisers Caracalla im
  Jahr 212 n. Chr. wurden alle persönlich freien Reichsbewohner zu römischen Bür-
  gern erhoben.

6 Im Durchschnitt wurden die Söldner etwa im Alter von 16–17 Jahren rekrutiert.

7 Gelder, die in die Begräbniskasse eingezahlt wurden und die zwangsweise einbehal-
  tene Hälfte der kaiserlichen Geldgeschenke.

8 Vgl. Czysz u. a., Die Römer in Bayern, S. 132.

9 Hier und im Folgenden vgl. Halbwachs, Verena T.: Frauen im Rechtsalltag der römischen Antike, in: Specht, Edith (Hg.), Alltägliches Altertum, Frankfurt a. M. 1998,
  S. 207–226.

Frauenorte
Thalmässings reiche Frauengräber

Keltinnen in Landersdorf

Reich waren sie ausgestattet, die Frauengräber in Landersdorf! Knapp 40 Grabhügel und mehr als hundert Urnengräber hat man gefunden, und damit befindet sich hier das bedeutendste der bereits erforschten Gräberfelder der Hallstattzeit in ganz Mittelfranken.

Ursprünglich hat man zu Beginn der Hallstattzeit um 750 v. Chr. nur den Männern Waffen und Toilettenartikel ins Grab gelegt, während die meisten Frauen leer ausgingen. Es ist daher anzunehmen, dass Frauen zu jener Zeit nur eine untergeordnete Rolle spielten. Doch mit beginnender Späthallstattzeit um 650 v. Chr. – also genau zu dem Zeitpunkt, als Kelten hier in Süddeutschland nachweisbar werden –, finden sich reiche Beigaben auch in den Gräbern der Frauen. Nun wurden die Keltinnen wie ihre männlichen Zeitgenossen in einem Grabhügel mit einem Durchmesser von 6 bis 14 Metern bestattet. Einen solchen Grabhügel hat man in Landersdorf rekonstruiert.

Die Toten der Hallstattzeit wurden in ihrer Tracht beigesetzt, in der Regel sind nur noch Gegenstände aus Eisen und Bronze erhalten, keine Textilien mehr. Die Grabbeigaben der Frauen bestanden aus aufwendig gearbeiteten massiven Arm- und Fußringen, Halsreifen und Fibeln, das waren Gewandspangen, Vorläufer unserer heutigen Sicherheitsnadeln. Zudem fanden sich Gürtelhaken und Messer, häufig auch Schutz spendende Amulette aus Bernstein, Bronze und Ammonit. Die Gräber der Männer waren nun weniger reich ausgestattet und enthielten bisweilen auch Waffen und Zaumzeug.

Ausgrabungsfunde aus einem Landersdorfer Frauengrab sind im ersten Stockwerk des Vor- und Frühgeschichtlichen Museums in Thalmässing ausgestellt. Dort wurde die Grabkammer einer ca. 30-jährigen Keltin nachgebildet. Sie ist mit schweren Arm- und Fußringen versehen, die mit Bändern geschnürt und zu einer Art Stulpe zusammengebunden wurden. Obwohl der Bronzeschmuck äußerst schwer war und die Haus- und Feldarbeit die vorrangige Tätigkeit der Keltinnen und Kelten war, geht man heute davon aus, dass der Schmuck dennoch jeden Tag getragen wurde, nicht nur zu festlichen Anlässen.

Eine gut situierte Bäuerin der Bronzezeit in Waizenhofen

Der in Waizenhofen wiederhergestellte Grabhügel, in dem die Skelettreste einer 30 bis 40-jährigen Frau aufgefunden worden sind, stammt aus der mittleren Bronzezeit (1550–1200 v. Chr.). Dieser Grabhügel ist umgeben von mehr als 35 weiteren, die einen Durchmesser von bis zu 15 Metern haben und größtenteils sichtbar sind.

Von den Grabbeigaben dieser Frau hat sich nur ein Bronzespiralanhänger erhalten. Der Grabhügel hat einen Durchmesser von ca. 7 Metern und ist etwa 80 Zentimeter hoch. Er besteht aus mehreren Lagen Kalkplatten und einer ausgesparten Holzkammer im Inneren, die man aber nicht sehen kann. Ringsherum wurde eine Mauer aus senkrecht geschichteten Steinen errichtet. Den weiteren Siedlungsspuren zufolge handelte es sich bei den hier Bestatteten um wohlhabende Bauernfamilien, nicht um reiche Grundherren.

Nadja Bennewitz

Informationen:

Thalmässing liegt westlich der A 9 München–Nürnberg, Ausfahrt Greding. **Rekonstruierte Grabhügel bei Landersdorf/Thalmässing:** Station 7 des gut ausgeschilderten, 16 km langen und 10 Stationen umfassenden archäologischen Wanderweges (auch mit dem Auto erreichbar). Infos und Faltblatt zum Wanderweg unter Tel. 0 91 73/9 09-0.

Das **Vor- und Frühgeschichtliche Museum,** Marktplatz 1, 91177 Thalmässing, Tel. 0 91 73/91 34, ist von Apr bis Okt von Di bis So geöffnet (10.00–12.00 und 13.00–16.00 Uhr).

Grabhügel bei Waizenhofen/Thalmässing: Von Thalmässing kommend dem Schild kurz nach dem Ortsanfang in Waizenhofen nach links folgen, bald Parkmöglichkeit. Weiter zu Fuß geradeaus, entlang einer Baumreihe (größtenteils Linden) bis zum Hinweisschild des o. g. Wanderweges (links): Station 3 des Wanderweges.
Grundsätzlich sind alle 10 Stationen des archäologischen Wanderwegs zu empfehlen.

Reine Männerwelten?
Militärische Stützpunkte am Limes

Kaum zu glauben, dass Teile Mittelfrankens einst zur römischen Provinz »*Rätien*« gehörten! Die Geschichte der Römer ist größtenteils eine militärische Angelegenheit und also – so sollte man meinen – eine männliche. Tatsächlich trifft man am Limes auf zahlreiche Wachttürme, auf denen Soldaten Wache schoben. Diese nördliche Grenze des römischen Reiches bestand anfangs aus Holzpalisaden und wurde schließlich aus Steinen gemauert. Später wurde das, was man vom Limes noch sehen konnte, als »*Teufelsmauer*« bezeichnet: Ein solch enormes Mauerwerk hatte nur der Teufel persönlich errichten können.

Wachttürme und Kastelle: Dorsbrunn und Burgsalach

Versorgt haben sich die römischen Soldaten bei ihrem Wachdienst weitestgehend selbst. Das belegen die ausgestellten Funde im Museum für Vor- und Frühgeschichte Gunzenhausen: Im Wachtturm nordwestlich von Dorsbrunn fanden sich Bruchstücke einer Getreide-Reibschale – Na bitte, es geht doch! Die tägliche Versorgung funktionierte also auch in reinen »Männerwirtschaften«.

Etwas anschaulicher, weil nachträglich aus Holz rekonstruiert, ist der Wachtturm bei Burgsalach. Von hier aus ist es auch nicht mehr weit zum Burgus, dem Kleinkastell im Waldgebiet »*Harlach*«. Es handelt sich um eine als quadratischer Bau angelegte militärische Anlage für eine Hundertschaft, die als »Straßenpolizei« dienen musste. In Europa gilt diese Anlage heute als einzigartig.

Das Kastell »Sablonetum« bei Ellingen

Es ist bislang noch unbekannt, ob in der »*principia*«, der Kommandantur des Kastells »*Sablonetum*« östlich von Ellingen, auch die gesamte Familie des dortigen Befehlshabers lebte, wie dies vom Weißenburger Kastell »*Biriciana*« überliefert ist.

Das hinter dem Limes liegende und heute teilweise wieder aufgebaute Kastell »*Sablonetum*« bildete einen militärischen Stützpunkt. Die einfachen Soldaten lebten in einer großen barackenartigen Kaserne. Aufgrund von Funden in Brunnen und Abfallgruben lassen sich sogar deren Geschmacksvorlieben erschließen, so waren ihnen Weinbergschnecken durchaus bekannt. Das zu jedem Kastell gehörige zivile Lagerdorf, der »*vicus*«, wurde in »*Sablonetum*« nicht rekonstruiert, es lag vermutlich auf den angrenzenden Feldern.

Schon zu Beginn des zweiten nachchristlichen Jahrhunderts wurden die militärischen Stützpunkte Roms in der Provinz dauerhafter ausgebaut, im Gegensatz zu den anfangs nur improvisierten Unterkünften. Für die Frauen der einfachen Soldaten hatte das zuvor äußerst unstete Leben nicht weniger als für ihre Partner Hunger, Entbehrungen und Angst bedeutet, zudem schwere Geburten unter improvisierten Bedingungen und viele andere Belastungen. Somit vermitteln uns die heute noch bekannten Kastelle wie »*Sablonetum*« und »*Biriciana*« in Weißenburg, ja selbst das nicht mehr sichtbare Kastell bei Theilenhofen einen Eindruck von der verbesserten Situation der Frauen, die mit einem Soldaten liiert waren.

Die Römerbäder in Weißenburg und Theilenhofen

Zu jedem Kastell gehörte mindestens ein römisches Bad, beheizbar und zu Fuß zu erreichen. Die Funde in diesen Bädern wie Salbfläschchen, Skalpelle, Spielsteine und Kochgeschirr, ausgestellt im Römermuseum Weißenburg, verweisen auf die dortige medizinische Betreuung und den Zeitvertreib bei Spiel und Speisen. In den Bädern ebenfalls aufgefundene Haarnadeln, Ohrringe, Fingerringe und Gewandspangen legen nahe, dass auch Frauen hier badeten. In anderen Gegenden soll es sogar reine römische Frauenbäder gegeben haben, was für Mittelfranken aber nicht nachgewiesen werden konnte.

Es lohnt sich ein Besuch des Römerbades Theilenhofen, das zum Kastell »*Iciniacum*« gehörte. Die Grundmauern wurden restauriert, so dass man eine gute Vorstellung von den Ausmaßen erhält. Das Bad hatte sieben Räume, einen größeren, lang gestreckten Eingangs- und Umkleideraum im Nordosten, daran anschließend das Kaltbad mit einem halbrunden Kaltwasserbecken, in das drei Stufen hinabführten. Dies waren die beiden einzigen nicht beheizten Räume des Bades. Dahinter befand sich das Schwitzbad, eine Art Sauna. Daneben lagen, von Norden ausgehend, der Umkleideraum für den Winter, zwei weitere Räume für das lauwarme Bad und zuletzt das Warmbad. Beheizt wurden die Räume durch eine römische Fußbodenheizung, wie sie besonders gut noch in der Anlage des Römerkastells von Weißenburg »*Biriciana*« zu sehen ist. Unter den hohlen Böden befanden sich Pfeiler aus Stein, zwischen denen die warme Luft zirkulieren konnte. Durch Hohlziegel an den Wänden wurde sie abgeleitet. Beheizt wurde die Anlage von außen, darauf verweisen die Heizkanäle an den Außenmauern.

Derartige Bäder hatten eine hygienische, medizinische und sportliche Funktion und waren gleichzeitig Orte der Kommunikation. Hier wurden Informationen ausgetauscht, es wurde gespielt und man vergnügte sich.

Die »villa rustica« bei Hüssingen

Zivile Gebäude waren neben den römischen Bädern auch die Gutshöfe wie die »*villa rustica*« von Hüssingen. Der Hof stammt aus der zweiten Hälfte des 2. Jahrhunderts n. Chr. und man geht davon aus, dass sich in der Nähe noch weitere, bisher unentdeckte Wirtschaftshöfe befanden. Die Menschen, die hier lebten und arbeiteten, versorgten die Grenztruppen am Limes mit Lebensmitteln. Im Hüssinger Gutshof wurde vermutlich hauptsächlich Viehwirtschaft betrieben. Bekannt waren die Rinder-, Schweine- und Schafzucht, außerdem wurden Felder bewirtschaftet und Obstbäume kultiviert. Gruppiert um einen unbedachten Hof lagen die einzelnen Gebäude. Im ersten Stockwerk befanden sich meist die Schlaf- und Speiseräume, die mittels Fußbodenheizung beheizbar waren. Zum Wohnstandard gehörten auch bereits Kalt- und Warmwasser. Ställe, Scheunen und Werkstätten

Die Grundmauern des Gutshofes bei Hüssingen sind noch gut erhalten

27

lagen im Erdgeschoss. Im Museum für Vor- und Frühgeschichte Gunzenhausen ist das Fragment eines Fläschchens aus grünem Glas ausgestellt, das bei Ausgrabungen eines Gutshofs aufgefunden wurde, wahrscheinlich das Duftfläschchen einer der Bewohnerinnen.

Nadja Bennewitz

Informationen:

Der **Dorsbrunner Wachtturm** liegt südwestlich von Pleinfeld.

Zum **Wachtturm und Burgus bei Burgsalach** (westl. v. Weißenburg) der Ausschilderung »Römischer Burgus« in Burgsalach folgen. Am Wanderparkplatz am Waldrand geht es links zum Wachtturm, geradeaus zum Burgus. Burgsalach gehört zur Verwaltungsgesellschaft Nennslingen, E-Mail: tourist-info-nennslingen@t-online.de

Das **Limeskastell »Sablonetum«** liegt östlich von Ellingen auf einer Hochfläche. Weitere Infos: Verkehrsamt Ellingen, Weißenburger Str. 1, 91972 Ellingen, Tel. 0 91 41/8 65 80, Fax 0 91 41/86 58 58, E-Mail: stadt.ellingen@t-online.de, www.ellingen.de

Das **Römerkastell in Weißenburg »Castrum Biriciana«** ist im Ort ausgeschildert und gut zu finden (Am Römerlager). Die römischen Thermen (geöffnet Apr bis Nov) sind von dort auf einem ausgeschilderten Fußweg zu erreichen (Am Römerbad). Weitere Infos im **Römermuseum Weißenburg**, Martin-Luther-Platz 3, 91781 Weißenburg, Tel. 0 91 41/90 71 24.

Das **Römerbad Theilenhofen** (an der B 13 südwestlich von Gunzenhausen) liegt 900 m nordwestlich des Ortes und ist ausgeschildert. Ganz in der Nähe an der Hauptstraße befindet sich ein moderner Stein zur Kennzeichnung des dazugehörigen, aber nicht mehr rekonstruierten Kastells »Iciniacum«.

Zur **»villa rustica« von Hüssingen** (südöstlich von Heidenheim) folgt man im Ort hinter dem Turm der Dorfkirche der Straße nach oben, vorbei an dem kleinen Laden, fährt den geteerten Weg geradeaus, immer am Waldrand entlang. Schließlich folgt man der Beschilderung »Römischer Gutshof«, der bald rechter Hand zu sehen ist. Das Heft *»Auf den Spuren der Römer im Landkreis Weißenburg–Gunzenhausen«* mit Wegbeschreibungen ist zu bestellen unter Tel. 0 98 31/50 01-20.

Die ersten Fränkinnen in Franken

Das frühe Mittelalter war eine bewegte Zeit. Die Region des nördlichen Albvorlands um Weißenburg befand sich am Schnittpunkt unterschiedlicher Kulturkreise. Hierher kamen die Franken und trafen auf Ansässige, die sich mit ihnen arrangierten. Die Franken hatten Kontakte weit in den mediterranen Raum hinein, das zeigen uns heute vor allem Schmuckstücke, die in den Gräbern der Fränkinnen gefunden wurden.

Die »*gelbe Bürg*« bei Dittenheim ragt steil über der Altmühl empor. Der Berg wurde schon in der Urnenfelderzeit (etwa 1000 v. Chr.), in der späten Hallstattzeit (um 500 v. Chr.) und in der Völkerwanderungszeit (ab 375 n. Chr.) besiedelt. Als befestigte Gauburg hat sie Schutz und Zuflucht vor dem Vorstoßen römischer Heere gewährt. Die heute noch erkennbaren Mauerverstürze stammen aus dem 4. und 5. Jahrhundert n. Chr. Die Burg wurde durch die aus dem Rheinland eindringenden Franken gewaltsam zerstört und spätestens im Jahr 506 aufgegeben.

Nachbau einer merowingischen Friedhofskirche (6. Jahrhundert n. Chr.) bei Westheim

Die fränkischen Gräberfelder

Das Gräberfeld von Dittenheim aus dem 6. und 7. Jahrhundert n. Chr. ist neben dem Westheimer Friedhof der bedeutendste frühmittelalterliche Bestattungsort Mittelfrankens. Anhand der Funde lässt sich zeigen, dass sich die altansässige Bevölkerung mit den zugewanderten Franken verbandelte.

Die Gräber von Gnotzheim weisen eine Verbindung mit römischen Bauresten auf, das größte Reihengräberfeld liegt in Weißenburg. Männer, Frauen und Kinder waren in voller Tracht mit ihren Waffen bzw. Schmuck in gestreckter Rückenlage in Holzsärgen oder kleinen Holzkammern beigesetzt.

Die Westheimer Reihengräber

In Westheim hat man ein Reihengräberfeld aus der Zeit von 480–680 n. Chr. gefunden und insgesamt 261 Gräber mit 288 Bestattungen ausgegraben. In den Gräbern der Frauen und Mädchen wurden Schmuck- und Trachtenbestandteile sowie Geräte zur Textilherstellung gefunden.

Die Frauenmode in Westheim und Umgebung war in der ersten Hälfte des 6. Jahrhunderts durch die so genannte Vier-Fibel-Tracht geprägt. Im Idealfall hielten je zwei Bügel- und Kleinfibeln die Kleidung zusammen. Frauen trugen ein Hemd oder eine Bluse, darüber ein Kleid, manchmal auch ein Überkleid oder Mantel, zudem Schleier, Strümpfe und Schuhe in unterschiedlichen Kombinationen. Sie schmückten sich mit Haar- und Gewandnadeln, Ohrringen, Halsketten, Gürtelschnallen, Ringen und Amuletten.

Besonders hübsch sind die erhaltenen Almandinfibeln, von denen 17 Stück aus fränkischen und alemannischen Werkstätten gefunden wurden. Almandin wurde aus Indien und Ceylon über Vorderasien in das Mittelmeergebiet importiert. Von dort gelangte der rote Granat über Handels- und Tauschwege nach Mitteleuropa. Die eingelegten dünn geschliffenen Almandinplättchen waren häufig mit Silber- oder Goldfolie unterlegt, die dem roten Stein die nötige Leuchtkraft verlieh.

Nicht nur die Materialien kamen aus fernen Ländern, auch bei der Verarbeitung der Schmuckstücke – wie bei den gefundenen Körbchenohrringen aus Silber – müssen Vorlagen aus weiter entfernten Regionen benutzt worden sein. Bei diesen Ohrringen werden beispielsweise byzantinische Einflüsse vermutet.

Vier-Fibel-Tracht der Fränkinnen
im 6. Jahrhundert n. Chr.

Viele Perlenketten hatten variantenreiche Formen und farbenfrohe Muster, andere waren einfarbig. Unverzierte Ketten aus Glas weisen auf den Handel mit spätrömischen Glashütten des Rhein-Mosel-Gebietes hin. Auch viele Bernsteinperlen wurden gefunden, eine Meerschaumperle stammt möglicherweise aus dem türkischen Schwarzmeergebiet. Die Perlen wurden nicht nur als Halskette getragen, sondern häufig ebenso auf die Gewänder gestickt. Auch hier waren wohl die Frauen am byzantinischen Hof die »Trendsetter« für die Fränkinnen.

Aus dem 7. Jahrhundert fanden sich verstärkt Ziernadeln und Ohrringe. Bei den Gürtelgehängen kamen Cypraea- und Purpurschnecken und Amulettbehältnisse aus Metall als neue Formen hinzu. Eine Cypraea-Tigris in einem Mädchengrab des 7. Jahrhunderts ist fast acht Zentimeter lang und könnte daher aus den warmen Salzwassern des Roten Meeres oder des Indischen Ozeans stammen. Eine Purpurschnecke, die sich in einem anderen Grab fand, wurde mit weiteren Anhängern am Gürtel getragen. Purpurschnecken waren in der Spätantike besonders bei der Bevölkerung des Alpenraumes und Pannoniens verbreitet.

Das Fragment einer Amulettkapsel weist auf den Gebrauch von Amuletten hin. In entsprechenden Kapseln anderer Gräber wurden Körner aus Doldengewächsen, stark duftende Färberkamille, Pflanzenreste und Pulver gefunden sowie Harz und Gewürznelken. Im Ganzen handelte es sich somit um Pflanzen, die teils von exotischen, teils von einheimischen aromatischen Gewächsen herstammten. Die Schmuckstücke aus den Gräbern finden sich im Germanischen Nationalmuseum in Nürnberg und im Museum für Früh- und Vorgeschichte Gunzenhausen.

Gaby Franger

Informationen:

Nach **Dittenheim** gelangt man ab Gunzenhausen über die B 13 in Richtung Weißenburg. Kurz hinter dem Ort Unterasbach zweigt eine Landstraße nach rechts ab nach Dittenheim.

Nach **Gnotzheim** fährt man von Gunzenhausen aus über die B 466.

Nach **Westheim** gelangt man über die B 466 weiter in Richtung Nördlingen.

Museum für Vor- und Frühgeschichte, Brunnenstraße 1, 91710 Gunzenhausen, Tel. 0 98 31/50 83 06.
Öffnungszeiten: Vom 1. Mai bis 15. Okt: Di bis So 10.00–12.00 und 13.00–17.00 Uhr, vom 16. Okt bis 30. Apr: Di bis Fr 13.00–17.00 Uhr, So 10.00–12.00 und 13.00–17.00 Uhr.

Germanisches Nationalmuseum, Kartäusergasse 1, 90402 Nürnberg, Tel. 09 11/1 33 10, Fax: 09 11/ 1 33 12 00, E-Mail: info @gnm.de, www.gnm.de
Öffnungszeiten: Di bis So 10.00–18.00 Uhr, Mi 10.00–21.00 Uhr (ab 18.00 Uhr Eintritt frei).

II. Mittelalter
Spurensuche

Die heutige politische Region Mittelfranken hatte im Mittelalter keine Bedeutung für die ZeitgenossInnen – sie existierte schlicht und einfach nicht. Vielmehr zeichnete sich die Region durch eine Vielfalt an Bevölkerungsgruppen aus, nicht einmal die Grenzen eines als Franken bezeichneten Gebietes waren eindeutig bestimmt.[1]

Vorherrschaft des Adels: Politische Stars und Heiratsopfer

Im Verlauf des frühen Mittelalters kamen sehr bedeutende Frauen aus dem »Ausland« in den fränkisch-bayerischen Raum, die von dem Wunsch beseelt waren, christliche Überzeugungsarbeit zu leisten. Veranlasst durch die Missionstätigkeit des Angelsachsen Bonifatius verließen viele Damen des Hochadels ihre englische Heimat und engagierten sich in der Germanenmission. Es waren sehr gebildete Persönlichkeiten und eine davon, Walpurgis (710–779), kam in das von ihren Brüdern gegründete Kloster Heidenheim, dessen Leitung sie nach deren Tod übernahm. Ihre Verwandte Hugeburg (um 740 bis nach 787) war ihr gefolgt und legte mit der Lebensbeschreibung von Walpurgis' Brüdern ein eindrucksvolles Zeugnis ihrer Bildung ab.[2]

Das Früh- und Hochmittelalter war geprägt durch die adlige Vorherrschaft. Der Adel bestimmte selbstherrlich die Politik im Land, ohne andere Stände zu beteiligen. Über adlige Damen liegen erst ab dem 10. Jahrhundert etwas ausführlichere Nachrichten vor. Im Gegensatz zu früher durften sie nun an den höfischen Festlichkeiten teilnehmen, was ihnen bislang nur als Bedienerinnen gestattet war.[3]

Die Position der hochadligen Herrscherinnen hatte zu dieser Zeit, im 10. und 11. Jahrhundert, einen Höhepunkt erreicht. Kunigunde (um 975/80 bis 1033) war die erste Königin, die unabhängig von ihrem Gatten 1002 gekrönt wurde. *Ina Schönwald* weist in ihrem Beitrag *»Kaiserin Kunigunde in Schnaittach«* nach, wie sehr diese Hochadlige die Reichspolitik mitgestaltete. Sie wurde nach ihrer Kaiserkrönung sogar als *»Mitkaiserin«* und *»Mitregentin im Reich«* betitelt. Erwiesenermaßen griff sie durch Fürsprachen und Anträge häufig eigenständig in die Politik ein. Mit dem Verzicht auf ihre Morgengabe, das Landgebiet, das für ihre Versorgung im Witwenstand gedacht war, festigte sie die Neugründung des Bistums Bamberg, an das ihr Besitz überging.[4]

Tatsächlich aber blieb eher Kunigundes Heiligkeit als ihr politisches Engagement im allgemeinen Bewusstsein.

Die Verheiratung adliger Frauen diente meist territorialpolitischen Zwecken, ansonsten galten Frauen als unwichtig.[5] Ein Beispiel hierfür ist die Nürnberger Burggräfin, die zur Stammmutter aller späteren zollerischen Burggrafen wurde: Friedrich III. von Zollern hatte das Glück gehabt, die letzte Tochter aus dem ältesten Nürnberger Burggrafengeschlecht und Alleinerbin des Amtes wie des gesamten gräflichen Grundbesitzes heiraten zu können. Er begründete mit ihr das Fürstengeschlecht der Hohenzollern.[6] Dennoch ist die Burggräfin nahezu gesichtslos, in der Literatur heißt es oft nur, Friedrich sei mit dem Burggrafenamt belehnt worden, weshalb das geschah, wird nicht erwähnt. Lediglich ihren Namen kennen wir – Sophie von Raabs (gest. um 1218) – und die Kinder, die sie zur Welt brachte.[7]

Dabei hatten adlige Frauen nachweislich einen Anteil an der Besiedlung der fränkischen Lande: Ihre Namen finden sich noch heute in mittelfränkischen Ortsnamen wieder, weshalb man sie als die Ortsgründerinnen ansieht. Das althochdeutsche Wort »sedal« für Sitz steckt beispielsweise in dem Namen Gebsattel. Dieses Dorf hat seine Bezeichnung von der Adligen Geba, er bedeutet »Sitz der Geba«. Eine solche wird 1108 als Gräfin von Rothenburg erwähnt. Auch das Pfarrdorf Wilburgstetten geht nach einem Beleg von 1311 auf die Gründung einer gewissen Wilburg zurück,[8] und das Bestimmungswort für die Ansiedlung Dematshof bei Haundorf ist der weibliche Name Diemut. Wahrscheinlich war sie eine Abenbergerin, vielleicht Zeitgenossin der seligen Stilla von Abenberg.[9] Die Kirchenstifterin Stilla ist noch heute im kollektiven Gedächtnis präsent. *Brigitte Korn* geht in ihrem Beitrag »*Stilla von Abenberg*« den historischen Quellen nach, die das Leben dieser Grafentochter aus dem 12. Jahrhundert erhellen könnten, was sich jedoch angesichts der Überlieferung und der späteren Legendenbildung als schwierig herausstellt.

Häufig sind adlige Frauen, ähnlich wie Stilla, als Stifterinnen von Klöstern und Kirchen aufgetreten und haben dadurch das gesellschaftliche Leben (damals gleichbedeutend mit dem religiösen) geformt und mitbestimmt. Sie suchten einen geeigneten Ort aus, schufen die baulichen Gegebenheiten, veranlassten den Ankauf von liturgischen Geräten und Büchern und trugen Sorge für den Erhalt der Gebäude.[10]

Pfalzgräfin Irmingard von Hammerstein soll mit Kaiserin Kunigunde verwandt gewesen sein. Sie gründete zwischen 1025 und 1042

34

einen Kirchenbezirk samt Kirche, dessen Zentrum die noch heute sichtbare Laurentiuskirche in Roßtal mit Krypta bildet. Auf der Südseite des Kirchturmes ist oberhalb der Spitze des gotischen Fensters ein Fries mit Köpfen zu sehen, darunter ein Frauenkopf, der die Nürnberger Burggräfin Elisabeth (1383–1442) darstellen soll, die Gattin des Burggrafen Friedrich VI. Elisabeth wollte damit wohl dokumentieren, dass mit ihrer Hilfe die zerstörte Laurentiuskirche wieder aufgebaut wurde.[11]

Nun, im 14. und beginnendem 15. Jahrhundert gelang es den Gräfinnen häufiger, aktiv in die Politik einzugreifen – wenn der Mann kein absoluter Tyrann und außerdem häufig fern von zu Hause war. Dies war der Fall bei eben erwähnter Burggräfin, die vielleicht besser unter dem Namen »*Schön-Else*« bekannt ist. Nicht nur in Roßtal hat sie ihre Spuren hinterlassen, sondern vor allem in Cadolzburg. War ihr Mann abwesend, übernahm sie tatkräftig die Regierungsgeschäfte, wovon zahlreiche, von ihr verfasste Urkunden Zeugnis ablegen.[12] Dass diese Adligen gebildet waren, ist schon lange bekannt. Im »*Sachsenspiegel*«, dem bedeutendsten Rechtsbuch des Mittelalters, ist angegeben, dass Bücher immer nur in weiblicher Linie vererbt wurden, ein eindeutiger Hinweis darauf, dass Männer mit diesen überhaupt nichts anzufangen wussten.[13] Auch der Minnesänger Wolfram aus Eschenbach hat sich über die Damen geärgert, die ihn wegen seiner Sängerkunst liebten, während doch eigentlich die kraftvolle Kühnheit bei einem Mann viel wichtiger sei. Dennoch war ihm bewusst, dass sein Publikum weiblich war: »*Weil ich vollendet dies Gedicht/Geschah das einer Frau zu Ehren/Soll sie mir holden Dank gewähren*«, lautet der Schlusssatz seines berühmten Versromans »*Parzival*«.[14]

Immer deutlicher treten adlige Frauen im Verlauf des späten Mittelalters in den überlieferten Quellen hervor. Viele verschafften sich als Witwen Ansehen und Respekt, wie Markgräfin Anna (1437–1512), die die Residenz in der Amtshauptmannstadt Neustadt an der Aisch zu ihrem Witwensitz ausbaute und der Stadt neuen Glanz verlieh.[15] Auch sie hat ihren Mann Albrecht Achilles vertreten, wenn der auf Kriegszug war. Sie führte mit ihm einen regen Briefverkehr,[16] und ihre Töchter unterrichtete sie im Schreiben: Der Schriftzug ihrer Tochter Dorothea (1471–1530) hat auffallende Ähnlichkeit mit dem ihren. Dorothea war in das Bamberger Klarissenkloster eingetreten, um sich den unzumutbaren Heiratsplänen ihrer Familie zu entziehen.[17]

Adlige Töchter waren zu jener Zeit noch immer Objekte (und Opfer) der Ehe- und Territorialpolitik, doch unterwarfen sie sich nicht mehr so einfach wie früher den Forderungen ihrer Väter und Brüder. Dorothea dürfte von dem abschreckenden Beispiel ihrer Schwester Barbara (1464–1515) gewarnt worden sein. Diese war nämlich im Alter von 8 Jahren an einen 43-jährigen Herzog verheiratet worden. Als der ohne männliche Erben starb – Barbara war nun ganze 11 Jahre alt –, fiel alles Vermögen an Barbaras Brüder und ihren Vater. Bereits sechs Monate später verlobte der sie abermals, nun mit dem König von Böhmen. Obwohl dieser bald jegliches Interesse an seiner jungen Verlobten verlor, hielten ihre Brüder an der Verbindung fest, weil sie sich davon territorialen Zuwachs versprachen. Heimlich versuchte Barbara in Rom eine Annullierung dieses nie eingelösten Heiratsversprechens mit dem böhmischen König zu erreichen, was ihre Brüder jedoch zu verhindern suchten. Sie sperrten ihre Schwester kurzerhand auf der Plassenburg ins Gefängnis. Erst als sie den Willen ihrer Brüder erfüllte, kam sie frei.

Die Hauptperson dieser unglaublichen Geschichte ist noch heute als Stifterin des Altars in der Kirche von Gutenstetten zu sehen. Sie ließ sich im Vordergrund als Zuhörerin bei der Predigt des Johannes darstellen.[18]

Selbstbewusste Selbstdarstellungen findet man bei adligen Frauen häufiger. Sybilla von Heideck (gest. 1475) ließ sich in der dortigen »Frauenkapelle« auf ihrem Grabstein stolz auf der heraldisch wichtigeren rechten Seite (von der/dem Betrachtenden aus gesehen entspricht dies der linken Seite) abbilden, die als die bessere galt und ansonsten immer dem Mann vorbehalten war. Möglich war Sybilla diese Anmaßung wahrscheinlich nur, weil ihr Mann bereits tot war.[19]

Die hier vorgestellten Persönlichkeiten zählten alle zu den Privilegierten und sie identifizierten sich mit den Männern ihrer Schicht, nicht mit Frauen aus anderen Ständen. In der mittelalterlichen Standesgesellschaft besaß eine adlige Frau weitaus mehr Macht als ein bürgerlicher oder gar bäuerlicher Mann.

Unfreie: Freilassung als Möglichkeit des Aufstiegs

Nach diesen Adelsgeschichten ein kurzer Blick zurück: Voraussetzung für die Herausbildung einer adligen Kultur war die Schwerarbeit der bäuerlichen Bevölkerung, das waren etwa 90 % der Gesamtbevölkerung, während der Adel gerade mal 1 % ausmachte. Für die Adligen hatten Tausende bäuerliche Haushalte Ödland und Sumpfgebiet zugänglich gemacht, Wälder gerodet, den Boden entwässert und Reben gepflanzt. Erst diese Arbeit ermöglichte, dass feingliedrige Damen und Ritter höfliche Manieren erlernen konnten, dass sie die Muße besaßen, kultiviert zu sein. Die einen kultivierten Land, die anderen Umgangsformen. Die Gesellschaft war eingeteilt in Krieger und Waffenlose, und diese Waffenlosen, die Bäuerinnen und Bauern, mussten sich ihren Schutz teuer erkaufen: Was sie nicht verheimlichen und verstecken konnten, wurde ihnen vom Grundherrn rücksichtslos genommen.[20]

Nur selten blitzen Namen der sozial Schwächsten aus dem Dunkel der Geschichte hervor wie um 1040, als die freie Frau Egena ihre Leibeigene Swana, die wie das Vieh und die Ländereien Teil ihres Besitzes war, unter den Schutz des Gumbertus-Altars in Ansbach stellte.[21] Zehn Jahre später taucht die Unfreie Sigena in einer Urkunde des Hoftags auf der Nürnberger Burg auf, sie wurde dort vom Kaiser freigelassen.

Lange Zeit nahm man an, Sigenas Grundherr Richolf habe sie heiraten wollen und deshalb die Freilassung forciert. Diese Annahme ist historisch nicht belegbar. Sigena benötigte als Unfreie eine rechtliche Vertretung durch ihren Grundherrn, weil sie selbst nicht rechtsfähig war. Richolf musste also bei der Freilassung anwesend sein, das sagte aber nichts über das Verhältnis zwischen den beiden aus. Ihre Freilassung kann stattdessen auch aufgrund von Sigenas persönlichen Verdiensten erfolgt sein. Unfreie Frauen versorgten die Menschen ihrer Umgebung mit den alltäglichen Notwendigkeiten: Sie brauten Bier, mahlten Getreide, backten Brot, verarbeiteten Naturalien und waren in der Textilproduktion tätig. Sigena könnte eine durch ihre Kompetenz aufgefallene Vorsteherin einer Textilwerkstatt gewesen sein, die der Kaiser nun belohnte. Tatsache ist, dass der Kaiser fähige Leute freiließ, weil er sie zur Verwaltung und Bewirtschaftung seiner Güter dringend benötigte, und unter den Freigelassenen sind mehrfach Frauen nachweisbar.[22]

Das Stadtbürgertum: Frauen zwischen Pflichten und Chancen

Mit beginnendem Spätmittelalter, ab der Mitte des 13. Jahrhunderts, stieg neben dem Adel ein neuer Stand zu politischer und wirtschaftlicher Macht empor: das städtische Bürgertum. Auch die Bürgerinnen profitierten vom Aufstieg der Städte. Es wurde nun selbstverständlich, dass die Patrizierinnen – der weibliche Teil der städtischen Elite – Königinnen oder Markgräfinnen bei ihren Besuchen in Empfang nahmen und ihnen ein Geschenk überreichten, genauso wie das die Patrizier bei männlichen Würdenträgern taten.[23]

Für Frauen war es durchaus attraktiv, in die entstehenden Städte zu ziehen, vor allem in jene, die zu Reichsstädten aufstiegen, also keinen anderen Herrn als den König über sich hatten, wie Rothenburg o. d. T., Dinkelsbühl, kurzzeitig Feuchtwangen, Weißenburg, Windsheim und natürlich Nürnberg, gewissermaßen als Verwaltungsmittelpunkt dieses königlichen Landes.[24]

Frauen konnten unabhängig vom Mann das Bürgerrecht erwerben – sofern sie die nötigen Geldmittel dazu besaßen, was selten der Fall war. Die Stadtwirtschaft, die nun im Gegensatz zur Bewirtschaftung des adligen Grundbesitzes hauptsächlich auf Geldwirtschaft und Handel basierte, machte die Beteiligung der Bürgerin und der »inwonerin« (also derjenigen, die das Bürgerrecht nicht besaß und dennoch in der Stadt lebte) möglich: Frauen waren im Kleinhandel beschäftigt, boten als Marktfrauen die Lebensmittel für den täglichen Bedarf an und hatten als Handwerksfrauen den städtischen und regionalen Vertrieb der in der hauseigenen Werkstatt produzierten Produkte inne. In Nürnberg waren sie auch als Geldwechslerinnen und Gastwirtinnen in den Handel involviert. Diese besaßen die gleichen Rechte wie die Männer und konnten frei über ihr Geld verfügen, Geschäfte, Verkäufe und Käufe tätigen sowie Bürgschaften eingehen. Dies war allen anderen verheirateten und unmündigen Bürgerinnen nicht gestattet. Vielmehr benötigten sie dazu die Erlaubnis ihres Vormundes, d. h. die ihres Mannes oder Vaters. Außer mit einem geringen Geldbetrag für die Haushaltsführung konnten sie mit keinem Besitz wirtschaften.[25] Während der Mann frei über das Eigentum seiner Frau verfügen durfte, auch ohne ihre Einwilligung, war dies umgekehrt nicht gestattet: Die Klage der verwitweten Dorothea Wolff aus Dinkelsbühl, sie wolle den von ihrem Mann ohne ihre Zustimmung verkauften Hof wieder zurückhaben, wurde mit der Begründung abgelehnt, »das ain yeglicher man sein und seins weybs gut nach seinem besten nutz wenden ... mocht«, eine Frau aber »wider irs mans willen kainen gewalt« habe, dasselbe zu tun.[26]

Dennoch stieg die Mitverantwortung der Ehefrau für den Familienbesitz: Immer häufiger wurde sie als Testamentsvollstreckerin ihres verstorbenen Mannes mit eingesetzt.[27]

Eine ähnliche Besserstellung ist auch für jüdische Ehefrauen fest-zustellen. Die Untersuchung jüdischen Alltagslebens ist aufgrund von Pogromen und Ausweisungen durch die christliche Gesellschaft nur schwer zu bewerkstelligen, die Rekonstruktion des Frauenlebens ge-staltet sich mangels historischer Quellen nochmals schwieriger. Jü-dinnen schneiden im Vergleich zu ihren christlichen Nachbarinnen, was ihre Handlungsspielräume und ihre Position gegenüber dem Ehemann anbelangt, keineswegs schlechter ab, manchmal ganz im Gegenteil: »*Gutlin, Belkint und Schonfrawen – Alltag jüdischer Frauen im Spätmittelalter*« heißt der Beitrag von *Nadja Bennewitz*, der den religiösen, wirtschaftlichen und rechtlichen Spielräumen von Jüdinnen vorrangig in Rothenburg und Nürnberg nachspürt.

Grundsätzlich aber waren Frauen rechtlich eindeutig benachtei-ligt. So mussten die städtischen Bewohnerinnen wie die Männer Steu-ern zahlen, doch eine offizielle politische Einflussnahme war auch denjenigen, die zu den führenden städtischen Schichten gehörten, nicht gestattet – sie profitierten höchstens von der Machtposition ihrer Männer, wie zum Beispiel die großzügige Sandsteingrabplatte von Frau Bürgermeister im Ostchor des Münsters St. Georg in Dinkelsbühl demonstriert. Barbara Langenmentlin war mit dem Bürgermeister Hans Egen verheiratet und starb 1471.

Die »Kommunalisierung« des Gesundheitswesens eröffnete den Frauen neue Arbeitsmöglichkeiten. Die Fürsorgepflicht für die Be-dürftigen wurde nun von den Kommunen übernommen und war nicht mehr ausschließlich Aufgabe der Klöster oder anderer geistlicher Ein-richtungen.[28] Seit dem Ende des 13. Jahrhunderts wurden Spitäler durch fromme Stiftungen ins Leben gerufen und auch Bürgerinnen waren unter den Geberinnen – nicht mehr nur Adlige wie noch in den Jahrhunderten zuvor.

Die Windsheimerin Kunigundt Knörin stellte 1332 als Zustiftung zu dem bereits bestehenden Spital in Windsheim ihr Haus zur Auf-nahme armer Frauen zur Verfügung. Die wohlhabende Barbara Zöll-nerin versah dort nahezu jede karitative Einrichtung mit Spenden, und Kunigunde Wieland tätigte weitere karitative wie fromme Stif-tungen.[29] Frauen fungierten in diesen städtischen Spitälern als Vor-steherinnen, arbeiteten als Küsterinnen (eine Art »Stationsleitung«), als Krankenpflegerinnen, Köchinnen und »*Schauerinnen*«, die die Auf-nahme von Kranken durchführten und dabei solche mit ansteckenden Krankheiten ablehnen mussten. Dass sich der mittelalterliche

Spitalbetrieb wesentlich von den Anforderungen an ein heutiges Krankenhaus unterschied, macht wohl nicht zuletzt folgende Nachricht aus dem Dinkelsbühler Heiliggeistspital deutlich: Der Bader wurde 1448 verpflichtet, Spitalmeisterin und -meister sowie deren Bedienstete kostenlos ins Badehaus zu lassen, nachdem sie ihre Arbeit beim »*Mistführen und Krautsieden*« beendet hatten.

Während die Aufnahme eines männlichen Patienten meist an keinerlei Bedingung geknüpft war, mussten die Patientinnen in Dinkelsbühl während ihres Aufenthaltes im Spital häufig eine festgesetzte Menge Garn spinnen, als Milchmeisterinnen arbeiten oder im Backhaus helfen.[30]

Geistliche Einrichtungen: Beginenhäuser und Frauenklöster

Ebenfalls in der Krankenpflege tätig waren die Beginen und Seelfrauen, die es in nahezu jedem Ort gab, so in Nürnberg,[31] Feuchtwangen,[32] Dinkelsbühl und Dorfkemmathen,[33] in Wolframs-Eschenbach, Detwang und Rothenburg,[34] Bad Windsheim,[35] Herzogenaurach[36] und Heideck.[37] Waren es zu Beginn des 13. Jahrhunderts größtenteils adlige und großbürgerliche Frauen gewesen, die diese Lebensform in kleinen, hierarchiefreien Frauengemeinschaften jenseits von Kloster und Ehestand gewählt hatten, waren es im 14. und 15. Jahrhundert vorrangig solche aus der Unterschicht. Unverzichtbar war ihre Arbeit für die Fürsorge der städtischen Bürgerschaft geworden.

Die geistlichen Klosterfrauen übten dagegen selten karitative Tätigkeiten aus, mit Ausnahme der Rothenburger Dominikanerinnen, die in der Armenspeisung engagiert waren. Generell hatten die Nonnen religiöse Aufgaben inne, sie baten stellvertretend für die Gesellschaft Gott um Fürbitte. Weil sie als gottgeweihte Jungfrauen unter den Frauen den höchsten Stand einnahmen, wurden ihre Klöster durch Stiftungen reich ausgestattet, was ihnen ein kontemplatives und bildungsbeflissenes Leben ermöglichte. Im Gegensatz noch zu Zeiten der heiligen Walpurgis durften im Spätmittelalter auch bürgerliche Frauen Chorschwestern werden – allerdings meist nur die aus dem Patriziat.

Die Frauenklöster entwickelten sich zu starken, oft sehr selbstbewussten Institutionen. Die Produkte ihrer Arbeit – selbst verfasste Schriften, Bücher, die von den Nonnen kopiert und dadurch vervielfältigt wurden, Textilarbeiten u. v. a. – legen Zeugnis ab von dem hohen

Altarflügel in der
St. Wolfgangs-
kirche in Rothen-
burg o. d. T., 1514

Bildungsstand dieser geistlichen Frauen. In Frauenaurach bei Erlangen lebten Dominikanerinnen,[38] in Gründlach[39] und in Birkenfeld an der Aisch[40] Zisterzienserinnen, Augustinerchorfrauen in Pillenreuth südlich von Nürnberg[41] und in Abenberg.[42] Nicht nur die Dominikanerinnen in Nürnberg leisteten vehement Widerstand gegen die Einführung einer strengen Klosterzucht, wie sie im 14. Jahrhundert reichsweit gefordert wurde. Dies bedeutete für die Nonnen eine strengere Klausur, sie sollten noch strikter eingesperrt werden. Auch im Rothenburger Konvent konnten die baulichen Veränderungen, um die absolute Einschließung der Nonnen zu gewährleisten, nur mit Hilfe bewaffneter Männer durchgeführt werden. Die Vermauerung von Türen und Fenstern und das Anbringen neuer Schlösser war von den Nonnen strikt abgelehnt worden.[43]

Welch weltliche Macht eine solche geistliche Institution ausüben konnte, zeigt das Beispiel des Klosters Engelthal, dessen Nonnen größtenteils aus dem Nürnberger Landadel stammten. Nicht einmal Adlige, die gegen Engelthal prozessierten, bekamen jemals Recht. Das

41

Wort der dortigen Priorin wog immer und in jedem Fall schwerer als die Aussagen von anderen. Umso erstaunlicher, als 1470 die Bäuerin Anna Schreyber einen Prozess gegen das Frauenkloster anstrengte. Selbst dem Landesherrn brachte sie ihr Anliegen vor, wenngleich erfolglos.[44]

Reformation und Bauernkrieg

Im Zeitalter der Reformation wurde abermals deutlich, mit welcher Entschlusskraft diese Frauengemeinschaften agieren konnten: Viele Klosterfrauen, allen voran Äbtissin Caritas Pirckheimer aus Nürnberg, machten deutlich, dass sie sich nicht ohne weiteres den Forderungen der städtischen Obrigkeiten beugen würden. Die meisten Frauenklöster lehnten die reformatorische Lehre, wie sie in Franken von den Reichsstädten und dem Ansbacher Markgrafen bereitwillig angenommen wurde, ab. Ihr klösterliches Leben wollte der Großteil der geistlichen Frauen nicht aufgeben, zu groß wäre der Verlust von Ansehen, Macht und finanzieller Absicherung gewesen.[45] Und tatsächlich übten Frauen für lange Zeit nicht mehr in so hohem Maße Ämter aus, die ihnen Autorität und Einfluss verliehen. Dies macht das Beispiel der Rothenburger Dominikanerinnen deutlich: Als die Stadt 1554 protestantisch wurde und die Verwaltung des Frauenklosters in städtische Hand überging, setzte man ein Ehepaar zur Verwaltung ein und es war selbstverständlich, dass der Mann die vollen Rechte und Pflichten der Priorin übernahm, nicht etwa seine Ehefrau.[46]

Das neue Frauenbild der Reformatoren, das nun nicht mehr der Jungfrau, sondern der Ehefrau und Mutter das Himmelreich versprach, förderte die Auflösung geistlicher Einrichtungen, die noch selbstverständlicher Bestandteil der mittelalterlichen Stadtgesellschaft gewesen waren. Denjenigen Frauen, die aus dem Rothenburger Terziarinnenhaus austraten, gedacht für geistliche Frauen, die ähnlich wie Beginen und Seelfrauen nicht einem Kloster hatten beitreten wollen, versprach der Rat im Falle ihrer Heirat großzügig eine zusätzliche Geldprämie.[47]

Die Übergabe der Klostergüter an städtische Obrigkeiten änderte nichts an der Ausbeutung der bäuerlichen Bevölkerung: Statt an die Äbtissin oder Priorin zahlte man nun an den städtischen Rat. Die antiklerikale Haltung des Bauernstandes hatten auch die Frauenklöster zu spüren bekommen – so wurde das Kloster Dorfkemmathen von bäuerlichen Haufen ausgeplündert.[48] Die in Franken sehr starke Bauernkriegsbewegung eröffnete offensichtlich auch den Bäuerinnen neue Handlungsmöglichkeiten; 1525 wurde in der Stadtchronik von Neustadt a. d. A. notiert:

> *»Den 5. Mai wollten die Weiber zu Windsheim das Closter und Spital stürmen, ihre Anführerin hieß die Lüblichin. Sie trugen Hacken, Messer, Holtzbeil etc. Doch wurden sie noch gestillet.«*[49]

Zwar wurde bei der Suche nach Rädelsführern nicht nach Frauen gefahndet, weshalb diese oft mit einem milderen Strafmaß rechnen konnten, doch gänzlich unbeschadet kamen auch sie bei dem Aufruhr nicht davon: In Rothenburg hatte man 1525 zur Strafe zwei Bäuerinnen an den Pranger gestellt und sie aus dem Stadtgebiet gewiesen. In Detwang wurden sogar gleich alle Bewohnerinnen *»in das narrenhaus«* gesperrt, das eigentlich der Verwahrung Geisteskranker diente.[50] Dass sich vergleichsweise selten Nachrichten über Frauen im Bauernkrieg finden, mag damit erklärt werden, dass das Leben der bäuerlichen Frauen ähnlich wie das der Städterinnen unter dem frauenfeindlichen, repressiven Bild der Kirche zu leiden hatte.

Will man sich der Lebenswelt der bäuerlichen Schichten annähern, lohnt sich ein Blick in ländliche Kirchen: Auf der Rückseite des Hochaltars aus der Werkstatt von Michael Wolgemut in der Egidienkirche von Beerbach bei Lauf kann man in die schwangeren Bäuche von Maria und Elisabeth hineinsehen und die kleinen, bereits voll entwickelten, noch ungeborenen Kinder begutachten. Ob es Zufall ist, dass der Altar dort steht, wo Nürnberger Patriziertöchter das Wasser aus der Lindenquelle hinter der Kirche getrunken haben, weil es als fruchtbarkeitsspendend galt?[51] Oder man mache einen Abstecher in die Egidienkirche in Eltersdorf: Ein von einer Stifterin finanziertes Ölgemälde von 1513 zeigt die heilige Kümmernis mit einem Bart. So konnte sie sichergehen, dass kein Mann sie mehr heiraten wollte.

Derartige Wunschvorstellungen waren geprägt durch das christliche Ideal des Mittelalters von der jungfräulichen Braut Christi – obwohl böse Zungen behaupten, in Frankreich hätten Frauen das Bild der Kümmernis verehrt, damit auch sie von ihren Männern befreit würden.[52] In der realen Welt begannen zunächst Patrizierinnen, sich kraft ihrer selbst und ihrer finanziellen Mittel von Männern loszusagen, so Dorothea Landauerin (1481–1528), die sich von ihrem Mann scheiden ließ. Sie ist ein beeindruckendes Beispiel für durchsetzungsfähige Frauen in der mittelalterlichen Epoche, Frauen, von denen es noch mehr aufzuspüren gilt.

Anmerkungen

1 Endres, Rudolf: Franken und das Reich, in: Thomas-Dehler-Stiftung (Hg.): Franken und das Reich. Zum 90. Geburtstag von Thomas Dehler, München 1988, S. 15–27.
2 Ennen, Edith: Frauen im Mittelalter, München (5) 1994.
3 Waas, Adolf: Der Mensch im deutschen Mittelalter, Wiesbaden 1996, S. 127.
4 Vgl. Kirmeier, Josef/ Schneidmüller, Bernd/ Weinfurter, Stefan/ Brockhoff, Evamaria (Hg.): Kaiser Heinrich II. 1002–1024. Katalog zur Bayerischen Landesausstellung 2002 (Veröffentlichungen zur Bayerischen Geschichte und Kultur 44/2002), Augsburg 2002. In diesem 440-seitigen Katalog wird die Rolle der Kaiserin Kunigunde nur am Rande erwähnt.
5 Vgl. Bennewitz, Nadja/Bergmann Ulrike/Hartmann, Bärbel: Höfliche Damen. Hohe Minne und High Society, Nürnberg 1998.
6 Bachmann, Erich: Kaiserburg Nürnberg. Amtlicher Führer, München 1994; Seyboth, Reinhard: Nürnberg, Cadolzburg und Ansbach als spätmittelalterliche Residenzen der Hohenzollern, in: JfL 49, 1989, S. 1–25.
7 Vgl. zu Sophie von Raabs: Kornbacher, Franz: Burg Abenberg. Eine Festung mit wechselvoller Geschichte, in: Heimatkundliche Streifzüge. Schriftenreihe des Landkreises Roth 3, 1984, S. 4–23.
8 Specht, Agnete von (Hg.): Geschichte der Frauen in Bayern. Von der Völkerwanderung bis heute, Katalog zur Landesausstellung 1998 (Veröffentlichungen zur Bayerischen Geschichte und Kultur 39/1998), Regensburg 1998, S. 87–90.
9 Martin, Winter: Dematshof – ein Ortsname und seine geschichtliche Umwelt, in: Vom Altmühltal zum Hahnenkamm. Ausgewählte Aufsätze aus der Heimatkunde, Gunzenhausen 1988, S. 51–60.
10 Vgl. zuletzt: Göbel, Daniela: Memoria und Seelenheil. Klostergründung adeliger Frauen im frühen und hohen Mittelalter, in: Ariadne. Forum für Frauen- und Geschlechtergeschichte 42, 2002, S. 8–15.
11 Roßtal und die Laurentiuskirche. Kunstführer, München/Zürich 1990.
12 Bürger, Werner: Von den Beziehungen zwischen Brandenburg-Ansbach und Bayern, in: Lang, Adolf (Hg.): Maler und Poeten, Bürger und Markgrafen. Aus Ansbachs Geschichte, Ansbach 1978, S. 34–43.
13 Schwerin, Cl. Freiherr von (Hg.): Sachsenspiegel, Stuttgart 1987, 1. Buch, Kap. 24.
14 Hofstaetter, Walther: Wolfram von Eschenbach. Parzival. Eine Auswahl, Stuttgart 2001, S. 74.
15 Mück, Wolfgang: Mitten in Franken: Neustadt an der Aisch. Politisches, wirtschaftliches und kulturelles Zentrum im Aischgrund, Neustadt a. d. Aisch 1999.
16 Vgl. hierzu: Nolte, Cordula: Verbalerotische Kommunikation, *gut schwenck* oder: Worüber lachte man bei Hofe? Einige Thesen zum Briefwechsel des Kurfürstenpaares Albrecht und Anna von Brandenburg-Ansbach, in: Hirschbiegel, Jan/ Paravicini, Werner (Hg.): Das Frauenzimmer. Die Frau bei Hofe in Spätmittelalter und Früher Neuzeit (Residenzforschung 11), Stuttgart 2000, S. 449–462.
17 Machilek, Franz: Dorothea Markgräfin von Brandenburg (1471-1530), in: Wendehorst, Alfred/Pfeiffer, Gerhard (Hg.): Fränkische Lebensbilder, Bd. 12, Neustadt a. d. Aisch 1986, S. 72–90.
18 Bacigalupo, Italo: Barbara, geborene Markgräfin zu Brandenburg, verwitwete Herzogin zu Crossen (1464-1515), in: JfL 46, 1986, S. 45–61.
19 Arbeitskreis Heimatkundliche Sammlung Heideck (Hg.): Heidecker Kirchen. Pfarrkirche und Frauenkirche, H. 2, 1986.

20 Duby, Georges: Wirklichkeit und höfischer Traum. Zur Kultur des Mittelalters, Frankfurt a. M. 1990, S. 65ff.
21 Vgl. Dallhammer, Hermann: Ansbacher Chronik. Kleine Residenz – große Welt, Ansbach 1979.
22 Vgl. Wood, Gabriele: Sigena. Vom Leben der Frauen in Nürnberg um 1050, in: Bennewitz, Nadja/Franger, Gaby (Hg.): Am Anfang war Sigena. Ein Nürnberger Frauengeschichtsbuch, Cadolzburg 1999, S. 22–30; vgl. auch: Obermeier, Monika: »Ancilla«. Beiträge zur Geschichte der unfreien Frau im frühen Mittelalter, Pfaffenweiler 1996.
23 Bennewitz, Nadja: Sigenas »Schwestern« im mittelalterlichen Nürnberg. Frauen in der spätmittelalterlichen Stadt, Nürnberg 2000, S. 14.
24 Vgl. Endres, Franken und das Reich, S. 15–27.
25 Vgl. Bennewitz, Sigenas »Schwestern«, S. 11.
26 Schnurrer, Ludwig (Bearb.): Die Urkunden der Stadt Dinkelsbühl, Bd. 2: 1451–1500, München 1962, Nr. 1092, S. 43f.
27 Vgl. Bennewitz, Sigenas »Schwestern«, S. 12.
28 Für Nürnberg vgl. Bennewitz, Nadja: Vom Wissen über den Frauenkörper. Frauen als Fachkundige und Patientinnen, in: Bennewitz/Franger, Am Anfang, S. 41–52.
29 Heidrich, Hermann/Thurnwald, Andrea K. (Hg.): Spuren des Alltags. Der Windsheimer Spitalfund aus dem 15. Jahrhundert, München/Bad Windsheim 1996, S. 21–51.
30 Schnurrer, Ludwig (Bearb.): Die Urkunden der Stadt Dinkelsbühl, Bd. 1: 1281–1448, München 1960, Nr. 886, S. 210f. Zum Amt von Spitalmeister und -meisterin vgl. ebd. Nr. 852, S. 202; zur Arbeit der Frauen im Spital: ebd. Nr. 88, S. 20; Schnurrer, Die Urkunden, Bd. 2, Nr. 941, S. 8, Nr. 961, S. 13, Nr. 1074, S. 39. Zum Spital vgl. Renlein, Wilhelm: Das Heiliggeistspital zu Dinkelsbühl, Dinkelsbühl o. J.
31 Bennewitz, Nadja: Weibliche Lebensformen im Mittelalter. Beginen und Seelfrauen in der Reichsstadt Nürnberg, hrsg. v. forum erwachsenenbildung, Nürnberg 1997.
32 Schnurrer, Ludwig: Feuchtwangen als Reichsstadt (ca. 1230–1376), in: JfL 41, 1981, S. 23–43, hier S. 36.
33 Gabler, A.: Die Dinkelsbühler Seelhäuser, in: Alt-Dinkelsbühl. Mitteilungen aus der Geschichte Dinkelsbühls und seiner Umgebung, 59. Jg., Nr. 2, 1983, S. 11–16; Seubert, Josef: Untersuchungen zur Geschichte der Reformation in der ehemaligen freien Reichsstadt Dinkelsbühl (Historische Studien 420), Lübeck/Hamburg 1971, S. 12.
34 Borchardt, Karl: Die geistlichen Institutionen in der Reichsstadt Rothenburg ob der Tauber und dem zugehörigen Landgebiet von den Anfängen bis zur Reformation, Bd. 1, Neustadt a. d. Aisch 1988, S. 195–197, 215–217.
35 Heidrich/Thurnwald, Spuren des Alltags, S. 45.
36 Lederer, Irene: Die bürgerlichen Fürsorgeeinrichtungen der Stadt Herzogenaurach im späten Mittelalter, Herzogenauracher Heimatblatt, Jg. 23 , Nr. 16, 1992.
37 Arbeitskreis Heimatkundliche Sammlung Heideck (Hg.): Stadtrundgang Heideck, Heideck 1996.
38 Oesterreicher, Paul: Urkundliche Nachrichten von dem ehemaligen Kloster Frauenaurach, Bayreuth 1830; Kutsch, Ernst: Die ehemalige Klosterkirche in Frauenaurach, in: EB 35, 1987, S. 13–31; Kreßel, Hans: Das Dominikanerinnenkloster Frauenaurach, in: EB 32, 1985, S. 113–129.
39 Freiherr von Haller, Berthold: St. Laurentius in Großgründlach. Geschichte eines Kulturdenkmals im Knoblauchsland, Nürnberg o. J.; ders.: Der angebliche Grabstein der »Weißen Frau« in der Kirche zu Großgründlach, in: EB 32, 1985, S. 147–150.
40 Brückner, Wolfgang/Lenssen, Jürgen (Hg.): Zisterzienser in Franken. Das alte Bistum Würzburg und seine einstigen Zisterzen, Bd. 2, Würzburg 1991; Funk, Wilhelm (Hg.): Das ehemalige Zisterzienserinnenkloster Birkenfeld an der Aisch und die Zisterziensernonnenklöster in Franken, Neustadt a. d. Aisch 1934.
41 Schieber, Martin: Die Geschichte des Klosters Pillenreuth, in: MVGN 80, 1993, S. 1–115.
42 Provinzialrat der Kongregation der Schwestern von der Schmerzhaften Mutter (Hg.):

500 Jahre Kloster Marienburg, Abenberg 1988.

43 Borchardt, Die geistlichen Institutionen, S. 162f.

44 Voit, Gustav: Fränkische Frauen zwischen Mittelalter und Neuzeit, in: Meidinger-Geise, Inge/Heller, Hartmut (Hg.): Frauen in Franken, Würzburg 1981, S. 7–16, hier S. 15.

45 Bennewitz, Nadja: »Meinten Sie vielleicht, wir sollten einen Mann nehmen? Davor behüt uns Gott!« Frauen in der Nürnberger Reformationszeit, hrsg. v. forum erwachsenenbildung, Nürnberg 1999.

46 Borchardt, Die geistlichen Institutionen, S. 193.

47 Borchardt, Die geistlichen Institutionen, S. 219.

48 Seubert, Untersuchungen zur Geschichte, S. 17.

49 Schnizzern, Mathhia Salomone: Chronica der Statt Neustadt an der Aysch, Neustadt a. d. Aisch 1708, S. 84.

50 Kobelt-Groch, Marion: Aufsässige Töchter Gottes. Frauen im Bauernkrieg und in den Täuferbewegungen, Frankfurt a. M./New York 1993, S. 53.

51 Glückert, Ewald: Dorf und Kirche Beerbach. Ein Führer zur Geschichte des Ortes Beerbach bei Lauf und seiner St. Egidienkirche, Lauf a. d. Pegnitz, 1998, S. 18, 22.

52 Schnürer, Gustav/Ritz, Maria: Sankt Kümmernis und Volto Santo. Studien und Bilder (Forschungen zur Volkskunde 13–15), Düsseldorf 1934, S. 62.

Ina Schönwald
Kaiserin Kunigunde in Schnaittach

Die katholische Pfarrkirche der Marktgemeinde Schnaittach ist der im Jahr 1033 verstorbenen und 1200 kanonisierten Kaiserin Kunigunde geweiht. Der an der heutigen südöstlichen Grenze des Bistums Bamberg gelegene Ort ist in seiner Entwicklung auf das Engste mit der von Kaiser Heinrich II. und Kaiserin Kunigunde erwirkten Gründung des Bistums verbunden. Während die »heilige Kunigunde« und die damit verbundene Legendenbildung seit vielen Jahrzehnten ein Thema der Forschung war, wird die politische und besonders die kirchenpolitische Bedeutung der Kaiserin bis heute unterschätzt. Anders in Schnaittach: Hier erfährt sie seit alters her eine größere Verehrung als ihr Gemahl, der 1146 heilig gesprochene Heinrich II.

Im Folgenden soll dokumentiert werden, welche Reminiszenzen an die Herrscherin in Schnaittach zu finden sind, in denen sich die kirchenpolitische Zugehörigkeit des Ortes zum Bistum ausdrückt, welches von Kunigunde mitbegründet wurde. Unerlässlich in diesem Zusammenhang ist die Erläuterung ihrer historischen Bedeutung als Mitregentin.

Kunigunde als »consors regni« –
Die Gründung des Bamberger Bistums

Im Zeitraum zwischen 998 und 1000 heiratete die junge Kunigunde (geboren um 975/80) aus dem Geschlecht der Grafen von Luxemburg den Bayernherzog Heinrich. Entscheidend für die Wahl zur Gattin Heinrichs war ihre Herkunft aus diesem Grafengeschlecht, das seine Abstammung bis zu den Karolingern zurückverfolgen konnte. Heinrichs Stammbaum hingegen betont seine ottonische Herkunft. Diese ebenbürtige edle Abstammung der Partner war die wichtigste Voraussetzung zur Durchsetzung von Regierungsansprüchen und begründete vor allem den doppelten Herrschaftsanspruch des Paares.[1]

Vom weiteren vorausschauenden und herrschaftskonstituierenden Handeln zeugt die Betonung der explizit christlichen Ehe zur Legitimation der Regierungsgewalt *beider* Ehegatten. Die Ehegemeinschaft Kunigundes mit Heinrich begründete die herrscherliche Macht der Regentin, in Abhängigkeit vom Gatten. Die Anerkennung der christlichen Ehe gemäß den kirchlichen Forderungen war Anfang des 11. Jahrhunderts bei weitem keine Selbstverständlichkeit, polygame Beziehungen des Herrschers entsprachen bis zu Beginn des 13. Jahrhunderts der Realität.[2] Umso mehr erfüllten Heinrich und Kunigunde das christliche Tugendmodell, das die moralische Eignung des Herrscherpaares für die Reichsregierung vorwegnahm und gleichzeitig die Voraussetzung zur Mitregentschaft Kunigundes bildete.

Dritte Voraussetzung für die Teilhabe der Herrscherin an der Regierung war ihre eigene Krönung. Am Ende des ersten Jahrtausends war die Stellung königlicher und kaiserlicher Frauen an der Seite eines Herrschers in der Politik und die Teilhabe an der Regierung im Reich bereits selbstverständlich geworden und mit dem Kaisertum der Gatten verknüpft. Als Beispiele hierfür sind die ottonischen Kaiserinnen Adelheid (gest. 998) und Theophanu (gest. 991) zu nennen, die aktiv an der Macht teilhatten und ihren eigenen Beitrag zum Erhalt der Herrschaft leisteten. Doch Kunigunde war die erste herrscherliche Gattin, die in einer getrennten Zeremonie an einem anderen Ort und Tag als ihr Gatte[3] – am 10. August 1002 im Dom zu Paderborn – zur »*Königin*« gekrönt wurde. Dies war die erste Krönung einer Königin in der »deutschen« Geschichte überhaupt. Sie wurde durch die sakrale Würde der Zeremonie an sich zur Demonstration der Fähigkeit zur Mitregentschaft der Herrscherin. Für diesen Rang wird die Formel »*consors regni*« und weniger oft »*consors imperii*« in Urkunden und Diplomen der ottonischen Kanzlei maßgebend. In den Jahren 1003, 1004 und 1018 erscheint Kunigunde als »*regnorum consors*« oder »*regni consors*«.

Seit der zweiten Hälfte des 10. Jahrhunderts wird die Herrscherin regelmäßig in der Funktion der Intervenientin (Fürsprecherin) und Petentin (Antragstellerin) in der Interventionsklausel von Urkunden des königlichen bzw. kaiserlichen Gemahls genannt. Die Häufigkeit der Intervention gilt als Gradmesser der Einflussnahme der Gattin auf Regierungshandlungen.[4] Die Interventionen Kunigundes sind so zahlreich wie bei keiner anderen Herrscherin vor ihr außer Adelheid: In 509 von Heinrich ausgestellten Diplomen tritt sie 141-mal als Intervenientin auf und wird 208-mal genannt.[5] Bei der Hälfte der mit ihrer Intervention erstellten Diplome tritt sie allein auf. 57-mal setzt sich Kunigunde zugunsten von Klöstern und 78-mal zugunsten von Kirchen und Bischöfen ein. Dies lässt keinen Zweifel an ihrer Rolle als starke Fürsprecherin kirchlicher Macht aufkommen.

Heinrich und Kunigunde hatten erkannt, dass eine Stärkung herrscherlicher Macht und eine Sicherung der Grenzen des Reichsgebietes mit Hilfe der Festigung kirchlicher Macht und der Übertragung weiter Reichsgebiete in Kirchenbesitz erfolgen musste. Unter Heinrich II. und Kunigunde erreichte die ottonische Tradition herrscherlicher Bistumsgründungen und kirchlicher Schenkungen einen neuen Höhepunkt. Mit der Errichtung des Bistums Bamberg im Jahr 1007 sollten umfangreiche Gebiete des Nordgaus endgültig weltlichen Gewalten entzogen werden und in geistlicher Hand dem König einen verlässlichen Rückhalt gegen machthungrige Stammesherzöge und kaiserliche Beamte bieten.[6] Heinrichs liebsten Pfalzort, das »castrum babenberg«, hatte er im Jahr 997 als Morgengabe seiner künftigen Gemahlin Kunigunde überlassen. Die Schenkung an das neue Bistum Bamberg setzte Kunigundes Einverständnis und ihren Verzicht auf ihren Versorgungsbereich voraus, den sie gegen den Willen ihrer Brüder leistete. Erst am 24. Mai 1008 wurde sie mit dem königlichen Hof Kassel entschädigt. Diese wichtige Tatsache des Verzichts Kunigundes auf ihr Dotalgut, um das neue Bistum angemessen auszustatten, ist nur durch die Aufzeichnungen ihres engsten Vertrauten, Bischof Thietmar von Merseburg, überliefert und gilt als Grundbedingung für die Errichtung des Bistums schlechthin. Besonders der Würzburger Bischof und der Eichstätter Bischof standen der Gründung ablehnend gegenüber. Denn das neue Bistum sollte vom östlichen Teil des Würzburger Bistums abgetrennt werden und mit seiner südlichen Grenze gegen das Bistum Eichstätt abschließen. Während der kirchenpolitisch äußerst heiklen Synode am 1. November 1007 in Frankfurt am Main, in der schließlich in Anwesenheit von acht Erzbischöfen und 27 Bischöfen nach vielen Verhandlungen die Errichtung des Bistums Bamberg gegen den Willen Bischofs Heinrichs von Würzburg beschlossen wurde, war auch Kunigunde anwesend. Ihre Teilnahme dürfte zu einem nicht unbedeutenden Teil die Entscheidung beeinflusst haben.[7]

Schnaittach – ein bambergischer Ort

Erste Erwähnung erfährt der Ort »Sneitaha«, das spätere Schnaittach, in einer Urkunde vom 2. Juli 1011. Damals schenkte König Heinrich die Fronhöfe der Orte Hersbruck und Schnaittach mit fünf weiteren Dörfern dem noch jungen Bistum Bamberg. Diese Schenkung war verbunden mit dem Recht der Immunität, d. h. einer Befreiung von weltlichen Gerichten, und lässt darauf schließen, dass es Heinrich und Kunigunde darum ging, gerade in diesem Gebiet einen starken Bamberger Machtbereich zu manifestieren. Der erste Bamberger Bischof gab das Dorf an das 1008 durch wesentliche Mitsprache Kunigundes errichtete Kollegiatsstift St. Stephan weiter, dem die Schnaittacher Bauern nun abgabepflichtig waren. Kunigunde tritt auch in dieser Urkunde Heinrichs als Intervenientin auf. Das heißt, sie hat durch ihre wesentliche Fürsprache einen nicht geringen Anteil an der Zuordnung Schnaittachs zum Bamberger Bistum. *»... est consensu dilectissimae coniugis nostrae Kunigundae videlicet reginae ...«*[8], lautet der entsprechende Passus in der Schenkungsurkunde Heinrichs.

Die neue Diözese mit ihrem Zentrum Bamberg wurde mit besonderen Rechten ausgestattet, ihre Grenze im Süden entsprach der alten Grenze zwischen den Bistümern Würzburg und Eichstätt und verlief von Erlangen entlang des Flusses Schwabach nach Osten über das nördliche Pegnitztal hinweg.[9] Heinrichs und Kunigundes besonderes Augenmerk im Hinblick auf eine Stärkung ihrer Bistumsgründung galt dem Randgebiet des Nordgaus nach Süden, zu dem auch Schnaittach gehörte. Gerade diese Gegend sollte eng an Bamberg gebunden werden. Erst nach dem Tod Bischof Meningauds von Eichstätt 1015 gelang es Kaiser Heinrich, den Eichstätter Bischofsstuhl mit dem Bamberger Domkustos Gundekar zu besetzen, der gegen Eichstätter Widerstand die Gebietsabtretungen des nördlichen Teils des alten Bistums Eichstätt an Bamberg durchsetzen konnte. Dieses Gebiet umfasste den Landstrich zwischen der Pegnitz im Süden, der Regnitz im Westen, der Erlanger Schwabach und Trubach im Norden, dem Pegnitztal und dem Raum Auerbach im Osten.[10]

Die politische Präsenz der Kaiserin als Kirchenpatronin

In der Mitte dieses Landstrichs liegt der Ort Schnaittach. Noch bis zum 13. Jahrhundert gab es Streitigkeiten zwischen Bamberg und Eichstätt um die gemeinsame Bistumsgrenze. Gerade deshalb ist die Dominanz der 1200 heilig gesprochenen Bamberger Bistumspatronin Kunigunde in Schnaittach von offenkundiger Bedeutung. Das Kirchenpatrozinium der Schnaittacher Pfarrkirche St. Kunigund weist den Ort und den dazugehörigen Landstrich eindeutig als zu Bamberg gehörig aus.

Die Anfänge des Schnaittacher Kirchenwesens liegen jedoch im Dunklen. Schnaittach gehörte in vorbambergischer Zeit zur Mutterkirche Hersbruck und war Teil des Pfarrsprengels Bühl. Um das Jahr 1300 muss ein Markt neben der Ortschaft entstanden sein, der 1366/68 im Böhmischen Salbuch Kaiser Karls IV., des damaligen Besitzers des Rothenbergs, erstmals erwähnt wird.[11] Um diese Zeit, spätestens jedoch nachdem sein Sohn König Wenzel 1385 zusammen mit Schnaittacher Bürgern ein Frühmessbenefizium gestiftet hatte, muss der Grundstein zur heutigen Kirche gelegt worden sein, deren alter Ostchor aus dem 14. Jahrhundert noch erhalten ist. Diese Frühmessstiftung wurde am 27. November desselben Jahres vom Bamberger Bischof bestätigt. Das Schnaittacher Kunigundenpatrozinium ist erst seit 1571 belegt.[12] Seine Anfänge reichen jedoch mit allergrößter Wahrscheinlichkeit in die Zeit der Grundsteinlegung für den Kirchenbau zurück, nicht nur, weil sich die Verehrung der heiligen Kaiserin während des 14. Jahrhunderts auszubreiten begann und bald einen Höhepunkt erreichte. Ein Steinfragment des frühen 14. Jahrhunderts im Schnaittacher Heimatmuseum, das den Kopf einer weiblichen Heiligen zeigt, der als »Haupt der heiligen Kunigunde« bezeichnet wird und vermutlich aus der Pfarrkirche stammt, dokumentiert die frühe Verehrung der Heiligen im Ort und gilt als Indiz dafür, dass bereits die erste Pfarrkirche in Schnaittach Kunigunde geweiht war. Das Kopffragment wird aufgrund seiner Übereinstimmung mit der Standfigur der heiligen Katharina in der Sebalduskirche zu Nürnberg, dem so genannten »Katharinenmeister«, dem Hauptmeister der 1. Sebalder Werkstatt, zugeschrieben.[13] Es gilt als wahrscheinlich, dass die gesamte Statue, von der das Fragment stammt, im Zuge hussitischer oder calvinistischer Bilderstürmerei im Schnaittach des 15. bzw. 17. Jahrhunderts zerstört worden ist.[14] Wie stark der »Kunigundenkopf« des 14. Jahrhunderts im Bewusstsein der Schnaittacher (Pfarr-)Gemeinde verankert ist, belegt darüber hinaus eine neuere Steinskulptur der Heiligen, die aus dem Jahr 1975 stammt und vom Bamberger Bildhauer Reinhold Klesse für die Pfarrkirche im Auftrag der Gemeinde gefertigt wurde: Die Physiognomie der Kunigunde der siebziger Jahre orientiert sich auf das Engste an den Gesichtszügen des mittelalterlichen Kopffragments.

Darstellungen Kunigundes in der Schnaittacher Pfarrkirche

Neben diesem wertvollen Skulpturenfragment im Heimatmuseum gilt es abschließend weitere außergewöhnliche Ausstattungsstücke der Schnaittacher Pfarrkirche vorzustellen, die die Verehrung der heiligen Kaiserin und ihre ganz besondere Präsenz vor Ort in jüngster Zeit belegen. Nach Vollendung eines lang geplanten Kirchenumbaus im Jahr 1933, bei dem ein neues, groß angelegtes Kirchenschiff quer zur bisherigen Ausrichtung des Ostchores ergänzt wurde, entbrannte ein langer Kampf zwischen dem Denkmalamt und dem damaligen Schnaittacher Pfarrer Friedrich Brehm um die Suche nach einem geeigneten Hochaltar für den monumentalen, circa 13 Meter hohen neuen Chorraum.[15] Schließlich war es der Münchner Künstler Richard Holzner (1883–1958), der auf Anregung Pfarrer Brehms die Krönung Kunigundes zur Kaiserin auf dem zentralen Altargemälde des von ihm entworfenen Hochaltars abgebildet hat. Das Schnaittacher Altargemälde von 1941/43 zeigt als einzig bekannte Darstellung in der gesamten Bamberger Diözese den Krönungsakt und betont damit an zentraler Stelle ihre Position im Reich und ihre Bedeutung für das Bamberger Bistum.

Von besonderem Interesse für diese Thematik ist jedoch die Ikonographie der Skulpturen am Hauptportal der Schnaittacher Pfarrkirche, die nach Vollendung des Kirchenumbaus im zweiten Viertel des 20. Jahrhunderts durch den Münchner Bildhauer und Designer Fritz Schmoll gen. (von) Eisenwerth (1883–1963) ausgeführt wurde.[16] Das Relief des Kirchenportals zeigt zentral über der Mitte des zweitürigen Portals im Türsturz das Gotteslamm. Außergewöhnlichen Sinngehalt tragen die beiden Darstellungen der Portalrahmung: Auf der rechten Seite sind im Hintergrund die Köpfe von Johannes dem Täufer und Bonifatius zu sehen, die auf das Lamm weisen; vor ihnen sind die Ganzfiguren des heiligen Willibald und des heiligen Kaisers Heinrich im Profil nach rechts gewandt dargestellt. Gegengleich auf der linken Seite wird die Darstellung ikonographisch ergänzt: Im Hintergrund sind die zum Lamm hin ausgerichteten Köpfe der Heiligen Otto und Sebald zu sehen, vor ihnen in Ganzfigur wenden sich die heilige Walburga und die heilige Kaiserin Kunigunde der Mitte und dem Lamm zu. Das Personal steht programmatisch für die kirchengeschichtliche Zugehörigkeit der Schnaittacher Pfarrei. Die Eichstätter Bistumsheiligen Willibald und Walburga, deren Figuren durch die des Bamberger Kaiserpaares halb verdeckt werden, verweisen auf die ehemalige Zugehörigkeit zur südlich gelegenen, älteren Diözese, während der heilige Bischof und Pommernmissionar Otto, Kaiser Heinrich und vor allem Kunigunde im Vordergrund den Bamberger Anspruch im ehemals umstrittenen südlichen Grenzgebiet der Diözese bis heute betonen.[17]

Anmerkungen

1 Baumgärtner, Ingrid: Kunigunde. Politische Handlungsspielräume einer Kaiserin, in: Baumgärtner, Ingrid (Hg.): Kunigunde – eine Kaiserin an der Jahrtausendwende, Kassel 1997, S. 14–17.

2 Pamme-Vogelsang, Gudrun: Consors regni – »... und machte sie zur Genossin seiner Herrschaft«, in: Krönungen. Könige in Aachen – Geschichte und Mythos, Ausstellungskatalog, Aachen 2000, Bd. 1, S. 70.

3 Heinrich II. wurde am 7. Juni 1002 in Mainz zum König gekrönt.

4 Fößel, Amalie: Die Königin im mittelalterlichen Reich. Herrschaftsausübung, Herrschaftsrechte, Handlungsspielräume (Mittelalter-Forschungen Bd. 4), Stuttgart 2000, S. 123–132.

5 Fößl, Die Königin, S. 125; Baumgärtner, Kunigunde, S. 50.

6 Schnelbögl, Fritz: Lauf-Schnaittach. Eine Heimatgeschichte, Lauf 1941, S. 15.

7 Fößel, Die Königin, S. 203.

8 Zit. nach: Schnelbögl, Lauf-Schnaittach, Anhang.

9 Glückert, Ewald: Dekanat Neunkirchen a. Sand. Geschichte und Beschreibung der Pfarreien (Neunkirchner Geschichtshefte Nr. 7), Neunkirchen am Sand 1996, S. 14–15.

10 Glückert, Dekanat, S. 15.

11 Schnelbögl, Lauf-Schnaittach, S. 22; ders.: Schnaittach und seine Landschaft, Lauf 1971, S. 11.

12 Urban, Josef: Das Jubiläum der Heiligsprechung, in: Die Krönung der Kunigunde (Kleinausstellungen im Archiv des Erzbistum Bamberg 6), Bamberg 2001, S. 58–109, hier S. 65.

13 Nürnberg 1300–1550. Kunst der Gotik und Renaissance, Ausstellungskatalog im Germanischen Nationalmuseum Nürnberg, Nürnberg/München 1986, S. 112.

14 Schönwald, Ina: Der so genannte Kunigundenkopf, in: Die Krönung, S. 110–111.

15 Schönwald, Ina: Der Hochaltar in der Pfarrkirche St. Kunigund zu Schnaittach, in: Die Krönung, S. 2–48.

16 Archiv des Erzbistums Bamberg, Pfarrarchiv Schnaittach, Fasc. Kirchenportal.

17 Das Kopffragment, das als »*Haupt der heiligen Kunigunde*« gilt, ist im Heimatmuseum Schnaittach zu sehen. Es liegt in der Museumsgasse 12–16 (zusammen mit dem Jüdischen Museum), Tel. 0 91 53/74 34; geöffnet So 11.00–17.00 Uhr. Führungen nach telefonischer Anmeldung unter Tel. 0 91 53/40 91 21.

Brigitte Korn
Stilla von Abenberg

Bis heute ist die Stadtpatronin Stilla in Abenberg präsent. So tragen im Jahr 2002 116 Frauen und Mädchen in der 5.873 Einwohner zählenden Gemeinde den außerhalb der Region ungebräuchlichen Vornamen Stilla, auch wenn die Wahl dieses Namens immer seltener wird.[1]

In der Stadt selbst findet der Besucher eine Stilla-Apotheke und einen Stillabrunnen. 1974, als in Abenberg Straßennamen vergeben wurden, erhielt der vorher nicht näher bezeichnete Platz, an dem jener Brunnen steht, die Bezeichnung Stillaplatz. Doch nicht genug der Verehrung: Im Jahr 2000 führte eine Laienspielgruppe anlässlich des alljährlich im Juli gefeierten Stillafestes ein Theaterstück zum Leben und Wirken der Stadtpatronin mit großer Publikumsresonanz auf.[2]

Dies war nicht das erste Stilla-Festspiel. Theateraufführungen zu Ehren der Stadtpatronin haben in Abenberg Tradition: Schon Laura Schott (1850–1913), die damalige Eigentümerin der Burg Abenberg, verfasste im Jahr 1898 ein Theaterstück über das Leben der Verehrten, das als »Abenberger Festspiel« zwischen 1898 und 1911 mehrere Jahre aufgeführt wurde und sich großer Beliebtheit erfreute. Dies passte so recht in eine Zeit, in der vielerorts Episoden aus der örtlichen Geschichte oder dem Leben herausragender Ortsbewohner die Grundlage für Festspiele lieferten. Pfarrer Josef Kornbacher (1902–1995) tat es Laura Schott gleich und kreierte 1927, aus Anlass der Seligsprechung Stillas, und 1947 zwei verschiedene Stücke zum Thema, die beide zur Aufführung kamen.[3] Das jüngste, im Jahr 2000 uraufgeführte Festspiel stammt aus der Feder des Klostergeistlichen Jakob Meyer.

Doch was hat es mit dieser Stilla auf sich, wer war diese Person, die die Stadt Abenberg bis heute so sehr prägt? Wann lebte sie, was wissen wir über ihre Abstammung und worin bestand ihr Lebenswerk, das sie so verehrungswürdig machte und bis heute macht?

Die ausführlichsten und detailliertesten schriftlichen Quellen zum Leben und Werk Stillas, einer Frau wohl des 12. Jahrhunderts, stammen erst aus dem ausgehenden 16. Jahrhundert. Diese Quellentexte liegen in mehreren Handschriften unterschiedlichen Umfangs aus den Federn verschiedener Verfasser vor. Die ältesten auf uns gekommenen Berichte wurden in den Jahren 1593 und 1594 aufgezeichnet.

Sie beschreiben Stilla als Spross der Familie der Grafen von Abenberg.[4] Die Grafen von Abenberg, im 11. und 12. Jahrhundert urkundlich nachweisbar, zählten nicht zuletzt als Vögte des Hochstifts Bamberg und mehrerer bambergischer Klöster zu den einflussreichsten Dynastengeschlechtern Ostfrankens. Um 1200 starb der letzte männliche Vertreter der Familie.[5] Als ihren Vater nennen die Legendentexte Graf Zelchus, der ein Urenkel des Stammvaters Graf Babo von Abenberg gewesen sei, zwei Namen, die von der Geschichtswissenschaft inzwischen als falsch eingeschätzt werden.[6] Die Handschriften berichten übereinstimmend weiter, dass Stilla sich von frühester Jugend an durch ein überaus tugendsames und frommes Leben vor allen anderen ausgezeichnet habe. Vor allem ihre Barmherzigkeit und Fürsorge für die Armen und Kranken werden hervorgehoben,

> *darum kamen alle zu ihr als zu einer Mutter, daß sie dieselben speiste, tränkte, tröstete, pflegte und wartete wie immer eine Mutter ihre Kinder. Und wann sie ihren heiligen Segen über die presthaften und schadhaften Menschen machte, so wurden sie gesund.*[7]

Die beiden Brüder Stillas – die Legenden des späten 16. Jahrhunderts nennen sie Rapoto und Konrad[8] – hätten den Plan gehabt, auf einem Hügel in Abenberg, unweit der Burg, ein Kloster zu stiften, jedoch seien sie von dem Vorhaben abgekommen, da sich der Boden dazu nicht geeignet habe. Sie hätten sich deshalb einem neuen Projekt zugewandt und gemeinsam mit dem Bischof Otto von Bamberg im Jahr 1132 das Zisterzienserkloster Heilsbronn gegründet.[9] Stilla habe jedoch am ursprünglichen Plan ihrer Brüder unverrückbar festgehalten und ihn zur selben Zeit wie die Klostergründung in Heilsbronn erfolgreich in die Tat umgesetzt: Sie stiftete, so die Quellen, an der Stelle des späteren Klosters Marienburg eine Kirche zur Ehre Gottes und weihte sie Petrus und Paulus. Alle Handschriften betonen ihre täglichen Gebete, die sie dort mit ihren drei tugendhaften Dienerinnen, Gewerra, Wiederbring und Wiederkhuma,[10] mit großem Fleiß verrichtet habe. Als sie die Peterskirche bauen ließ, trug sich ein großes »Mirakel« zu. Stilla habe immer jedem Handwerker nach getaner Arbeit genau den Lohn ausbezahlt, den er sich durch die Arbeit verdient hatte. In der Handschrift von 1594 steht: Es

> *geschache ein großes miracul, dan wan zu nachts die werckhleut und Arbeiter ihren Lohn nemmen wolten, so griff sie, die h. Stilla, in daß gelt und gab einem jedwedern also viel er verdient hette*

und erhueb auff ein mall mehr oder weniger nit, dan so viel er verdient und Ihme von rechts wegen gebühret.« [11]

Diese Geschichte erinnert an ein Legendenmotiv, das wir etwa von der heiligen Kaiserin Kunigunde kennen: Beim Bau der Stephanskirche seien auf wunderbare Weise Bauleute bestraft worden, die aus der Schüssel mehr Münzen genommen hätten, als ihnen zustanden.

Die Quelle von 1594 berichtet weiter, dass sich Stilla nach der Weihe der Kirche durch den Bischof Otto von allem Irdischen losgesagt und auf des Bischofs Rat hin den Schleier genommen habe.

Der gestifteten Kirche habe Stilla in den Folgejahren ein Frauenkloster hinzufügen wollen, jedoch habe Gott sie vor Vollendung dieser Zukunftspläne aus dem Leben, *»auß disem Jammerthal«*, [12] zu sich gerufen. Sie weissagte jedoch für diesen Ort die Gründung eines Frauenklosters, wie es zu der Zeit, als die Handschriften abgefasst wurden, schon ein Jahrhundert lang bestand.

Der letzte Teil der Legende widmet sich einem weiteren Wunder, das sich um Stillas Begräbnisort rankt. Den Legenden nach habe sie, als sie sehr krank war, ihre Handschuhe von der Burgmauer mit den Worten hinabgeworfen, dass, *»wo man diese meine handtschuhe findt, dahin soll man mich nach meinem todt begraben«*. [13] Obwohl man die Handschuhe in der Nähe ihrer Kirche gefunden habe, habe man sich dafür entschieden, sie gegen ihren ausdrücklichen Willen im Familienkloster der Abenberger Grafen in Heilsbronn zu begraben. Doch niemand habe vermocht, ihren Leichnam aufzuheben oder wegzutragen. Als man die sterblichen Überreste Stillas auf einen Karren gelegt habe, hätten die Zugtiere ohne menschliches Zutun den Leichnam selbstständig zur Peterskirche gebracht, wo sie auch ihre letzte Ruhestätte fand. Auch hier greift die Stillalegende ein aus etlichen Heiligenviten bekanntes Motiv auf, das z. B. vom heiligen Sebald von Nürnberg oder vom heiligen Überkum von Baunach berichtet wird.

Über Stillas Grab habe man einen Grabstein errichtet mit der Inschrift

»hie ligt begraben, die hl. jungfrawen stilla die zweyer graffen schwestern ist gewesen von Abenberg und viel großer wunderzeichen gethan hatt.«

Den Weg, den die Zugtiere mit dem Leichnam der Stilla eingeschlagen hatten, habe man mit drei steinernen Säulen gekennzeichnet, deren genaue Standorte in den Legenden beschrieben werden. Diese enden mit einer knappen Beschreibung der sich entwickelnden Wallfahrt: Als nämlich in der Folgezeit bekannt wurde, dass die Gebete und Fürbitten der Menschen, die zu Stillas Grab gepilgert waren, vielfach erhört wurden, habe Bischof Gundekar von Eichstätt die Erlaubnis gegeben, ihr zu Ehren einen Altar in der Peterskirche zu errichten und ihrer am Sonntag nach dem Tag der Kirchenpatrone Petrus und Paulus zu gedenken. Die beiden Eichstätter Bischöfe, die den Namen Gundekar trugen, amtierten freilich lange vor der mutmaßlichen Lebenszeit Stillas; schon aus diesem Grund wird man der letztgenannten Aussage der Legende mit Vorsicht zu begegnen haben.

Ein Textvergleich der vorliegenden Handschriften ergibt, dass die verschiedenen Versionen der älteren Legenden nur unwesentlich voneinander abweichen, jedoch folgen manchen Handschriften Mirakelbücher anderer Verfasser, die die verschiedenen Wunder auflisten, die dank der Fürbitten Stillas geschehen sind.

Offenbar geht die 1593 aufgezeichnete Legende auf den Stiftsdekan Wolfgang Agricola (1536–1601) in Spalt zurück, der 13 Jahre lang Beichtvater im Kloster Marienburg zu Abenberg war. Gewiss hat der Autor bei der Abfassung der Legende auf ältere Vorlagen zurückgegriffen. Dem Marienburger Nekrolog zufolge war Agricola »*der fürnembste Ursacher dieses unsers wiederumb auffgerichteten Closters*« und dessen »*unzalparer grosser Guetthäter*«.[14]

Es erscheint nahe liegend, dass Agricola das durch ihn maßgeblich wieder belebte Frauenkloster nicht nur durch materielle Zuwendungen gefördert haben dürfte. Er mag bestrebt gewesen sein, den Kult der heiligen Stilla am Ende des Reformationsjahrhunderts zu erneuern. Eine Heilige freilich brauchte eine Legende, damit die Gläubigen einerseits ihr eigenes Leben am Vorbild Stillas ausrichten konnten und andererseits Ansätze fanden, in welchen dies- oder jenseitigen Nöten die Heilige als Schutzpatronin anzurufen sei. Weiterhin könnte er die Förderung des Stillakultes als Mittel betrachtet haben, dem Kloster durch die Spenden der herbeiströmenden Hilfe Suchenden zusätzliche Einnahmen zu bescheren.

Die Legende gleicht einem Gemälde, das das einer Heiligen gemäße Leben Stillas mittels prägnanter, freilich auch über andere Heilige berichteter Szenen dem Betrachter farbig vor Augen führt. Das Bild, das die Geschichtswissenschaft von der historischen Persönlichkeit »Stilla« zeichnen kann, ähnelt vielmehr einem längst verblassten, von anderen Farbschichten überlagerten Fragment mit undeutlichen Konturen.

Schon ihr Name gibt große Rätsel auf, scheint »Stilla« doch als Personenname an anderen Orten kaum gebräuchlich zu sein. Erst Mitte des 14. Jahrhunderts wird in einer Würzburger Quelle eine Frau namens Stilla erwähnt.

Auch die genauere Bestimmung ihrer Lebensdaten birgt erhebliche Schwierigkeiten. Stilla wird immer wieder, so in den verschiedenen Legendentexten, als Abenberger Grafentochter bezeichnet und zeitlich der ersten Hälfte des 12. Jahrhunderts zugeordnet. Einen Anhaltspunkt hierfür liefert die erwähnte Gründung des Klosters Heilsbronn, in deren Umfeld die Grafen Adalbert IV. und Konrad III. erscheinen. Zwar nennt die Urkunde aus dem Jahr 1132, die den Verkauf eines Gutes an das neu errichtete Kloster zum Inhalt hat, drei an diesem Verkauf beteiligte Schwestern der Grafen,[15] jedoch keine namentlich.

Eine weitere Spur führt uns zu Stillas Grablege in der Klosterkirche zu Abenberg, die heute nicht mehr sichtbar unter dem Steinfußboden

Das älteste Abbild Stillas auf der Grabplatte in der Klosterkirche Abenberg

der Kirche verborgen ist. 1884 im Beisein einer bischöflichen Kommission geöffnet und vermessen, wird sie als eine viereckige Vertiefung beschrieben,[16] die in den unter dem Kirchenboden befindlichen Felsen hineingehauen wurde. Ob hier Stilla wirklich begraben wurde, wie es die Legende besagt, ist wiederum nicht zu verifizieren, es bleibt Vermutung.

Die älteste auf uns gekommene Abbildung der Stilla findet sich in der Klosterkirche auf einer Platte, die in das heute vorhandene, nach der Graberöffnung im Jahr 1884 entstandene Grabmal als Deckstein eingearbeitet wurde. Das Relief zeigt Stilla als Kirchenstifterin, gekleidet in ein langes, faltenreiches Gewand, im rechten Arm eine Kirche tragend. Obwohl das Kleid der Figur die typischen Hängeärmel des 12. Jahrhunderts aufweist, zweifelte der damalige Direktor des Germanischen Nationalmuseums, August Ottmar Ritter von Essenwein (1831–1892), doch sehr daran,

> »daß der Stein unmittelbar nach dem Tode der Gräfin Stilla von Abenberg gefertigt« sei, er halte es vielmehr für »ein rohes Werk frühestens des 13. oder 14. Jahrhunderts, gestiftet wohl von einem Verehrer der seligen Stilla, die ja als Heilige galt, vielleicht erinnernd an ein zugrunde gegangenes Werk des 12. Jahrhunderts«.[17]

Auch diese Spur Stillas reicht also nicht in die Zeit, in der sie lebte.

Stilla mag als historische Persönlichkeit kaum fassbar sein, allenfalls in Schemen. Gleichwohl ist sie in der Verehrung, die ihr bis auf den heutigen Tag zuteil wird, »lebendiger« als viele ihrer oftmals bezeugten Zeitgenossen. Davon kann man sich am Stillafest im Juli überzeugen, einem Sonntag, der von der Abenberger Bevölkerung und vielen Auswärtigen mit Gottesdiensten und Konzerten feierlich begangen wird.

Anmerkungen

1 Im Jahr 2001 erhielt kein Abenberger Mädchen den Namen Stilla.
2 Anlässlich des 75-jährigen Jubiläums der Seligsprechung vom 12. Januar 1927 wurde das Stück im Jahr 2002 noch einmal aufgeführt.
3 Pfarrer Josef Kornbachers erster Text wurde 1927, 1928, 1950, 1977, 1978 aufgeführt, das zweite Stück kam 1947 zum 20. Jahrestag der Seligsprechung zur Aufführung.
4 Der Verfasser schreibt fälschlicherweise Abensberg statt Abenberg.
5 Vgl. Korn, Brigitte: Die Grafen von Abenberg, in: Schatz- und Verwahrfunde im Abenberger Land (Vom Abenberger Land 3), hrsg. vom Heimatverein Abenberg, Abenberg 1995, S. 92–96.

6 Heute wird Graf Chuonrad als Stammvater der Abenberger Grafen angesehen. Graf Zelchus ist nicht belegbar. Vgl. Eigler, Friedrich: Schwabach. Historischer Atlas von Bayern, Teil Franken, Reihe 1, Heft 28, 1990, S. 118.

7 Vgl. Diözesanarchiv Eichstätt, Ms 83, S. 2b–3: »Legende von dem Leben, Sterben und großen Wunderzeichen der heyligen Jungfrauen Stilla, welche in dem löblichen Closter Mariaburg begraben ligt«, 1594. Im Original heißt es: »*darumben mäniglich zu Ihr als zue einer muetter khomen, daß sy dieselben speyßet, trenekhet, tröstet, Ihr pfleget und wahrtet als nymer ein muetter Ihrer kinder. und wan sie ihren heyligen segen über die presthafften und schadhafften menschen [machte??], so wurden sie gesundt.*«

8 Der jüngeren Forschung nach handelt es sich bei Rapoto und Konrad nicht um Geschwister, sondern um Vettern. Vgl. Eigler, Schwabach, S. 118.

9 Hier scheinen zwei historische Begebenheiten vermischt zu sein. Zum einen bezieht die Legende sich auf ein Familienkloster (cellula) der Abenberger in der Stadt, das wohl Rapoto I. (1114–1145) gründete, das jedoch nicht lange Bestand hatte. Die Rechtmäßigkeit seiner Gründung wurde durch seinen Sohn Rapoto II. (gest. 1173) erfolgreich angefochten. Um die geistlichen Güter nicht wieder in weltlichen Besitz gelangen zu lassen, übertrug Rapoto II. sie dem Kloster Heilsbronn. Zum zweiten wird die Gründung des Zisterzienserklosters in Heilsbronn berührt, ein Kloster, das Bischof Otto stiftete, jedoch statteten es die Vettern Rapotos II., Adalbert IV. und Konrad III., mit ihren drei Schwestern 1132 mit einem Gut aus, das die hauptsächliche materielle Grundlage des Klosters ausmachte. Wohl aus diesem Grund erhielten sie in der Stiftungsurkunde den Ehrentitel »Mitstifter«.

10 Die Existenz von drei Gefährtinnen Stillas ist ein Topos, der in Zusammenhang mit Kirchen- und Klosterstiftungen im deutschsprachigen Raum häufiger anzutreffen ist. Zahl und Namen der drei Jungfrauen lassen die Vermutung zu, dass es sich um Phantasieschöpfungen handelt, zumindest können sie nicht historisch gefasst werden.

11 Vgl. Diözesanarchiv Eichstätt, Ms. 82a. Leben der hl. Stilla, 1593, S. 3b.

12 Vgl. Diözesanarchiv Eichstätt, Ms. 82a. Leben der hl. Stilla, 1593, S. 3b.

13 Vgl. Diözesanarchiv Eichstätt, Ms. 82a. Leben der hl. Stilla, 1593, S. 5.

14 Zit. nach Müller: Die selige Stilla, S. 10.

15 Vgl. BayHSTA KU Heilsbronn 1.

16 Vgl. Müller, Die selige Stilla, S. 24–25.

17 Vgl. Müller, Die selige Stilla, S. 26.

Nadja Bennewitz
Gutlin, Belkint und Schonfrawen
Alltag jüdischer Frauen im Spätmittelalter

Gutlin, Belkint, Schonfrawen, Zarlip, Schonwip oder Liebheit[1] – mit diesen sprechenden Namen ließen sich Jüdinnen aus den mittelalterlichen Gemeinden in Windsheim, Neustadt/Aisch, Nürnberg, Rothenburg, Hersbruck oder Weißenburg rufen. Dass wir heute noch ihre Namen kennen, ist grausamen Umständen zu verdanken. Sie stehen in dem Nürnberger Memorbuch, das Isak ben Samuel 1296 zu schreiben begann. Zwei Jahre später wurde er bei reichsweiten Pogromen, die in Nürnberg 628 und in Rothenburg 450 Tote forderten, mit seiner Frau Goldlin und seinen fünf Kindern ermordet und mit ihnen auch die eingangs benannten Frauen. Die Überlebenden führten das Buch weiter und erinnerten sich der Opfer. Hat möglicherweise Rebekka, die Tochter des berühmten Rabbi Meir ben Baruch aus Rothenburg, die das Pogrom in Rothenburg überlebte und noch 1320 in Nürnberg lebte, die Namen der Ermordeten aus ihrer Heimatstadt in das Memorbuch eintragen lassen?[2]

Folgen wir den Spuren religiöser, rechtlicher und beruflicher Möglichkeiten jüdischer Städterinnen im Mittelalter.

»... einen Pentateuch zum Jugendunterricht und 1/8 Mark für Kranke«[3]

Frauen und Männer nahmen voneinander getrennt am Gottesdienst teil, abgeschirmt beispielsweise durch einen Vorhang.[4] In Nürnberg war der Bau einer eigenen Frauenschul durch die Stiftung des Ehepaares Rahel und Jechiel möglich geworden. Sie befand sich als Teil der Synagoge dort, wo heute die Frauenkirche auf dem Nürnberger Hauptmarkt steht.[5] Eine Art »kultische Dolmetscherin«, eine Vorbeterin, verfolgte den hebräischen Gottesdienst der Männer meist durch eine kleine Öffnung im Mauerwerk und trug für die Frauen eigene Gebetstexte in jüdisch-deutscher Sprache vor.[6] Richenza hieß die Nürnberger Vorsängerin, die 1298 auch einen gewaltsamen Tod fand,[7] für Rothenburg ist eine »Judea magistra« erwähnt, die möglicherweise ebenfalls als Vorbeterin fungierte.[8]

Der Synagogenraum, in dem sich die Männer versammelten, wurde gleichwohl durch Stiftungen von Frauen mitgestaltet. Isak und seine Frau Bathseba sorgten dafür, dass der Boden in der Nürnberger Synagoge mit Stein ausgelegt wurde. Das Ehepaar Salomo und Bruna ließ Nischen in das Mauerwerk und den steinernen Almemor einbauen, eine Art Kanzel, auf der die Thora verlesen wurde, und Frau Zippora bezahlte einen Teppich für den Steinboden vor der heiligen Lade. Auch für den Gottesdienst wurden Schenkungen gemacht. Rahel und Jechiel stifteten Gesetzesrollen, Gebetsbücher, Mäntelchen zum Schutz und Schmuck der Thorarolle, Lichter für den Sabbat und andere Festtage und das dafür benötigte Öl, Frau Maimona finanzierte einen hebräischen Pentateuch, ein Gebetsbuch, eine Gesetzesrolle und viele allein stehende Frauen vermachten der Synagoge Geldbeträge ohne genauere Bestimmungen.[9]

»Priesterin des Hauses«

Rabbi Meir ben Baruch (um 1215–1293), der 40 Jahre in Rothenburg lebte und als »*die herausragendste Persönlichkeit des Judentums im mittelalterlichen Deutschland*«[10] gilt, war außer als Rabbiner und Lehrer auch als Gutachter in Fragen tätig, die den Talmud betrafen, das zweite Hauptwerk des Judentums neben der Thora. Es erreichten ihn Anfragen aus ganz Deutschland, aus Österreich, Böhmen und Frankreich, die die Organisation des jüdischen Gemeindelebens und individuelle Angelegenheiten betrafen. Er musste sich beispielsweise damit beschäftigen, ob eine geschiedene Frau auch dann noch Anrecht auf ihr Heiratsgut habe, wenn sie an der Scheidung selbst die Schuld trage.[11] Aus den Fragen, die an ihn herangetragen wurden, erfahren wir von einem religiösen Brauch, der offensichtlich erst von Rabbi Meir selbst abgeschafft wurde. Er beschrieb, dass sich in sehr vielen Orten die Patin bei der Zeremonie der Beschneidung in der Mitte der Synagoge auf den Boden setze und den Säugling in ihrem Schoß halte, während sich die Männer um sie versammelten. Seiner Ansicht nach sei es jedoch nicht angebracht, dass sich eine festlich geschmückte Frau mit Männern zusammen in der Synagoge aufhalte und das Baby in ihrem Schoß beschnitten werde.[12] Zu den Privilegien der Frauen gehört(e) die Durchführung dreier religiöser Gebote: Sie leiten am Freitagabend vor Sonnenuntergang durch das Anzünden und das Segnen der Sabbat-Lichter den Sabbat

Jüdische Hochzeit: Die Braut trifft den Bräutigam unter der Chuppa, dem Trau-
baldachin, der das Heim der Eheleute symbolisiert

ein; sie legen zum zweiten beim häuslichen Brotbacken etwas Teig
zur Seite, denn sie gelten als »Priesterinnen des Hauses« und wie
einst die Tempelpriester Gott ein Opfer dargebracht hatten, so voll-
ziehen sie nun auch diese Handlung; und schließlich sind sie nach
der Thora verpflichtet, nach ihrer monatlichen Regel und nach der
Geburt eines Kindes ein rituelles Tauchbad in der Mikwe zu nehmen.[13] Eine Mikwe, die mit fließendem, natürlichem Wasser gespeist
werden musste, gab es in jeder mittelalterlichen Gemeinde, in Rothenburg war sie nach der Zwangsumsiedlung der Gemeinde Mitte
des 14. Jahrhunderts im Keller eines Wohnhauses in der Judengasse
10 eingerichtet worden. Hier mussten Frauen zu den genannten Anlässen mit ausgebreiteten Armen dreimal vollständig untertauchen.[14]

Die häuslichen Aufgaben einer jüdischen Frau waren religiös geprägt. Wegen des Arbeitsverbotes am Sabbat mussten sie weit im Voraus planen, und nicht nur das: Sie mussten auch bedenken, dass sie
wegen des christlichen Feiertages am Sonntag nichts würden einkaufen können.[15] Jüdische Menschen lebten somit nach zwei Kalen-
dern, was von den Frauen hohes Organisationstalent erforderte.

»Rechtschaffen und tugendhaft«

Wie stand es um die rechtliche Stellung jüdischer Frauen? Entscheidend verbessert wurde ihre Position im 11. Jahrhundert, als im
aschkenasischen Judentum, den jüdischen Gemeinden Deutschlands,

die Mehrfachehe abgeschafft und dem Mann verboten wurde, sich gegen den Willen der Frau scheiden zu lassen.[16] Dies verbesserte ihren Status bei der Verantwortung für das familiäre Vermögen, bei der Erziehung der Kinder und der häuslichen Organisation entscheidend.

Im Gegensatz zu starken Strömungen innerhalb der christlichen Lehre, wonach die Ehe lediglich als Möglichkeit angesehen wurde, der zügellosen Unzucht zu entgehen, galt und gilt im Judentum die Ehe als gottgewollt. Daher waren Rabbiner und andere wichtige Amtsträger selbstverständlich verheiratet.

Vor der Hochzeitszeremonie wurde ein Ehevertrag geschlossen, die »*Ketuba*«. Hierin wurden die Rechte und Pflichten des Ehemannes fixiert, der seine Frau ehren, versorgen und auch ihre sexuellen Bedürfnisse befriedigen sollte. Es wurde der Betrag festgelegt, der ihr im Falle einer Scheidung zustand. So wurde der Rothenburger Jüdin Channa 1401 dieses Recht in dem Ehevertrag mit ihrem Bräutigam Jedidja verbrieft. Im Falle einer Scheidung sollte sie ihre Mitgift zurückerhalten, starb sie vor ihrem Mann, würde diese ihrer Familie ausbezahlt.[17]

Der zugesagte Geldbetrag im Falle einer Scheidung bedeutete Schutz für die Frau. Darüber hinaus existierten weitere Bestimmungen, die das eheliche Leben zu ihren Gunsten regelten. Verboten war es, die Ehefrau zu schlagen. Der schlagende Mann sollte nicht nur gebannt und exkommuniziert, sondern auch körperlich bestraft werden, im Wiederholungsfall sollte ihm die Hand abgehauen werden. Er sollte härter bestraft werden, als wenn er einen anderen Mann schlage, so der Rothenburger Rabbi, denn seiner Frau schulde er Respekt. Dies war die anerkannte Traditionslinie unter den jüdischen Gelehrten, auch in Mittelfranken.[18]

Generell wird in der Forschung der jüdischen Frau eine sehr angesehene Stellung bescheinigt. Diese Hochachtung der Frauen wird auch auf den Grabinschriften sichtbar. Die erwähnte Bathseba, die 1281 mit ihrem Mann Isak den Steinfußboden in der Nürnberger Synagoge hatte verlegen lassen, wurde auf ihrem Grabstein als rechtschaffene und hoch geachtete Frau charakterisiert.[19] Möglicherweise waren dies Beweggründe für einen Übertritt zum jüdischen Glauben. Während auf den Grabsteinen immer der Name der Vaters genannt wurde, verhielt es sich im Falle der Rothenburger Proselytin[20], die den Namen Esther annahm, anders: Sie wurde als »*Tochter unserer Mutter Sara*«, der biblischen Stammmutter, bezeichnet.[21] Offensichtlich gelang diesen Frauen die Integration in die jüdische Gemeinde, was an ihrer Teilhabe am Gemeindeleben ablesbar ist. Frau Guta, die Proselytin, spendete 15 Denare für den Nürnberger Friedhof und Frau Pesslin gab Geld für Kranke, den Friedhof und den Jugendunterricht.[22]

»... die witiben sullen auch iren Juedenayt sweren«[23]

Juden galten in der mittelalterlichen Stadt nicht als Vollbürger, sie mussten bei Aufnahme einen eigens für sie erdachten *»Judeneid«* schwören.[24] Verheiratete Frauen, Kinder und HausgenossInnen zählten zum Hausstand des männlichen Haushaltsvorstehers. Starb der Mann, ging das Bürgerrecht auf die Witwe über, wie dies in Nürnberg für das Jahr 1464 vermerkt wurde: »*Gutlein Judin Jacob von Schweinfurts witibe [Witwe] ist burgerin worden ...«*[25] Es waren nun die Söhne und Schwiegersöhne, die rechtlich von der Witwe abhängig waren, da der Rat die Aufenthaltsgenehmigung immer nur dem Haushaltsvorstand, in diesem Fall der Witwe, erteilte.[26] Auch allein stehende Frauen wurden aufgenommen, so kam 1324 Lea aus Rothenburg nach Nürnberg und konnte sich aufgrund der Bürgschaft zweier jüdischer Männer in der Stadt niederlassen.[27] Verwitwete Jüdinnen mussten genauso wie Männer dem königlichen Oberhaupt Steuern und den *»Güldenen Opferpfennig«* zahlen, eine Bestimmung, die dahingehend erweitert wurde, dass schließlich »*alle volljährigen jüdischen Personen beiderlei Geschlechts«*[28] Steuern zu zahlen hätten – hierbei wurden die Jüdinnen also »gleichberechtigt«.[29]

»Jene edlen Frauen, die des Geschäftes kundig sind«[30]

25 % aller jüdischen Geschäftsleute waren in den mittelalterlichen jüdischen Gemeinden weiblich: »Gab es irgendeine mittelalterliche oder auch moderne Gesellschaft, die sich vergleichbarer Werte rühmen konnte?«, fragt deshalb der Historiker Michael Toch sicherlich zu Recht.[31]

Jüdische Frauen waren – wie ihre Männer – vorrangig im Geldverleihgeschäft tätig, da die christliche Gesellschaft sie von allen anderen Gewerbe- und Handwerkszweigen durch Verbote ausgeschlossen hatte. Obwohl nach talmudischem Recht allein die Kinder erbberechtigt waren, änderte man dies im Verlauf des Hochmittelalters, um durch die Konzentration des Vermögens in den Händen der Witwe das Überleben der Familie zu sichern und sich vor dem Zugriff der nichtjüdischen Obrigkeit zu schützen.[32] Da die Geldleihe im häuslichen Bereich stattfand, ließ sie sich mit der Führung des Haushalts vereinbaren. Josman aus Bamberg stand in engem geschäftlichen Kontakt mit seiner Tochter Zorlin in Rothenburg, die für ihn Außenstände einholte und Verbindlichkeiten des Familiengeschäftes gut kannte.[33] Eine solche familiäre Zusammenarbeit war durchaus üblich.

In Nürnberg gehörte die Familie Rapp zu den wohlhabendsten jüdischen Familien, die Eltern Jacob und Gutta führten gemeinsam die Geldgeschäfte. Als der Mann 1383 starb, leitete seine Witwe Gutta Rappin erfolgreich die Geschäfte weiter: Anlässlich der Judenverfolgungen in Schwabach, Windsheim und Weißenburg übergab sie angeblich »ohne jeden Zwang« dem Nürnberger Rat 1.000 Gulden als »Schutzzahlung«, während die restliche jüdische Gemeinde zusammen 2.200 Gulden aufbrachte.[34] Bei der Schuldentilgungsaktion zwei Jahre später waren unter den 30 jüdischen KreditgeberInnen, die nun auf die Rückzahlung ihres Geldes durch die Schuldner verzichten mussten, fünf Frauen, darunter wieder die Witwe Gutta. Mit 13.000 Gulden Außenständen hatte sie den dritthöchsten Verlust zu beklagen.[35] Geschwächt durch diese Schuldentilgung verließ sie Deutschland und zog mit ihrer Familie nach Ancona. Jahrzehntelang strengte sie gegen Nürnberg Prozesse an, um ihr zurückgelassenes Vermögen wieder erstattet zu bekommen, doch vergeblich.[36]

Ein Bauer will einen Ring bei einem jüdischen Ehepaar versetzen, das im Geldhandel tätig ist. Dem Holzschnitt (Nürnberg, 1480) ist ein antijüdisches Gedicht beigefügt

Es waren gestandene Geschäftsfrauen, gewohnt, sich in einer nicht-jüdischen Umwelt – mehr schlecht als recht – durchzusetzen. Viele Jüdinnen waren darüber hinaus in der Textilproduktion, im Dienstleistungsgewerbe, im Lebensmittelhandel und in der medizinischen Betreuung tätig. Im Jahre 1460 wird eine jüdische Augenärztin in Gunzenhausen genannt und in Nürnberg lebte eine Jüdin, »*die sich in der Arznei versteht*«.[37] Hohe Anerkennung genossen besonders Hebammen. Während auf den Grabsteinen meist nur Angaben zu Alter und Status gemacht wurden, vermerkte man einzig bei ihnen ihren Beruf: »*Hier ist beerdigt ein blühender Baum, Frau Eva, die Hebamme ...*«[38]

Anmerkungen

1 Vgl. zur Herkunft der Eigennamen: Salfeld, Siegmund (Hg.): Das Martyrologium des Nürnberger Memorbuches, Berlin 1898, S. 386–418.
2 Germania Judaica, Bd. 2: Von 1238 bis zur Mitte des 14. Jahrhunderts, hrsg. v. Zvi Avneri, 2. Halbbd., Tübingen 1968, S. 711. In Rothenburg ist die Bronzesäule vor der Blasiuskapelle im Burggarten zu besichtigen, die an das Pogrom von 1298 erinnern soll. Im Reichsstadtmuseum werden mittelalterliche jüdische Grabsteine und eine Ausstellungseinheit zu Rabbi Meir ben Baruch gezeigt.
3 Salfeld, Das Martyrologium, S. 294.
4 Metzger, Thérèse und Mendel: Jüdisches Leben im Mittelalter nach illuminierten hebräischen Handschriften vom 13. bis 16. Jahrhundert, Würzburg 1983, S. 65.
5 Vgl. Morschl, Barbara: Jüdinnen, in: Bennewitz, Nadja: Sigenas »Schwestern« im mittelalterlichen Nürnberg. Frauen in der spätmittelalterlichen Stadt, Nürnberg 2000, S. 79–81.
6 Vgl. Kratz-Ritter, Bettina: ›Channa‹: drei Frauengebote – und wie es wohl damals gewesen sein muss, eine deutsche Jüdin zu sein, in: Religion und Lebenswirklichkeit. Frauen in der Einen Welt 2, 2002, S. 43–56.
7 Vgl. die Nürnberger Opfer bei Saalfeld, Das Martyrologium, S. 170–180.
8 Kwasmann, Theodor: Die mittelalterlichen jüdischen Grabsteine in Rothenburg o. d. T., in: Merz, Hilde (Hg.): Zur Geschichte der mittelalterlichen jüdischen Gemeinde in Rothenburg o. d. T., Rothenburg o. d. T. 1993, S. 35–180, hier S. 154.
9 Vgl. die Angaben bei Salfeld, Das Martyrologium, S. 292–302.
10 Berger, Joel: Rabbi Meir ben Baruch von Rothenburg – sein Leben und Wirken, in: Merz, Zur Geschichte, S. 201–208, hier S. 201.
11 Vgl. Schnurrer, Ludwig: Rabbi Meir ben Baruch von Rothenburg, in: ders.: Rothenburg im Mittelalter, Rothenburg o. d. T. 1997, S. 49–62.
12 Grossmann, Avraham: The Status of Jewish Women in Germany (10th–12th Centuries), in: Carlebach, Julius (Hg.): Zur Geschichte der jüdischen Frau in Deutschland, Berlin 1993, S. 17–35, hier S. 32.
13 Vgl. Ritter-Kratz, Channa, S. 49 und Stehlgens, Meike: Juden und Jüdinnen im mittelalterlichen Köln, in: Kuhn, Annette/Pitzen Marianne (Hg.): Stadt der Frauen. Szenarien aus spätmittelalterlicher Geschichte und zeitgenössischer Kunst, Zürich/ Dortmund 1994, S. 166–168.
14 Zur Rothenburger Synagoge vgl. Künzl, Hannelore: Eine mittelalterliche Mikwe in Rothenburg o. d. Tauber, in: Merz, Zur Geschichte, S. 181–200.
15 Schultheiß, Werner (Bearb.): Satzungsbücher und Satzungen der Reichsstadt Nürnberg aus dem 14. Jahrhundert, 1. Lieferung, 1. Teil, Nürnberg 1965, Nr. 155a, 155b, S. 155.

16 Grossmann, The Status of Jewish Women, S. 20f.
17 Müller, A. Rainer/Buberl, Brigitte (Hg.): Reichsstädte in Franken. Katalog zur Ausstellung, München 1987, Nr. 84, S. 77.
18 Grossmann, The Status of Jewish Women, S. 30.
19 Seidl, Günter Heinz: Die Denkmäler des mittelalterlichen jüdischen Friedhofs in Nürnberg, in: MVGN 70, 1983, S. 28–74, hier S. 50.
20 Eine zum jüdischen Glauben übergetretene Person.
21 Kwasmann, Die mittelalterlichen jüdischen Grabsteine, Nr. 38, S. 149.
22 Salfeld, Das Martyrologium, S. 303.
23 Stern, Moritz (Hg.): Die israelitische Bevölkerung der deutschen Städte, Bd. 3: Nürnberg im Mittelalter, Kiel 1894–1896, S. 83.
24 Vgl. Hagn, Hans: Mittelalterliche Judeneide in Bayern, in: Treml, Manfred/Kirmeier, Josef (Hg.): Geschichte und Kultur der Juden in Bayern. Aufsätze, München 1988, S. 105–110.
25 Stern, Die israelitische Bevölkerung, S. 232.
26 Vgl. Toch, Michael: Die jüdische Frau im Erwerbsleben des Spätmittelalters, in: Carlebach, Zur Geschichte, S. 37–48, hier S. 41.
27 Stern, Die israelitische Bevölkerung, S. 9.
28 Schnurrer, Ludwig (Bearb.): Die Urkunden der Reichsstadt Rothenburg 1182–1400, Neustadt a. d. Aisch 1999, Teilbd. 1, Nr. 632, Teilbd. 2, Nr. 2319.
29 Müller, Arnd: Geschichte der Juden in Nürnberg 1146–1945, Nürnberg 1968, S. 26.
30 Zit. nach: Toch, Die jüdische Frau, S. 37.
31 Toch, Die jüdische Frau, S. 40.
32 Toch, Die jüdische Frau, S. 44f., S. 48, Anm. 62.
33 Müller/Buberl, Reichsstädte in Franken, Nr. 86, S. 77.
34 Müller, Geschichte der Juden, S. 63.
35 Toch, Die jüdische Frau, S. 42.
36 Michelfelder, Gottfried; Die wirtschaftliche Tätigkeit der Juden Nürnbergs im Spätmittelalter, in: Stadtarchiv Nürnberg (Hg.): Beiträge zur Wirtschaftsgeschichte Nürnbergs, Bd. 1, Nürnberg 1967, S. 236–20, hier S. 252, 247 und 244.
37 Germania Judaica, Bd. 3: Von 1350–1519, hrsg. v. Ayre Maimon u. a., 1. Halbbd., Tübingen 1987, S. 485 (Gunzenhausen); 2. Halbbd., Tübingen 1995, S. 104, Anm. 58.
38 So die Inschrift eines im Kreuzgang des GNM ausgestellten Grabsteines aus dem Jahre 1313.

Frauenorte
Äbtissin Walpurgis und Nonne Hugeburg
Das Kloster Heidenheim

Da kommt eine hochgebildete Angelsächsin daher und übernimmt die Leitung eines Klosters, in dem Mönche und Nonnen gleichermaßen leben – so etwas hatte man hier noch nie erlebt! Für die berühmte Walpurgis (um 710–779), die als Äbtissin das Kloster ihres Bruders Wunibald (701–761) in Heidenheim übernahm und den Konvent in ein Doppelkloster umwandelte, war dies jedoch ganz selbstverständlich: Aus ihrer südenglischen Heimat waren ihr Doppelklöster bekannt. Diese Frau gelangte – spätestens nach ihrem Tod – zu allerhöchsten Ehren. Ihr Grab in der einstigen Klosterkirche Heidenheim, die erst lange nach ihrem Tod errichtet worden ist, zeugt von der hohen Verehrung, die sie noch 700 Jahre nach ihrem Tod genoss: 779 gestorben, errichteten ihr die Mönche 1484 ein Grabmal.

Das Klosterleben war lange Zeit eine elitäre Angelegenheit, es stand nur der Oberschicht offen. Im 12. Jahrhundert sprach sich die berühmte Äbtissin Hildegard von Bingen noch immer dagegen aus, »*Ochsen, Esel, Schafe und Böcke in einen Stall*«, sprich: Frauen unterschiedlichen Standes in ein Kloster zu tun. Walpurgis war der Eintritt in ein Kloster nur möglich, weil sie dem Adel entstammte.

Von einer Frau geschrieben: Eines der frühesten literarischen Zeugnisse in Franken

Das Kloster Heidenheim war bereits 752 durch die beiden angelsächsischen Brüder Wunibald und Willibald (gest. 787) gegründet worden. Beide waren Gefolgsleute von Bonifatius (gest. 754), der die Heidenmission in Deutschland organisierte. Wunibald war zehn Jahre lang Abt in Heidenheim und starb hier 761. Aus dieser Anfangszeit sind keine Bauten mehr vorhanden. Nach seinem Tod kam seine Schwester Walpurgis nach Heidenheim. Sie war vermutlich zwischen 740 und 750 von Bonifatius nach Tauberbischofsheim gerufen worden und übernahm nun in Heidenheim als Äbtissin das Kloster ihres Bruders.

Es waren hochgebildete angelsächsische Nonnen, die Walpurgis gefolgt waren und die nun hier mit den Mönchen lebten. Eine davon, die mit der lateinischen Sprache vertraute Hugeburg (um 740 – nach

787), eine Verwandte von Walpurgis, verfasste 788 zwei bedeutende Lebensbeschreibungen der Brüder Wunibald und Willibald, denen auch Informationen über Walpurgis zu entnehmen sind. Hugeburgs Aufzeichnungen zählen zu den frühesten literarischen Zeugnissen Frankens. Ohne ihr Schaffen lägen große Teile der Geschichte der Diözese Eichstätt im Dunkeln. Dass sie sich ihrer Leistung bewusst war, machte sie in ihrer Priestern, Diakonen, Mönchen und Edlen gewidmeten Schrift deutlich:

> *Viele von euch hat Gott der Herr und unser Bischof, da sie mir überlegen sind, nicht nur wegen des männlichen Geschlechts, sondern wegen der Würde des ihnen von Gott gegebenen Standes, im heiligen Dienste mir vorgezogen … Aber ich möchte doch etwas Denkwürdiges in die Hand des Lesers zur Lektüre legen.«*

Walpurgis starb am 25. Februar 779 und wurde in Heidenheim beerdigt, wohl dort, wo heute ihr Grabmal in der Kirche zu finden ist. Nach ihrem Tod wurde das Kloster in ein Stift für Weltgeistliche umgewandelt. Die Nonnen mussten in andere Konvente ziehen. Es war ein beliebtes Verfahren, Frauenklöster aufzulösen, um mit deren Besitz Männerkonvente zu finanzieren.

Walpurgis sterbliche Überreste blieben längere Zeit unbeachtet, bis 870 ein Kirchenneubau begonnen wurde. Ein Mauereinsturz wurde

Detail der Thumba der heiligen Walpurgis in der ehemaligen Klosterkirche Heidenheim

als Gotteszeichen gedeutet, weil man ihr Grab missachtet hatte. Ihre Gebeine wurden nach Eichstätt überführt, sie wurde heilig gesprochen. Am 1. Mai überführte man Teile ihrer Reliquien nach Monheim bei Donauwörth, weshalb dieser Tag als Walpurgistag gilt. Die Wunder, die sich bei dieser Überführung ereignet haben sollen, wurden aufgezeichnet und erreichten durch die Vervielfältigung in klösterlichen Schreibschulen einen hohen Bekanntheitsgrad. Bald wurde Walpurgis im ganzen nördlichen Bereich des christlichen Abendlandes verehrt.

Die heutige romanische Kirche mit gotischem Chor in Form einer Basilika entstand ab der zweiten Hälfte des 12. Jahrhunderts. Als sich der Markgraf von Brandenburg-Ansbach 1528 zur protestantischen Lehre bekannte, bedeutete dies das Ende des Klosterlebens.

Die Grabkapelle für die Heilige Walpurgis

An der Stelle ihres Grabes, in dem sich heute keine sterblichen Überreste mehr befinden, wurde zu Beginn des 13. Jahrhunderts eine Grabkapelle für die Heilige errichtet. Ihre VerehrerInnen gelangten durch den kleinen Eingang an der Westseite in die Kapelle.

Das heute noch vorhandene Grabmal zeigt Walpurgis in einem Ordensgewand, wie es den Nonnen erst im späten Mittelalter vorgeschrieben war: Kinn und Halspartie sind von einem »*Weihel*« bedeckt, üblich erst ab dem 13. Jahrhundert. In ihrer rechten Hand hält sie ein (beschädigtes) Szepter als Zeichen ihres hohen Standes, in der linken ein Buch, davor eine kleine Ölflasche, das Attribut der Heiligen. Der Legende nach floss aus ihren Gebeinen heilsames Öl. Über ihrem Kopf halten zwei Engel die Krone der Heiligkeit. Zum Zeichen ihrer angelsächsischen Herkunft befindet sich zu ihren Füßen ein Wappen mit drei Löwen und die Inschrift »*Sepulchrum sanctae Walpurgis 1484*«: Grablege der heiligen Walpurgis.

Modisch gekleidet: Die Statuen von Imagina und Agnes

Die große Anziehungskraft dieses Klosters manifestierte sich in den zahlreichen Beisetzungen vieler Geistliche und Laien ab dem 13. Jahrhundert.

So befindet sich im nördlichen Seitenschiff der Grabstein des Ehepaares Graf Ulrich von Truhendingen und Imagina von Limburg-Isenburg von 1310. Ulrich hält in seiner rechten Hand ein Schwert und trägt ein langes Kleid, das seine Füße nicht ganz bedeckt, im Gegensatz zu denen seiner Frau, die von dem stoffreichen Gewand vollständig umhüllt werden. Dies allein unterschied die Frauen- von der Männerkleidung. Imagina hat über ihrem Kleid einen Mantel, der von einer Spange in Blumenform zusammengehalten wird, ganz dem zeitgenössischen Modetrend gemäß. Unter dem faltenreichen Kleid blieb der Körper der Frau verborgen – was er auch sollte –, denn so erschien die Frau umso würdevoller. Als Verheiratete hat Imagina ihr Haar mit einer Kruselerhaube vollständig bedeckt. Diese hochmodische Haubenform der reichen Frauen bestand aus mehreren übereinander gelegten Schleiern aus Leinen, Baumwolle oder Seide. Die Tücher wurden an den Rändern verstärkt, wodurch das Gesicht von Rüschen umrahmt wurde.

Die Körperhaltung beider entspricht dem so genannten »gotischen S«, einer dem Buchstaben »S« nachempfundenen geschwungenen Körperhaltung. Diese Stilrichtung fand nicht nur in Plastik und Malerei ihren Niederschlag, sondern war Teil der zeitgemäßen Umgangsformen, die sich neben feinen Tischmanieren auch auf den Gang und die Körperhaltung – eben in »S-Form« – erstreckten. Die Haltung der Füße, der Hände und eine vornehme Sitzstellung gehörten mit dazu. Beide Eheleute halten ein Band mit der Aufschrift »*Imagina uxor eius*«: Imagina, seine Ehefrau.

Der zweite Grabstein, der von Interesse ist, zeigt ebenfalls ein Ehepaar: Wirich von Treuchtlingen und seine Frau Agnes Kropfin von Flügelingen. Agnes war 1349 gestorben. Sie hat ein so genanntes »sprechendes Wappen«, d. h. ihr Familienname ist auf ihrem Wappen an der Schulter bildlich dargestellt, nämlich in Form von Flügeln, die ihren Namen »*Flügelingen*« versinnbildlichen sollen. Trotz starker Verwitterung sind noch viele Einzelheiten erkennbar: Wirich hat das Gesicht seiner Frau zugewandt und den Arm um sie geschlungen. Agnes trägt einen Ring am Finger ihrer linken Hand, das Gehänge an ihrem Kleid ist möglicherweise als Rosenkranz zu interpretieren. Der fesche, spitzbärtige Rittersmann Wirich trägt ein Schwert, einen Dolch und Handschuhe, Zeichen seiner Vornehmheit. Agnes hat ein langes, faltenreiches Gewand und ihr Kopf ist mit Tüchern bedeckt. Allerdings ist bei ihr das lockige Haar noch gut sichtbar.

Beide Paare wurden im Kloster begraben, weil sie die Vogtei über den benediktinischen Männerkonvent ausübten, also die Rechtsvertretung innehatten.

Der Kreuzgang

Äußerst lohnenswert ist der Besuch von Kreuzgang, Klosterhof und Heidenbrünnlein des ehemaligen Männerklosters. Aus Walpurgis' Zeit stammen keine Bauten mehr.

Nadja Bennewitz

Informationen:

Heidenheim liegt südlich von Gunzenhausen; von Gunzenhausen auf der B 466 Richtung Oettingen, bei Westheim links abbiegen. Die **Klosterkirche Heidenheim** ist in der Regel geöffnet. Weitere Informationen: Ev.-luth. Pfarramt, Ringstr. 1, 91719 Heidenheim, Tel. 0 98 33/2 75.

Verehrte Kunigunde und andere Heilige
Der gotische Altar in Dietenhofen

In Dietenhofen stößt man auf eine Kirche mit einer besonderen Kostbarkeit: einem gotischer Altar aus der Zeit um 1510 mit Szenen aus dem Leben von zwei Heiligen – zwei weiblichen. Der Altar ist nicht nur aus kunstgeschichtlicher Perspektive wertvoll, sondern auch wegen der dort dargestellten Lebensgeschichten von Frauen.

Wo heute im geöffneten Altar eine Kreuzigungsgruppe zu sehen ist, die dort wohl in der Reformationszeit ihren Platz fand, standen einst die Figuren der beiden Heiligen Kunigunde und Birgitta, die heute mit der Madonna an der Langhausseite stehen. Diesen Frauen war der Altar eigentlich gewidmet, wie die Szenen auf den Altarflügeln zeigen.

Was haben diese beiden – eine Kaiserin des Heiligen Römischen Reiches aus dem 11. Jahrhundert und eine schwedische Visionärin und Ordensgründerin aus dem 14. Jahrhundert – in Dietenhofen zu suchen? Das Patronat über die Kirche hatte das adlige Geschlecht der Leonroder, deren beeindruckende Burgruine im Tal der Bibert ganz in der Nähe zu bewundern ist. War eine Familienangehörige eine Verehrerin dieser Heiligen? Was verbindet sie miteinander – außer ihrem Geschlecht? Bei beiden handelt es sich nicht um legendenhafte Gestalten, sondern um historische Persönlichkeiten, und zwar um durchsetzungsfähige.

Das Pflugscharwunder der heiligen Kunigunde

Die Bamberger Bistumsheilige Kunigunde (gest. 1033) war in dieser Gegend bekannt, obwohl die Kirche zum Würzburger Bistum gehörte. Die Erzählungen über die Wundertaten der 1200 heilig gesprochenen Kunigunde und deren bildliche Umsetzung machten zahlreiche Wandlungen durch. In der Anfangszeit stand das Bild der frommen Kaiserin an der Seite ihres Gatten im Vordergrund. Das Interesse an der reichsweiten Verbreitung ihres Kultes ging im Verlauf des Spätmittelalters zurück, bis Ende des 15. Jahrhunderts ein regelrechter »Kunigundenboom« einsetzte, zu dem wohl auch die Errichtung des Altars von Dietenhofen zählt. Welche Motive aus dem Heiligenleben waren zu diesem Zeitpunkt noch aktuell?

Auf dem linken Altarflügel ist oben das »Wunder der Kristallschale« beim Bau der Stephanskirche in Bamberg zu sehen: Kaiserin Kunigunde, mit den herrschaftlichen Attributen Krone und Thron versehen, bezahlt die – mit Spitzhacke und Lastenkran detailgetreu dargestellten – Bauarbeiter, die in eine Schüssel mit nie endendem

Geldfluss greifen. Auf wunderbare Weise erhält so jeder seinen richtigen Lohn. Kunigunde wird hier als aktive Herrscherin gezeigt, die Gerechtigkeit walten lässt. Darunter ist das »Pflugscharwunder« dargestellt, bei dem ihr Gatte Heinrich II. keine gute Figur abgibt. Weil er überzeugt von ihrer Untreue ist, lässt er sie mit nackten Füßen über glühende Pflugscharen laufen. Kunigunde besteht diese Gottesprobe unbeschadet und straft so alle Unterstellungen ihrer Unkeuschheit Lüge. Entstanden ist diese Legende im Gegensatz zu dem Wunder der gerechten Entlohnung, das erst um 1400 in Umlauf gesetzt wurde, bereits um 1200. Keuschheit, die mit dieser Szene hervorgehoben werden soll, wird zu diesem Zeitpunkt als Zeichen weiblicher »Würde, Freiheit und Selbständigkeit« gewertet.

Birgitta Birgerdotter (1303–1373) ist auf dem rechten Altarflügel dargestellt. Wie diese Heilige aus dem schwedischen Hochadel nach Dietenhofen kam, ist nicht geklärt. Ob vielleicht eine Verbindung zum ehemaligen Birgittenkloster in Gnadenberg hergestellt werden kann?

Der Tod der heiligen Birgitta

Birgitta verließ nach dem Tod ihres Mannes ihre acht Kinder. Schließlich empfing sie die göttliche Botschaft, sie solle einen neuen Orden gründen, den Birgittenorden. Gesagt, getan. Kein Wunder, dass sie von anderen Ordensbrüdern als Konkurrenz angesehen wurde. So meinte ein Dominikaner, Birgittas Visionen beruhten auf Täuschung und Einbildung. Wenn Gott sich zeigen und offenbaren wolle, hätte er wohl genug männliche Priester, zu denen er sprechen könne. Tatsächlich löste die Beurteilung ihrer Visionen nach ihrem Tod heftigen Streit unter den Theologen aus, drei Kanonisationen waren nötig, um sie definitiv heilig zu sprechen.

Auf den Reliefs ist von diesen Querelen nichts mehr zu sehen. Oben wird Birgittas in Einigkeit mit dem Papst vollzogener Klostereintritt gezeigt und unten der Tod der Visionärin. Ihre Seele wird als kleine Figur gen Himmel getragen. Eine Nonne macht das Sterbebett zu einem Ort des Lesens. Tatsächlich war Birgitta die Patronin für einen guten Tod und den starb man in Gegenwart seiner engsten Vertrauten.

Auch die Halbfiguren unten in der Predella des Altars dürften von Interesse sein. Es sind die Heiligen Dorothea, Barbara und Agnes. Bei diesen Frauenfiguren handelt es sich allerdings nicht um historische Persönlichkeiten.

Nadja Bennewitz

Informationen:

Dietenhofen (Lkr. Ansbach) liegt ca. 12 km nordwestlich von Heilsbronn. Die **Pfarrkirche St. Andreas** am nordöstlichen Ortsrand ist meist geschlossen, kann aber auf Nachfrage besucht werden. Pfarramt St. Andreas-Kirche, Brechtelstr. 8, 90599 Dietenhofen, Tel. 0 98 24/2 56.

Klatsch und Tratsch
Ein Wandfresko in Kriegenbrunn

In der Kriegenbrunner Wehrkirche befindet sich ein außergewöhnliches und seltenes Wandfresko aus der zweiten Hälfte des 15. Jahrhunderts. Zwei Frauen unterhalten sich miteinander, das zeigen ihre bewegten Gesten. Über beiden schwebt der Teufel, der seine Hände auf den Kopf der rechten Frau gelegt hat, er hat sie »in der Hand«. Dieser Teufel hat eine menschenähnliche Gestalt mit Armen und Händen, doch statt der Füße hat er Adlerkrallen, außerdem einen langen Tierschwanz, ein großes Maul, darüber einen Rüssel und lange Ohren mit langen Haarschöpfen oder Hörnern. Auf seinem Spruchband steht: »*LapLipLap*«, was man wohl mit »Blablabla« übersetzen könnte. Kurzum: Die beiden Frauen sprechen unerlaubterweise während des Gottesdienstes miteinander. Die linke Frau sagt zu der rechten: »*Clever dich nit*«, also in etwa »schwatz nicht«, das Spruchband der Angesprochenen ist nicht mehr entzifferbar, doch es ist klar, dass sie die Schuldige ist.

Diese Darstellung bezieht sich auf die zehn Gebote und deren Übertretung, hier geht es um das Gebot »*Du sollst den Feiertag heiligen*«, also während des Gottesdienstes nicht sprechen. Auch in der mittelalterlichen Literatur wurde diese Verfehlung häufig thematisiert. Schon Gregor der Große hatte das Schwätzen während des Gottesdienstes mit dem Teufel in Zusammenhang gebracht: »*In der Kirche schwätzen, das ist mit dem Teufel reden.*« Das dritte Gebot wurde auch durch Ackerarbeit oder Glücks- und Würfelspiele am Feiertag missachtet. Während diese Verfehlungen in der Regel den Männern angelastet wurden, wurde Schwätzen ausschließlich Frauen nachgesagt.

Das Motiv schwatzender und klatschender Frauen ist sehr alt und hat sich lange gehalten, wir kennen es heute noch. Dabei sind Klatsch und Tratsch wesentlicher Bestandteil unserer Kommunikationskultur. Wer klatscht und tratscht, plaudert nicht nur, sondern behandelt auch Machtbeziehungen, das macht und machte Angst. Klatsch und Tratsch auf öffentlichen Waschplätzen machte es leicht, dies als etwas spezifisch Weibliches zu betrachten. (Auch Männer tratschen und klatschen, doch sie nennen es anders: Sie arbeiten, sie gehen zum Stammtisch, haben eine Besprechung ...).

Nadja Bennewitz

Der Teufel hat die tratschenden Frauen in der Hand. Wandfresko in der Kirche von Kriegenbrunn

Informationen:

Kriegenbrunn ist ein Ortsteil von Erlangen.

Die Kirche von Kriegenbrunn ist normalerweise verschlossen. Informationen beim Evang.–luth. Pfarramt Frauenaurach, Wallenrodstr. 4, 91056 Erlangen, Tel. 0 91 31/99 06 50.

Die Autorin bietet frauenspezifische, sozialgeschichtlich ausgerichtete Führungen durch diverse mittelalterliche Kirchen in Absprache an, Tel. 09 11/ 28 65 94, www.Bennewitz-Frauengeschichte.de

Frauenklöster in der Region

Heute werden sie als Scheunen, Privathäuser, Museen oder Bibliotheken genutzt: Die Rede ist von Frauenklöstern, die durch die Reformation in Franken aufgelöst wurden. Welche Chancen bargen diese

Konvente einst für Frauen? Oder waren es vielmehr Orte der Domestizierung?

Dominikanerinnen in Engelthal: Von der »Gnaden Überlast«

Spaziert man durch Engelthal, stößt man auf eine evangelische, barockisierte Pfarrkirche, die allein wegen ihrer Ausmaße Erstaunen hervorruft: Wozu bitte schön benötigte eine kleine Ortschaft eine so große Kirche?

Das einstige Dominikanerinnenkloster, dessen Kirche wir hier vor uns haben, war das älteste Frauenkloster im Nürnberger Raum.

Vorgänger des Konventes war eine Beginengemeinschaft in Nürnberg. Beginen waren religiös motivierte Frauen, die sich zusammenschlossen und bewusst auf jeglichen Besitz verzichteten – als eine Protestform gegen die reiche Kirche. Sie waren die »Aussteigerinnen« der damaligen Zeit. Doch diese Beginen mussten wegen Auseinandersetzungen zwischen Kaiser und Papst aus der großen Reichsstadt fliehen und sie ließen sich im Nürnberger Land an einem Ort namens »*Swinach*« nieder. In so hohem Ansehen standen sie, dass der Adlige Ulrich von Königstein und seine Frau Elisabeth 1243 der Gemeinschaft viele Besitztümer zukommen ließen und die Beginen ein Kloster gründen konnten.

Ob diese Gründung von den Beginen gewollt war? Tatsache ist, dass die einstige Meisterin Alheit ihr Amt niederlegte und die Frauen den Ordensregeln der Dominikanerinnen gemäß eine Priorin wählten. Natürlich bedeutete die Umwandlung einer Beginengemeinschaft in ein Frauenkloster erhöhten Schutz und eine bessere materielle Ausstattung – doch sie bedeutete auch absolute Klausur und massive Einschränkung der Bewegungsfreiheit. So war diese Frauenklosterkirche einst auch zweigeteilt: Unten saßen die Laien, oben die Nonnen, eine Kontaktaufnahme war nicht vorgesehen.

Wegen dieser Klostergründung erhielt der Ort nun den Namen »*Engelthal*«, und so heißt er noch heute.

Den Mittelpunkt des ehemaligen Dorfes Swinach bildet die Willibaldkapelle gegenüber der Kirche. Sie wurde um 1060 errichtet und von ihr ist heute nur der Ostchor erhalten. Auf den restlichen Kirchengemäuern wurde eine Scheune errichtet – zum Glück, denn nur dadurch überlebte die Kapelle, da sie nach der Klosterauflösung noch einen Zweck erfüllte.

Weil sich hier noch bis 1562 der Friedhof befand, trifft man an der Mauerwand auf das Wappen der verstorbenen Priorin Margarete Kürmreutherin (unter der Zahl §1505§), die bis 1513 dem Konvent vorstand. In diesem Jahr wurde sie vom Nürnberger Rat abgesetzt. Der wollte erneut die absolute Klausur und eine strengere Zucht im Kloster durchsetzen, was sich die standesbewussten adligen Nonnen nicht bieten ließen. Die Priorin verweigerte ihre Zustimmung zur Übernahme des Klosters durch die Reichsstadt, enthielt dem Nürnberger Amtsknecht verschiedene Zahlungen vor und gab unmissverständlich zu verstehen, dass das Kloster unter kaiserlicher Freiheit stehe und man mit Nürnberg nichts zu schaffen habe. Doch 1513 stürmten die Nürnberger gewaltsam das Kloster und führten trotz des Widerstands die absolute Klausur wieder ein.

Ein Gang durch den Ort lohnt sich: Schräg gegenüber der Kirche steht auf der anderen Straßenseite die ehemalige Schenkstätte des Klosterdorfes, auch heute noch ein Gasthaus. Gleich im Anschluss an den Ostchor der Pfarrkirche schließt sich das ehemalige Kapitelhaus an, es war der Ostflügel des Kreuzganges. Oben befand sich das »*dormitorium*«, der Schlafsaal der Nonnen, heute ist das schön restaurierte Gebäude in Privatbesitz. Um den südlichen Flügel des Kreuzganges zu finden, muss man am Kapitelhaus vorbei rechts durch einen Durchgang in den ehemaligen Wirtschaftshof des Klosters eintreten. Hier befand sich an der südwestlichen Seite der Speisesaal der Klosterfrauen, der Südflügel des Kreuzganges. Heute ist das Gebäude eine Scheune, der ehemalige Kreuzgang ein üppiger Gemüsegarten.

Das Kloster von Engelthal hatte seine Blütezeit im 14. Jahrhundert. Damals entwickelte es sich zu einem literarischen Zentrum. Viele Nonnen fingen an aufzuschreiben, was sie erlebten. Es waren allerdings »innere Erlebnisse«, mystische Verzückungen und göttliche Eingebungen, die diesen geistlichen Frauen wichtig waren, nicht etwa schnöde äußerliche Begebenheiten. Vielleicht gelingt eine Annäherung an diese ferne Zeit, wenn man den Weg hinunter zur Klostermauer findet (für deren Erhalt sich mittlerweile ein Verein einsetzt), die Weite der Landschaft auf sich wirken lässt und sich ein bisschen Ruhe gönnt.

Die bedeutendste Schriftstellerin des Klosters war die aus Nürnberg stammende Nonne Christine Ebner (1277–1356). Zwei Werke sind von ihr überliefert, eines davon trägt den Titel »*Von der Gna-*

den Überlast«: Belastet waren diese Frauen also nicht mit Hausarbeit oder Kindererziehung, sondern mit mystischen Eingebungen und deren schriftlicher Umsetzung.

Christine Ebner oder: Was Nonnen so alles zugetraut wurde

Eine Darstellung der Mystikerin Christine Ebner findet sich in der Nürnberger Sebalduskirche. Noch knapp 150 Jahre nach ihrem Tod erinnerten sich ihre Nachfahren an sie und nutzten diese bekannte Persönlichkeit aus ihrer Familie, um sich einen besseren Zugang ins Himmelreich zu verschaffen.

Es ist das »Ebner-Epitaph« aus der Zeit um 1500 an der südlichen Langhausseite im Kircheninneren. Diese Darstellung ist für Nürnberg einzigartig, wird hier doch eine historische Gestalt nicht als Person, die Fürsprache nötig hätte, sondern als eine, die für Menschen Fürbitte einlegt, mit in das Gnadenbild aufgenommen. Während die männlichen Familienmitglieder unten in der Stifterzone zu sehen sind,

Die Nonne Christine Ebner (1277–1356), bedeutende Mystikerin aus dem Kloster Engelthal, auf dem Ebner-Epitaph in der Sebalduskirche, Nürnberg, um 1500

steht die Ebnerin mit einem Buch in der Hand rechts von der das Kind stillenden Maria, einer Strahlenkranzmadonna auf einer Mondsichel. Es lässt sich kaum deutlicher zeigen, zu welch hohem Ansehen eine geistliche Frau gelangen konnte.

Christine Ebner entstammte einer Nürnberger Ratsfamilie und wurde in der Sebalduskirche getauft. Schon früh wollte sie in ein Kloster eintreten und drängte ihre Eltern, ihr diesen Wunsch zu erfüllen. Dass sie später mystische Visionen haben würde, konnte zu diesem Zeitpunkt noch niemand wissen. Die göttlichen Eingebungen wurden als Privileg und als Chance begriffen, nur so konnten die Frauen in der damaligen Zeit etwas erreichen und durchsetzen. Auch die Ebnerin macht dies deutlich. Verwundert darüber, warum sich Gott einem Priester nicht genauso offenbarte wie ihr, erhielt sie den göttlichen Hinweis, dass er dem Priester in bestimmten Dingen das Bessere zugeteilt habe als ihr, der Nonne: »*Und sie verstand es hinsichtlich des Gottesdienstes, mit dem jener ihm besser dienen konnte, als sie es je vermochte.*« Was also für den Priester das Abhalten der Messe war, war der Mystikerin das Aufzeichnen ihrer Erlebnisse. Diese Frauen des 14. Jahrhunderts stellten zwar das männliche Monopol auf das geistliche Amt nicht in Frage, doch schufen sie sich einen effektvollen Ersatz. Und wer konnte es wagen, gegen die oft auch kirchenkritischen Aussagen dieser theologischen Schriftstellerinnen etwas zu sagen, war es doch Gott selbst, der hier durch die Begnadeten sprach? Ob bewusst oder nicht: Es war ein geschickter Schachzug, um sich Gehör zu verschaffen.

»Ungaistlichkeit und große Verlassenheit« Die Nonnen des Nürnberger Katharinenklosters

Nicht weit von der Sebalduskirche entfernt befindet sich die ehemalige Katharinenkirche, die einzige Ruine aus dem Zweiten Weltkrieg in der Nürnberger Innenstadt. Heute findet sie als attraktive Freiluftbühne Verwendung und im wieder aufgebauten Kreuzgang hat die Nürnberger Stadtbibliothek ihren Platz gefunden. Einen würdigeren Ort konnte man dafür kaum finden.

Hatte man in der öffentlichen Lesehalle zu Beginn des 20. Jahrhunderts den Frauen aus Schicklichkeit noch besondere Lesetische zugewiesen, so war diese Absonderung im Spätmittelalter nicht nötig, denn sie waren ohnehin unter sich: Die Nürnberger Katharinennonnen – so benannt nach ihrer Schutzpatronin Katharina von Alexandrien – besaßen um 1500 von allen Frauenklöstern im deutschen Sprachraum die größte Bibliothek. Sie war zum großen Teil durch die eigene Schreibarbeit der Nonnen zustande gekommen. Noch heute befinden sich 69 Handschriften aus dem Kloster im Besitz der Stadtbibliothek.

Kunigunde Niklasin (gest. 1457) gilt als die Begründerin der hiesigen Schreibschule. Mittelalterliche Handschriften, ob in Deutsch oder Latein, entstanden in Gemeinschaftsarbeit und aus keinem anderen Frauenkloster sind derart viele Schreiberinnen namentlich bekannt wie aus dem Nürnberger. Namenlos bleiben dagegen die Buchmalerinnen, die die Handschriften kunstvoll illuminierten: geblieben sind nur ihre Werke. Auch eine Identifizierung mittelalterlicher Textilarbeiten ist schwierig: Während sich die Schreiberinnen der wertvollen Handschriften meist mit ihrem Namen verewigten – so etwa Klara Keiperin, Margaretha Karthäuserin oder Elsbeth Karlin –, wirkten die Textilkünstlerinnen ihre Namen nicht in die Tuche ein, die sie im

Die Statue der hl. Katharina von Alexandrien mit Schwert und Buch am Eingang des ehemaligen Dominikanerinnenklosters in Nürnberg

Der Gobelin mit der Strahlenkranzmadonna in der Kirche von Kalchreuth stammt möglicherweise aus der Werkstatt des Nürnberger Katharinenklosters

Katharinenkloster produzierten. Ob also der Gobelin in der Kalchreuther Kirche aus der Werkstatt der Katharinennonnen stammt, kann nur vermutet werden. Er zeigt eine in Farbe und Form modern anmutende Strahlenkranzmadonna inmitten von Wolkenranken. Die Wirkarbeit erforderte eine ausgefeilte Arbeitstechnik und entsprechendes Handwerksgerät, da hierbei verschieden gefärbte Schussfäden durch so viele Kettenfäden hin- und hergeführt wurden, wie es die Gestaltung der Farbfläche erforderte. Die Schlitze, die entstanden, wo verschiedene Farben aneinander stießen, mussten nachträglich zusammengenäht werden.

Nicht immer war der Ruf dieser Nonnen so gut, dass StifterInnen und AuftraggeberInnen ihre Arbeit in Anspruch nahmen. Ende des 14. Jahrhunderts hatte man Anstoß an der »*ungaistlichait und grossen verlassenhait der Schwestern*« des Katharinenklosters genommen, weil »*der bös gaist da selbs vil gewunnen hett*«. Man warf ihnen vor, die absolute Klausur nicht einzuhalten und weitere schlechte Gewohnheiten angenommen zu haben. Als jedoch 1396 der Nürnberger Rat mit den Dominikanermönchen die Wiedereinführung der absoluten Klausur von den geistlichen Frauen forderte, ließen diese nicht mit sich verhandeln. Sie leisteten Widerstand gegen die Eindringlinge, und zwar so, wie man es von Nonnen kaum erwarten würde, nämlich »*mit grossen unzüchtigen sitten und unfröwlichen*

wisen und unperd [Gebärden]«. Als man die widerspenstigen Nonnen fesseln wollte, kam es sogar zu Tätlichkeiten: Eine Nonne,
> *»hebt starklichen iren fuoß uff mit freffel und stoßt den erwirdigen man [der sie fesseln möchte] so grimiklichen, daß er hinder sich fiel uff daz ertrich [Erdreich]«.*

Der Widerstand der Frauen war so groß, dass die Männer unverrichteter Dinge abziehen mussten. Schließlich konnte die strengere Zucht nur mit Gewalt eingeführt werden.

Doch noch immer gaben die Nonnen nicht auf. Die strengere Ordnung sei gegen ihren Willen durchgeführt worden, so beschwerten sie sich beim Papst und tatsächlich: Die Reform musste wieder rückgängig gemacht werden und es blieb erst mal alles beim Alten im Katharinenkloster.

Was einst zum Klausurbereich der Nonnen gehörte, der Bereich hinter dem Ostchor, ist heute ein wunderschöner und allen zugänglicher Bibliotheksgarten, der von Herrn Fischer phantasie- und liebevoll angelegt wurde und gepflegt wird. Ein Abstecher lohnt sich zu jeder Jahreszeit.

Äbtissin Caritas Pirckheimer, das Klarissenkloster und die Reformation in Nürnberg

Wer das neogotische Steinrelief mit dem Konterfei der humanistischen Äbtissin Caritas Pirckheimer um 1900 an der Hausfassade an der Luitpoldstraße anbringen ließ, ist unbekannt. Tatsache ist, dass es der Pirckheimerin durchaus gebührt, nicht nur in ihrer ehemaligen Klosterkirche, sondern auch inmitten der Stadt gewürdigt zu werden.

Gleich um die Ecke, an der Königstraße, ragt der Chor der Klarakirche in die Straße hinein. In dieser ehemaligen Frauenklosterkirche liegt Caritas Pirckheimer begraben, ihr Grabstein sowie ein posthumer Kupferstich sind dort zu sehen.

Als Nürnberg als eine der ersten Reichsstädte 1525 die Reformation durchführte, wurde diese bedeutende Äbtissin in den Strom der Ereignisse hineingezogen. Aufgrund der von ihr verfassten *»Denkwürdigkeiten«* lassen sich die Geschehnisse sehr genau rekonstruieren. Detailliert setzte sich die Humanistin mit den reformatorischen Grundsätzen auseinander. Mit vielen Überlegungen sympathisierte sie durchaus – doch eines konnte sie nicht: Ihr Leben im Kloster aufgeben. Aber gerade das verlangte der Nürnberger Rat. Die Klöster sollten abgeschafft werden, sie hatten in reformatorischen Gegenden nichts mehr zu suchen. Der Plan, die Klöster sofort zu schließen, konnte nicht zuletzt wegen des massiven Widerstandes der Nonnen in Nürnberg nicht verwirklicht werden. Bedeutende Männer aus dem reformierten Lager setzten sich mit Caritas Pirckheimer auseinander. Die meisten haben sich an ihr die Zähne ausgebissen und sind gescheitert. Neben vielen Streitpunkten war es besonders die Ehe, die zu Auseinandersetzungen führte. Während die Reformatoren sie als allein selig machenden Weg für Frauen priesen, bedeutete sie für Nonnen einen gesellschaftlichen Abstieg. Die Äbtissin machte den Ratsherren und Theologen ihren Standpunkt klar:

>> *Meinten sie vielleicht, wir sollten auch einen Mann nehmen? Davor behüt uns Gott! Sie brauchen wirklich nicht hoffen, daß wir uns in dergleichen Dinge begeben werden!* <<

Man einigte sich darauf, dass die Nonnen, die im Kloster bleiben wollten, dies durften, doch Neuaufnahmen wurden verboten. 1591 starb die letzte Klarissin in Nürnberg.

Das neogotische Steinrelief mit Caritas Pirckheimer (1467–1532) an der Luitpoldstraße in Nürnberg, um 1900

Interessant ist auch der ehemalige Klosterhof hinter der Kirche. An die Westfassade sind Namen verstorbener Nonnen eingemeißelt. Hier lag der Friedhof der geistlichen Frauen.

Wie die Rothenburger Dominikanerinnen vom heiligen Veit profitierten

Zu den bedeutendsten städtischen Baudenkmälern in Rothenburg zählt das ehemalige Dominikanerinnenkloster, in dem sich nun das Reichsstadtmuseum befindet. Erbaut wurde es ab dem 13. Jahrhundert und noch heute kann man dort einen sehr guten Eindruck vom früheren Klosterleben gewinnen. Vom Kreuzgang erhalten sind drei Flügel mit gotischen Maßwerkfenstern. Vor allem die Küche des Klosters, eine der besterhaltenen in ganz Deutschland, ist sehenswert. Die Drehlade, durch die Nonnen schweigend und ungesehen Armen Essen reichen konnten, verweist auf die auch praktische Tätigkeit der Klosterfrauen, wie sie nur aus wenigen mittelalterlichen Frauenklöstern bekannt ist. Neben der Küche befindet sich ein Raum mit gemauerten Wandsitzen. Möglicherweise diente dieser als Speisesaal der Laienschwestern. Bis Ende des 14. Jahrhunderts lebten ausschließlich Adlige im Konvent und die hatten selbstverständlich Dienerinnen.

Maßgeblich geprägt wurde das Kloster von seiner Priorin Magdalena von Rein. Sie findet sich als Stifterin mit ihrem Wappen auf einem Steinrelief mit der thronenden Madonna über einer kleinen Tür mit der Jahreszahl 1497 wieder. Das Aussehen der gotischen Räume im einstigen Konvent geht auf sie zurück: Das »*Sommerrefektorium*« (Speisesaal) mit dem Konventsaal, darüber das »*dormitorium*«, der Schlafsaal, im westlichen Kreuzgangflügel und im nördlichen das beheizbare »*Winterrefektorium*« mit einem Tonnengewölbe.

Ein Nonnenkloster finanzierte sich durch das, was die Frauen beim Eintritt einbrachten, und durch fromme Stiftungen und deren Erträge. Die Rothenburger Nonnen erhielten darüber hinaus an bestimmten Heiligenfesten nicht unbeträchtliche Geldbeträge, Naturalien und Sachspenden wie seidene Stoffe, Pelze, Schmalz, Eier und Käse von der Bevölkerung. Als Dank hierfür wurden die SchenkerInnen von der Küsterin des Klosters, die ausnahmsweise am Laieneingang der Kirche in einem Sessel Platz nahm, mit der Reliquie des heiligen Veit berührt. Weil dieser Heilige besonders gegen den so genannten »*Veitstanz*«, eine Infektionskrankheit, die Frauen bei der ersten Schwangerschaft

Die Priorin des Rothenburger Dominikanerinnenklosters Magdalena
von Rein auf einem Relief im heutigen Reichsstadtmuseum

befallen konnte, half, waren es vorrangig Frauen, die an seinem Fest
in die Dominikanerinnenkirche pilgerten.

Wie viele andere Nonnengemeinschaften beschuldigte man schließlich auch die Rothenburgerinnen, sie hielten die Klausur nicht ein,
würden rauschende Feste feiern und verhielten sich recht selbstherrlich und anmaßend gegenüber der Stadt. Der Rothenburger Rat nutzte
dieses Anschuldigungen, um das ursprünglich reichsfreie Kloster mit
seinen zahlreichen Besitzungen im Taubertal 1377 unter seine Aufsicht zu stellen. Nun mussten die Nonnen vor den städtischen Kloster-
pflegern Rechenschaft über die Finanzen des Klosters ablegen.

Nadja Bennewitz

Eine »widerspenstige hausfraw«
Dorothea Landauerin von Wolkersdorf

In dem beeindruckenden Wasserschloss von Wolkersdorf lebte im 16. Jahrhundert eine allein erziehende Mutter, die ebenfalls beeindruckend auftrat.

Dorothea Landauerin (1481–1528) hatte ihren Mann verlassen und war mit ihren Kinder nach Wolkersdorf gezogen. Das nervte nicht nur den verlassenen Gatten, sondern auch den Nürnberger Rat. Wolkersdorf gehörte nämlich schon nicht mehr zu seinem Herrschaftsbereich, sondern zu dem des Markgrafen von Brandenburg-Ansbach, was bedeutete, dass mit der Landauerin auch ihr Vermögen – und das war beträchtlich – abgewandert war. Der Aufforderung der Ratsherren, nach Nürnberg zu kommen, um sich gütlich zu einigen, kam sie nicht nach: Sie habe nicht vor, sich »*als ein Schaf unter die Wölfe*« zu wagen.

Dorothea stammte aus einer finanzkräftigen Nürnberger Montanunternehmerfamilie. Ihr Vater gab hohe Beträge für Stiftungen aus, darunter das Schreyer-Landauer'sche Gedächtnisepitaph am Ostchor der Nürnberger Sebalduskirche. Hier ist in der rechten Stifterzone Dorothea als 11-Jährige zwischen ihren Eltern und der früh verstorbenen Schwestern abgebildet.

Mit 17 Jahren heiratete sie den zwei Jahre älteren Patrizier Wilhelm Haller. Von 1501 bis 1508 brachte sie vier Söhne zur Welt. Wilhelm Haller scheint kein sehr verantwortungsvoller Ehemann und Vater gewesen zu sein. Wegen einer Schlägerei auf dem Rathaus bekam er acht Tage Turmhaft. Er war ein leidenschaftlicher Spieler und versammelte häufig große Spielgesellschaften in seinem Hause, ständig vom Rat ermahnt, Derartiges zu unterlassen. So war es kein Wunder, dass er in Geldnot geriet, doch der Rat verbot ihm, zur Tilgung seiner Schulden die Güter seiner Frau zu verkaufen. Dorotheas Vater misstraute dem Schwiegersohn zutiefst, was in seinem Testament

Das Wasserschloss von Wolkersdorf. Ab 1515 lebte hier Dorothea Landauerin mit ihren vier Söhnen

Das Schreyer-Landauer-Epitaph von Adam Kraft in Nürnberg, 1492

zum Ausdruck kam: Seine Tochter erbte die Hälfte seines Vermögens mit der Bestimmung, es selbst zu verwalten, damit es nicht in die Hände ihres Ehemannes gerate.

Doch nicht nur das. Wilhelm Haller schlug und misshandelte seine Frau. Schließlich verließ ihn Dorothea. Die Versöhnungsversuche des Rates scheiterten. Dorothea Landauerin fühlte sich nicht mehr verpflichtet, an seiner Seite zu leben. Ihre Güter werde sie nicht von ihm verwalten lassen und sie zahle ihm auch keinen Unterhalt. Ohne Wissen des Rates und ihres Ehemannes verließ sie mit ihren Kindern Nürnberg und zog auf ihr Gut in Wolkersdorf, das sie von ihrem Vater geerbt hatte.

Nun reichte sie beim Bamberger Ehegericht die Scheidung ein. Sie begründete dies mit den »untaten« ihres Mannes. Der Gatte gab sich empört: Alle wüssten, dass er fromm und redlich sei, er sei unschuldig, sie hingegen sei widerspenstig.

1517 wurde Dorothea Landauerin offiziell »*von geistlicher Obrigkeit wegen geschieden*«. Sie durfte getrennt von ihrem Mann leben und nannte sich von nun an »*Dorothea Landauerin auf Wolckersdorf*«. Das erzürnte ihren Exmann sehr. In seinen unablässig nach Wolkersdorf geschickten Klagebriefen schrieb er immer wieder, von »*dorothea mein widerspenn[st]ige hausfraw so sich landauerin nennt*«. Noch sechs Jahre später behauptete er, er halte es für »*das göttlichste und beste*«, wenn sie wieder zu ihm käme. Doch zu jener Zeit hatte Dorothea längst einen neuen Lebensgefährten: Sie lebte mit ihrem Anwalt Martin Glück zusammen, der sie im Scheidungsprozess vertreten hatte. Die vier Söhne, die den Nachnamen des Vaters behielten, wurden angesehene Hof- und Regierungsbeamte.

Dorothea Landauerin starb am 29. November 1528 in Wolkersdorf. Dass ihr geschiedener Mann etwas von ihr geerbt hat, ist nicht überliefert.

Nadja Bennewitz

Informationen:

Das **Schloss in Wolkersdorf** nördlich von Schwabach ist heute in Privatbesitz und nur von außen zu besichtigen.

Das **Schreyer-Landauer-Gedächtnisepitaph** befindet sich außen am Ostchor der Sebalduskirche in Nürnberg, nördlich der Pegnitz. Die Stifterzone der Landauer befindet sich unten auf der rechten Seite.

Die markgräfliche High Society im Münster von Heilsbronn

Im Heilsbronner Münster, das einst zu dem 1132 gegründeten Zisterzienserkloster gehörte und den fränkischen Hohenzollern als Grablege diente, sind neben kostbaren Kunstschätzen und Altären verschiedene interessante Darstellungen und Grabmäler von Nürnberger Burggräfinnen und Ansbacher Markgräfinnen zu bewundern.

Die Ehefrau: Burggräfin Elisabeth

So befindet sich im nördlichen Seitenschiff an der Innenwand ein Votivbild der Nürnberger Burggrafenfamilie. Es ist zwar eine Kopie von 1711, doch geht es auf ein Freskogemälde aus dem 14. Jahrhundert zurück.

Das linke Gemälde zeigt die Burggräfin Elisabeth (1329–1375), eine Tochter des Landgrafen von Thüringen, die im Gegensatz zu ihrem Mann Friedrich V. (vor 1332–1398), der auf dem nebenstehenden Gemälde vor seinen Söhnen abgebildet ist, hinter ihren Töchtern steht: Ihre Aufgabe war es, Kinder zur Welt zu bringen, sie erfüllte diese mit neun Töchtern und zwei Söhnen auch einigermaßen perfekt. Stolz konnte sie auf ihre »Leistung« verweisen.

In vorderster Reihe ist ihre Tochter Elisabeth zu sehen, mit einer Krone auf dem Haupt als Zeichen für ihre Heirat mit König Ruprecht von der Pfalz. An ihrer Seite kniet ihre Schwester Beatrix, die 1373 Herzog Albrecht III. von Österreich heiratete, daneben Margaretha, Ehefrau des Landgrafen von Hessen. Beiden sind die Wappen ihrer Ehemänner zugeordnet und beide tragen eine Haube, denn sie sind verheiratete Frauen. Die anderen sechs Töchter haben dagegen noch keine Kopfbedeckung, es umhüllt sie auch kein pelzverbrämter Mantel wie ihre verheirateten Schwestern, sondern ein figurbetontes Kleid: Sie sollten ja erst noch unter die Haube gebracht werden.

»So laß ich eur lieb wissen ...«. Kurfürstin Anna

In der Mitte des Langhauses steht das steinerne Hochgrab der Kurfürstin Anna (1436–1512). Sie ist in Lebensgröße dargestellt und trägt die Witwentracht mit einem bis über das Kinn gezogenen Schleier. Umgeben ist das farbig gefasste Grab mit 18 Heiligenfiguren, darunter die 14 Nothelfer. An der Kopfseite sind Maria und Anna Selbdritt (= Anna, Maria und das Jesuskind) zu sehen, dazwischen ein Allianzwappen, das in der Mitte das brandenburgische Kurszepter ihres Mannes und die sächsischen Kurschwerter ihrer eigenen Herkunftsfamilie zeigt. Bewacht wird die Fürstin von zwei Löwen zu ihren Füßen, dazwischen ein Hund, der Männchen macht. An der Gestaltung ihres Grabes war sie vermutlich selbst beteiligt, da ihr Sterbejahr erst nachträglich eingefügt wurde.

Verheiratet war sie mit Albrecht Achilles, dem großen Gegenspieler der Reichsstadt Nürnberg, der Ansbach zu seiner Residenz erhob. Ein Jahr nach dem Tod seiner ersten Gattin Margarete von Baden, die er schlecht behandelt und deren Frauengemächer er hatte vergittern lassen, heiratete er 1458 in Ansbach in zweiter Ehe Anna. In den 28 Ehejahren brachte sie dreizehn Kinder zur Welt. Um sich Beistand von oben während der Entbindungen zu sichern, bat sie 1474 ihre Tante, ihr »der heiligen frauen sannd Elßbethen kopf, gurteln und loffel« zu schicken. Schon bei ihrer ersten Entbindung hätten ihr diese Reli-

Die liegende Figur der Kurfürstin Anna auf ihrem Hochgrab im Münster von Heilsbronn

quien geholfen und sie habe »*auch dieser zeit begird und naygung*«
dazu. Albrecht Achilles bedankte sich für die Sendung und versicherte der Tante, es sei tatsächlich eine »*gluckselige snelle [schnel-
le] Geburt*« gewesen. Diese Reliquien der heiligen Elisabeth wurden
ständig zwischen den adligen Frauen hin- und hergesandt, um in
Kindsnöten Beistand zu erhalten.

Kurfürstin Anna musste ihren Mann wegen dessen zahlreichen
Kriegszügen häufig vertreten. Die wiederholte Abwesenheit der Ehemänner ermöglichte vielen adligen Frauen eine politische und wirtschaftliche Mitwirkung. Nichtsdestotrotz sorgte sie sich sehr um ihn
und um seine Gesundheit: »*So laß ich eur lieb wissen, das mich gar
ser nach eur lieb verlangt, und wolt gar geren [gerne] wissen, ...
das eur lieb gesunt wer und wol zustund, das wer ich von ganzen
meinem herzen erfreut ...*«, schrieb sie 1475 aus Ansbach an ihren
Gatten in Linz. Anna führte einen ausgedehnten Briefwechsel mit
ihren Kindern, Schwiegertöchtern und -söhnen und anderen Verwandten. Dazu hätte sie sich eines Schreibers oder einer Schreiberin
bedienen können, doch verfasste sie ihre Briefe meist »*mit meiner
eygen hant*«. Ihre Zeit vertrieb sie sich darüber hinaus mit Hetzjagden, wie es beim Adel üblich war. Stolz berichtete sie ihrem Mann,
wie sie einen Hirsch erlegt hatte, als die Königin von Dänemark bei
ihr zu Besuch war. Das Reiten war ihr selbstverständlich.

Nach dem Tod des Markgrafen 1486 zog sie sich auf ihren Witwensitz nach Neustadt a. d. Aisch zurück. Sie starb 26 Jahre nach ihrem Mann. Ihr Grab im Heilsbronner Münster ist ein sehr anschauliches Beispiel für die spätmittelalterliche Frömmigkeit vor der Reformation, die in Heilsbronn 1529 eingeführt wurde.

Eine Besonderheit ist dieses Hochgrab, weil es über einer der Schwabachquellen erbaut wurde und man es somit »unterschreiten« kann. War es ein von der Kurfürstin bewusst gewählter Ort, um die Kräfte einer »Heilquelle« zu nutzen oder war die Wahl bloßer Zufall? Wieder entdeckt wurde die Quelle im 19. Jahrhundert, der Zugang wurde dann neu gefasst.

Wer sich ein Bild von der lebenden Kurfürstin machen möchte, findet sie mit ihrem Mann auf der Predella des Schwanenordensaltars von 1484 in der St. Gumbertus- Kirche in Ansbach abgebildet, und zwar in der Schwanenritterkapelle. Albrecht Achilles werden hier das Kurschwert und der Kurhut hinterhergetragen, Anna ist ein Hündchen beigefügt als Zeichen ihrer Treue. In den betenden Händen trägt

Das Motiv der Anna Selbdritt: Mutter Anna mit ihrer Tochter Maria an der Hand und mit ihrem Enkelkind. Detail am Hochgrab der Kurfürstin Anna

sie einen großen Rosenkranz, was ihre Frömmigkeit und auch ihren Reichtum zum Ausdruck bringen soll.

Nadja Bennewitz

Informationen:

Das **Münster Heilsbronn** ist von Apr bis Okt von 9.00–12.00 und 13.30–17.30 Uhr geöffnet, Informationen: Ev.-luth. Pfarramt, Pfarrgasse 8, 91560 Heilsbronn, Tel. 0 98 72/12 97.

Die **St. Gumbertuskirche in Ansbach** am Johann-Sebastian-Bach-Platz ist täglich geöffnet. Interessant ist dort auch die Fürstengruft, geöffnet am So von 11.00–12.00 Uhr, im Sommer auch Fr, Sa, So von 15.00–17.00 Uhr, Informationen: Ev.-Luth. Pfarramt, Johann-Sebastian-Bach-Platz 5, 91522 Ansbach, Tel. 09 81/26 81.

III. Frühe Neuzeit
Spurensuche

Die politische und gesellschaftliche Entwicklung im Gebiet des heutigen Mittelfranken wurde mit Beginn der Frühen Neuzeit, ab dem 16. Jahrhundert, von religionspolitischen Veränderungen geprägt. Maßgebend war die Einführung der Reformation im Markgraftum Ansbach und den Reichsstädten, während die Besitzungen des Deutschen Ordens und einige andere Regionen katholisch blieben. Für Nürnberg konnte die Beteiligung von Frauen der politischen Führungsschicht bei der Durchsetzung der Reformation bereits nachgewiesen werden,[1] doch für andere Orte liegen noch keine derartigen Untersuchungsergebnisse vor. Dabei dürfte es aufschlussreich sein zu erfahren, welche Rolle Frauen in der Reichsstadt Dinkelsbühl bei der Auseinandersetzung zwischen evangelischer und katholischer Partei spielten, die dort in die kirchliche und politische Parität der beiden Konfessionen mündete.[2]

Zwar wurden Frauen an den politischen Entscheidungen nicht beteiligt, doch bekamen sie die Auswirkungen der neuen Moral- und Sexuallehre der Reformatoren – die von der katholischen Kirche bald aufgriffen wurde – zu spüren. Allen voran die Prostituierten. War es in mittelalterlichen Städten wie Ansbach, Dinkelsbühl, Nürnberg, Rothenburg, Schwabach und Windsheim für die Stadträte noch selbstverständlich gewesen, offiziell ein *»Frauenhaus«*, so der zeitgenössische Begriff für ein Bordell, *»zur Vermeidung größeren Übels«* zu führen, wurden diese Einrichtungen nun als *»gottlose Hurenhäuser«* diffamiert und im Verlauf des 16. Jahrhunderts abgeschafft. Nun mussten alle Prostituierten unter wesentlich gefährlicheren und ungesicherten Umständen als *»heimliche Huren«* arbeiten.[3]

Kindsmord

Die den Frauen vorgeworfenen Verfehlungen, die *Irene Lederer* in ihrem Beitrag »›*... sagt, sie sey kein solches weib‹ – Herzogenauracherinnen vor dem Gericht«* ausfindig machte, lenken den Blick auf die neu geschaffenen Problembereiche: Neben Beleidigungsklagen, gegen die sich Frauen und Männer schon in den Jahrhunderten zuvor zur Wehr gesetzt hatten, wurden nun vor allem Vorwürfe wegen sexueller Fehltritte gerichtlich verhandelt. In einer Gesellschaft, in der »das Hohelied auf die Ehe«[4] gesungen wurde, war der vor- und außereheliche Geschlechtsverkehr – zumal mit sichtbaren Folgen – strafbar.

Nun häufte sich ein Delikt, das dem Mittelalter fast gänzlich fremd war: der Kindsmord. Auffällig, dass es ein ausschließlich von Frauen begangenes Verbrechen war: Für ein uneheliches Kind wurde allein die Mutter verantwortlich gemacht, sie hatte alle Konsequenzen zu tragen. Ein einziger Mann aus dem Ackerbürgerstädtchen Herzogenaurach wurde wegen eines außerhalb der Ehe gezeugten Kindes der Stadt verwiesen – der Mutter und dem Kind half dies wenig. Doch es waren keine »*Gottesvergessenen und mehr als bestialischen Kinder-Mörderinnen*«[5], wie sich der Nürnberger Rat auszudrücken pflegte, sondern aufgrund gesellschaftlicher Ausgrenzung und Diskriminierung schwer geschädigte Frauen, die in ihrer wirtschaftlichen Misere keinen anderen Ausweg sahen. Noch 1741 wurde in Hersbruck die letzte Kindsmörderin hingerichtet. Es war Catharina Dillingin und ihre abgeschlagene Hand wurde zur Warnung für alle sichtbar auf einen Pfahl gespießt.[6]

Die Heiratsbeschränkungen, die armen Schichten eine Eheschließung verboten, machten diesen die Einhaltung der strengen Ehemoral unmöglich.

Armut

Man kann sich die Kriminalisierung und strafrechtliche Verfolgung sexueller Normabweichungen nicht brutal genug vorstellen: Vor dem Gericht von Emskirchen wurde 1761 der Fall der verwitweten Anna Catherina Koppin behandelt, die mit dem verheirateten Johann Michael Oester ein Verhältnis hatte. Schon zweimal war sie allein deswegen mit einer Geldstrafe und 20 Wochen Zuchthaus bestraft worden. Auf eine Denunziation hin wurde das Paar gefangen genommen. Oester wurde für immer aus dem Land gewiesen, die Koppin zu lebenslangem Zuchthaus verurteilt.[7] Die Liste straffälliger Frauen, die allein aufgrund ihres nicht normgerechten Lebens verfolgt wurden, lässt sich beliebig fortführen: Die Fürtherin Margaretha Buchberger wurde 1778 wegen »*ehebrecherischen Vergehens als unkorrigierbare Dirne*« des Landes verwiesen, Margaretha Barbara Bratenstein aus Langenzenn kam wegen »*unzüchtigen … Vergehungen*« in das Zuchthaus von Schwabach, wo sie die verwitwete Jüdin Besla getroffen haben dürfte, die zeitgleich dort einsaß.[8] In der Gemeindeordnung von Vach aus dem Jahr 1660 hieß es explizit:

> *»Sollen alle verdächtige unzüchtige Weibsbilder, welche sich*
> *zu Zeiten mit schwangern Leibern in das Dorf einschleichen ...*
> *auch dergleichen herrenlose huren gesellen ... in dem Dorff Vach*
> *über keine Nacht mehr geduldet werden ...«*[9]

Angesichts solcher Vertreibungsmaßnahmen kam es zwangsläufig zu Todesfällen – auch ohne vorsätzlichen Kindsmord: Eine Bettlerin wurde in Lauf tot auf einer Brücke aufgefunden. Sie war verhungert. Ihr kleines Kind lag wimmernd an ihrer Seite und verstarb wenig später.[10]

Dass Frauen von Verarmung besonders betroffen waren, schildert *Frank Präger* in seinem Beitrag über *»Armut, Konflikte, Vertreibung. Almosenempfängerinnen in Langenzenn«*. Die Witwe Sophia Schiffner und ihre Kinder wurden aus dem Spital mit Schimpf und Schande entlassen. Viele Fahrende schlossen sich zu vorübergehenden Gemeinschaften zusammen, um sich gegenseitig zu unterstützen. *Nadja Bennewitz* geht in ihrem Beitrag *»Vagabundierende Frauen«* den Überlebensstrategien solcher Frauen aus der Unterschicht nach.

Hexenverfolgung

Ein weiteres Problem war seit dem 16. Jahrhundert die Anschuldigung der Hexerei. *»Sie sey kein solches Weib«*, musste eine Frau beteuern, die in Herzogenaurach als Hexe beschimpft worden war. Magischer Glaube und Praktiken waren lange Jahrhunderte selbstverständlicher Bestandteil des Alltagslebens. Aus Poppenreuth wird für 1561 berichtet, eine Hirtin könne weggelaufene Männer wieder herbeizaubern. Anna Weberin, die im Übrigen selten die Kirche besuchte, da sie *»dahaim ebensowol beten [könne] als in der kirchen«*, hatte sie um Rat gefragt.[11]

Zwar hatte es in Nürnberg schon im 14. und 15. Jahrhundert vereinzelt Hinrichtungen von Hexen gegeben, doch bildete erst der so genannte *»Hexenhammer«* von 1487 die Grundlage für Massenverfolgungen. Es war ein perfides, frauenfeindliches Buch, das das Delikt der Hexerei in allen Einzelheiten schilderte, eine Teufelsbuhlschaft konstruierte und dies besonders Frauen anlastete. In den Städten, den Landesherrschaften, der Deutschordensballei und im Markgraftum Ansbach war dieses Werk bestens bekannt und wurde alsbald angewandt. Im Markgraftum wurde erstmals 1505 in Schwabach eine Frau als Hexe verbrannt. Obwohl die Schwabacherin Barbara Schwab an der Richtstätte ihr Geständnis widerrief und beteuerte, sie habe alle Anschuldigungen nur unter schwerer Folter gestanden, wurde sie bei lebendigem Leib verbrannt. Überall wurden unter der Folter Geständnisse erpresst und überall in Mittelfranken brannten die Scheiterhaufen.[12] *Traudl Kleefeld* stellt in ihrem Beitrag »*Wann das Trudenwerckh nicht so gar gros und überhand genommen hette ...*« exemplarisch die Geschichte der als Hexe hingerichteten Els Rodamerin in Sugenheim dar. Während des Prozessverlaufs fanden dort zwölf Personen den Tod.

Hebammen

Wurden Hebammen Opfer des Hexenwahns, dann weil sie diejenigen waren, die am leichtesten für die Erkrankung oder den Tod eines Säuglings verantwortlich gemacht werden konnten. Man unterstellte ihnen bei solchen Unglücksfällen die Anwendung von Schadenszauber. Aus diesem Grund gerieten sie in die Rolle des Sündenbocks, so der heutige Forschungsstand, nicht, weil das Wissen dieser »*weisen Frauen*« um Verhütung und Abtreibung systematisch vernichtet werden sollte, wie lange Zeit angenommen wurde.[13] Zu wichtig waren den Obrigkeiten die Geburtshelferinnen, als dass sie ohne weiteres als Hexen hätten hingerichtet werden können.

In den spätmittelalterlichen Reichsstädten waren Hebammen städtisch besoldete Bedienstete. Sie bildeten ihre Töchter und andere junge Frauen in der Geburtshilfe aus, die nach einigen Jahren selbständig praktizieren durften. Es war ein praktisches und empirisches Wissen, das die Geburtshelferinnen hier weitergaben – schriftlich hielten sie ihre Kenntnisse nicht fest.[14]

Die Besoldung durch die Gemeinde wurde auch in der Frühen Neuzeit beibehalten. 1740 erhielt die Hebamme Margaretha Elisabetha Loeschkartin von der Gemeinde Cadolzburg 8 Gulden, eine bestimmte Menge Korn und eine Wohnung zur Verfügung gestellt. Sie wurde im Pfarramt auf die hochfürstliche Hebammenordnung verpflichtet. Eine solche Ordnung gab es für das Fürstentum Ansbach seit 1680. Hierin wurde die Ausbildung der Hebammen geregelt. Alle Hebammen waren verpflichtet, ein Examen in Ansbach abzulegen. Bei der Übernahme des Amtes gelobte die Hebamme, ihre Maßnahmen mit einem eifrigen Gebet zu beginnen, keine abergläubischen Segenssprüche und Mittel zu gebrauchen, die Kirche fleißig zu besuchen sowie grundsätzlich ein christliches Leben zu führen. Besondere Vorkommnisse musste sie sofort melden, so wird beispielsweise 1742 im Taufbuch des Cadolzburger Pfarramtes von Abortmitteln berichtet, die von Schwangeren angewendet worden waren.

Margaretha Elisabetha Loeschkartin wurde schließlich nach Ansbach berufen. Zahlreiche andere Geburtshelferinnen folgten ihr im Amt Cadolzburg, darunter Barbara Heß (gest. 1763), deren Nachfolge ihre Tochter Elisabetha, verheiratete Schwarz, antrat.[15] Von der französisch-reformierten Gemeinde aus Erlangen wissen wir, dass ebenfalls die Tochter der Mutter im Amt folgte. Die Hugenottinnen hatten dort ihre eigenen, konfessionell gebundenen Hebammen.[16] Auch in der Frühen Neuzeit übernahm noch häufig die Tochter den Beruf ihrer Mutter, obgleich diese sie nicht mehr ausbildete, sondern dies nun ein männlicher »*Medicinal Assessore*« übernahm.[17]

Dreißigjähriger Krieg

Ein Jahrhundert nach der Reformation waren die Auseinandersetzungen zwischen den konfessionellen Parteien keineswegs beigelegt. Der Dreißigjährige Krieg (1618–1648) brachte der Bevölkerung vielmehr Elend, Hunger und Tod. Allein in Cadolzburg starben von 1632 bis Kriegsende 40–50 % der Bevölkerung an Hunger, Kriegseinwirkungen, Ruhr und Pest.[18] Von dieser, auch in Wilhermsdorf grassierenden Seuche heißt es, sie habe verursacht, dass Schwangere »*pflegten erstlich zu abortiren [=ihr Kind zu verlieren] und sodann Todes zu verfahren*«[19].

Auch das Biberttal wurde stark in Mitleidenschaft gezogen. Viele Kinder wurden in den 30er Jahren des 17. Jahrhunderts tot geboren, vermutlich wegen Unterernährung der Mütter.[20] Das Auseinanderbrechen sozialer Zusammenhänge machte ein normales Alltagsleben unmöglich. In Roth blieben die Stellen der Gemeindediener unbesetzt, da sie nicht bezahlt werden konnten. Weder gab es einen Nachtwächter noch einen Hirten und auch die Hebammenstelle blieb seit dem Tod der Geburtshelferin Walburg 1632 unbesetzt.[21]

Was an Kriegsgräueln Frauen in besonderem Maße traf, waren Vergewaltigung und Verschleppung. Dekan Georg Cöler berichtete über die Plünderung Feuchtwangens durch die katholischen Truppen unter dem Heerführer Graf von Tilly:

»*Darbey denn auch ehrlicher leütt Töchter Vor den eltern augen mit geWalt genommen, entführet Undt mit hin Weg geschlept Wor-*

den. In der Statt ist sonst mit frauen Undt Jungfrauen schenden
so gehaust, dass es einen stein hette erbarmen mögen ...«[22]

In katholischen Gegenden waren besonders die Nonnen in Gefahr.
Die Augustinerinnen des Klosters Marienburg in Abenberg flüchte-
ten sich nach Eichstätt und später nach Spalt. Nachdem sie 1645
wieder nach Abenberg zurückgekehrt waren, kam völlig unvorher-
gesehen die schwedische Armee zurück, plünderte das Kloster abermals und misshandelte die geistlichen Frauen.[23]

Zur Versorgung der Heere zogen Frauen mit den Söldnern umher.
Als Wäscherinnen, Köchinnen, Pflegerinnen, Marketenderinnen und
Mätressen waren sie selbstverständlicher Bestandteil der Heere, die
in der Frühen Neuzeit keineswegs nur aus Kämpfern bestanden. Heutigen Schätzungen zufolge benötigte eine Armee mit 30.000 Soldaten
45.000 Personen, um jene zu ernähren.[24] So war es auch noch nach
dem Dreißigjährigen Krieg üblich, dass Frauen mit im Soldatentross
lebten. 1676 brachte im markgräflichen Schloss von Frauenaurach
bei Erlangen eine Soldatenfrau eine Tochter zur Welt. Markgräfin
Sophie Luise hatte die Gebärende *»aus christlicher Erbarmung«* in
ihre Suite aufgenommen.[25]

Der schnelle Tod der Männer während des Dreißigjährigen Krieges ließ zahlreiche Frauen allein zurück. Von einer solchen *»Soldatenfrau«* berichtete der Diakon aus Roth, sie habe ihm nach der Beichte
drei Reichstaler gegeben, um das Geld *»unter die armen Mittweiber
allhier auszuteilen, von ihretwegen«* – eine solidarische Geste unter Frauen in Kriegszeiten.[26]

Solidarisch zeigte sich auch die Müllerin Anna Klein aus Schwabach,
die dort als Chronistin des Kriegsgeschehens in die Annalen einging.
Weil der Schwabacher Bürgermeister von den Truppen Wallensteins
gesucht wurde, hielt die Müllerin ihn und seine Frau elf Wochen lang
in der Mühle versteckt und konnte sie dadurch retten. Ihr Einsatz war
keine Selbstverständlichkeit, denn die katholischen Truppen hatten
angedroht, man werde diejenigen, die ihn beherbergten, ebenfalls mit
aufhängen.[27]

Doch Frauen führten keineswegs nur friedfertige und versöhnende
Gesten aus, sondern kämpften auch gegen feindliche Eindringlinge.
Von der eigenen Seite wurde dieses brutale Vorgehen von Frauen
durchweg positiv bewertet, obwohl es dem gängigen Rollenverständ-
nis zuwiderlief.[28] In Velden gelang es der Bewohnerschaft am 19. Mai
1627 einen Angriff des Markgrafen von Brandenburg und des Her-

zogs von Sachsen-Lauenburg abzuwehren. Als die Angreifer mit Hilfe von Sturmleitern die Mauern hochkletterten und nicht mehr durch die Schießscharten unter Beschuss genommen werden konnten, traten die Veldenerinnen auf den Plan: Sie brachten Wasser – nach anderen Berichten Milch – zum Kochen, schütteten es die Mauer hinunter und schlugen so die Feinde in die Flucht. Als die »*schlimmen Weiber von Velden*« sind sie in die Geschichte eingegangen.[29]

Dem unendlichen Leid versuchten viele wohlhabende Frauen, meist Witwen, mit Stiftungen abzuhelfen. Die bedeutendste Stifterin der Frühen Neuzeit überhaupt war Elisabeth Krauß (1569–1639). Geboren in Bronnamberg im Landkreis Fürth, gelang der anfänglich als Dienstmädchen arbeitenden Frau der soziale Aufstieg durch eine Heirat. Während des Krieges organisierte sie die Versorgung von Verwundeten und Flüchtlingen. Die kinderlose Frau hinterließ ein Gesamtvermögen von knapp 130.000 Gulden, das sie Spitälern und Waisenkindern stiftete. Was diese Stiftungen der Frühen Neuzeit von denen betuchter Frauen des Spätmittelalters unterschied, war, dass sie nun auch Bildungszwecke verfolgten. Auch Elisabeth Krauß finanzierte jährlich 15 jungen Männern ein Studium. Die Stifterin Justina Ulzmann (1644–1728) aus Nürnberg begünstigte dagegen hauptsächlich Witwen.[30]

Die Armut konnte trotz solcher Stiftungen nur gelindert werden – an eine gänzliche Abschaffung war ohnehin nicht gedacht.

Jüdische Landgemeinden

Die Zeit der religiös und wirtschaftlich starken jüdischen Gemeinden in den Reichsstädten war seit langem vorbei. Schon im Verlauf des späten Mittelalters waren Jüdinnen und Juden in Rothenburg und Nürnberg auf eng begrenzte Wohngegenden verwiesen worden, auch hatte man ihnen diskriminierende Kleidervorschriften gemacht. Durch ihre Ausweisung gegen Ende des 15. und zu Beginn des 16. Jahrhunderts war das jüdische Leben vorerst in den Städten ausgelöscht.

Viele neue Gemeinden hatten sich auf dem Land gebildet, wie in Fürth und in Schnaittach. Dem Marktflecken Fürth stattete die berühmte Jüdin Glückel von Hameln (1646–1724) einen Besuch ab. Sie wohnte in Altona bei Hamburg und war eine versierte Geschäftsfrau, die unablässig Handelsmessen im ganzen Reich bereiste. Keine berufliche, sondern eine »*Lustreise*« nannte sie diesen Abstecher nach Fürth und schwärmte:

> »*Ich kann nicht erschreiben, welche Ehren uns bewiesen wurden. Die prinzipalischesten Familienväter mit ihren Frauen sind in unser Wirtshaus gekommen und haben uns mit Gewalt in ihre Häuser nehmen wollen.*«[31]

Ihren Sohn Moses Hameln verheiratete sie nach Baiersdorf, wo es eine große jüdische Gemeinde gab. Er wurde dort Rabbiner. 1691 begann Glückel im Witwenstand für ihre Kinder ihr Leben aufzuzeichnen. Ihr Sohn in Baiersdorf fertigte im frühen 18. Jahrhundert eine Abschrift davon an, die noch heute erhalten ist.[32]

In Fürth entwickelte sich das gesellschaftliche Leben der jüdischen Gemeinde aufgrund der dortigen Herrschaftskonstellation relativ ungestört.[33] Das »*Fürther Reglement für gemeine Judenschaft zu Fürth*«, das ihnen 1719 vom Domprobst auferlegt wurde, fixierte die Bedingungen, aufgrund derer jüdische Familien »*gegen accordirtes Schutzgeld*« ein Schutzrecht zugesichert wurde.[34] Belastend waren allerdings die höchst komplizierten Auflagen, die mit einer Heirat der Söhne und Töchter verbunden waren. In Fürth musste der erstgeborene Sohn, der eine Jüdin von außerhalb heiratete, 400 fl. Vermögen vorweisen, die erstgeborene Tochter 500 fl. Alle weiteren Kinder mussten den Besitz von 700 fl. nachweisen können, wenn sie sich innerhalb der Fürther Gemeinde verehelichten, heirateten sie jemanden von außerhalb, erhöhte sich der vorzuweisende Betrag auf 800 fl. für einen Sohn, auf 1.050 fl. für eine Tochter.

Möglich war jüdischen Familien auch die Niederlassung in den kleineren Herrschaften, die besonders nach den Menschenverlusten des Dreißigjährigen Krieges auf der Suche nach neuen Untertanen waren. Unter Gräfin Franziska Barbara erlebte die schon seit dem 15. Jahrhundert existierende jüdische Gemeinde in Wilhermsdorf eine intellektuelle Blütezeit. Es siedelten sich zahlreiche hebräische Druckereien an, wodurch sich für die Herrin von Wilhermsdorf gute Absatzmöglichkeiten für das in ihren Mühlen produzierte Papier ergaben. Von dieser jüdischen Gemeinde sind heute noch die Synagoge und der Friedhof außerhalb des Ortes erhalten. Die Wege zu den Begräbnisstätten waren oft lang und beschwerlich, weil die Nichtjuden keinen jüdischen Friedhof in unmittelbarer Nähe duldeten, zudem hatte man selbst Angst vor Grabschändungen. Ein jüdisches Begräbnis war immer mit Geldzahlungen an die Obrigkeiten und weiten Wegen verbunden.[35]

Auch die Freiherren von Seckendorff nahmen seit dem Ende des 16. Jahrhunderts Schutzjuden auf. Die Wohnungsfrage war für die Familien ein dauerndes Problem, da sie nicht ohne weiteres neue Häuser errichten durften und die Anzahl der geduldeten Familien in den Orten begrenzt wurde. So trug im Jahr 1792 Gabriel Löser (Löw) dem Freiherrn schriftlich vor, er wolle das einst von seinem Vater erbaute Haus als Heiratsgut für seine älteste Tochter kaufen. Die jetzige Besitzerin, seine Schwester, sei verwitwet und zudem geistig behindert. Rund 15 Jahre habe er sie nun schon versorgt und er werde sich auch ihrer Tochter annehmen und diese im Krankheitsfall im Haus behalten. Gabriel Löser bat nun den Freiherrn um das Vorkaufsrecht für das Haus. Es sollte seinem zukünftigen Schwiegersohn amtlich überschrieben werden.[36]

Religiöse Einrichtungen wurden aus eigenen Anstrengungen geschaffen, wobei die Spendentätigkeit der einzelnen Gemeindemitglieder von der Gemeinschaft gewürdigt wurde. So brachte man nach der Erweiterung des jüdischen Friedhofs in Georgensgmünd 1729 an das Friedhofsgebäude eine hebräische Gedenktafel an, auf der u. a. dem Rabbiner Moshe, einem gebürtigen Schwabacher, und seiner Frau Serle, die zu diesem Zeitpunkt noch lebte, gedankt wurde, weil sie den Bau des Friedhofsgebäudes finanziert hatten.[37] Auch die Verdienste der Frau des Gemeindevorstehers von Sugenheim sind überliefert. Sie stiftete 1756 zusammen mit ihrem Mann eine Thorarolle, auf deren Griff ihre Namen eingraviert wurden: *»Issacher Baer ben Kalonymus Halevi und seine Frau Madel, Tochter des Samuel aus Castel«.* Besonders vermerkt ist, dass sie die Pergamentblätter mit selbst gesponnenen Fäden eigenhändig zusammengenäht habe.[38]

Religiöse Vielfalt

Nach den Verwüstungen des Dreißigjährigen Krieges war den Landesherren die Ansiedlung österreichischer Exulanten im protestantischen Franken höchst willkommen. Sie ließen sich in den verödeten Dörfern und Höfen nieder. Die gemachten Fluchterfahrungen lesen sich folgendermaßen: Barbara Lampel war

> *»... als Kind von 2 Jahren auf dem Rücken ihrer Mutter aus Österreich in unser Land getragen [worden], weil sie der evang. Religion halber weichen mußte«.*[39]

Hier heiratete sie einen Bauern aus Kriegenbrunn, dem sie zehn Kinder gebar. Die wohlhabenden oder adligen Flüchtlinge ließen sich dagegen nicht auf dem Land, sondern in Nürnberg nieder, darunter die Dichterin Catharina Regina von Greiffenberg (1633–1694).[40]

Ebenfalls noch im 17. Jahrhundert kamen Menschen ganz anderer Konfession nach Franken, sie wurden allerdings während der »*Türkenkriege*« gewaltsam hierher verschleppt. Adlige Söhne, die gegen das Osmanische Reich kämpften, brachten als eine Art Trophäe von ihren Kriegszügen so genannte »*Beutetürken*« als »Sklaven« mit nach Deutschland. Sie wurden integriert, sofern sie den christlichen Glauben und einen abendländischen Namen annahmen. So wurden Mewe, Kador oder Habbe zu Sophie, Magdalena und Klara. Die Jungen wurden vom Pfarrer, die Mädchen von ihrer Hausherrin in der christlichen Lehre unterrichtet. Ihre Taufe wurde als großes Ereignis gefeiert. Dennoch beklagte sich der Pfarrer aus Lehrberg bei Ansbach über eine junge Türkin, sie habe

»… *wohl fleißig gebetet, auch das h. Abendmahl öfters empfangen, doch so hat sich das türckische Gemüth nicht gar bergen lassen*«.

Schnell die neue Sprache erlernt hatte die 14-jährige Fatyma, die im Schloss Neunhof bei Nürnberg gelandet war. Nach nur zwei Jahren im Knoblauchsland sprach sie fränkisch. Wie brutal die Verschleppung und die Nötigung zum christlichen Glauben auch waren: Etwaige Unterschiede wurden nicht an der Hautfarbe oder etwa am Blut festgemacht, sondern an Religion und Sprache.[41]

1686, nachdem König Ludwig XIV. im Jahr zuvor das Edikt von Nantes aufgehoben hatte, das den Reformierten Religionsfreiheit im katholischen Frankreich zugesichert hatte, kamen die ersten HugenottInnen nach Franken. Es soll hier nicht abermals die Ansiedlung der calvinistischen Glaubensflüchtlinge in Erlangen, Wilhelmsdorf, Emskirchen und Schwabach geschildert werden, die bereits sehr gut erforscht ist.[42] Lediglich von den Konflikten zwischen den Flüchtlingen und den Alteingesessenen soll kurz die Rede sein – Frauen zeigten sich gegenüber Neuem auch nicht besonders aufgeschlossen. In Schwabach gingen deutsche Bäckerinnen gegen einen französischen Bäcker vor, weil sie dessen Konkurrenz fürchteten. Sie warfen seine Waren in den Dreck und zerstörten seinen Verkaufsstand.[43] In Baiersdorf konnte zwar nicht nachgewiesen werden, dass Barbara Dürrschmiedin einem bei ihr einquartierten Franzosen tatsächlich Angelhaken unter die Suppe gerührt hatte, doch hielt sich der Verdacht hartnäckig.[44] In Wilhelmsdorf führte die Schneemüllerin einen sich lange hinziehenden Prozess gegen die französische Kolonie wegen der Nutzungsrechte an einer Weide – ohne dass eine der beiden Parteien zu Zugeständnissen bereit gewesen wäre.[45]

Pietismus und Aufklärung

Hatte die evangelische Kirche in der Reformationszeit eine allgemeine Aufbruchsstimmung innerhalb der christlichen Kirche begründet, so war sie mittlerweile selbst zu einer starren Institution geworden. Neue Strömungen wie die des Pietismus entstanden, um die Kirche zu erneuern und Missstände zu beheben. Anna Vetter (1630–1703) war eine solche Reformerin, die allerdings kläglich scheiterte. Weil sie eine Frau war? Oder war sie schlichtweg überkandidelt? *Eva Strauß* zeichnet in ihrem Beitrag »›*Ich Anna …*‹ – *Anna Vetter: Visionärin oder Wahnsinnige?*« den Lebensweg dieser Persönlichkeit mit außerordentlichem Sendungsbewusstsein nach.

Vom Pietismus beeinflusst war auch die Stiftung der verwitweten Fürtherin Maria Knab. Sie vermachte einige hundert Gulden, mit denen »*einige Arme Kinder im Christenthum, Lesen und Schreiben unterrichtet werden sollen*«.[46] Tatsächlich lässt sich den zeitgenössischen Leichenpredigten entnehmen, dass etwa Gertraud Krafftin aus Stadeln in der Schule beten, lesen und schreiben gelernt und Eva Agnes Löschin aus Fürth den Katechismus so eifrig gelernt habe, dass sie auch Jahre später noch gut in der Christenlehre bewandert war.[47]

Von aufgeklärtem Gedankengut waren diese Unternehmungen allerdings noch nicht berührt. Die Aufklärung dürfte – zumindest was den weiblichen Teil der Bevölkerung anbelangte – zuerst in den Städten Nürnberg und Ansbach Fuß gefasst haben. Dort galt im 18. Jahrhundert die französische Schauspielerin Hippolyte Clairon als die »*aufgeklärte Philosophin des Markgrafen*«. *Alexander Biernoth* geht in seinem Beitrag über »*Markgräfinnen und Mätressen*« im Markgraftum der Frage nach deren politischer Mitwirkung nach.

Lange Zeit war dort am Hofe der französische Stil tonangebend, gefördert durch Markgräfin Christiane Charlotte. Auch französische Unterrichtsmethoden waren hier – wie auch im hugenottisch geprägten Erlangen – gefragt, besonders die Erziehung von Mädchen übernahmen französischsprachige Gouvernanten. Die verwitwete Lucie Elisabeth Renelle, geborene Bouillon, war eine solche als »*Mamsell*« arbeitende Lehrerin in Ansbach, bis sie nach Berlin zog, wo sie ein Erziehungsinstitut für höhere Töchter eröffnete.[48] Gelesen wurde von den Damen in Ansbach das »*Wochenblatt für's schöne Geschlecht*« von Charlotte Hezel, die die erste Nummer der Zeitschrift mit den kämpferischen Eingangszeilen auf den Markt brachte: »*Für einen Mann zu kochen und zu spinnen – Unwürdiger Beruf*«. Auch die Zeitschrift »*Pomona für Teutschlands Töchter*« der Schriftstellerin Sophie von La Roche fand in Ansbach Abonnentinnen.[49] Die Aufklärung erreichte also durchaus die bürgerlichen, weiblichen Schichten.

In Nürnberg hatte sich die Astronomin Maria Clara Eimmart (1676–1707) einen Namen gemacht und gezeigt, dass auch Frauen von Stand zu weit mehr fähig waren, als den Titel ihres Mannes zu repräsentieren. *Hans Gaab* geht in seinem Beitrag den wissenschaftlichen Tätigkeiten dieser »*Nürnberger Astronomin*« nach. Bereits stärker im allgemeinen Bewusstsein verankert ist die Naturwissenschaftlerin und Künstlerin Maria Sibylla Merian (1647–1717). *Eva Homrighausen* legt in ihrem Beitrag den Schwerpunkt auf deren Zeit in Nürnberg und auf ihr »*Blumenbuch*«, das dort entstand. Eine dritte äußerst faszinierende Frauenfigur der Aufklärung stellt *Ina Schönwald* in ihrem Beitrag »*Sophia Maria von Haller – ›Die Feldmarschallin‹ und ihre Gärten*« vor.

Den Frauen blieb die gleichberechtigte Teilnahme am gesellschaftlichen, politischen, künstlerischen und wissenschaftlichen Aufbruch trotz aller Fortschritte verwehrt. Freilich konnte eine Adlige wie die Erlanger Markgräfin Sophie Caroline in ihrem Schloss prunkvoll Hof halten und gelehrte Männer um sich scharen, die ihrem Intellekt gewachsen waren[50] – doch die Stadt- und Gemeinderäte blieben weiterhin rein männlich, die Künstlervereinigungen untersagten weiterhin den Frauen die Mitgliedschaft,[51] die Universitäten wurden weiterhin nur von Studenten besucht und die moralischen Anforderungen an Frauen blieben weiterhin strenger als die an Männer.

Doch gelingt es *Annette Körner* mit ihrem Beitrag über »*Susanna Maria Mörl – oder: Frauen im Umkreis der Altdorfer Universität*« nachzuweisen, dass gegen Ende des 18. Jahrhunderts beispielsweise das kleine Universitätsstädtchen Altdorf, obwohl keine fränkische Metropole, gewissen Frauen Möglichkeiten zu intellektueller Entfaltung geboten hat, obgleich sie sich nach wie vor nur »im Umfeld« der hohen Schulen bewegen durften. Der Zugang zu Bildung blieb eine elitäre Angelegenheit und die Möglichkeiten der Frauen hinkten denen der Männer noch lange hinterher. Gelang es ihnen trotz der Hemmnisse, Bedeutendes zu leisten, erscheint dies um so denkwürdiger.

Anmerkungen

1 Bennewitz, Nadja: Handlungsmöglichkeiten und begrenzte Mitwirkung: Die Beteiligung von Frauen in der reformatorischen Bewegung in Nürnberg, in: ZBKG 68, 1999, S. 21–46.
2 Vgl. Seubert, Josef: Untersuchungen zur Geschichte der Reformation in der ehemaligen freien Reichsstadt Dinkelsbühl (Historische Studien 420), Lübeck/Hamburg 1971; Schnurrer, Ludwig: Die Reformation in der Reichsstadt Dinkelsbühl, in: Festschrift zum Dinkelsbühler Schwedenjahr 1982, Dinkelsbühl 1982, S. 6–12.
3 Vgl. Schuster, Peter: Das Frauenhaus. Städtische Bordelle in Deutschland 1350–1600, Paderborn 1992; Schuster, Beate: Die freien Frauen. Dirnen und Frauenhäuser im 15. und 16. Jahrhundert, Frankfurt a. M./New York 1995.
4 Broda, May M.: Herr über sie. Ein Versuch über die Typisierung der Frau in der Reformation, in: Feministische Studien 5, H. 1, 1986, S. 46–58, hier S. 48.
5 Zit. nach: Dülmen, Richard van: Frauen vor Gericht. Kindsmord in der Frühen Neuzeit, Frankfurt a. M. 1991, S. 132.
6 Bauer, Heinz: Die letzte Hinrichtung von Hersbruck, in: Amtsgericht Hersbruck (Hg.): Aus der Geschichte des Amtsgerichtsbezirks Hersbruck, Hersbruck 2000, S. 67–69.
7 Gemeindearchiv Emskirchen Ba 4/1 (Ehebruch), nach der Transkription von Gerti Gagsteiger.
8 Richter, Helmut: Materialien zur Kriminalgeschichte Frankens, in: Fürther Heimatblätter, Jg. 52, Nr. 1, 2002, S. 1–15, hier S. 5.
9 Richter, Helmut: Die Vacher Gemeindeordnung von 1660, in: Fürther Heimatblätter, Jg. 48, Nr. 3, 1998, S. 73–88, hier S. 79.
10 Schubert, Ernst: Arme Leute, Bettler und Gauner im Franken des 18. Jahrhunderts, Neustadt a. d. Aisch 1983, S. 202f.
11 Ohm, Barbara: Die Reformation in Fürth, in: Fürther Heimatblätter, Jg. 46, Nr. 4, 1996, S. 93–112, hier S. 108.
12 Vgl. Kleefeld, Traudl/Gräser, Hans/Stepper, Gernot: Hexenverfolgung im Markgraftum Brandenburg-Ansbach und in der Herrschaft Sugenheim, Ansbach 2001.
13 Vgl. zuletzt: Irsigler, Franz: Hebammen, Heilerinnen und Hexen, in: Beier-de Haan, Rosmarie/Voltmer, Rita/Irsigler, Franz (Hg.): Hexenwahn. Ängste der Neuzeit, Ausstellung des Deutschen Historischen Museums Berlin, Kronprinzenpalais 3. Mai bis 6. August 2002, Berlin 2002, S. 142–153.
14 Vgl. Kruse, Britta-Juliane: Hebammen und Geburtshilfe, in: Bennewitz, Nadja: Sigenas »Schwestern« im mittelalterlichen Nürnberg. Frauen in der spätmittelalterlichen Stadt, Nürnberg 2000, S. 44–45; Bennewitz, Nadja: Vom Wissen über den Frauenkörper. Frauen als Fachkundige und Patientinnen, in: Bennewitz, Nadja/Franger, Gaby (Hg.): Am Anfang war Sigena. Ein Nürnberger Frauengeschichtsbuch, Cadolzburg 1999, S. 41–52.
15 Kroner, Michael: Cadolzburg. Im Wandel von der Hohenzollernresidenz und dem Ämtersitz zum gewerblich-industriellen Markt, Markt Cadolzburg 1993, S. 87f.
16 Bennewitz, Nadja: Boutique, Likör und Abendmahl. Die ersten Hugenottinnen in Erlangen, in: Bennewitz, Nadja/Franger, Gaby (Hg.): »Die Erlangischen Mädchen sind recht schön und artig ...«. Ein Erlanger Frauengeschichtsbuch, Cadolzburg 2002, S. 21–30.
17 Vgl. allg.: Labouvie, Eva: Beistand in Kindsnöten. Hebammen und weibliche Kultur auf dem Land (1550–1910), Frankfurt a. M. 1999.

18 Kroner, Cadolzburg, S. 66.

19 Dürr, Armin: Vom Ministerialensitz zur Marktgemeinde. Wilhermsdorf von 1096 bis 1996, Wilhermsdorf 1995, S. 62.

20 Schorr, Helmut: Der Dreißigjährige Krieg, in: Kollar, Josef (Hg.): Markt Dietenhofen, Dietenhofen 1985, S. 49–52.

21 Mayer, J. G.: Geschichte der Stadt Roth a. Sand (Rother Miniaturen 3), nach der Erstausgabe von 1903, Roth 1994, S. 109.

22 Zit. nach: Krauß, Friedrich: Exulanten im Evangelisch-Lutherischen Dekanat Feuchtwangen, Nürnberg 1999, S. 13; Krauß, Eberhard: Exulanten aus dem westlichen Waldviertel in Franken (ca. 1627–1670), Nürnberg 1997.

23 Richter, Friedrich: Der 30jährige Krieg im Gebiet des Landkreises Roth, in: Heimatkundliche Streifzüge. Schriftenreihe des Landkreises Roth 6, 1987, S. 38–55, hier S. 41, 49f.

24 Parker, Geoffrey: Der Soldat, in: Villari, Rosario (Hg.): Der Mensch des Barock, Frankfurt a. M./New York 1997, S. 47–81, hier S. 60, 67.

25 Schumacher, Else: Frauenaurach in der Markgrafenzeit um 1686, als die Hugenotten kamen, in: EB 34, 1986, S. 235–251, hier S. 239.

26 Mayer, Geschichte der Stadt Roth, S. 106.

27 Maurern, Johann Georg: Ausführliche Beschreibung der Hoch=Fürstl. Brandenburg=Onolzbachischen Haupt=Münz= und Lege=Stadt Schwabach, Schwabach 1756, S. 292f.

28 Scheutz, Martin: »... im Rauben und Saufen allzu gierig«. Soldatenbilder in ausgewählten Selbstzeugnissen katholischer Geistlicher aus der Zeit des Dreißigjährigen Krieges, in: L'Homme. Zs. f. feminist. Geschichtswiss., Jg. 12, Nr. 1, 2001, S. 51–72, hier S. 70.

29 Vgl. Fleischmann, J. A.: Velden und seine tapferen Frauen. Eine vaterländische Scene aus dem 30jährigen Krieg, Nürnberg 1810; Soden, Franz Freiherr von: Sturm auf Velden, Nürnberg 1844; Seyfert, Werner: Velden a. d. Pegnitz. Ein Beitrag zur Kunstgeschichte Frankens, Nürnberg 1927.

30 Zuletzt: Kruse, Britta-Juliane: Witwen als Stifterinnen in deutschen Städten der Frühen Neuzeit, in: Ariadne. Forum für Frauen- und Geschlechtergeschichte 42, 2002, S. 16–23.

31 Die Memoiren der Glückel von Hameln, Weinheim 1994, S. 238.

32 Vgl. »Der Himmel ist offen gewesen«. Die Memoiren der Glikl bas Juda Leib, in: Stiftung Jüdisches Museum Berlin (Hg.): Geschichten einer Ausstellung. Zwei Jahrtausende deutsch-jüdische Geschichte, Berlin (2) 2002, S. 46–51.

33 Vgl. Renda, Gerhard: Fürth, das »bayerische Jerusalem«, in: Treml, Manfred/Kirmeier, Josef (Hg.): Geschichte und Kultur der Juden in Bayern. Aufsätze, München 1988, S. 225–236.

34 Zit. nach: Stimpfig, Karl Ernst: Die Juden in Sugenheim und Ullstadt. Eine Dokumentation, Sugenheim 2001, S. 118ff.

35 Vgl. Wibel, Johann Christian: Historische Beschreibung von Wilhermsdorff, Nürnberg 1742; Mahr, Helmut: Stätten jüdischen Lebens im Landkreis Fürth, Fürth 2001.

36 Stimpfig, Die Juden in Sugenheim, S. IV.

37 Glenk, Friedrich: Juden in Georgensgmünd, in: Heimatkundliche Streifzüge. Schriftenreihe des Landkreises Roth 2, 1983, S. 17–28, hier S. 20f., S. 24f.

38 Stimpfig, Die Juden in Sugenheim, S. 121.

39 Vgl. Großner, Rudolf: Österreichische Exulanten, Salzburger Emigranten und Fremde im Gebiet des ev.-luth. Dekanats Erlangen und in den Gemeinden Heroldsberg und Vach, in: Blätter für fränkische Familienkunde 10, 1971–78, S. 194–269.

40 Vgl. Franger, Gaby: Die Exulanten, österreichische Glaubensflüchtlinge in Franken, in: Frauen in der Einen Welt (Hg.): Flucht, Vertreibung, Exil, Asyl. Frauenschicksale im Raum Erlangen, Fürth, Nürnberg, Schwabach, Nürnberg 1990, S. 22–25.

41 Vgl. Heller, Hartmut: Dreimal Fatmeh. Frauenschicksale aus der Türkenzeit, in: Frauen in der Einen Welt, Flucht, Vertreibung, S. 15–21; ders.: Um 1700: Seltsame Dorf-

genossen aus der Türkei. Minderheitenbeobachtungen in Franken, Kurbayern und Schwaben, in: Heidrich, Hermann/H0eimrath, Ralf/Kettemann, Otto u. a. (Hg.): Fremde auf dem Land, Neustadt a. d. A. 2000, S. 13–44.

42 Zuletzt für Erlangen: Bennewitz, Boutique, Likör und Abendmahl, in: Bennewitz/ Franger, Die Erlangischen Mädchen, S. 21–30; dies.: »… daß ihre Töchter zur Bildung der Jugend gesucht werden.« Französische Gouvernanten, in: Bennewitz/ Franger, Die Erlangischen Mädchen, S. 68-76; Bischoff, Johannes E.: Gegenwärtige fränkische Hugenotten-Erinnerungen. Bayreuth, Naila, Emskirchen, Wilhelmsdorf, Schwabach, Erlangen, in: Bischoff, Johannes E. (Hg.): Hugenotten in Franken zum 31. Deutschen Hugenottentag 1979 in Erlangen, Sickte 1979, S. 18–41; ders.: Die Aufnahme der Hugenotten in Franken und die Entwicklung ihrer französisch-reformierten Kirchengemeinden, in: EB 34, 1986, S. 195–223; Die Geschichte der Hugenotten und der reformierten Gemeinde in Schwabach 1686–1986, Ausstellungskatalog des Schwabacher Stadtarchivs 1, Schwabach 1986.

43 Franger, Gaby: Die Hugenotten. Die Affaire des französischen Bäckers Roumieux, in: Frauen in der Einen Welt, Flucht, Vertreibung, S. 32–37, hier S. 37.

44 Lehman, Gertraud: Refugium – Flüchtlingskolonie – Einwanderungsstadt. Gründung und Integration der Französischen Kolonie in Erlangen, in: Friederich, Christoph (Hg.): 300 Jahre Hugenottenstadt Erlangen. Vom Nutzen der Toleranz, Ausstellung im Stadtmuseum Erlangen 1. Juni bis 23. Nov. 1986, Erlangen 1986, S. 122–133, hier S. 126.

45 STABa ex C 62 Nr. 2867, nach der Transkription von Gerti Gagsteiger.

46 Ohm, Barbara: Aufklärung in Fürth, in: Fürther Heimatblätter, Jg. 47, Nr. 3, 1997, S. 61–91, hier S. 63.

47 Memmert, Elisabeth: Lebensläufe bei St. Michael, in: Fürther Heimatblätter, Jg. 45, Nr. 1, 1995, S. 19–25, hier S. 21, S. 24.

48 Das gelehrte Teutschland oder Lexikon der jetzt lebenden teutschen Schriftsteller, Bd. 6, Lemgo 1789, S. 311f.

49 Vgl. Weckel, Ulrike: Zwischen Häuslichkeit und Öffentlichkeit. Die ersten deutschen Frauenzeitschriften im späten 18. Jahrhundert und ihr Publikum, Tübingen 1998.

50 Vgl. zuletzt: Hofmann-Randall, Christina (Hg.): Das Erlanger Schloss als Witwensitz 1712–1817, Ausstellung der Universitätsbibliothek 15. Nov.–8. Dez. 2002, Erlangen 2002.

51 Vgl. Leßmann, Sabina: Susanna Maria von Sandrart und andere Künstlerinnen im 17. Jahrhundert, in: Bennewitz/Franger, Am Anfang war Sigena, S. 124–132.

111

Irene Lederer
»... sagt, sie sey kein solches weib«
Herzogenauracherinnen vor dem Gericht

Im August des Jahres 1579 erschien die Bürgerin Martha Veschlerin vor dem Stadtgericht Herzogenaurach und klagte gegen Emilia Briglin, die Ehefrau des Stadtschreibers. Diese habe sie und ihre Schwester Huren genannt. Weiter wäre

> »des Brigels hausfrau zu der Veschlerin in ir hauß kommen, vnd sie an Irer Ehren geschendet darüber Vischlerin die Briglin mit einer offen gabel auß dem hauß geschlagen. Des Brigels weib die gassen auff vnd ab geloffen vnd die Veschlerin ein Edelmans huren gescholten. Bitt vmb hülff«.[1]

Nach einer Bedenkzeit entgegnete Emilia Briglin beim darauf folgenden Gerichtstermin, sie werde diese Schmähworte nicht gestehen, doch

> »... alß sie erfahren daß Veschlerin sich vernehmen lassen wo sie vff die stattschreiberin stosse wolle sie ein Messer in ir vmbdren derwer sie zu ir ins haus gangen sie was die vrsach befragen. Veschlerin aber sie die stattschreiberin schmelich angefaßt vnd mit einer offen gabel hintter werttling drey streich geben ... Briglin Im schreck vnd zorn (wie sie zuvor von viel leutten gehört vnd ein gemeins sagt) ein hurn gescholten«.[2]

Das Gericht konnte lediglich Ordnungsstrafen verhängen, es verurteilte die Briglin zur Zahlung von 13 Pfund Heller und 10 Pfennigen. Das Gerichtsprotokoll verzeichnet diesen Fall mit einer für die Zeit ungewöhnlichen Ausführlichkeit, wohl wegen der Prominenz der Beklagten, die als Ehefrau des städtischen Schreibers zur gehobenen Schicht der Kleinstadt gehörte. Alltägliche Konflikte wie dieser entstanden immer wieder aus dem engen Zusammenleben innerhalb der kleinräumigen Gemeinschaft. Neben Klagen wegen säumiger Zahlungsmoral und kleinerer Diebstähle gehörten Beleidigungsklagen zu den Hauptdelikten, die vom Stadtgericht verhandelt wurden.

Das System des Stadtgerichts beruhte auf der Privatklage.[3] Frauen traten sowohl als Klägerinnen wie auch als Beklagte in Erscheinung, blieben jedoch zahlenmäßig deutlich hinter den Männern zurück. Da sie von den in Zünften organisierten Handwerksberufen wie von nahezu allen anderen Wirtschaftsbereichen der Stadt ausgeschlossen waren, traten sie nur vereinzelt im Zusammenhang mit Geldgeschäften in Erscheinung: 1531 etwa klagte die Wirtin Agnes Hegin gegen Fritz Winkelmann auf Rückzahlung von 9 Pfund Heller, die er sich geliehen hatte, und forderte die Begleichung einer Rechnung von 36 Pfennigen für verzehrte Speisen und für »*iii oder iiii maß bierß ungeverlich*«.[4] Auch die jüdische Händlerin Bella aus dem Ortsteil Niederndorf ersuchte um Gerichtshilfe gegen Jobst Weygant:

> »*Nachdeme sich Vnlangsten begeben gedachter Weyganth etwas Mitgeldt benötiget gewesen derhalben zu Ir Judin komen deme sie aufsprechen 6 fl 1 orth fürgestreckt vnd eine Kue zum Underpfanth angenommen. Ir der Judin gedachter Weygannth zugesagt wofernn die Kue inmitells Schaden neme wolte er solchen den halben theill tragenn. Nun aber wer Ir die Kue gestolen vnd verloren worden derwegen sie den halben theil schadens von Ime begert vnd pite vmb gerichtliche hilff.*«[5]

Obwohl Jobst Weygannt zu bedenken gab, er könne für den Diebstahl der als Pfand hinterlassenen Kuh nicht verantwortlich gemacht werden, wurde er zur Rückzahlung des Geldes verurteilt.

Charakteristische Konfliktfelder eröffneten sich im Bereich der Beleidigungsklagen. Frauen waren hier überproportional vertreten, sowohl als Klägerinnen wie auch als Beklagte. Bei Auseinandersetzungen zwischen Frauen blieb es meist bei Verbaldelikten, waren Männer in das Geschehen verwickelt, kam es immer wieder zu körperlichen Auseinandersetzungen. Nicht selten war der Vorwurf der Hexerei und der Anwendung von Zaubermitteln, die Begriffe »*Drude*« oder »*Auffahrerin*« erschienen seit der Mitte des 16. Jahrhunderts mit zunehmender Häufigkeit. 1543 klagte Agnes Engelhartin gegen die Ehefrau des Tuchscherers Hans Deyniger, die sie eine »*Trutt*« genannt habe und sie beschuldigte, mit einem Tongefäß, einem »*hefelein*«, vor dem Haus des Tuchscherers Zauberei getrieben zu haben:

> »*... eines abends spet für deß beclagten hauß sey gangen ein hefelein an einem strick getragen an des beclagten haußwand gesprengt Ime den beclagten domit wollen bezaubern.*«[6]

Das Gericht entschied hier ebenso zugunsten der beschuldigten Frau wie in ähnlich gelagerten Fällen. Die dokumentierten Aussagen und Urteile lassen zumindest im Bereich des Stadtgerichts keineswegs auf eine fanatische Verfolgung von vermeintlichen Hexen oder gar auf einen irrationalen Hexenwahn schließen.[7] Das Gericht setzte zum

Teil empfindliche Strafen für die Verursacher derartiger Anschuldigungen fest. Die Sühnemaßnahmen reichten vom öffentlichen Widerruf über Geldstrafen bis hin zur mehrtägigen Haft in Eisen. Der Frau wurde auf Verlangen mit Brief und Siegel bestätigt, dass sie »*kein solches weib sey*«. Die Kosten für diesen Rechtsakt hatten ebenfalls die Verurteilten zu tragen.

Am weitaus häufigsten verwehrten sich Frauen gegen den Vorwurf von sexuellen Verfehlungen: 1551 ging Anna Stilkrauttin gegen Katharina Müllerin vor, diese »*hab sie ein Sacramentische diebische huren, vnd Ire Kinder diebische huren kinder gescholten*«.[8] Els Neidhartin klagte mit Erfolg gegen Gilg Kelschen, der sie ein

> »*ausgeveimte hurn gescholten, sie het nicht kein Ehe kindt sunder eittel hurn kindter tragen und sie het ein kindt hingetan … es wer ein pfaff auff Ir gelegen vnd sei gemeiner stat schedlich.*«[9]

In einem weiteren Fall aus dem Jahr 1583 klagte die Margaretha Eyttnerin, Ehefrau des Blasius Eyttner, gegen den Bäcker Endreß Hornsperger. Er habe

> »… *verschiedener Zeit sie Klegerin under dem Rathauß bey den haren genomen und zum Rathauß hinauß gezogen alß dann mit einem Scherhamer Bluttrüstig zu boden geschlagen vnd sie ein Sieben Sacramentische huren gescholtten*«.[10]

Der Spitalinsasse Lorentz Körner bestätigte unter Eid, dass Hornsperger die Eyttnerin geschlagen und beleidigt habe. Interessant ist nach heutigem Rechtsverständnis die Tatsache, dass der Bäcker zwar ohne weiteres die Misshandlung der Frau zugab, aber ungeachtet mehrerer Zeugenaussagen leugnete, sie eine Hure genannt zu haben. Die Verurteilung zur Zahlung einer empfindlichen Geldstrafe, eines »*großen Wandels*«, erfolgte aufgrund der bezeugten Beleidigung, die Körperverletzung spielte bei der Zumessung der Strafe keine Rolle. Die Beleidigung als Hure wurde vom Gericht als gravierenderes Vergehen beurteilt, hinter dem die körperliche Misshandlung zurücktrat, solange sie ohne bleibende Behinderungen[11] abging. Ein »guter Ruf« und ein »ehrbarer Name« waren das höchste Gut einer Frau. Die Verteidigung des Leumunds wurde erwartet, vor allem auch zur Aufrechterhaltung der Familienehre. So waren es keineswegs Frauen aus den Randgruppen der Stadtgesellschaft, die vor Gericht erschienen. Nicht Ausgrenzung, Armut oder gesellschaftliche Isolation bedingten die Klagen, sondern enge soziale Beziehungen. Angesehene Bürgerinnen und Bürgerstöchter verteidigten ihr Ansehen, denn nachgewiesene Verstöße gegen die gesellschaftlichen Normen konnten die Ausweisung aus der Stadt, selbst die Verhängung der Todesstrafe zur Folge haben.

Vor das Stadtgericht kam ein Ehebruch nur dann, wenn er bereits im Vorfeld als Verleumdung eingestuft wurde, denn das bischöfliche Hochgericht[12] war für eine öffentliche Strafverfolgung des Delikts zuständig. Vorehelicher Beischlaf zwischen Ledigen fiel dagegen in den Zuständigkeitsbereich des Stadtgerichts. 1554 einigten sich Katharina Schrollin und Georg Daller, der inzwischen mit einer anderen Frau verheiratet war, vertraglich auf die Zahlung einer Entschädigungssumme für den Ehrverlust der Schrollin und für den Unterhalt des gemeinsamen Kindes:

> *»Nachdem … Ich mit Georgen Daller … ein kindlein erzeugt Wie er sich aber sunsten anderswo verheirat Ist zwischen mir vnd Ime ein endlicher gütlicher vertrag, das er mir für meine Ehre Zehenn gulden rheinischer müsste reichen vnd geben solch gemacht vnd beschlossen worden.«*[13]

Beziehungen außerhalb der Ehe waren keine Seltenheit, denn der Wunsch, eine Familie zu gründen, erwies sich oft als undurchführbar. Bürgern und Bürgerstöchtern war die Eheschließung erlaubt, dagegen benötigten die *»Inwohner«* die Erlaubnis des Bamberger Bischofs. Inwohner waren in erster Linie Dienstboten aller Art, sowie Tagelöhnerinnen und Tagelöhner, denen mangels eines Mindestvermögens die Ehe verweigert wurde. Beispiele belegen jedoch, dass auch sexuelle Beziehungen zwischen Unverheirateten vor den Amtmann kamen, wenn aus der Verbindung ein Kind hervorgegangen war, die »sexuelle Verfehlung« also nicht mehr abgestritten werden konnte. Die Urfehde der Bürgerstochter Elisabeth Vogel aus dem Jahr 1582 war die Folge einer Anklage durch den Amtmann:

> *»Nachdem … Ich ein lange zeit verbottene flaischliche sündliche werck vnd vnzucht Mit Manns vnd Knechts Personen getrieben vnd doch Nichts destoweniger In einem Harbande für ein Jungkfraw gangen vngeachtet das mir solches von dem herrn Ambtman offt vnttersagt worden, Aber doch in solchem vnzuchtigen huren vnd Buben leben verharrt, biß Ich endlich also ein Kindt erobert. Vnd mich nachvolgents zu Einem Eeman begeben mit Ime Im Lanndt vmher Zuziehen vorhabens.«*[14]

Sie wurde in Haft genommen und zu einer Körperstrafe verurteilt – die Gerichtsordnung sah die Zufügung von Brandzeichen oder das

Durchstechen der Wangen vor. Aufgrund der eindringlichen Fürsprache von Stiefmutter und Schwester wurde Elisabeth Vogel nach Zahlung eines Geldbetrags für die Kosten der Haft freigelassen, aber des Hochstifts verwiesen. Die Ausweisung und die körperliche Kennzeichnung als Ehebrecherin verurteilten sie zu einem Leben außerhalb der Gesellschaft und machte ein Abrutschen in die Kriminalität oder in die Prostitution fast unvermeidlich. In den Protokollbüchern finden sich wiederholt Hinweise auf bettelnde »Frauenspersonen« oder auf Frauen, die sich umherziehenden Räuberbanden angeschlossen hatten. Den Lebensunterhalt auf eine legale Art zu verdienen, war ihnen unmöglich geworden. Die Art der Strafe für Ehemänner, die mit ledigen Frauen ein Kind gezeugt hatten – am häufigsten werden in diesem Zusammenhang Beziehungen zu Dienstmägden genannt –, hing stark von ihrem gesellschaftlichen Ansehen ab. Der Messerschmied Hans Kerner wurde 1568 nach kurzer Haft aufgrund der Fürsprache von zahlreichen Nachbarn und Freunden ohne Strafe entlassen. Der Bürger Hans Potten wurde dagegen 1583 zu einer Kirchenstrafe verurteilt; er musste an

> *vier Sontag nach einander offentlich In der Kirchen Neben dem Altar Im Chor sampt einer Brennenden Kertzen In der Rechten handt vnd einer Rutten In der Lincken handt halttende, wie hinfür zu einer warnung andern zu einem Exempel«* [15]

stehen. Nur einmal ist im Kontraktbuch die Ausweisung eines Mannes wegen eines unehelichen Kindes aus der Stadt belegt; der Bierbrauer Caspar Staudt hatte 1593 mit der in seinem Haus beschäftigten Dienstmagd Kunegund Dörschin ein Kind gezeugt.

Hauptziel der Ehe war – zumindest aus kirchlicher Sicht – die Zeugung von Kindern. Bereits im Mittelalter war das Wissen um die Verhinderung und den Abbruch von Schwangerschaften vorhanden; Kinderlosigkeit machte eine Frau zwangsläufig verdächtig. Im Jahr 1593 setzte sich Barbara Denglerin in einem Prozess erfolgreich gegen Anna Würffelin zur Wehr, die behauptet hatte,

> *»sie Denglerin … hab vf den schlössern anderster nichts gelernt denn das sie die Kinder verthue vndt sei nicht so stellig das sie eines vf die welt bringt«* [16].

Die offensichtlich kinderlose Frau war ins Visier einer Nachbarin geraten, die ihr in einer zweiten Verhandlung vorwarf, sie sei »*nicht so stellig das sie einen großen bauch bekome*«[17]. Nachdem sich für ihre Anschuldigungen keine Zeugen fanden und der Ruf der Denglerin bislang unbescholten war, wurde Anna Würffelin ermahnt, ihre Anschuldigungen in Zukunft nicht mehr zu wiederholen. Die Bambergische Halsgerichtsordnung (»*Bambergensis*«) sah für Abtreibung eines lebensfähigen Kindes die Todesstrafe vor. Die öffentlich geäußerte Anschuldigung, dass jemand »*die Kinder verthue*«, hatte unweigerlich das Einschreiten der Justiz zur Folge. Allein durch Gerüchte oder boshafte Verleumdungen konnte ein Prozess in Gang gesetzt werden, der zur Hinrichtung der Frau führte. Das Inquisitionsprinzip der »*Bambergensis*« erhob das Geständnis zum zentralen Beweismittel und sah den Gebrauch der Folter vor. Fanden sich mindestens zwei Zeugen, welche die Anklage bestätigten, wurde die Frau einer »peinlichen Befragung«, also der körperlichen Folter, unterzogen.

Die ausführliche Niederschrift in den Ratsprotokollen[18] der Stadt Herzogenaurach dokumentiert einen weiteren Fall. Hier traf der Vorwurf der Abtreibung die so genannte Baderin, die Ehefrau des städtischen Baders Lienhardt Lönneßen. Die Frau des »*welschen Krämers*« Hans Schön war nachts vor der oberen Badstube erschienen und hatte die Baderin eine »*Kindtsmörderin geschmeht*«. Vor dem Stadtgericht sagt die Krämerin aus, die Baderin habe vor einiger Zeit gesagt, »*es wachse auf der Nutzung*[19] *ein schlechtes Kreuthlein, damit man die Kinder verthue*«; des Weiteren habe sie ihr vor einem Jahr ein »*Trunklein*« mit einem Abtreibungsmittel angeboten. Der Maurer Hieronymus Sueßemilch berichtete in seiner Zeugenaussage, als er vor einem Jahr mit den beiden Frauen und deren Männern bei einem Glas Wein zusammen gesessen sei, habe die Baderin gesagt, er solle den Wein nicht trinken. Er könne aber nicht sagen, ob etwas in den Wein hineingetan worden war. Caspar Dangler berichtete hingegen, er sei vor einem Jahr bei seiner Mutter »*auf der Korn Suppen*« gewesen, da habe die Baderin der Krämerin Wein eingeschenkt

> »*vnd etwas auß dem Beuttel getzogen mit vermelden Sie wölle zuvor etwas dorein thun was es aber geweßen wiße er nicht, der wein sey verschütt worden*«.

Nach eingehender Anhörung durch Kastner, Bürgermeister und Rat und nach der Beratung mit dem Amtmann fiel das Urteil des Stadtgerichts besonnen aus:

> »*Dieweilen aber kein theill uff den andern etwas erwießen Solle die Kremmerin der Baderin für Ihren Vncosten zwei gulden Vnd einem Erbarn Rath für die Schuldig wandel erlegen vier gulden. Wurde aber ein theill den andern ferner iniurirn So soll*

der Schuldige theill die herrschaft 50 fl straff zuerlegen schuldig sein ... Vnd ist die Kremmerin umb Ihrer Vngehorsambs willen drey tag in die eyßen gestraft worden.«
Auch Christine Schneiderin aus dem Markt Weisendorf, der zum Herzogenauracher Hochgerichtsbezirk gehörte, wurde 1560 wegen Abtreibung verhaftet. Die Magd wurde zusammen mit dem Herzogenauracher Bürger Hans Hofmann zunächst »gütlich befragt«, doch beide stritten den Vorwurf ab. Da Herzogenaurach keinen eigenen »*Nachrichter*« hatte, wurde der Henker aus der nächstgelegenen Bambergischen Stadt Forchheim mit der Durchführung der »*peinlichen Befragung*« betraut. Während Hans Hofmann nach einem abgepressten Geständnis zur Hinrichtung geführt wurde, erließ man Christine Schneiderin die vorgesehene Todesstrafe. Das verhängte Urteil:

> »... *die verhafft Magd an Pranger stellen vnd Zustraf vnd Büsens Ihres begangen übels mit gluenden eißen In die Pack Prennen vnd volgends ... stiefft vnd fürstenthumb verweissen lassen*«,[20]

wurde 1569 vollstreckt. Der Fall der Christine Schneiderin ist durch ein Schreiben an den Herzogenauracher Amtmann Hans Phillip Fuchs von Dornheim dokumentiert, das die erheblichen Kosten für das Verfahren der Stadt und dem Amt Herzogenaurach auferlegte. Ungeklärt bleibt in diesem Fall die Frage, ob die Magd durch die Beschuldigung von Nachbarn oder aufgrund amtlicher Strafverfolgung in die Mühlen der Justiz geraten war.

Die Gerichtsquellen ermöglichen einen Einblick in das Verhalten von Frauen und gegen Frauen und zeigen die Mechanismen der sozialen Kontrolle. Die unmittelbare Nachbarschaft trat als moralische Instanz auf, die das Verhalten von Mitgliedern der Stadtgemeinschaft überwachte und vermeintliches Fehlverhalten durch Gerüchte oder über informelle Kanäle abstrafte. Ein guter Ruf schützte in einem erheblichen Maße vor einer Strafverfolgung. Die Gerichtsbücher verzeichnen zahlreiche Freisprüche, die allein auf dem bis dahin guten Leumund der Angeklagten und auf der Fürsprache von angesehenen Mitgliedern der Stadtgesellschaft beruhten. Die gesellschaftliche Ächtung einer Person, die Ausgrenzung aus der Gemeinschaft, hatte unmittelbaren Einfluss auf die Art und die Höhe der zu erwartenden Strafe. Es zeigt sich auch, dass Frauen ebenso wie Männer unerbittlich über die Einhaltung der Verhaltensregeln – die durchaus veränderbare Konstrukte waren – der Stadtgemeinschaft wachten. Die öffentlich gemachten Verstöße gegen die Normen zerstörten das Ansehen einer Person und hatten weitreichende Folgen für das Zusammenleben in der Gemeinschaft; in zahlreichen Fällen machten sie ein Verbleiben in der Stadt unmöglich.

Anmerkungen

1 StAH, Stadtbuch 1529–1551, fol. 131.
2 StAH Stadtbuch 1529-1551, fol. 133.
3 StAH. Die Gerichtsprotokolle beginnen im Jahr 1409. Erst seit der 1. Hälfte des 16. Jahrhunderts wurden die Fälle ausführlicher geschildert und erlauben eine Analyse der Delinquenz.
4 StAH Stadtbuch 1529–1551, fol. 35.
5 StAH Gerichtsbuch 1551–1626, fol. 105, 30. August 1575.
6 StAH Stadtbuch 1529–1551, fol. 39.
7 In der Zeit zwischen 1618 und 1626 sind für Herzogenaurach jedoch mehrere Hexenprozesse vor dem Hochgericht belegt, es gab einige Hinrichtungen.
8 StAH Stadtbuch 1529–1551, fol. 67v.
9 StAH Stadtbuch 1529–1551, fol. 50v, 1549.
10 StAH Gerichtsbuch 1551–1629, fol. 149.
11 Lediglich »lähmende oder fließende« Wunden wurden als ernsthaftes Delikt angesehen, das vom Hochgericht verfolgt wurde.
12 Die Hochgerichtsbarkeit hatte sich mit Fällen von Mord, Brandstiftung, schwerer Unzucht und Raub zu befassen; sie richtete über Leib und Leben – daher auch die Bezeichnung Blut- oder Halsgericht.
13 StAH Kontraktbuch 1551–1612, fol. 20.
14 StAH Kontraktbuch, fol. 150v.
15 StAH Kontraktbuch, fol. 195v.
16 StAH Gerichtsbuch 1551–1629, fol. 180.
17 StAH Gerichtsbuch 1551–1629, fol. 181.
18 StAH Ratsprotokolle 1596–1649, fol. 38–40. Die Ratsprotokolle enthalten zahlreiche Niederschriften von Verhandlungen des Stadtgerichts.
19 Die »Nutzung« war ein städtisches Grundstück im Norden der Stadt außerhalb der Stadtmauer.
20 StAH IV.1 Akten des Zentgerichts.

Traudl Kleefeld
»Wann das Trudenwerckh nicht so gar gros und überhand genommen hette ...«
Hexenverfolgung im 16. und 17. Jahrhundert

Die Geschichte der Els Rodamerin aus Sugenheim

Im Februar 1585 wurde in Sugenheim die Hochzeit des Bauern Sebastian Rodamer mit der 19-jährigen Els Scherlein aus Gutenstetten gefeiert. Els heiratete in eine große, weitverzweigte und angesehene Familie ein. Doch das Ansehen der Familie hatte auch eine düstere Seite: Die alte Kunigunde Rodamerin war als »*Trutte*« berüchtigt, und ihr Bruder, der Bäcker Wolf Zeller, war als »*Truttenkönig*« bekannt – so überliefern es die Sugenheimer Kirchenbücher. Solche Verdächtigungen waren in Sugenheim und den umliegenden Dörfern, die zur Herrschaft der Freiherren von Seckendorff-Aberdar gehörten, allgemein verbreitet.

Els gehörte zu den jüngsten auch der eingeheirateten Rodamer-Frauen. Wahrscheinlich hatte sie es in so einer Situation nicht ganz leicht. Zwei der Kinder, die sie gebar, starben kurz nach der Geburt. So gesehen, unterschied sich ihr Leben kaum von dem vieler anderer Frauen ihrer Zeit – auch nicht, als eines Tages, im Januar 1596, ruchbar wurde, dass sie vier Jahre zuvor ein heimliches Verhältnis mit einem anderen Mann gehabt hatte. Sie wurde deswegen auf Befehl der Obrigkeit verhört und bekannte, dass sie tatsächlich vielmals »*die ungebüern und verbottene Lieb*«[1] gepflogen und somit Ehebruch begangen habe. Der Mann, mit dem sie sich eingelassen hatte, war Lorenz Schwab aus einem Nachbardorf von Gutenstetten. Als fahrender Gaukler war er öfter nach Sugenheim gekommen und es ist denkbar, dass die beiden sich aus Kindheitstagen kannten. Aber obwohl diese Beziehung anscheinend schon lange beendet war, ging man dem Verdacht des »*hochsträflichen*« Ehebruchs, wie damals üblich, mit aller Strenge nach. Denn in diesem Fall war nicht nur Gottes Gebot »Du sollst nicht ehebrechen« übertreten worden, sondern auch ein Schatten auf das Ansehen und die Ehre der Familie Rodamer gefallen.

Hexenverbrennung, Holzschnitt von Erhard Schoen, Nürnberg 1533

Im Verlauf des Verhörs wurde Els Rodamerin auch wegen des Verdachts »*des verfluchten zauberischen Hexen- oder Trudenwercks*«[2] befragt. Damit wurde eine Lawine von Hexenprozessen losgetreten, der innerhalb weniger Monate in Sugenheim zwölf Menschen auf grausame Weise zum Opfer fielen und deren zerstörerische Wucht noch lange Zeit tiefe Spuren in dem Seckendorffischen Herrschaftsgebiet und über die Grenzen hinaus hinterließ.

Der von der Herrschaft auf Schloss Schwarzenberg ausgeliehene Scharfrichter verstand sein Handwerk. »*Peinlich*« befragt, d. h. unter qualvoller Folter, gestand Els Rodamerin alles, was an Vorstellungen über das teuflische Treiben der Hexen verbreitet war. Sie sagte aus, dass sie zusammen mit zwei »*Gespielinnen*« die Apfelblüte abgekehrt habe, worauf in jenem Jahr die Apfelernte schlecht ausgefallen sei. Sehr häufig habe sie in den Ställen verschiedener Bauern Kühe, Kälber und Pferde so gedrückt, dass sie nach einigen Tagen gestorben seien. Manchmal habe sie auf der Weide oder in den Ställen die Kühe anderer Leute ausgemolken und die Milch in einem ledernen Säcklein mit nach Hause genommen. Als Erklärung dafür,

121

dass in einem Jahr die Weinstöcke erfroren waren, gab sie an, dass sie zusammen mit einer anderen Frau ein totes, zu früh geborenes Kind gekocht und gesotten habe. Damit habe sie den Frost bewirkt.

Viele Seiten lang ist das Geständnis der Els Rodamerin. Die schwerwiegendste Anklage gegen sie war jedoch: Sie habe sich mit dem Teufel eingelassen und mit ihm »gebuhlt«. Els gab zu, dass sie schon etwa elf Jahre zuvor auf einer Wiese beim Grasholen von einem jungen starken Gesellen angesprochen worden sei. Er habe ein schwarzes Bärtlein gehabt, sei schwarz gekleidet gewesen und habe auf dem Kopf ein hohes Filzhütlein getragen. Er habe begehrt, dass sie sich ihm hingebe. Dafür habe er ihr etwas Geld gegeben, von dem sie sich Nähfaden gekauft und ihre Schuhe habe flicken lassen. Immer wieder sei ihr Buhle gekommen und immer wieder musste sie ihm zu Willen sein. Er habe verlangt, dass sie Gott, den Allmächtigen, verleugnen und das hochwürdige Sakrament des heiligen Abendmahls nur in seinem, des Teufels Namen, einnehmen solle. Auf sein Geheiß habe sie die Hostien auch immer wieder aus ihrem Mund herausnehmen und heimlich wegwerfen sollen.

Nach ihrer Hochzeit mit Sebastian Rodamer sei ihr der Teufelsbuhle bis nach Sugenheim gefolgt. Mit anderen Personen und deren Buhlteufeln sei sie oft auf einer Ofengabel in die Scheune des Hans Sack in Ezelheim »eingefahren«. Dort hätten sie getanzt und reichlich gegessen und getrunken. Den Wein dazu habe man sich auf die gleiche Weise aus den Kellern der Wirte geholt. Zum Tanz habe ein Pfeifer mit einem »polnischen Sackpfeiflein« aufgespielt.

In einem Hexenprozess versuchte das Gericht, möglichst viele Namen von ebenfalls beteiligten Personen ausfindig zu machen. Auch das geschah durch Anwendung brutaler Foltermethoden. In ihrem Geständnis benannte Els Rodamerin mehrere Personen, von denen die meisten schon verstorben waren oder aus Gutenstetten stammten, wo das Sugenheimer Gericht keinen Zugriff hatte. Die wenigen von ihr angegebenen Personen, die im Bereich der Seckendorff'schen Gerichtsbarkeit lebten, waren neben Agnes Sack nur ihre Base Anna Rodamerin und deren Mann.

Das Gericht in Sugenheim zögerte nicht, diese Personen ebenfalls zu verhaften, peinlich zu verhören und zum Tod zu verurteilen. Durch sie wurden wiederum neue Namen bekannt und auch allen diesen anderen Frauen wurde der Prozess gemacht. Zweimal brannten im Jahr 1596 in Sugenheim Scheiterhaufen: am 27. Februar und am 12. Mai.

Mindestens vier der zwölf Hingerichteten gehörten zur Familie Rodamer. Drei weitere Frauen wurden daraufhin des Landes verwiesen, und eine Frau starb nach einem Vierteljahr im Gefängnis – ob durch Krankheit, an den Folgen der Folterung oder durch Selbstmord, ist nicht bekannt.[3]

Die Hexenlehre jener Zeit und ihre Verbreitung

Geradezu beispielhaft wird in dem Prozess gegen Els Rodamerin und die anderen Angeklagten in Sugenheim deutlich, was von gelehrten Theologen und Juristen jener Zeit an Theorien und Wissen über die vermeintlichen Helfershelferinnen des Teufels, die Hexen, gesammelt und aufgeschrieben worden war. Entsprechende Schriften waren bei denen, die der lateinischen Sprache kundig waren, durchaus verbreitet. Z. B. wurde das berühmt-berüchtigte Handbuch für Hexenprozesse, der »Hexenhammer« (1487), u. a. in Nürnberg gedruckt. Ein Exemplar davon war auch in die Bibliothek des Zisterzienserklosters Heilsbronn gelangt.[4] Dort hatte man ebenso Kenntnis von den Schriften des Arztes Johann Weyer, der sich skeptisch gegen Hexenprozesse äußerte, und des Franzosen Jean Bodin, der zu ihren schärfsten Befürwortern gehörte.[5] Das umfangreiche Geständnis der Els Rodamerin dokumentiert nicht nur hexerischen Schadenszauber aller Art, sondern auch das weit schwerere Verbrechen: nämlich dass Hexen früh- oder neugeborene Kinder töten, sieden oder zu Hexensalbe verarbeiten würden! Diese Anklage richtete sich hauptsächlich gegen Hebammen. Und da bei Els Rodamers »Untaten« meistens Anna Rodamerin beteiligt war, die eine solche »weise Frau« oder ein »*Ammenfräulein*« war, lag für das Gericht die Schuld der Angeklagten offen auf der Hand!

Weitaus schwerwiegender und todeswürdiger als alles andere war jedoch der Vorwurf, dass Hexen sich mit dem Teufel einließen, mit ihm Geschlechtsverkehr hatten und sich somit von Gott und der christlichen Kirche lossagten. Das war eindeutig Ketzerei und musste entsprechend bestraft werden. Ein solcher Pakt wurde mit einem Zeichen oder Stigma besiegelt, das der Buhlteufel auf dem Körper der Hexe hinterließ. Diese Verbindung mit dem Teufel gewährte der Hexe auch die Möglichkeit, an einem großen Fest bzw. einer Orgie – dem Hexensabbat – teilzunehmen. Solche Hexentänze fanden angeblich u. a. auf dem Brocken im Harz statt – in Sugenheim traf man sich etwas bescheidener in der Scheune eines Bauern, unter einem Birnbaum oder auf einer Wiese. Die Gelehrten gingen davon aus, dass die Hexen zu den entfernteren Plätzen auf Besen, Ofengabeln oder Tieren flogen – so auch in Sugenheim. Els Rodamerin und die meisten anderen Angeklagten gestanden, dass sie für ihren Flug eine Ofengabel benützten. Diese hätten sie zu diesem Zweck mit einer besonderen Salbe eingeschmiert.

Diese Vorstellungen waren nicht nur in gelehrten Kreisen, sondern auch im einfachen Volk verbreitet. In ihnen mischten sich uralte vorchristliche magische Vorstellungen mit wissenschaftlichen theologischen Lehren über das Böse, den Teufel und sein letztes Aufbäumen vor dem Ende der Welt, das man nahe herbeigekommen wähnte. Offenkundig ist jedoch, dass der größte Teil der wegen Hexerei hingerichteten Menschen Frauen waren. Das hat sicherlich verschiedene Gründe. Doch trugen u. a. die im Lauf der mittelalterlichen Kirchen- und Theologiegeschichte zunehmend entwickelte Sexualfeindlichkeit und die Geringschätzung der Frau erheblich dazu bei, dass die wissenschaftliche Hexenlehre sich letztendlich vorwiegend gegen die Frauen richtete.

»Also schlecht ist das Weib von Natur, da es schneller am Glauben zweifelt, auch schneller den Glauben ableugnet, was die Grundlage der Hexerei ist«,[6]
befanden die Verfasser des »Hexenhammers«.

Hexenprozesse im Land zwischen Wörnitz, Aisch und Regnitz

Nach der ersten Veröffentlichung des »Hexenhammers« Ende des 15. Jahrhunderts fanden ab 1560 vermehrt Hexenprozesse im süddeutschen Raum statt. Auslöser waren ungewöhnlich heftige Unwetter oder zu kühle Sommer, die Missernten und starke Verteuerung der Grundnahrungsmittel zur Folge hatten. Dafür machte man die Hexen verantwortlich. In den 80er und 90er Jahren erreichte die Welle der Prozesse auch den fränkischen Raum und setzte sich mit vermehrter Wucht im 17. Jahrhundert bis in die Hochstifte Mainz, Würzburg, Bamberg und Eichstätt fort, wo jeweils Hunderte Menschen zu Tode gebracht wurden.

Das Gebiet, das heute als Mittelfranken bezeichnet wird, setzte sich damals aus einer Vielzahl von größeren oder kleineren Herrschaftsterritorien zusammen. Den größten Raum umfasste das Markgraftum

Brandenburg-Ansbach-Kulmbach. An verschiedenen Stellen grenzte es an die Gebiete der Reichsstädte Rothenburg, Nürnberg, Dinkelsbühl und Windsheim. Auch war es durchsetzt von zahlreichen kleineren Rittertümern und Grafschaften. Im nördlichen Teil des heutigen Mittelfrankens hatten die Herren von Schwarzenberg, aber auch der Bischof von Würzburg größere Besitzungen, während im Südosten Teile zum Herzogtum Bayern und zum Hochstift Eichstätt gehörten. Nicht wenige Gebiete, z. B. um Ellingen, Wolframs-Eschenbach und Virnsberg, waren Besitzungen des Deutschen Ordens.

Alle diese Herrschaftsgebiete hatten ihre eigene Geschichte und Tradition. Etwa ab 1525 machte sich der Einfluss der Reformation bemerkbar: Das Markgraftum Ansbach, die Reichsstädte und einige Rittertümer nahmen die lutherische Lehre an, während die bischöflichen Gebiete und die des Deutschen Ordens katholisch blieben.

Nach dem gegenwärtigen Stand der Forschungen fanden in fast allen diesen Territorien, unabhängig von ihrer konfessionellen Prägung, Hexenprozesse statt. Allerdings sind nur wenige so gut dokumentiert wie in Sugenheim. Die Spurensuche ist mühsam und oft lässt sich nur aus spärlichen Hinweisen ein einigermaßen aufschlussreiches Bild zusammensetzen.

Die ältesten Quellen sind in Nürnberg erhalten. Sie reichen bis ins 14. und 15. Jahrhundert zurück und berichten von zahlreichen Prozessen, in denen hauptsächlich Frauen der Zauberei angeklagt waren. Die meisten kamen mit »glimpflichen« Strafen davon, indem man sie im Lochgefängnis gefangen hielt, an den Pranger stellte, brandmarkte oder des Landes verwies. Allerdings ist zu bedenken, dass solche Strafen unter den damaligen Lebensverhältnissen sozusagen einer »sozialen Hinrichtung« gleichkamen. Obwohl sich der Rat der Stadt im Lauf der Jahrhunderte nicht zu größeren Hexenverfolgungen verleiten ließ, kam es doch in der zweiten Hälfte des 17. Jahrhunderts zu mehreren Hinrichtungen, u. a. der beiden Frauen Margarethe Mauterin und Maria Regina Mettmannin (1659).[7]

Soweit bekannt, fand der erste Hexenprozess im Markgraftum Brandenburg-Ansbach 1505 in Schwabach statt. In jenem Jahr wütete im Fränkischen wieder einmal die Pest. Auf der Suche nach einem Schuldigen, der dieses Übel verursacht haben könnte, stieß man auf die Tagelöhnersfrau Barbara Schwab. Unter der Folter legte sie ein entsprechendes Geständnis ab und wurde zum Tode verurteilt. In der Folgezeit gibt es in den Quellen zunehmend Hinweise auf Fälle von Gotteslästerung, Wahrsagerei oder Zauberei und – parallel dazu – eine allmähliche Verschärfung obrigkeitlicher Maßnahmen dagegen. So ließ Markgraf Georg Friedrich (1539–1603) im Jahr 1582 die seit 1516 gültige »*Brandenburgische Peinliche Halsgerichtsordnung*« »*reformieren*«, richtete Kirchenvisitationen ein und erließ immer strengere Mandate. 1591 ließ er von dem Titularabt der Fürstenschule im ehemaligen Kloster Heilsbronn, Adam Francisci, ein Gutachten erstellen, die »*Generalinstruction von den Trutten*«. Für den lutherischen Theologen bestand das Hauptverbrechen der Hexen hauptsächlich in ihrem Pakt mit dem Teufel und somit in ihrem Vergehen gegen das erste Gebot. Zweifellos infolge dieses Gutachtens kam es in vielen markgräflichen Gerichtsorten zu zahlreichen Hexenprozessen und -hinrichtungen, z. B. in Schwabach, Langenzenn, Cadolzburg, Windsbach und Leutershausen. Nachweislich wurden zwischen 1587 und 1603 im Markgraftum, einschließlich der Gebiete jenseits der heutigen Grenzen von Mittelfranken, etwa 32 Frauen hingerichtet. In 23 Fällen erfahren wir nichts über den Ausgang der Prozesse. Freigelassen bzw. mit »leichten« Strafen belegt wurden elf Personen. Überschaut man das ganze 16. Jahrhundert, lassen sich noch mindestens eine, vielleicht aber auch sechs weitere Hinrichtungen und ca. 22 Verdachtsfälle hinzuzählen, die »glimpflich« verliefen oder deren Ausgang unbekannt ist. Selbst nach dem Tode des Markgrafen wurden noch bis weit ins 17. Jahrhundert hinein Hexenprozesse durchgeführt, z. B. in Wassertrüdingen und Feuchtwangen, wenn auch mit abnehmender Tendenz.[8]

Ende des 16. Jahrhunderts hatten auch bereits im Hochstift Eichstätt Hexenprozesse begonnen, wenngleich sie dort erst im 17. Jahrhundert eskalierten. Belegt ist 1590 die Verbrennung von 12 Frauen in Abenberg. Am Sitz des Deutschen Ordens in Ellingen wurden in nur acht Monaten 71 Personen wegen Hexerei hingerichtet.[9] Bereits 1587 fanden in Hellmitzheim, einem Gerichtsort der Herrschaft Limpurg, fünf Frauen den Tod. Neben Nürnberg verhielten sich auch die anderen Reichsstädte Weißenburg, Rothenburg und Dinkelsbühl relativ (!) zurückhaltend hinsichtlich Anklage und Verurteilung von verdächtigen Personen, während in Windsheim ab Mai 1596 im Verlauf von wenigen Monaten 24 Menschen hingerichtet wurden.[10] Möglicherweise sind diese Prozesse im Zusammenhang mit denen im benachbarten Sugenheim zu sehen.

Auflistungen von Zahlen, Gerichtsorten und Prozessen sind zwangsläufig unvollständig. Festzuhalten ist, dass fast überall im Raum des heutigen Mittelfranken zahlreiche Hexenprozesse stattgefunden haben. Doch Zahlen sind zu dürftig, um einen Eindruck zu vermitteln von den grauenvollen Ereignissen und den Leiden der geschundenen Menschen. Die Geschichte der Els Rodamerin könnte stellvertretend stehen für die der Barbara Hörnlein aus Weiterndorf bei Heilsbronn, der Anna Bucklerin aus Schwabach, der Margaretha Niclausin aus Cadolzburg, der Ursula Curtzin aus Colmberg und der vielen anderen, die hingerichtet wurden wegen eines Delikts, das sie gar nicht begangen haben konnten. Sie hinter ihren Prozessakten als Menschen wahrzunehmen und sie nicht dem Vergessen preiszugeben, bedeutet, ihnen wenigsten nach Jahrhunderten Gerechtigkeit widerfahren zu lassen.

«*Wann das Trudenwerckh nicht so gar gros und überhand genommen hette, würde Wein und Korn und anders der Überfluß und gnug sein*»[11] gab Anna Schreiberin aus Ezelheim in ihrem Geständnis vor der Hinrichtung zu. Sie meinte es wirklich so.

Anmerkungen

1 Kleefeld, Traudl/Gräser, Hans/Stepper, Gernot: Hexenverfolgung im Markgraftum Brandenburg-Ansbach und in der Herrschaft Sugenheim. Mit Quellen aus der Amtsstadt Crailsheim (Mittelfränkische Studien im Auftrag des Historischen Vereins für Mittelfranken, hrsg. von Gerhard Rechter, Bd. 15), Ansbach 2001, S. 388.
2 Kleefeld u.a., Hexenverfolgung, S. 387.
3 Kleefeld u.a., Hexenverfolgung, S. 347–386, 387–423, 434–435: ausführliche Darstellung der Ereignisse in Sugenheim.
4 Kleefeld u.a., Hexenverfolgung, S. 22.
5 Kleefeld u.a., Hexenverfolgung, S. 22.
6 Zit. nach Kleefeld u.a., Hexenverfolgung, S. 3.
7 Kunstmann, Hartmut H.: Zauberwahn und Hexenprozeß in der Reichsstadt Nürnberg (Nürnberger Werkstücke zur Stadt- und Landesgeschichte 1), Nürnberg 1970.
8 Kleefeld u.a., Hexenverfolgung, S. 1–88, S. 424–433: ausführliche Darstellung der Hexenprozesse im Markgraftum Ansbach.
9 Zwischen 1603 und 1633 wurden in Wolfsrams-Eschenbach 17 Menschen als Hexen hingerichtet. Das Schicksal von weiteren 77 ist ungewiss. Einige von ihnen konnten fliehen, andere wurden ermahnt oder freigesprochen (mdl. Mitteilung von Herrn Oskar Geidner, Wolframs-Eschenbach. Vgl. auch Geidner, Oskar: »Aus Pein und Marter bekenndt«. Hexenverfolgung in der Stadt und im Vogteiamt Eschenbach. Wolframs-Eschenbacher Studien Bd. 3, Wolframs-Eschenbach 2003).
10 Vgl. Wittkampf, Andrea: Das Hexenwesen in den kleineren Reichsstädten, in: Müller, Rainer A. (Hg.): Reichsstädte in Franken. Aufsätze 2, Wirtschaft, Gesellschaft und Kultur, München 1987, S. 100–106.
11 Kleefeld u.a., Hexenverfolgung, S. 400.

Eva Strauß
»Ich Anna ...« – Anna Vetter: Visionärin oder Wahnsinnige?

»Anna Vetterin ... ist vor mehr als 40 Jahren auf wunderliches wesen und wundersame Gedanken gefallen und hat nicht nur das Predigtamt insgemein, sondern auch insonderheit die glieder des hießigen Ministerii hart angegriffen, sich unterstanden auf die Canzel zu steigen, zu predigen u. s. w. Übrigens auch vorgegeben, sie brauche keinen Beichtstuhl und Abendmahl mehr ... Bey meiner ... Ahnkunfft ist sie vorgenommen und ihr beweglich und eiffrig zugeredet worden, worauff Sie sich gewendet, das h. Abendmahl ... genoßen und sonst ihre Sünde beschuldig erkannt und auf Christum und deßen Verdienst entschlaffen.«[1]

Mit diesen Worten kommentierte der Ansbacher Pfarrer Tietzmann im Mai 1703 das Ende eines Lebens, das für reichlich Unruhe in dem Residenzstädtchen gesorgt hatte. Glücklicherweise wissen wir noch etwas mehr über ihr Leben, weil der pietistisch beeinflusste protestantische Theologe Gottfried Arnold ihre Autobiographie sowie etliche Schreiben erhalten und um 1700 veröffentlicht hat.[2]

Kindheit im Dreißigjährigen Krieg

Im Januar 1630 gebar die Schmiedsgattin Margarete Hitsch[3] in Kattenhochstatt bei Weißenburg ihr viertes und letztes Kind, Anna. Es herrschte Krieg, Gesetzlosigkeit und große Not. Annas Vater fiel im nahen Bubenheim unter die Räuber und wurde so sehr malträtiert, dass er drei Tage später verstarb. Die Mutter verkaufte die Schmiede und begann mit dem Geld einen Brothandel, was die Familie eine Zeit lang über Wasser hielt. Aber auch die Mutter wurde im Eichstätter Wald von Räubern überfallen. Mittellos zog sie mit ihren Kindern für drei Jahre nach Oberösterreich. Inzwischen hatte jedoch in dem ehemals stark protestantisch geprägten »Landl ob der Enns« die Gegenreformation eingesetzt und die Obrigkeit bei Strafe verfügt, dass alle die katholische Konfession annehmen müssten. Um die Familie in den Zeiten von Pest und Teuerung zu ernähren, kaufte die Mutter die Betten von Verstorbenen und verkaufte sie andernorts. Schließlich heiratete sie in Wettelsheim einen Bäcker. Doch auch dieses Dorf wurde von den Schweden geplündert und nur mit knapper Not entkam Anna dem Tod.

Zeitlebens konnte sie keine schwere Arbeiten verrichten, da sie als Kind einen schweren Unfall hatte: Ihr Arm war mit kochender Milch verbrüht worden, als Folge blieb er verstümmelt und verkürzt. So lernte sie in Weißenburg für ihren Lebensunterhalt nähen und ging dann nach Ansbach. Für kurze Zeit, so scheint es, konnte sie die Freuden ihrer Jugend genießen:

> »ich war ein fröliches und freyes mägdlein ... war frisch wie ein junger hirsch, gerne um spielleute, liebte ehrliche täntze ... ein jeder wolte mit der Weissenburgerin tantzen«.[4]

Eine »ganz normale« Ehe?

Anna heiratete um 1651 den etwa 15 Jahre älteren Maurer und Schlosswächter Johann Michael Vetter. In den Jahren 1652 bis 1663 gebar sie sieben Kinder, von denen drei noch zu ihren Lebzeiten verstarben.[5] Die Ehe stand unter einem schlechten Stern, Anna schildert ihren Mann als einen

> »stürmischen und fluchenden ... war ein irdischer weltmann, und ich wolte immer nach dem himmel trachten, ... und wurde mir mein leben recht sauer mit ihm.«[6]

Es war nicht nur der Streit um religiöse Indifferenz, es war auch die Gewalttätigkeit ihres Mannes und seine Trunksucht. Als er deswegen aus dem Schlossdienst entlassen wurde, bat Anna den Markgrafen, für ihren Mann den Dienst versehen zu dürfen:

> »da antworteten sie, sie hätten mich nicht gedinget, sondern den mann; muste ich also samt dem vollen mann fort aus dem schloß.«[7]

Erst nachdem sie ein Bittgesuch eingereicht hatte, wurde Johann Michael Vetter gnadenhalber wieder eingestellt.

Die Wende in ihrem Leben brachte eine schwere Krankheit, die Anna Vetter als religiöse Erneuerung interpretierte:

> »Im dreysigsten jahr meines Alters wurde ich kranck, fünf wochen lang, und muste gantz an meinem fleisch absterben; ... ich solte nemlich ein gantz anderer mensch werden, leiblich und geistlich erneuert.«[8]

Als sie sich ihrem Mann entziehen wollte, vergewaltigte er sie. Während der darauf folgenden Schwangerschaft hatte sie ihre erste Vision, eine himmlische Verzückung und Erscheinungen, die ihr bedeuteten, sie solle den Ansbachern predigen und sie zur Umkehr aufrufen. Noch hielt sie ihre Vision geheim, begann aber mit der Niederschrift. Ihr Schwager hatte ihr bereits vor ihrer Ehe das Lesen beigebracht, nun fühlte sie sich berufen, zu schreiben.

Im Februar 1662 wandte sie sich mit ihrem Anliegen im Ansbacher Rathaus an die Obrigkeit. Dort wies man sie ab, »*weil ... sie im Haupt etwas verrückt*«[9] sei, und trug dem Ehemann auf, seine Frau zu beaufsichtigen.

Zwei Monate später eskalierte die Situation: Anna Vetter wollte ihre Vision in die Tat umsetzen und bestieg zum Entsetzen der Pfarrer die Kanzel. Als sie vom Kirchendiener heruntergeholt wurde,

> »*... da weinte ich sehr und sprach, er solte mich mit frieden lassen, es sey mir von Gott befohlen, daß ich predigen müsse; er aber sprach zu mir, wenns gleich von Gott befohlen wäre, ich solte in meinen kirchen-stuhl gehen.*«[10]

St. Johanniskirche in Ansbach. Hier bestieg die Visionärin die Kanzel und wollte predigen

130

Ihr Verhalten war so unerhört, dass die städtische Obrigkeit sie sogleich für 27 Wochen in Ketten legen ließ. In dieser wehrlosen Stellung wurde sie abermals von ihrem Mann vergewaltigt – für sie ein Zeichen, wieder vom Himmel verstoßen zu sein. In Visionen wurde ihr offenbart, »*daß ich keinen mann mehr erkennen durffte*«,[11] sie sollte auch allen übrigen weltlichen Pflichten und Verrichtungen entsagen, und für ihren Lebensunterhalt sollte die fürstliche Obrigkeit aufkommen. Tatsächlich scheint die Fürstin von Öttingen sie unterstützt zu haben. Schließlich blieb sie der Kirche in Ansbach fern und mied das Abendmahl, nicht zuletzt, weil ihr Kind während ihres Kirchgangs zweimal einen epileptischen Anfall bekommen hatte.[12]

Das bewegte Leben einer visionären Predigerin

Kaum wieder in Freiheit, nahm Anna Vetter ihr Predigen abermals auf. Sie begab sich auf Reisen, die sich jedoch chronologisch nicht einordnen lassen. Nach ihren Worten hatte Gott ihr besonders die Städte Ansbach und Weißenburg ans Herz gelegt, aber sie besuchte zudem etliche Städte im fränkischen Umland. In Nürnberg begegnete sie dem Prediger von St. Sebald, Dilherr, der ihrem Anliegen Beifall spendete. Als sie in der ehemaligen Dominikanerklosterkirche predigte, wollte ein Geistlicher ihre Sterne deuten und befragte sie nach ihren Lebensdaten – für Anna Vetter ein Zeichen des Niedergangs der lutherischen Geistlichkeit. Vor der Kirche predigte sie gegen den Kleiderluxus, »*worauff sie bald mit etlichen schergen zur stadt hinauß geschaffet wurde*«.[13]

Ihr Aufruf zur Umkehr und Rückbesinnung auf die lutherische Lehre erregte auch in anderen Städten öffentliches Ärgernis: In Beilngrieß führte sie der Büttel weg, in Ellingen schlug sie der Büttel mit dem Degen auf den Rücken, in Dinkelsbühl wurde sie ins Gefängnis geworfen. Nahe Ansbach verehrten die Menschen eine Salvatordarstellung:

> »*sagen, es helffe für das lenden-weh, da sahe ich auch viel Lutherische, welchen ich ihre fehler scharf verwieß; als ich mich endlich zu den pfaffen kehrte und ihre abgötterey straffte, kam ein mann mit einem prügel und schlug mich grausam*«.[14]

Als sie in einem Wirtshaus mit Kreide ihre Ansichten auf den Tisch schrieb, wurde sie von einem Mann heftig zusammengeschlagen und aus dem Haus geworfen. Anna Vetter ertrug alle Schläge, Stadtverweise und Verhaftungen und sah darin eine Analogie zum Martyrium Christi, das sie stellvertretend für das lutherische Volk erduldete.

Sie beschränkte sich aber nicht nur auf Missionsreisen, sondern war auch in Ansbach weiterhin aktiv und predigte gegen Luxus und Ausschweifung. Die Reaktionen waren unterschiedlich – sie reichten von Spott bis zu Drohungen. So warf Anna Vetter dem Superintendenten Händel vor, er predige zwar gegen die französische Perückenund Hutmode, die »*fontangen*«, in seinem eigenen Haus verhielten sich die Töchter aber putzsüchtig. Die jungen Damen wehrten sich gegen die Denunziation: Am nächsten Tag »*hatten mir diese töchter eine Fontange von stroh und gefärbtem papier an die haußthür gehängt*«.[15] Als sie vor dem Schloss predigte und auf den Zorn Gottes hinwies, wenn man ihr nicht glauben wolle, äußerte ein junger Geistlicher, man solle sie zu »*todt steinigen, oder ins feuer oder ins wasser werfen ...*«[16]

Annas Feinde: Papisten, Franzosen, Türken, Juden, Hexen, Obrigkeit

Anna Vetter kämpfte für die Reinhaltung der lutherischen Lehre und gegen alle Andersdenkenden. Ihre Feindbilder entsprachen den gängigen Klischees: Bei den Katholiken, »*Papisten*«, wurde die Heiligenverehrung als Götzendienst gegeißelt; in den Franzosen, die 1681 Straßburg vereinnahmt hatten, sah sie Feinde der lutherischen Lehre; die Türken – 1683 lagen sie vor Wien – galten als Gefahr für die Christenheit überhaupt. Auch für die Juden fand Anna Vetter keine guten Worte. Sie vertrat die bekannten antijudaistischen Vorwürfe: Die Juden hätten Jesus ans Kreuz genagelt, würden das Land aussaugen, heucheln und schmeicheln, und forderte, sie sollten sich zum Christentum bekehren oder das Land verlassen.

Interessanter als diese Vorwürfe sind Anna Vetters Auffassungen über Hexen und ihre sozialkritischen Äußerungen gegen die Obrigkeit. Einerseits geriet sie mit ihren Visionen selbst in Hexenverdacht, andererseits ereiferte sich Anna Vetter außerordentlich über das Hexenunwesen:

> »*daß man das hexengeschmeiß solte ausrotten, verbrennen und ja nicht schonen, es mögen arme oder reiche seyn, hohen oder niedern standes; ... menschen und vieh werden durch die zauberey verkrümmt, erlahmt, daß sie müssen oft des todes seyn ... wie ich selbsten von einer gehöret habe, daß sie ihr tag viel menschen und vieh umgebracht ...*«[17]

Der Hexendiskurs war Ende des 17. Jahrhunderts noch sehr lebendig. Aber im Markgraftum Brandenburg-Ansbach fanden zu Lebzeiten Anna Vetters kaum noch Hexenprozesse statt. Ja, es scheint, dass diese Zurückhaltung Anna Vetter davor schützte, in die Mühlen der Justiz zu geraten, als sie ihre Visionen lauthals verbreitete.

Heftig griff sie auch die Obrigkeit an. Vor allem das fürstliche Jagdprivileg war ihr ein Dorn im Auge. Das Wild verderbe die Felder, fresse den Bauern Saat und Getreide vom Feld. Hintergrund ihrer Kritik war wohl auch, dass ihr Sohn wegen Wilderei verurteilt worden war. In Bittschriften an das Gericht hatte sie sich dafür eingesetzt, dass er nicht zum Galeerendienst nach Venedig verkauft wurde. In die Fürstenschelte wurden Amtsleute, Vögte, Richter, Verwalter und Zöllner einbezogen, deren Bestechlichkeit und Unterschlagungen sie anprangerte.

Während ihre Unerschrockenheit dem Theologen Gottfried Arnold imponierte, erregte sie den Zorn anderer Zeitgenossen. So spottete der Gegenspieler Arnolds, Johann Heinrich Feustking:

> *Von diesem fanatischen Weibe ... würde schwerlich einer etwas gewust haben, wenn nicht Gottfried Arnold ... dieselbige als eine erleuchtete Prophetin ausgeruffen ... hätte.*«

und bezeichnete ihre Visionen, »*die doch unchristlich, aberglaubisch, und abgeschmackt seyn ...*« als Wahn, verglich ihren Lebenslauf mit »*einem bösen Käse, der von lauter stinckenden Maden krimmelt und wimmelt*«.[18]

Eine wahnsinnige Visionärin?

Was brachte Anna Vetter dazu, aus ihrem engen häuslichen Bereich als Frau herauszutreten und zu predigen? Sicherlich hatte sie Kontakt zu verschiedenen Personen, die dem (Früh-)Pietismus nahe standen, die eine Rückbesinnung auf die Heilige Schrift forderten und in mystischem Gedankengut und Visionen eine Vertiefung des Glaubens sahen. Die Ansbacher Pfarrer waren dem Pietismus nicht gänzlich abgeneigt. Pfarrer Meelführer achtete zunächst die ersten Visionen Anna Vetters und sah in ihrer erlangten Schreibfertigkeit einen Fingerzeig Gottes. Erst ihre Anmaßung, selbst auf die Kanzel zu steigen, stieß auf seinen heftigen Widerstand.

In Nürnberg hatte Anna Vetter den Prediger Johann Michael Dilherr kennen gelernt, der einerseits für die Erneuerung der Kirchenzucht eintrat, gegen Luxus und Verschwendung predigte und dessen Frömmigkeit stark vom Gefühl, von der Mystik und Reformbewegung geprägt war, und der andererseits ein strenges Vorgehen gegen schwärmerische und sektiererische Gruppen in Nürnberg forderte.[19] In Anna Vetters Visionen sind Parallelen zu pietistisch beeinflussten Bildern vorhanden. Vermutlich hatte sie dabei auf gehörte Predigten zurückgegriffen, denn sie nannte keine weitere Lektüre außer der Bibel selbst und griff in ihrer Rhetorik und den verwendeten Motiven vor allem auf die Offenbarung und das Hohe Lied zurück.

Ihre Krankheit und ihre geistige Neugeburt deutete sie selbst in Anlehnung an das Bild aus der Offenbarung vom notwendigen Absterben des alten Adam. Hier erfolgte die Umwandlung *»von einer irdischen Braut, Frau und Mutter in eine himmlische«*. Sie kam in ihrem Lebensbericht und in ihren Sendschreiben an die Städte Nürnberg und Ansbach immer' wieder auf das Bild der *»Braut Christi«* zurück, als die sie sich selbst sah. Daneben bezeichnete sie sich als Licht in der Finsternis, als Drachentöterin und Besiegerin der Schlange. Ein reichhaltiger Bilderschatz wird verwendet, um den Kampf gegen den Teufel anschaulich zu schildern. Mit ihren Gebeten habe sie viel Unheil von der Stadt Ansbach fern gehalten. Ihre eigenen Sorgen und Nöte sind oftmals Ausgangspunkt für ihre Visionen und Deutungen und spielen in diese hinein. Möglicherweise hatte sie außer den erwähnten protestantischen Geistlichen pietistische Zirkel kennen gelernt, in deren Reihen sich in der Frühphase dieser Bewegung auch Dienstboten und Handwerker befanden. Allerdings erwähnte sie keine Gesinnungsgenossen namentlich und so wird sie mit keinem pietistischen Kreis im engeren Sinn in Verbindung gebracht.[20]

Anna Vetter war die erste Frau aus der Unterschicht, von der wir aus freien Stücken Persönliches erfahren. Sie verfasste ihre Autobiographie vermutlich in den 1690er Jahren, über Pfarrer Heuber gelangte das Material an Gottfried Arnold.[21] Ihre Singularität machte es ihren Gegnern einfach, ihre Visionen abzutun als *»blödigkeit im Haupt«*[22] – wie die ansbachische Obrigkeit – oder, etwas milder, als *»geistliche melancholi«,*[23] von der kein Schaden ausgehe, so Pfarrer Meelführer. Eine solche Deutung greift sicherlich zu kurz. Die Krankheit hatte für Anna Vetter offenbar eine kathartische Wirkung. Sie ließ ihr altes unerträgliches Leben hinter sich und begann ein zweites, neues. Obwohl dieses Leben viel Unbill mit sich brachte, hatte sie mit ihren religiösen Visionen und Interpretationen einen Weg zur

Befreiung für sich gefunden.[24] Ob es ein glückliches Leben war, sei dahingestellt, haderte Anna Vetter doch bis zu ihrem Lebensende mit den Repräsentanten der kirchlichen Obrigkeit und fand erst angesichts des bevorstehenden Todes ihren Frieden mit der Kirche.

Anmerkungen

1 Zitiert nach Kantzenbach, Friedrich W.: Die Ansbacher Visionärin und Prophetin Anna Vetter. Zu den sozialen Gehalten ihrer Botschaft, in: ZBKG 45, 1976, S. 26–32, hier S. 29.

2 Arnold, Gottfried: Unpartheyische Kirchen- und Ketzer-Historie, zuerst 1700, hier Frankfurt a. M. 1715, S. 255–280; auszugsweise bei Jung, Martin H.: »Mein Herz brannte richtig in der Liebe Jesu« – Autobiographien frommer Frauen aus Pietismus und Erweckungsbewegung, Aachen 1999, S. 1–42. Zu Arnold vgl. auch: Schneider, Hans: Der radikale Pietismus im 17. Jahrhundert, in: Brecht, Martin (Hg.): Geschichte des Pietismus, Bd. 1, Göttingen 1993, S. 391–437, hier S. 410–416.

3 Kormann, Eva: »Es möchte jemand fragen, wie ich so hoch von Gott geliebt bin worden, und was mein junger lebens=lauff gewesen«: Anna Vetter oder Religion als Argumentations- und Legitimationsmuster, in: Heuser, Magdalene (Hg.): Autobiographien von Frauen, Tübingen 1996, S. 71–92, hier S. 77.

4 Arnold, Unpartheyische Kirchen- und Ketzer-Historie, S. 268f.

5 Kantzenbach, Die Ansbacher Visionärin, S. 27. Annas Mann starb 1698 im Alter von 82 Jahren.

6 Arnold, Unpartheyische Kirchen- und Ketzer-Historie, S. 268.

7 Arnold, Unpartheyische Kirchen- und Ketzer-Historie, S. 270

8 Arnold, Unpartheyische Kirchen- und Ketzer-Historie, S. 268f.

9 StAAN SP 27 (Stadtprotokoll 1662), fol. 42; die Stadtprotokolle belegen Anna Vetters Aussagen über ihr Auftreten, ihre Bestrafung und weitere Auseinandersetzungen.

10 Arnold, Unpartheyische Kirchen- und Ketzer-Historie, S. 272.

11 Arnold, Unpartheyische Kirchen- und Ketzer-Historie, S. 272.

12 Arnold, Unpartheyische Kirchen- und Ketzer-Historie, S. 269.

13 Arnold, Unpartheyische Kirchen- und Ketzer-Historie, S. 260.

14 Arnold, Unpartheyische Kirchen- und Ketzer-Historie, S. 274.

15 Arnold, Unpartheyische Kirchen- und Ketzer-Historie, S. 275.

16 Arnold, Unpartheyische Kirchen- und Ketzer-Historie, S. 265.

17 Arnold, Unpartheyische Kirchen- und Ketzer-Historie, S. 262.

18 Feustking, Johann Heinrich: Gynaeceum haeretico fanaticum oder Historie und Beschreibung der falschen Prophetinnen, Quäckerinnen, Schwärmerinnen, und andern sectirischen und begeisterten Weibes-Personen, Frankfurt/Leipzig 1704 (Ndr. München 1998), S. 649ff.

19 Schröttel, Gerhard: Johann Michael Dilherr und die vorpietistische Kirchenreform in Nürnberg, Nürnberg 1962, S.18.

20 Stern, Martin: Die Visionen der Anna Vetter. Ein Frauenschicksal des siebzehnten Jahrhundert, in: Pietismus und Neuzeit, Bd. 18, 1992, S. 80–94.

21 Zur Datierung s. Stern, Die Visionen, S. 88 und Kormann, Es möchte jemand fragen, S. 80.

22 StAAN SP 27, f. 241.

23 StAAN SP 27, f. 82.

24 Kormann, Es möchte jemand fragen, S. 90.

Eva Homrighausen
Maria Sibylla Merian
Malerin, Kupferstecherin, Naturforscherin

Leben und Werk von Maria Sibylla Merian waren lange Zeit so gut wie vergessen. Das änderte sich bereits etwas im Jahr 1967, ihrem 250. Todestag. Damals erinnerte das Germanische Nationalmuseum Nürnberg mit einer Ausstellung und dem profunden Katalog der Merian-Kennerin Dr. Elisabeth Rücker[1] an sie, danach wurde es aber wieder stiller, bis zum 2. April 1997, dem 350. Geburtstag Maria Sibylla Merians. Dieses Datum wurde Anlass für viele, auch für mich, sich mit dem außerordentlichen Leben und Werk dieser ungewöhnlichen und unerschrockenen Frau genauer auseinander zu setzen. Sabine Fockner zeigte in der Nürnberger Bibliothek am Egidienplatz[2] eine Ausstellung, die aus künstlerischer Sicht Leben und Werk sowie historische, kulturelle und ethnische Rahmenbedingungen in einen aktuellen Zeitbezug brachte.[3]

Aber wer und was war diese Maria Sibylla Merian eigentlich? Schon im Titel für diesen Beitrag konnte ich mich kaum entscheiden, in welcher Reihenfolge ich ihre Begabungen aufführen sollte, und ich hätte noch einige weitere Berufe hinzufügen können.

Kind einer Malerfamilie

Geboren wurde sie am Ende des Dreißigjährigen Krieges, am 2. April 1647[4] als Tochter des berühmten Kupferstechers und Verlegers Matthäus Merian d. Ä. (1593–1659). Sie war das erste Kind aus seiner zweiten Ehe mit Johanna Sibylla Heim in Frankfurt am Main. Im Mittelpunkt ihres Werkes standen Pflanzen und Tiere, dargestellt mit wissenschaftlicher Genauigkeit, aber zugleich künstlerisch hervorragend »*komponiert*«, so dass die Bilder bis heute eine große Natürlichkeit und Überzeugung ausstrahlen.

Maria Sibylla wuchs in Wohnung und Werkstatt zugleich auf, Lebensbedingungen, die in der damaligen Zeit nicht ungewöhnlich und für ein Mädchen mit solchen Talenten günstig waren. Wir können uns vorstellen, wie sie als kleines Kind zwischen den Gesellen ihre ersten Bilder malte; schon der Vater soll ihr Talent erkannt haben.

Auch der Stiefvater, den die Mutter 1651, gut ein Jahr nach dem Tod des Vaters, heiratete, unterstützte die begabte Stieftochter. Insofern: Glück gehabt, Maria Sibylla! Aber ansonsten beschritt sie eher den Lebensweg einer Außenseiterin. Ihr großes Interesse galt den kleinen Lebewesen, Insekten – »*Sommervögelein*« – und auch den Pflanzen, auf denen die Schmetterlinge ihre Entwicklung, die »*Metamorphose*« durchleben. Schon als junges Mädchen erforschte sie mit einem für damalige Verhältnisse enormen naturwissenschaftlichen Anspruch diese Lebensgemeinschaften.

Gründung der eigenen Familie

1665 heiratete sie den Architekturmaler Johann Andreas Graff und nannte sich in der Folgezeit »*Maria Sibylla Gräffin*«, später »*Maria Sibylla, des berühmten Matthäus Merian sel. Tochter*« und noch später »*Maria Sibylla Merian*«, so, wie wir es auch heute gewohnt sind.

Für die Zeitverhältnisse ungewohnt bekam Maria Sibylla Merian nur zwei Kinder im Abstand von zehn Jahren, zwei Töchter: Johanna Helena, geboren 1668 in Frankfurt, und Dorothea Maria Henriette, geboren 1678 in Nürnberg – diese Tochter begleitete sie später auch bei ihrer abenteuerlichen Ausfahrt nach Surinam.

Die Familie war 1670 von Frankfurt nach Nürnberg gezogen in der Hoffnung, dort günstigere Geschäftsbedingungen zu finden. Das Einkommen des Mannes reichte nicht aus – viele Biographen unterstellen ihm, dass er lieber im Wirtshaus gesessen sei und den Weiberröcken hinterherschaute, als zu arbeiten. Zu einer positiveren Bewertung kommt Erich Mulzer[5], dem es auch gelang, das Wohnhaus der Graffs in Nürnberg, ehemals Milchgasse, eindeutig zu identifizieren.[6] In Nürnberg machte sich Maria Sibylla Merian einen Namen; so findet sie Erwähnung in dem Standardwerk von Joachim von Sandrart, Maler und Kunstschriftsteller (1608–1688): »*Teutsche Academie*«. Unter dem Namenseintrag von Johann Graf wird auch Maria Sibylla Merian erwähnt:

»*Johann Andreas Graf / Mahler / verheuratet sich an Maria Sibilla Merianin / zierliche Mahlerin in Blumen : Nehet auch mit der Nadel gar natuerliche und lebhafte Blumen …*«

Sie konnte wichtige Kontakte, z. B. zu einflussreichen Patrizierfamilien[7], knüpfen; und sie sorgte für den Unterhalt der ganzen Familie durch vielfältige Aktivitäten, die alle mit der Produktion von

Bildern zu tun hatten. Sie stellte eigene Farben her. Bis heute kennen wir das genaue Rezept nicht. Es wird erzählt, dass diese Farben so gut und haltbar waren, dass selbst ein Feldherr, der sein Zelt damit geschmückt habe, die Leuchtkraft und Farbechtheit gerühmt haben soll. Sie verkaufte ihre eigenen Farben und Bilder (z. B. kolorierte Radierungen) auf den Messen in Frankfurt oder Leipzig.

»Nebenher« führte sie den Haushalt und entsprach damit der Frauenrolle ihrer Zeit.

Die Nürnberger Zeit

In Nürnberg schuf sie ihr erstes Werk, das »*Blumenbuch*«, das in den Jahren 1675–1680 in drei Teilen erschien.[8] Zugleich vereinigte sie die drei Teile zum in sich geschlossenen »*Neuen Blumenbuch*«. Radierungen, die von ihr selbst, später auch von anderen handkoloriert werden sollten und im wahrsten Sinne des Wortes reißenden Absatz

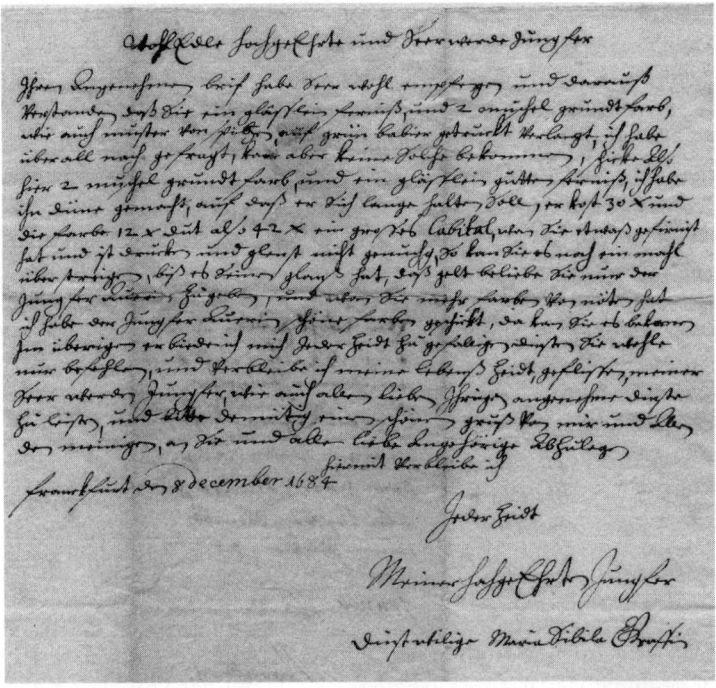

Brief von Maria Sibylla Merian an Clara Regina Imhoff vom 8. Dezember 1684

fanden: Die höheren Töchter der damaligen Zeit benutzten sie als Stick- oder Malvorlage. Maria Sibylla Merian war auch Lehrerin und unterrichtete in einer eigenen Stick- und Malschule ihre Schülerinnen.

1679 erschien in Nürnberg bereits der erste Band ihres Insektenbuches: »*Der Raupen wunderbare Verwandlung und sonderbare Blumennahrung*« (1683 wurde in Frankfurt Band 2 publiziert). Aber all diese Aktivitäten verbessern die Lebensbedingungen für die Familie nicht entscheidend. Deshalb ging Maria Sibylla Merian 1681 mit ihren Töchtern wieder zurück nach Frankfurt zu ihrer Mutter, die sie nun auch noch pflegte. Johann Andreas Graff folgte zwar später, doch die Ehe sollte nicht mehr lange halten.

In den Niederlanden bei den Labadisten

Das Jahr 1685 kennzeichnete eine erneute Lebenswende: Maria Sibylla Merian zog in die Niederlande, die damals wirtschaftlich und kulturell eine Sonderstellung einnahmen. »Der erfolgreiche Freiheitskampf der Niederlande von 1568 bis 1648 hatte in diesem Land eine unabhängige und freie Bürgerschaft entstehen lassen, die ... dem wirtschaftlichen und kulturellen Fortschritt diente.«[9]

Maria Sibylla Merian sympathisierte mit den Labadisten, einer pietistisch orientierten religiösen Lebensgemeinschaft, die sie durch einen ihrer Stiefbrüder kennen gelernt hatte.[10] Sie zog mit Mutter und Töchtern nach Schloss Walta-State in Wieuwerd (Holland); allerdings stieß sie auch hier wegen ihrer Lebensauffassung bald auf Widerstand, da sie in den Augen der Labadisten den kleinen Lebewesen, ihren »*Sommervögelein*«, zu viel Bedeutung beimaß. Die pietistischen Regeln, die ihr zunächst als Frau, die sich von ihrem Mann getrennt hatte, zugute kamen, standen im Widerspruch zu ihrer Auffassung vom Wert aller Geschöpfe Gottes. Doch waren bereits Anzeichen des Zerfalls dieser Lebensgemeinschaft zu erkennen; Maria Sibylla Merian übersiedelte 1691 nach Amsterdam.

Ausfahrt nach Surinam

Wie kam eine Frau in ihrem Alter auf die Idee, nach Surinam zu reisen? Maria Sibylla Merian war 52 Jahre alt, für damalige Verhältnisse eine betagte Frau, als sie mit ihrer jüngsten Tochter 1699 das Segelschiff nach Südamerika bestieg. Wir können uns heute kaum vorstellen, unter welchen Strapazen und Bedingungen eine derartige Reise stattfand – zumal für eine Frau, die naturwissenschaftlich und künstlerisch arbeitete. Wie aber kam sie überhaupt auf diese außergewöhnliche Idee? Maria Sibylla soll bei einer Freundin einen der wunderschön leuchtenden Falter aus Surinam gesehen haben, und so soll in ihr der Wunsch entstanden sein, diese wunderbaren Geschöpfe in ihrer natürlichen Umgebung beobachten und zeichnen (»reißen«) zu wollen.

Dieter Kühn sieht einen anderen Grund für die Ausfahrt nach Surinam: Die Mode der Blumenbilder und Stillleben habe sich erschöpft, Maria Sibylla Merian sei darauf angewiesen gewesen, neue Motive auf den Markt zu bringen.[11] Ich neige mehr der Meinung zu, dass die Faszination dieser Prachtfalter die Initialzündung ergeben hat, mögen auch finanzielle Gründe mit eine Rolle für diese denkwürdige Entscheidung gespielt haben. Allein die Kosten im Vorfeld für Überfahrt und Aufenthalt in Surinam und die heute unvorstellbaren Strapazen dieser Reise auf einem Frachtsegler müssen durch ein extrem hohes Maß an Motivation überwunden worden sein. In Surinam erkrankte sie an Malaria und entkam nur knapp dem Tod.

Auch in der »Neuen Welt« stieß sie wegen ihres humanen Verhaltens bald wieder auf Widerstand: Sie setzte sich dafür ein, dass die Eingeborenen genauso als Gottes Geschöpfe angesehen und behandelt wurden wie die weißen Christen. Damit erntete sie nur Unverständnis.

Lebensernte – Lebensende

Wichtig war jedoch, so viel wie möglich von der überwältigenden Natur, d. h. von Faltern, Insekten, deren Lebensbedingungen und den Futterpflanzen aufzuzeichnen, mitzunehmen heim nach Amsterdam, wohin sie – aus ihrer Sicht viel zu früh – 1701 wieder zurückkehrte. Dort begann die harte Arbeit: »Reißen« der Einzelbilder, Zusammenstellung für eine Veröffentlichung, Verhandlungen mit Druckern, Verlegern usw.

Erst 1705 erschienen die Ergebnisse ihrer außergewöhnlichen Reise und ihrer Forschungen, die »*Metamorphosis insectorum Surinamensium*« im Selbstverlag und bei Gerard Volk in Amsterdam. Reich geworden ist sie damit nicht. Am 13. Januar 1717 starb sie verarmt in Amsterdam. Nach ihrem Tod verbreitete sich ihr Hauptwerk in den Jahren 1718–1726 in verschiedenen Ausgaben in lateinischer, holländischer und französischer Sprache.

Aus dem »Blumenbuch«. 3.
Faszikel Tafel 5: Blaue Stern=
Hyacinthen / Tulipan der Admi-
ral de Moor genant / und ge-
füllte Fritillarien[12]

Fazit: eine ungewöhnliche Frau, die sich unbeirrbar von ihrem
Thema, ihren Visionen hat leiten lassen und deren große Demut und
Humanität in allen Lebensbereichen deutlich wird.

Geschick und Geschichte des Nürnberger »Blumenbuches«

Ich möchte nun noch einmal den Blick auf die drei Teile des »Blumenbuches« lenken, die in der Nürnberger Zeit entstanden sind. Ich beziehe mich im Wesentlichen auf die Beurteilung von Helmut Deckert,
dem wir die Rehabilitierung dieses Frühwerkes der Maria Sibylla
Merian verdanken. Er analysierte in der Sächsichen Landesbibliothek
ein von ihr selbst koloriertes Exemplar und hat sich als Herausgeber
der Volks- und Faksimileausgabe des »Blumenbuches« in den 60er
Jahren in der DDR eingehend mit diesem Frühwerk von Maria Sibylla
Merian beschäftigt. Als Einstieg dient mir eine Passage aus dem Begleittext von Helmut Deckert:

»Es kam ihr nicht auf Raffinesse und artistisch blendende Mal-
technik an. Sie wollte auch nicht mit der brillierenden Ölmalerei
der zeitgenössischen holländischen Blumen- und Stilleben-Ma-
ler konkurrieren, sondern wandte sich in liebevoller Hingabe der
Aquarell- und Gouachetechnik der Blumenmalerei zu, in der
sie zu unübertrefflicher Meisterschaft gelangte und damit zum
Vorbild für alle späteren Spitzenkönner botanischer Buch-
illustration wurde.[13] *[Sie] kommt ... weniger von der bilden-*
den Kunst als von der Naturbeobachtung her. Sie belauscht die
Natur, treibt eigene Forschungen, züchtet jahrelang Raupen,
registriert, sammelt, beobachtet, lernt Latein und studiert, be-
gibt sich auf völliges Neuland der Wissenschaft, kämpft gegen
tausend Vorurteile und abergläubische Vorstellungen und stellt
ihre große künstlerische Begabung allein in den Dienst ihrer
Naturforschung. Und das ist für die damalige Zeit geradezu
revolutionierend ...«[14]

Im Vergleich zu den beiden großen Werken »*Der Raupen wunderba-*
re Verwandlung« und »*Metamorphosis Insectorum Surinamensium*«
ist ihr »*Neues Blumenbuch*« lange Zeit fast unbekannt geblieben. Es
wurde von Wissenschaftlern gering geschätzt oder sogar als Plagiat
degradiert, ohne zu beachten, dass zur damaligen Zeit die auch detail-
getreue Übernahme eines Motives durchaus üblich war.

Ein Grund, warum kaum Exemplare in öffentlichen Bibliotheken
vorhanden sind, war, dass sie als Stick- und Malvorlagen und damit
als »Verbrauchsgut« dienten. Oft wurden einzelne Blätter herausgenommen und die einzelnen Faszikel des »*Blumenbuches*« wurden
gar nicht erst gebunden, um besser »benutzt« werden zu können.

Denjenigen, die über das »*Blumenbuch*« schrieben, lagen in der
Regel keine Originale vor. So war eine objektive Beurteilung der Qua-
lität – auch, was die Kolorierung angeht – sehr schwierig. 1936 wurde der Öffentlichkeit erstmals ein Exemplar in einer Ausstellung der
Sächsischen Landesbibliothek gezeigt.[15]

Als zusammenfassende Beurteilung des »*Blumenbuches*« möchte
ich noch einmal Helmut Deckert zitieren, hier aus seinem Begleittext
zur Faksimileausgabe:

»Alle Qualitäten der Merian – ihre beharrliche Beobachtungs-
gabe und Blickschärfe, ihre Fähigkeit, feinste Strukturen und For-
men in subtiler, durchlichteter Weise wiederzugeben und dabei
das Geheimnisvolle farbigen Glanzes, das Leuchten der Blüten-

blätter und das Schillern der Insektenflügel einzufangen, ihre aus echter Herzensfrömmigkeit geborene, sich aber nie im Mystischen verlierende, sondern stets der kreatürlichen Realität verpflichtete Liebe zu den kleinen Dingen der Natur – finden wir ansatzmäßig bereits in ihrem ›Blumenbuch‹ vorgebildet.« [16]
Das Jahr 1997 war ein gutes Jahr für die Frau auf dem 500-DM-Schein! Ihr 350. Geburtstag hat sie zu Recht wieder bekannter gemacht. Inzwischen gibt es etliche Literatur über Maria Sibylla Merian und das »*Blumenbuch*« in einer Faksimileausgabe des Prestel Verlages. [17]

Anmerkungen

1 Rücker, Elisabeth: Maria Sibylla Merian 1647–1717. Ausstellung vom 12. April bis 4. Juni 1967 im Germanischen Nationalmuseum Nürnberg, Nürnberg 1967. Zu dieser Ausstellung gab die Stadtbibliothek Nürnberg vier Briefe aus ihrem Besitz als Leihgabe.

2 In der noch erhaltenen Eingangshalle des Pellerhauses, einem der schönsten Patriziergebäude in ganz Europa. – Die Stadtbibliothek Nürnberg sammelt Literatur und anderes Material von und über Maria Sibylla Merian. Im Rahmen eines Vortrags zu ihrem Leben und Werk, der zwei bis dreimal jährlich angeboten wird, besteht die Möglichkeit, einen Einblick in diese Sonderbestände zu bekommen. Informationen: Tel. 09 11/2 31 27 90 oder Eva_Homrighausen@stb.stadt.nuemberg.de Hier kann auch eine Literaturübersicht angefordert werden.

3 Fockner, Sabine: Ausfahrt. Spurensuche von Sabine Fockner zu Maria Sibylla Merian 1647–1717. Eine Ausstellung in der Stadtbibliothek Nürnberg vom 25. Juni bis zum 13. September 1997, Nürnberg 1997.

4 Kerner, Charlotte: Seidenraupe, Dschungelblüte. Die Lebensgeschichte der Maria Sibylla Merian, Weinheim 1998, S. 8. Helmut Deckert hat wohl den Tauf- mit dem Geburtstag verwechselt, siehe Deckert, Helmut: Das Blumenbuch der Maria Sibylla Merian. Untersuchungen anhand der Dresdner Originale, in: Zentralblatt für Bibliothekswesen, Leipzig 71, 1957, H. 5, S. 126.

5 Mulzer, Erich: Maria Sibylla Merian und das Haus Bergstraße 10, in: Nürnberger Altstadtberichte Nr. 24, Nürnberg 1999, S. 27–56.

6 Mulzer, Maria Sibylla Merian, S. 31.

7 Rücker, Maria Sibylla Merian 1647–1717, S. 19: Brief von Maria Sibylla Merian an Clara Regina Imhoff vom 8. Dezember 1684 (Stadtbibliothek Nürnberg, Autogr. 165).

8 Ich beziehe mich auf folgende Ausgabe: Maria Sibylla Merian: Neues Blumenbuch. Nachdruck der 1680 in Nürnberg erschienenen Ausgabe nach dem Exemplar der Landesbibliothek Dresden. Begleittext von Helmut Deckert, Leipzig 1966.

9 Zit. nach: Deckert, Neues Blumenbuch, S. 85–86.

10 Gründer der Labadisten war Jean de Labadie, ein französischer Pietist, *1610 in Bourg, †1674 in Altona (heute Hamburg). Die Gemeinschaft der Labadisten bestand in Wieuwerd (Provinz Ostfriesland) bis 1732.

11 Vgl. Kühn, Dieter: Frau Merian! Eine Lebensgeschichte, Frankfurt a. M. 2002. »Ausfahrt«: Titel der Ausstellung von Sabine Fockner, Nürnberg 1997; vgl. Anmerkung 3.

12 Zit. nach: Merian, Maria Sibylla: M. S. Gräffin M. Merians des Eltern seel. Tochter Neues Blumenbuch, Nürnberg 1680. Faksimile, Lizenzausg., München 1966, Register: Des dritten Blumentheils.

13 Ein Beispiel: Nissen, Claus: Die botanische Buchillustration. Geschichte und Bibliographie, Stuttgart 1951.

14 Zit. nach: Deckert, Neues Blumenbuch, S. 83–84.
15 Deckert, Helmut: Das Blumenbuch der Maria Sibylla Merian. Untersuchungen anhand der Dresdner Originale, in: Zentralblatt für Bibliothekswesen, Leipzig 71, 1957, H. 5, S. 355.
16 Deckert, Neues Blumenbuch, S. 18.
17 Merian, Maria Sibylla: Neues Blumenbuch, München 1999.

Hans Gaab
Maria Clara Eimmart
Eine Nürnberger Astronomin

>»*Daß das edle studium Matheseos vordessen alhier in Nürnberg*
überaus muß beliebt gewesen seyn kan man nicht allein abneh-
men aus der großen menge Sonnen=Uhren, welche an den meis-
ten Häusern überall angemahlt zu finden; sondern auch aus der
noch größern menge allerhand kleinen instrumentorum ..., dern
mir so viel zu gesicht und zu handen gekommen, daß ich fast
zweifele, ob in gantz Teutschland rings umb mit einander so vil
zu finden, als allein hier in Nürnberg.«

Diese Sätze der Maria Clara Eimmart in einem Brief vom Januar 1697
zeigen, dass die Astronomie zu dieser Zeit in hohem Ansehen stand.
Das war das Verdienst ihres Vaters Georg Christoph Eimmart (1638–
1705), der im Herbst 1678 auf der Vestnertorbastei nördlich der Burg
die erste Nürnberger Sternwarte errichtet hatte. Seinen Lebensunterhalt verdiente er als Kupferstecher, auch war er leitend an der Führung der Malerakademie beteiligt. Das bedeutete, dass im Hause
Eimmart sowohl Künstler als auch Wissenschaftler ein- und ausgingen. Zudem stand der Vater mit führenden Gelehrten wie Edmond
Halley oder Johannes Hevelius in Briefkontakt.

In diesem anregenden Klima wuchs die Tochter auf. In vielerlei
Hinsicht trat sie in die Fußstapfen des Vaters: Wie er verstand sie
sich aufs Radieren und Kupferstechen, sie interessierte sich aber auch
sehr für Mathematik und Astronomie. Sie wurde die Hauptgehilfin
ihres Vaters auf der Sternwarte, möglicherweise gab er sogar Werke
der Tochter in seinem Namen heraus.

Das Elternhaus

Vater Eimmart wurde 1638 in Regensburg geboren. Nach einer ersten künstlerischen Ausbildung studierte er in Jena, wobei er sich hier
auch der Mathematik und der Astronomie zuwandte. Seine ältere
Schwester Regina Christina (1636–1708) heiratete 1654 den Kupferstecher und Zeichner Jacob von Sandrart, mit dem sie wenig später
nach Nürnberg übersiedelte. Sandrart eröffnete einen Kunstverlag

und war 1662 Mitgründer der Malerakademie. Um 1660 folgte Eimmart seiner Schwester nach Nürnberg, wohl zunächst in der Hoffnung im Umfeld von Sandrart Arbeit zu finden. Hier scheint er sich einen guten Namen als Kupferstecher gemacht zu haben. 1674 kam Jacobs Onkel Joachim von Sandrart nach Nürnberg und übernahm die Leitung der Malerakademie. Eimmart und Johann Paul Auer wurden seine Assistenten.

Am 20. April 1668 heiratete Eimmart Maria Walther, Tochter des verstorbenen Waagmeisters Christian Walther. Sie wohnten im Haus An der Fleischbrücke 2. 1669 brachte die Frau einen Sohn zur Welt, der aber nach drei Monaten starb. Die Tochter Maria Clara erblickte am 27. Mai 1676 das Licht der Welt und wurde noch am gleichen Tag getauft. Sie war das einzige überlebende Kind aus dieser Ehe.

Künstlerinnen in Nürnberg

Eimmart unterrichtete seine Tochter selbst. Sie lernte Malen und Radieren, wobei sie speziell Blumen und Vögel, aber auch Frauenbilder nach antiken Vorbildern zeichnete. Daneben lernte sie Latein, Französisch und Mathematik. Was die Kunst anging, hatte sie in Nürnberg mindestens zwei Frauen in ihrem näheren Umkreis als Vorbilder: Maria Sibylla Merian und Susanna Maria von Sandrart (1658–1716). Die Merian lebte seit 1670 mit ihrem Mann, dem Maler Johann Andreas Graff, in Nürnberg. Hier gründete sie eine »*Jungfern-Company*«, in der Frauen zum Zeichnen und Malen angeleitet wurden. An die Merian dürfte die Eimmartin kaum Erinnerungen gehabt ha-

Die Sternwarte von Eimmart auf der Vestnertorbastei nördlich der Nürnberger Burg

ben, da diese bereits 1681 Nürnberg verließ. Allerdings waren Auswirkungen ihrer Arbeit noch spürbar.

Susanna Maria von Sandrart war die Tochter von Eimmarts Schwester. Sie wurde als Zeichnerin und Kupferstecherin bekannt. Ihr erster Ehemann war Johann Paul Auer, mit dem Eimmart zusammen Sandrart bei der Leitung der Malerakademie assistierte. Die engen Verbindungen zwischen den Eimmarts, den Sandrarts und Merians Ehemann Graff belegt sogar ein Protokoll der Royal Society aus London: Im Februar 1682 wurden dort zwei Zeichnungen von Eimmart zum Kometen von 1680, ein Bild von Graff und ein Kupferstich der »Susanna Maria Sandractina« vorgestellt.

Astronominnen in Deutschland um 1700

Maria Clara Eimmart war nicht nur Künstlerin, sondern auch Astronomin. Londa Schiebinger fand 1987 heraus, dass zwischen 1650 und 1720 ca. 14 % der deutschen Astronomen Frauen waren – die meisten davon Ehefrauen oder Töchter von Astronomen.[1] Die in Nürnberg bekannteste von ihnen dürfte Margaretha Koopmann gewesen sein, die den Danziger Astronomen Hevelius geheiratet hatte, der das große Vorbild der Nürnberger war. Er hatte sich eine eigene Sternwarte eingerichtet und wichtige Werke zur Astronomie veröffentlicht. Stolz fügte Hevelius in eines seiner Werke ein Bild ein, das ihn mit seiner Frau bei astronomischen Beobachtungen zeigt.

Sehr bezeichnend ist der Fall der Maria Winkelmann: 1710 wurde nach dem Tod ihres Ehemanns Gottfried Kirch ein Nachfolger als Leiter der Berliner Sternwarte gesucht. Winkelmann wäre für diese Stelle bestens geeignet gewesen, ihre Bewerbung wurde aber abgelehnt. Schon zu Lebzeiten von Kirch sei die Preußische Akademie dafür verspottet worden, dass ihre Kalender von einer Frau erstellt würden. Der an ihrer Stelle gewählte Johann Heinrich Hofmann erwies sich als Fehlgriff. Nach dessen Tod wurde 1716 ihr Sohn Christfried als Beobachter eingestellt. Damit war auch die Mutter wieder an der Sternwarte präsent, was schnell zu Verärgerung führte: Sie wurde verwarnt, dass sie sich zu oft mit Besuchern unterhalte, sie habe sich – speziell bei öffentlichen Anlässen – so wenig wie möglich auf der Sternwarte sehen zu lassen. Im Oktober 1717 wurde ihr das Betreten der Sternwarte schließlich völlig untersagt. Dabei war gar nicht unerwünscht, dass sie ihren Sohn bei seiner Arbeit unterstützte, sichtbar durfte diese Beteiligung jedoch nicht werden.

Begegnungen auf der Sternwarte

Als Eimmart seine Sternwarte einrichtete, war die Tochter zwei Jahre alt. 1688 musste er den Betrieb kurzfristig einstellen, da Gefahr bestand, dass die Franzosen einfallen würden und die Bastei wieder für »*martialische Zurüstungen*« gebraucht würde. Doch bereits 1689 – nicht, wie häufig zu lesen ist, 1691 – war der Betrieb wieder in vollem Gange. Um diese Zeit herum hat Maria Clara Eimmart wohl angefangen, in der Sternwarte aktiv mitzuarbeiten.

Mit dem Altdorfer Hochschullehrer Johann Christoph Sturm war Eimmart befreundet. Er war mit den Beobachtungsmöglichkeiten in Altdorf nicht zufrieden und schickte deshalb wiederholt seine Studenten zu Eimmart. Darunter war Johann Jacob Scheuchzer, der später für seine Forschungen über die Alpen bekannt wurde. Im Mai 1695 hielt sich Scheuchzer etwa einen Monat bei den Eimmarts auf. Nach den drei erhaltenen Briefen an ihn zu schließen war Maria Clara von dem jungen Herrn Doktor sehr angetan. Im ersten Brief vom 24. August 1696 beantwortete sie seine Fragen nach dem Alter ihres Vaters und von ihr selbst. Im zweiten Brief vom 23. Januar 1697 beschrieb sie, wie es um die Astronomie in Nürnberg bestellt war. Mit dem letzten Brief vom 20. November 1697 gratulierte sie Scheuchzer zu dessen Hochzeit, wobei sie ein selbst verfasstes Gedicht beilegte.

Eimmart liebte es, sich mit jungen Leuten zu umgeben, die er in die Astronomie einführte. Von besonderer Bedeutung war dabei Maria Claras späterer Ehemann Johann Heinrich Müller (1671–1731). Er soll fünf Jahre als Assistent von Eimmart gearbeitet haben, bis er 1692 sein Studium in Altdorf begann. 1704 kehrte er nach Nürnberg zurück, wo er bald als künftiger Schwiegersohn bezeichnet wurde. Eimmart bot über ihn der Stadt Nürnberg die Sternwarte zum Kauf an. Mit dem Erlös wollte er das Auskommen seiner Frau und seiner Tochter über seinen Tod hinaus sichern. Er starb Anfang 1705, bald darauf übernahm die Stadt die Sternwarte. Müller wurde ihr Direktor und gleichzeitig Mathematikdozent am Egidiengymnasium. Die Hochzeit fand am 20. Januar 1706 statt.

Müllers jüngerer Bruder Johann Christoph war auf Eimmarts Vermittlung 1696 in die Dienste des Grafen Marsigli nach Wien gekommen. Dieser hatte sich dem Kaiser Leopold im Kampf gegen die Türken angeboten. Dadurch lernte er die Gegenden Osteuropas kennen und war daran interessiert, sie kartographisch zu erfassen. Für die dazu benötigten Vermessungen brauchte er Müller. Später fiel

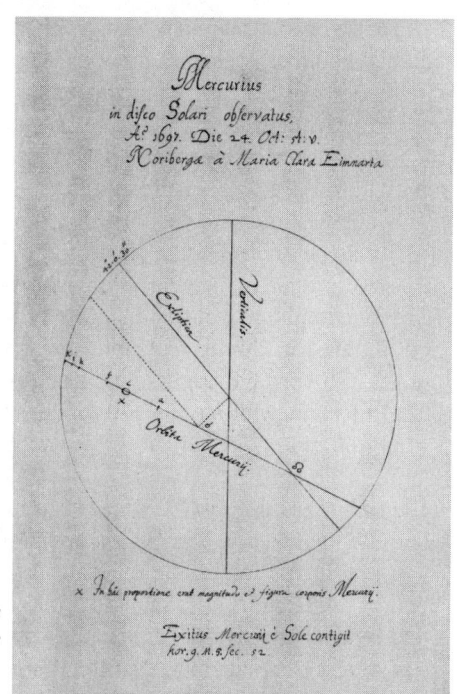

Beobachtung des »Merkur-
transits« vom 24. Oktober 1697
durch Maria Clara Eimmart. Der
Planet Merkur war direkt vor
der Sonnenscheibe zu sehen

Marsigli jedoch in Ungnade und wurde aus der Armee entlassen.
Zurück in seiner Heimatstadt Bologna, war er maßgeblich an der
Gründung des dortigen Observatoriums beteiligt. Über diese Verbindung sind dreizehn astronomische Gemälde der Eimmartin dorthin
gelangt. In der ehemaligen Sternwarte hat man mittlerweile ein Museum eingerichtet, in dessen Ausstellungskatalog die Gemälde zu finden sind, sie wurden aber auch ins Internet gestellt.[2] Auf sechs der
dreizehn Gemälde sind verschiedene Mondphasen dargestellt. Fünf
zeigen Skizzen der verschiedenen Planeten, wobei es sich – wie auch
bei der Kometentafel – nur um Kopien von Beobachtungen bekannter Astronomen handelt. Das verbleibende dreizehnte Gemälde zeigt
Halophänomene, also Lichterscheinungen um die Sonne, die bei
bestimmten Wetterlagen zu sehen sind.

Astronomische Arbeiten der Maria Clara Eimmart

Dem letzten Brief an Scheuchzer hatte Maria Clara eine Skizze des
Merkurdurchgangs vom Oktober 1697 beigefügt, d.h. der Planet

149

Merkur war damals direkt vor der Sonnenscheibe zu sehen. Die dazu benötigten Projektionsvorrichtungen waren in dem kleinen Häuschen direkt oberhalb des Vestnertors untergebracht: Mittels eines Fernrohrs wurde die Sonne auf eine weiße Leinwand projiziert, um so gefahrlos für das Auge betrachtet werden zu können. Diese Beobachtungen waren für das Zeichnen von Landkarten sehr wichtig: Je nach Standpunkt auf der Erde wird der Merkur an einer etwas anderen Stelle auf der Sonne gesehen. Daraus können die Differenzen der geographischen Koordinaten verschiedener Beobachtungsstandorte errechnet werden. Die Eimmartin war also eine erfahrene Astronomin, die mit den Geräten in ihrem »*schlecht eingerichteten Observatorium*« umzugehen verstand. In zahlreichen Büchern wird sie als Gehilfin ihres Vaters aufgeführt, dem sie wohl des Öfteren zugearbeitet hat.

Ihr größtes Projekt war der Entwurf einer eigenen Mondkarte. Laut Doppelmayrs »*Historischer Nachricht*« entwarf sie zwischen 1693 und 1698 »*dritthalbhundert Phases des Monds*«. Ziel war eine verbesserte Selenographie, d. h. eine verbesserte kartographische Erfassung der Mondoberfläche. Der größte Teil der ca. 250 Mondkarten befindet sich heute in der Staatlichen Bibliothek in Petersburg, in die der 56 Bände umfassende Nachlass von Eimmart auf verschlungenen Wegen gelangte.

1696 erschien ein Buch des Würzburgers Johannes Zahn, in dem das astronomische und geographische Wissen der damaligen Zeit umfassend dargestellt wurde. Vater Eimmart hat dazu einige Graphiken beigesteuert, darunter eine Mondkarte mit Datum vom 11. März 1694, veröffentlicht unter seinem Namen. Sie ist mit der Vollmondkarte identisch, die sich in Bologna findet – hier jedoch mit der Unterschrift von Maria Clara Eimmart. Im März 1694 befasste sie sich schon länger als ein Jahr mit dem Mond, möglicherweise stammt die Karte von ihr. Der Vater hatte sowohl in der Sternwarte als auch in seiner graphischen Werkstatt Angestellte, die zum Teil seine Arbeit verrichteten. Trotzdem zeichnete er selbstverständlich die Arbeiten mit seinem Namen. Eine ähnliche Einstellung könnte er zu den Arbeiten seiner Tochter gehabt haben, vielleicht hielt er aber auch, entsprechend dem Zeitgeist, die Veröffentlichung im Namen einer Frau einfach nicht für angebracht.

Der Karte kommt allerdings keine große Bedeutung zu. Die bis dahin meistbenutzte Karte war die von Hevelius, die deutlich die Vorlage für die Eimmart'sche Karte ist: Typische Fehler wie die kleine Raute in der Mitte im unteren Drittel sind hieraus übernommen. Auch ist die Karte eher schludrig gezeichnet, die Positionsgenauigkeit vieler Krater lässt zu wünschen übrig. Dafür vermittelt sie einen guten optischen Eindruck von den Verhältnissen auf dem Mond.

Auffällig ist, dass die Karte nicht einmal in Nürnberg zur Kenntnis genommen wurde: Für Beobachtungen von Mondfinsternissen diente den Nürnbergern nach wie vor die Mondkarte von Hevelius als Grundlage. Maria Clara hat bis 1698 Mondkarten gemalt – auch sie kann also mit dem Entwurf von 1694 kaum zufrieden gewesen sein. Die Veröffentlichung war vielleicht nur eine Notlösung: Ein früheres Werk von Zahn zeigt eine Mondkarte, die auf den ersten Blick wie eine Kinderzeichnung wirkt – dagegen ist die Eimmart'sche Karte deutlich besser. Wie auch immer es im Einzelnen gewesen sein mag – Maria Clara Eimmart ist mit ihrer Arbeit die einzige Frau von Bedeutung in der Geschichte der Selenographie.

1701 erschien unter dem Namen des Vaters ein weiteres Werk, das gelegentlich der Tochter zugeschrieben wird: Die »*Ichnographia*« ist eine astronomiehistorische Abhandlung über die Sonne, die mit einer langen Dedikation an den Sonnenkönig eingeleitet wird. Bereits in Poggendorffs »*Biographisch-literarischem Handwörterbuch*« von 1863 wird die Arbeit der Tochter zugeschrieben, allerdings ohne Quellenangabe. Auch die »*Allgemeine Deutsche Biographie*« von 1877 nennt die Tochter als Autorin, in den dort genannten Quellen wird die »*Ichnographia*« allerdings immer dem Vater zugeschrieben. Maria Claras Ehemann Müller zitiert die Arbeit 1710, doch findet sich auch hier keinerlei Anspielung auf seine verstorbenen Frau.

Es gibt somit keinen Anhaltspunkt dafür, die Autorschaft des Vater anzuzweifeln. Im Werk sind die Initialen des Vorworts und des Haupttextes kunstvoll ausgestaltet: Hinter dem S im Vorwort ist eine Landkarte von »*Gallia*« zu erkennen, die im Hintergrund von der Sonne überstrahlt wird. Der eigentliche Text wird mit einem großen V eingeleitet, das eine Skizze unseres Planetensystem verdeckt. Darüber eine dritte Graphik mit einer Skizze der Sonne in der Mitte, wobei noch Schattenkegel von Planeten zu erkennen sind. Zur Anfertigung dieser Graphiken benötigte man jemanden, der etwas von der Astronomie verstand. Gut möglich, dass der viel beschäftigte Vater Eimmart diesen Teil der Arbeit seiner Tochter überlassen hat.

Ein astronomisches Großereignis durfte Maria Clara Eimmart noch miterleben: Am 12. Mai 1706 war in Nürnberg zum bislang letzten Male eine totale Sonnenfinsternis direkt zu beobachten. Sie fertigte von der totalen Verfinsterung zwei Gemälde an, die die verdunkelte Sonne mit den nicht weit davon sichtbaren Planeten Saturn und Venus zeigt. Eines wurde der Stadtbibliothek überreicht, das andere war im Besitz von Müller. Leider sind diese Gemälde nicht mehr auffindbar.

Tod im Kindbett

>*Des Höchsten Gnaden-Schutz sei Ihre Medizin.*
Das Pfand der Lieb, das sich wird zeigen sollen,
Das kann unfehlbar nicht ein gantzes Jahr verziehn.
Und dieses ist's, das ich eilfertig schreiben wollen.«

Diese Zeilen finden sich im Hochzeitsgedicht für Scheuchzer. Tragischerweise kostete Maria Clara Eimmart das »*Pfand der Lieb*« das Leben: Sie starb am 29. Oktober 1707 im Kindbett, gerade einmal 31 Jahre alt geworden. Auch ihr Sohn starb kurz nach der Geburt. Als »*Hausfrau an der Fleischbrücke*« wurde sie am 3. November auf dem Friedhof in St. Johannes beerdigt. Die oft zu lesende Meldung, sie sei in Altdorf gestorben, ist falsch. Ihr Ehemann Johann Heinrich Müller arbeitete dort erst ab 1710.

Kurt Pilz vermutete 1977 in seinem Standardwerk »*600 Jahre Astronomie in Nürnberg*«, dass sich die Eimmartin infolge ihres kurzen Lebens nicht zu einer Forscherin entwickeln konnte. Es spricht einiges dafür, dass er nicht Recht hat: Sie war in der praktischen und theoretischen Astronomie voll ausgebildet und hatte gerade im Observieren eine ganze Menge Erfahrung. Nur entsprach es ihrer Rolle als Frau um 1700, sich mit ihren Leistungen im Hintergrund zu halten.

Das Beispiel ihrer Cousine Susanna Maria von Sandrart verdeutlicht dies: Während ihrer Ehejahre mit Johann Paul Auer und später mit Wolfgang Moritz Endter stand für sie die Erledigung ihres Haushalts im Vordergrund. Dieser Haltung entsprechend geht aus dem Hochzeitsgedicht für Scheuchzer hervor, dass Maria Clara Eimmart ihre Frauenrolle nicht in Frage stellte: Zuerst hatte sie ihre Ehepflichten zu erfüllen, sollte noch Zeit übrig bleiben, würde sie diese für wissenschaftliches Arbeiten verwenden. Wie sie als Tochter im Schatten ihres Vaters stand, so würde sie auch bei einem längeren Leben als Ehegattin vermutlich im Schatten ihres Mannes gestanden haben.

Anmerkungen

1 Schiebinger, Londa: Maria Winkelmann at the Berlin Academy, in: Isis 78, 1987, S. 174–200.
2 dns.bo.astro.it/dip/Museum/italiano/car_67.html

Ina Schönwald
Sophia Maria von Haller
Die »Feldmarschallin« und ihre Gärten

Als eine der eindrucksvollsten und widersprüchlichsten Frauengestalten aus dem Nürnberger Patriziat des Spätbarock kann Sophia Maria von Haller, geborene Nützel, verwitwete Paumgartner (1700–1789) gelten. Sie machte nicht nur mit ihrem Engagement in den Kriegen des fränkischen Kreises an der Seite ihres zweiten Gatten von sich reden, auch Benennung und Gestaltung der Sophienquellfassung der Burg Grünsberg bei Altdorf, gehen auf sie zurück.

Erste Ehe mit Johann Paul III. Paumgartner (1667–1726)

Sophia Maria stammte aus einem der angesehensten Ratsgeschlecter der Reichsstadt. Sie wurde am 15. Juli 1700 als dritte von sieben Töchtern des Wolf Jacob Nützel geboren.[1] Ihr Vater erreichte 1718 als Oberster Losunger und Reichsschultheiß den Höhepunkt seiner Ämterlaufbahn. Seine Töchter zählten somit zu den besten »Partien« innerhalb der patrizischen Heiratskreise in Nürnberg. Sophia Maria war 23 Jahre alt, als sie am 11. Mai 1723 den 33 Jahre älteren Johann Paul III. Paumgartner heiratete, der eine glänzende Karriere im Rat der Stadt gemacht hatte. Paumgartner hatte seine erste Frau und seine acht Kinder aus dieser Ehe überlebt und war somit der letzte seiner Familie. Die Heirat mit der jungen Frau sollte den Fortbestand des Paumgartner'schen Geschlechtes mit reichem Kindersegen sichern. Zum Familienbesitz zählten neben dem Paumgartner'schen Stadthaus in Nürnberg das Schlossgut Holnstein bei Sulzbach, der Amtssitz Lonnerstadt und die ehemalige staufische Fliehburg Grünsberg mit ihrem Gut. Es war diese Burg aus mütterlichem Erbe, die Paumgartner zwischen 1722 – dem Jahr der Verlobung des Paares – und seinem Tod 1726 als Landsitz für sich und seine junge Frau aufwendig ausbauen und mit einer Innenausstattung im Stil des Barock ausschmücken ließ.[3]

Die Sophienquellfassung bei Burg Grünsberg

Zudem entstanden Planungen, die bereits vorhandene Gartenanlage des »*Himmelgartens*« gegenüber der Burg neu zu gestalten und im

153

nahe gelegenen Grünsberger Wald eine barocke Quellfassung zu errichten.

> *»Anno 1720 hat es [Grünsberg] ein Nürnberger Patrizius Namens Paumgartner innen gehabt, welcher daselbst ... nebst einem wohlangelegten Garten und Wasserquell bauen lassen, und seiner Frau zu Ehren Sophien-Quell betitult, so bis dato auch den Namen hat.«*[4]

Dabei steht der Name des nach den Vorbildern italienischer Villengärten der Renaissance errichteten Brunnenbelvederes barockem emblematischem Denken entsprechend für ein mehrdeutiges Programm: Er war nicht nur eine Anspielung auf die Fruchtbarkeit der jungen Braut, die wie eine *»sprudelnde Quelle«* dem Paumgartner'schen Stamm neues Leben hervorbringen sollte, auch eine Ausdeutung im Sinn christlicher Mystik war durchaus beabsichtigt. Die *»göttliche Sophia«* mit der sich der Bauherr *»vermählt«*, galt dem humanistisch geschulten, hochgebildeten Zeitgenossen als Verkörperung der christlichen Weisheit, die als *»Braut«* oder *»Geliebte«* die größte Sehnsucht dessen darstellt, der nach Gott sucht.

1724 wurde begonnen, das Gelände für die Quellfassung vorzubereiten, die am Ende einer Allee an der Austrittstelle der Quelle in die felsige Böschung des Schwarzachtals gebaut werden sollte.

Am 19. Januar 1726 starb Johann Paul Paumgartner, noch bevor er Nachkommen hinterlassen und die *»Sophienquelle«* vollenden konnte. Trotzdem fiel der Hauptanteil der Kosten für die Errichtung der Sophienquellfassung in das Jahr 1726. Dies lässt sich dadurch erklären, dass die erste und größte Bauphase trotz Paumgartners Tod im Januar 1726 bereits für das gesamte Jahr in die Wege geleitet worden war. Die Baukosten hatte seine junge Witwe zu tragen. Zum Jahresende 1726 war dieser erste große Bauabschnitt zu Ende gebracht worden. Der aus den Rechnungen ersichtliche Baustopp des Jahres 1727 erklärt sich dadurch, dass die finanziellen Mittel der verwitweten Sophia Maria kurzzeitig erschöpft gewesen waren. Dazu kam, dass sich aufgrund des Todes ihres Gemahls und der damit zusammenhängenden finanziellen wie psychischen Belastung ihr Gesundheitszustand extrem verschlechtert hatte. Ein Nervenzusammenbruch war die Folge. Im Lebenslauf ihrer Leichenpredigt heißt es dazu:

> *»Eine so tiefe Traurigkeit in welche die Hochselige durch diesen ... Verlust versunken war, konnte nicht ohne nachtheilige Folgen bleiben. Der niedergeschlagene Geist wirkte auch auf*

den Leib, drückte auch diesen zu Boden. Ein langsam abzeh
rendes Fieber, wozu anfangs des 1729ten Jahre ein heftiges mit
einem gefährlichen Schluchzen verbundenes stöcken kam,
brachten die Hochselige dem Grabe nahe ...«[5]

Sophia Maria war demnach bereits 1728 gesundheitlich schwer angeschlagen. Anhand der Rechnungen des Jahres 1728 können dennoch
notwendige Arbeiten zur kompletten Fertigstellung der Quellfassung
nachgewiesen werden. Es war Sophia Maria, die die Bauarbeiten an
der Sophienquelle nach dem Stillstand im Jahr 1727 mit einem gro
ßen finanziellen Kraftaufwand erneut aufnahm und 1728 zu Ende
führen konnte. So war Sophia Maria, verwitwete Paumgartner, nicht
nur Anlass für die Entstehung der im Nürnberger Land einzigartigen
Quellfassung und hat ihr als Patin ihren Namen verliehen, sondern
war auch allein verantwortlich dafür, dass die »*Sophienquelle*« überhaupt fertig gestellt werden konnte.

Zweite Ehe mit dem Feldmarschall Johann Sebastian Haller von Hallerstein (1684–1745)

Nach Paumgartners Tod kehrte die junge Witwe Grünsberg zunächst
den Rücken. Zahlreiche Briefe zwischen 1726 und 1729 an ihre Schwester zeugen von tiefen Depressionen und großer Einsamkeit.[7] Es war
wohl diese Schwester, Katharina Eleonore, die der jüngeren den verwitweten Bruder ihres Gemahls – Johann Sebastian Haller von Hallerstein – vorstellte. Der 46-jährige Soldat hatte als Regimentskommandant
eine steile Karriere zu erwarten.

Das Paar muss sich spätestens im Winter 1729 oder Frühjahr 1730
kennen gelernt haben, denn der Hochzeit am 11. Juni 1730 folgte die
Totgeburt eines Sohnes schon im Dezember desselben Jahres.[6] Die
Heirat der beiden war, entsprechend den strengen Moralvorstellungen
der Nürnberger Stadtgesellschaft, zu einem zwingenden Erfordernis
geworden.[7] Am 20. August 1731 wurde dem Paar eine Tochter – Katharina Eleonora – geboren. 1732 wurde Johann Sebastian in den
Feldzug gegen die Franzosen an den Oberrhein berufen, wo er Truppen des Fränkischen Reichskreises im Polnischen Thronfolgekrieg
befehligte. Maria Sophia wollte ihn um jeden Preis begleiten. Wie
groß ihre Rolle als Beraterin an der Seite ihres Mannes im Feld war,
darüber kann nur gemutmaßt werden, steht jedoch – besonders mit
Blick auf ihre permanente Anwesenheit an seiner Seite in diversen

Kasernen nach dem Krieg – außer Zweifel.[8]

Ihrer Rolle als Mutter wurde die stets als »*Feldmarschallin*« bzw. »*Generalin*« Unterzeichnende jedoch weniger gerecht. In dem von Katharina Eleonora eigenhändig verfassten Lebenslauf beschreibt die Tochter Mutter und Kindheit ungeschönt und ehrlich:

> »*Meine Mutter ist ... eine Frau deren durchdringender Verstand, männliches Weßen und mit einem Wort ungemeine Geistes Gabe ihr nicht nur allgemeine Hochachtung, die sie nur zu viel suchte und liebte so daß an dieser Klippe ihr Verstand und großer Reichtum scheiterte, erwarb ... zuwohl sie durch eine etwas strenge, aber nur sehr nöthige Zucht allen Eigenwillen in mir zerstört und gedämpfft ... .*«[9]

In die Kriegsgebiete am Oberrhein wurden die Tochter und Hallers Töchter aus erster Ehe rücksichtslos mitgenommen. Katharina Eleonora schreibt dazu:

> »*Schon in meinem 2ten Jahr ... Anno 1733 mußte ich mich in die am Rhein geweßene campagne mit schleppen lassen, da ... meine Mutter aber nicht davon bleiben wollte, auch um kein doppelt haußhalt führen zu müssen ... die viellerley waßer und veränderung zoch mir das fieber und eine so hefftige Ruhr zu daß man alle augenblick mein End vermuthete und doch war kein Stilliegen möglich, sondern die häuffigen quartiere ... zwangen daß fast täglich marchiert werden mußte ...*«[10]

Es war schließlich eine ehemalige Kindsmagd, die die Tochter pflegte, bis sie wieder zu Kräften kam. Auch nach der Rückkehr aus dem Feld – wie Katharina Eleonora schreibt – erlaubte die »*außerordentlich große unruhe unseres Hauses*« den Eltern nicht, sich um die Ausbildung der Tochter zu kümmern, und da die Mutter mit den Kindern und dem Haushalt »*sehr offt in die caserne ... fuhren, so schlug ich mich dann also gleich von der gesellschaft ab ...*«

Johann Sebastian wurde 1734 zum Generalmajor und 1740 zum Feldmarschall-Lieutnant des Fränkischen Kreises ernannt. Das Paar hatte nunmehr einen festen Platz in der patrizischen Stadtgesellschaft, führte einen großen Haushalt im ehemaligen Paumgartner'schen Haus in der Tetzelgasse 37 und lebte in fürstlichen Verhältnissen. Die Tochter Katharina Eleonora schreibt, dass jeden Sonntag im elterlichen Haus eine »*große Gesellschaft*« abgehalten worden sei.[11] Einige Rechnungen dieser Zeit zeugen von opulenten Gastmählern, bei denen die Spitzen der fränkischen Gesellschaft im Reich Edelfisch, exquisite Geflügel-

und Wildsorten verzehrten. Die Kosten für ausgefallene Stoffe und musikalische Untermalung standen denen für Speis und Trank in nichts nach.[12]

Sophia Maria war auch in der Wohlfahrt tätig. An die ersten Salzburger Emigranten in der Reichsstadt, die auf Geheiß des Rates 1732 im Pilgrimspital zum Heiligen Kreuz untergebracht wurden, dessen Pflegamt ihr Mann innehatte, verteilte sie nicht nur Erbauungsbücher, sondern auch Speisen und Getränke. Ein Jahr später – im Mai 1733 – widmete sie sich wieder hochschwanger der Versorgung der Emigranten.[13]

Witwenjahre – Der Grünsberger »Himmelgarten«

Am 1. Mai 1745 starb Sophias zweiter Gatte. Die »*verwittibte General Hallerin*«[14] führte ihr gewohntes, finanziell aufwendiges Leben

Porträtbild der Maria Sophia Haller von Dominicus van der Smissen, Öl auf Leinwand, um 1750

als Mittelpunkt großer Gesellschaften unvermindert fort, unterhielt neben dem großen Nürnberger Stadthaus noch die Landsitze Holnstein und Grünsberg.

Die Kunstsinnigkeit Maria Sophias fand in den Folgejahren in der Pflege der Schlossgärten und hier besonders des Grünsberger »*Himmelgartens*« ihren Niederschlag. Ein Jahr nach dem Tod ihres Gatten schloss Sophia Maria mit dem Gärtner Johann Springer einen Vertrag, der dessen Tätigkeiten in Grünsberg bedeutend erweiterte und eine verstärkte Konzentration auf den »*Himmelgarten*« erkennen lässt.[15] Dieser liegt südwestlich des Burgkomplexes und ist heute durch die Kreisstraße nach Burgthann davon getrennt: ein querrechteckiges Grundstück von 1.550 Quadratmetern im Hauptbereich, das am südwestlichen Rand durch fünf (ehemals sieben) Terrassen abgeschlossen wird, die durch eine mittige Treppe begehbar gemacht wurden. Etwa in der Mitte der östlichen Gartengrenze – zum Burgkomplex hin – befindet sich der ehemalige Eingang zum Garten, der durch ein großes steinernes Portal gekennzeichnet ist. Flankiert von Balustersockeln mit Kugeln und bekrönt von einem Pyr, zeigt das Feld im Portalsturz die Lettern »*Himmelgarten*«. Die Grundstücksbezeichnung, die sich von einem abgewandelten Flurnamen herleiten lässt, wird erstmals in der ersten Hälfte des 16. Jahrhunderts als Garten aktenkundig. Einen Beleg über die Gestaltung des Renaissance-Gartens gibt es jedoch nicht. Erst die ausführlichen Verträge der Sophia Maria von Haller mit ihrem Gärtner, der 14 Jahre für sie auf dem »*Gut Grünsperg*« tätig war, lassen eine genaue Vorstellung des »*Himmelgartens*« entstehen, auf den die »*Generalin*« wohl ein besonderes Augenmerk hatte.[16]

Am 25. August 1746 stellte Sophia Maria von Haller beim Waldamt der Reichsstadt Nürnberg den Antrag zur Erbauung eines »*Winterungshäusleins*«, das anstatt »*eines baufälligen Sommerhäusleins*« errichtet werden sollte. Die Hallerin führte in ihrem Antrag an, dass sie die Winterung »*zur Aufbehaltung von Rosmarin und anderer Gartenwaaren ... und zur Conservation vorhandener Saam-Blumen*« brauche. Die Winterung, deren Pläne erhalten sind, war eine Fachwerkkonstruktion mit niedriger Bedachung, die zur Hälfte auf der rückwärtigen Mauer erbaut worden war und zum Garten durch eichene Säulen abgestützt wurde. In den Wintermonaten konnte sie durch einen kleinen Ofen beheizt werden.

Wir erhalten vom »*Himmelgarten*« das Bild eines typischen Barockgartens: Ein rechteckig abgegrenztes Flurstück wurde durch ein symmetrisches Wegekreuz erschlossen und durch Rabatten, die mit Buchsbaum eingefasst und mit Blumen bepflanzt waren, streng gegliedert. Auch die Terrassen waren mit Sicherheit bepflanzt. So konnte sich die »Herrschaft«, deren Blick, durch die Fenster des Festsaals im zweiten Obergeschoss, direkt hinab auf den »*Himmelgarten*« fiel, am barock gestalteten Garten erfreuen. Die mediterranen, exotischen Kübelpflanzen, die in den Sommermonaten den Eindruck standesgemäßer Repräsentation komplettierten, machten die Winterung unumgänglich. Die Pflege der Allee zur Sophienquelle vervollständigte die Grünsberger Gartenanlagen.

Doch selbst das große Paumgartner-Haller'sche Vermögen war schließlich erschöpft, die Witwe hochverschuldet. Am 2. März 1751 hatte ihre Tochter Katharina Eleonora von Haller das Ratsmitglied Karl Christoph Stromer von Reichenbach (1728–1785) geheiratet. Zur Hochzeit des Paares war die Mutter die versprochene Mitgift wohl schuldig geblieben. Erst als die großen Schulden Sophia Maria keine andere Wahl ließen, wandte sie sich an Schwiegersohn und Tochter mit der Bitte um finanzielle Hilfe. Karl Christoph von Stromer, der schon mehrfach die Schulden der Schwiegermutter beglichen hatte, unterzeichnete am 6. August 1766 mit Sophia Maria einen Überlassungsvertrag für das Paumgartner'sche Erbe, aus dessen Wortlaut die familiäre Situation ganz eindeutig hervorgeht.[17] Sophia Maria überließ hierin ihrer Tochter und ihrem Schwiegersohn das Stadthaus mit allen beweglichen und unbeweglichen Gütern sowie die Landsitze Holnstein und Grünsberg,

> »*deßen sich ... Herr von Stromer theils durch die schon vor einigen Jahren vor mich bezahlten Capital Schulden, theils mit Abrechnung der an mir von seiner Ehegemahlin herrührenden Forderungen vollkommen appropiert und zu eigen gemacht ...*«

Stromer verpflichtete sich im Gegenzug

> »*alle unserer Frau Mama bishero auf dem hals gelegenen Passiva, sie bestehen in Capitalien, Zinsen oder anderen Schulden vollkommen zu übernehmen, solche für sie baar zu bezahlen ... und ... in allen was sie zu ihrer standesgemäßen Unterhaltung an Wohnung, Kost, Kleidung und anderen unentbehrlichen Bedürfnußen gebrauchet, niemalen einige Noth oder Mangel leiden zu laßen, sondern vielmehr die obere Etage dero bishero beseßenen Bewohnung ... vollkommen zu überlaßen.*«

Sophia Maria hingegen versprach,

»von nun an keine weitere Capitalien aufzunehmen, noch weniger … Schulden und Zahlungen aufwachsen zu lassen, als in welch unverhofften Fall mein Herr Eydam und Frau Tochter dafür niemalen responsable oder solchen abzuwickeln schuldig seyn.«

Der Vertrag endet damit, dass die Generalin Haller ihre Worte »*unverbrüchlich zu halten*« hat, »*weilen sie nicht nach Gewohnheit, Herkommen und mit erforderlichen Solemnitaeten geschehen*«.

Nach mehreren Schlaganfällen starb Sophia Maria am 14. August 1789 im hohen Alter von 89 Jahren an einem erneuten*«Schlagfluß«* im ehemals Paumgartner'schen Stadthaus in der Tetzelgasse.

Anmerkungen

1 STAN AdFS, A 171, fol. 11–11r: »Lebenslauf und Trauerrede bei Ableben der Frau generalin Sophia Maria Freyfrau v. Haller, geb. Nützel, verwittibt gewesene Paumgartner … von der Hochseligen Beichtvater M. Ge. Wolfg. Panzer, Schaffer bey S. Seb.«

2 Hierzu ausführlich Schönwald, Ina: Die Patrizierfamilie Paumgartner auf Burg Grünsberg. Studien zum Selbstverständnis des Nürnberger Patriziats im ersten Drittel des 18. Jahrhunderts, Lauf 2001.

3 Deliciae Topo-Geographicae Noribergensis, Dritter Theil, I. Capitel, § II. »Grünsperg«.

4 StAN AdFS, A 171, fol. 14 und 15.

5 AdFH A4.38.19–22.

6 Biedermann, Johann Gottfried: Geschlechtsregister des Hochadelichen Patriziats zu Nürnberg, Reprint der Ausgabe v. 1748 u. 1854, Neustadt a. d. Aisch 1982, Tafel CXXXIII.

7 Willax, Franz: Johann Sebastian Haller von Hallerstein (Genealogie, Heft. 9–10, Sept.–Okt. 2000), Neustadt a. d. A. 2000, S. 289.

8 Vgl. auch Stromer, Wolfgang Freiherr von: Die Sophienquelle zu Grünsberg, Nürnberg 1980, S.18.

9 STAN AdFS, A 66: Lebenslauf der Katharina Eleonora von Stromer geb. Haller, S. 5.

10 STAN AdFS, A 66: Lebenslauf der Katharina Eleonora von Stromer geb. Haller, S. 7–8.

11 STAN AdFS, A 66: Lebenslauf der Katharina Eleonora von Stromer geb. Haller, S. 9.

12 Willax, Haller von Hallerstein, S. 289.

13 Willax, Haller von Hallerstein, S. 290.

14 STAN AdFS, A 65, fol. 4 l.

15 STAN AdFS, A 762: Der Gärtnerdienst auf dem Gut Grünsberg.

16 Dazu: Schönwald, Die Patrizierfamilie Paumgartner, S. 204–206 und 210–212.

17 STAN AdFS, A 65.

Frank Präger
Armut, Konflikte, Vertreibung
Almosenempfängerinnen in Langenzenn

Armut im 18. Jahrhundert

Beim Begriff Armut denkt man unwillkürlich zunächst an die Bettler und Gaukler des Mittelalters oder das Industrieproletariat des 19. und 20. Jahrhunderts. Doch arme Menschen gab es zu allen Zeiten in der Geschichte der Menschheit, auch im 18. Jahrhundert. Ein buntes Volk bewegte sich in diesen hundert Jahren über die Landstraßen Deutschlands: entlassene verwundete oder versehrte Soldaten, Kriegerwitwen mit Kindern, arbeitslose Handwerker und Bergleute, brandgeschädigte Stadtbürger, Musikanten, Studenten, konvertierte Juden, Zigeuner, Kollektanten für Kirchenbauten, getaufte Muslime und andere mehr. Diese Vielfalt der Armut spiegelt sich in den mehr als 11.000 Personen wider, die im 18. Jahrhundert in der mittelfränkischen Kleinstadt Langenzenn vom städtischen Spital ein Geldalmosen erhielten und deren Personalien sich in mehr oder minder ausführlicher Form in den Rechnungsbüchern erhalten haben.

Armut in Langenzenn

Aber nicht nur herumziehende Arme prägten das Bild jener Zeit, auch die vielen in Armenhäusern, Spitälern und Zinswohnungen lebenden ansässigen Almosenempfänger müssen zu der großen Gruppe der Armen hinzugerechnet werden. In Langenzenn erhielten zwischen 1696 und 1791 insgesamt 391 im Ort lebende Personen von der Spitalstiftung ein Geldalmosen. Zusätzlich bekamen sie noch Sachleistungen in Form von Getreide oder Holz. 174 Almosenempfänger waren Männer, 204 Frauen. Zum Zeitpunkt des Almosenempfangs waren 83 Männer verheiratet, 17 verwitwet und acht ledig. Von den Frauen waren 55 verheiratet, 67 verwitwet und 25 ledig. Interessant mag auch ein Blick auf das durchschnittliche Sterbealter der ledigen AlmosenempfängerInnen sein. Es betrug bei den Männern 35,25 Jahre, bei den Frauen 55,3 Jahre. Allein stehende Frauen, ob ledig oder verwitwet, waren demnach in besonderm Maße auf Unterstützung angewiesen.[1]

Betrachtet man die Almosenvergabe im Hinblick auf die Gesamtsumme der von jeder Person empfangenen Gelder, so liegen hier Frauen vorn. 156 Gulden und sieben Kreuzer betrug die Unterstützung der gelähmten bettlägerigen Tagelöhnersfrau Margaretha Catharina Gömmel vom Beginn ihrer Krankheit 1782 bis zu ihrem Tod 1789. Die Vogtswitwe Anna Abend bekam wegen ihrer Bedürftigkeit von 1701 bis zu ihrem Tod 1704 48 Gulden und 45 Kreuzer.[2] Ein Vergleich der Lebensumstände der beiden Frauen zeigt die Veränderungen, die sich bei der Almosenvergabe im 18. Jahrhundert vollzogen. Bei der Vogtswitwe, die zur gehobeneren Gesellschaftsschicht Langenzenns zu rechnen ist, ist bei der Almosenvergabe noch eine Verbindung zu den so genannten »Gnadengaben« zu erkennen, die die Herrschaft verdienten Personen gewährte. Es wird bei ihr auch nur eine allgemeine Bedürftigkeit registriert. Die langjährige Unterstützung der kranken Tagelöhnersfrau ist anders gelagert. Zwar besaß Margaretha Catharina Gömmel wie die meisten der Almosenempfänger das Bürgerrecht – das bürgerliche Stadtspital versorgte in erster Linie Stadtbürger –, aber der Beruf ihres Mannes zeigt, dass nicht mehr nur in Armut geratenen Personen aus der privilegierten Oberschicht geholfen wurde. Die Unterstützung einer kranken Frau zeigt deutlich eine Rückbesinnung auf eine der unmittelbaren Aufgaben eines Spitals, die Krankenpflege. Viele Spitäler hatten sich Anfang des 18. Jahrhunderts zu Altersheimen entwickelt, in die sich reiche Bürger durch Stiftung von Pfründen einkaufen konnten.

Sophia Schiffner

»Er ward geboren, nahm ein Weib, und starb. Kaum mehr als dieses wissen wir von den meisten, die vor uns waren.«[3] Dieses resignierende Fazit zog Michael Stürmer im »Herbst des alten Handwerks«. Man könnte fortfahren, wenn schon über den »gemeinen Mann« so wenig bekannt ist, wie mag es sich dann mit dem von ihm »genommenen Weib« verhalten. Doch auch wenn wir vergeblich nach Tagebüchern oder anderen lebensgeschichtlichen Quellen suchen, können wir Historiker dennoch versuchen, in mühevoller Arbeit aus überlieferten, historischen »Puzzlestücken« so etwas wie biographische Skizzen zu erstellen und dadurch Licht in die dunkle Welt der kleinen Leute bringen. Wir folgen nun den Spuren der Sophia Schiffner. Auch wenn ihr Leben nicht das gewöhnlichste war, war sie doch keine Frau, die durch ungewöhnliche Leistungen für Aufsehen sorgte wie etwa Dorothea Erxleben; ihr Schicksal spiegelt vielmehr das vieler anderer Frauen jener Zeit wider. Dieser Umstand macht es überliefernswert.

Sophia Grotter wurde als zweitjüngstes von acht Kindern des Bauern Georg Grotter und seiner Frau Barbara Müller am 9. oder 10. Juli 1712 in Tuchenbach geboren. Die Mutter war in Tuchenbach geboren worden, ihre Taufpatin kam jedoch »*aus Bayern*«, was darauf verweist, dass ihre Vorfahren zugewandert waren; auch ihr Mann stammte von auswärts. Im Trauungseintrag der Eltern wurde vom Pfarrer am 20. März 1695 vermerkt, dass das Paar bereits vorher »*in Unzucht*« zusammengelebt habe. Auch in späteren Jahren hielt es der Vater nicht sehr mit der Einhaltung der kirchlichen Gebote. 1723 zeugte er ein außereheliches Kind, in dessen Taufeintrag aber die Mutter nicht genannt wird, sondern nur drei Bauern, die als Zeugen dienten. Der Vater starb im Januar 1728, die Mutter im Februar 1731.[4] So verlor Sophia Grotter mit 15 bzw. 18 Jahren ihre Eltern. Am 8. November 1735 heiratete sie in Langenzenn den 28-jährigen Schuhmacher Adam Friedrich Schiffner, Sohn des Bürgers und Schuhmachermeisters Wolfgang Conrad Schiffner. Der Taufpate ihres späteren Mannes war der Buchbinder und Mesner Adam Friedrich Stritzel – ein Hinweis auf die bürgerliche Identität und Lebenswelt dieser Familie.[5] Zwei Tage nach der Trauung leistete das junge Paar den Bürgereid.[6] Zwei Gulden dreißig Kreuzer mussten sie bezahlen, da die Braut von auswärts stammte.

Am 30. Juli 1736 ließ das Paar sein erstes Kind Georg taufen, am 3. Mai 1737 Margaretha, am 22. Mai 1739 Sophia, am 31. Juli 1740 Margaretha und am 19. September 1742 noch eine Margaretha. Von diesen fünf Kindern starben drei als Säuglinge: am 4. Mai 1737 Margaretha, am 14. Februar 1742 Sophia und am 2. März 1745 Margaretha.[7] Mit den Jahren verschlechterte sich der Gesundheitszustand von Adam Friedrich Schiffner. Wohl bereits 1744 musste er sein Gewerbe aufgeben. In diesem Jahr bezog er ein Zimmer im so genannten »*unteren Gaden des hinteren Spithal Hauses*«.[8]

Er durfte dort mit seiner Frau und den Kindern unentgeltlich wohnen. Beim Taufeintrag des Sohnes Thomas am 11. März 1745 wird der Vater bereits als »*dermaliger elender Schustermeister im Spital*« bezeichnet. Das kaum lebensfähige Kind starb schon nach wenigen Tagen und wurde am 18. März 1745 begraben. Als letztes Kind wurde am 24. November 1746 der Sohn Jacob getauft.[9] Am 21. Februar 1747 erhielt Adam Friedrich Schiffner aus der Spitalkasse erstmals ein Almosen von zwanzig Kreuzern, da er an der reißenden Gicht litt. Bald darauf erlitt er einen Schlagfluss, seit dem er gelähmt war und nicht mehr arbeiten konnte. Die Spitalkasse unterstützte ihn weiterhin mit Geldalmosen: 1747 3 Gulden 10 Kreuzer, 1748 3 Gulden 42 Kreuzer, 1749 2 Gulden 20 Kreuzer und 1750 1 Gulden 45 Kreuzer. Bei der letzten Almosengabe am 19. April 1750 wurde vermerkt, dass er ein todkrankes Kind habe. In dieser Zeit zog die Familie Schiffner in ein kleines Nebenzimmer »*im oberen Gaden des hinteren Spitalhauses*« um. Ihr bisheriges Zimmer bezog die Wachtmeisterswitwe Künsdörfer.[10] Adam Friedrich Schiffner starb im Alter von 43 Jahren und wurde am 22. April 1750 begraben.[11] Schreiner und Totengräber bekamen vom Spital die Leichenkosten von zwei Gulden dreißig Kreuzern. Am 24. November 1750 erhielt die Witwe als »*arme Frau von hier*« 12 und am 19. Dezember 24 Kreuzer, dazu als Naturalalmosen für das ganze Jahr vier Metzen Korn.[12] Die Spitalinsassen Gerhard Höpfner und Johann Friedrich Jäger zogen nun in das Zimmer der Witwe mit ein. Sie waren wegen ihrer Armut aufgenommen worden. Die Witwe Sophia Schiffner lebte mit diesen beiden Männern zinsfrei im Spital. Als allein stehende Frau wurde sie jedoch von der Öffentlichkeit und den Behörden mit besonderem Argwohn beobachtet.

In diesem Jahr, das genaue Datum ist leider nicht überliefert, kam es im Spital zu einem Tumult. Margaretha Christina Langenfelder beschimpfte gemeinsam mit Catharina Schmidt und Margaretha und Magdalena Moser, Töchtern des Viertelmeisters Georg Michael Moser, öffentlich drei Spitalinsassen: Elisabeth Kuhn, Gerhard Höpfner und Sophia Schiffner. Die gegenseitigen Anfeindungen wurden immer massiver und schließlich entstand eine Schlägerei. Alle Beteiligten wurden vom Gericht verurteilt und bestraft. Die Langenfelder musste einen Gulden und die Schiffner statt der Geigenstrafe dreißig Kreuzer Strafe zahlen, Gerhard Höpfner konnte nicht zahlen und wanderte für eine halbe Stunde in den Turm.[13] Bemerkenswert ist, dass Sophia Schiffner mit dem geschmähten Gerhard Höpfner ebenso ein Verhältnis hatte wie mit dem Bruder der ebenfalls beschimpften Elisabeth Kuhn. Da nicht überliefert ist, worum es bei den Schmähungen ging, kann man nur vermuten, dass die vielfältigen sexuellen Beziehungen der Sophia Schiffner, von denen im Folgenden noch die Rede sein wird, Anlass der Bezichtigungen waren.

1751 wurden die Bewohner des gemeinsamen Zimmers folgendermaßen beschrieben:

>*das übrige Logiament drinnen Gerhard Höpfner, der in einen bürgerl: Zinnß gezogen, und die Schiffner=Wittib, welche ob commissum adulterium des Landes verwießen worden, gewesen bewohnet nun Johann Friederich Jäger noch alleine.*<[14]

Eher ungewöhnlich, wenn auch nicht unmöglich, war es, dass Spitalinsassen ihre Pfründen verließen. Die meisten beendeten dort ihr Leben. Was war geschehen? Warum mussten zwei Personen aus einer Spitalwohnung ausziehen, eine in eine Mietwohnung in der Stadt, die andere wurde sogar des Landes verwiesen – *»wegen eines begangenen Ehebruchs«*, wie der lateinische Begriff besagt?

Während der langen Krankheit ihres Ehemannes und besonders nach dessen Tod war Sophia Schiffner gänzlich auf sich gestellt. Zwei ihrer Kinder waren kränklich. Von der Verwandtschaft ihres verstorbenen Mannes konnte sie kaum Hilfe erwarten. Dessen epileptische Schwester bezog ebenfalls Almosen vom Spital und starb 1791 unverheiratet im Alter von 46 Jahren.[15] Fünf Taufpaten ihrer Kinder stammten aus Dambach, Rossendorf, Tuchenbach und der Neuhöfer sowie Markt Erlbacher Gegend. Ein Indiz dafür, dass es ihr schwer fiel, in der neuen Umgebung Fuß zu fassen? Die beiden anderen Paten waren ein Verwandter ihres Mannes und Margaretha Kuhn, eine Verwandte des Ludwig Kuhn, mit dem Sophia ein Verhältnis hatte. So hatte sie bereits während der Krankheit ihres Mannes niemanden in der Verwandtschaft gehabt, der sie finanziell hätte unterstützen können. Möglicherweise waren diese Geldsorgen ein Grund für ihre verschiedenen Kontakte mit Männern. Schon *»bey lebzeiten«* ihres Mannes, so im Text des Gerichtsurteils, pflegte sie intime Beziehungen mit anderen Männern. Ans Licht gekommen waren diese wohl durch eine Schwangerschaft, die als Folge eines dieser Kontakte eingetreten war, doch findet sich in den Kirchenbüchern weder ein Taufeintrag noch der Hinweis auf eine Totgeburt. In den Rechnungsbüchern des Rentamts Cadolzburg stößt man unter der Rubrik *»Einnahmen Auf Buß- und Frevelgelder«* auf eine Reihe von Einträgen, in denen die Namen der Männer und die Höhe der Strafgelder genannt werden, die diese bezahlen mussten.[16] Einer von diesen Männern war der oben erwähnte Zimmergenosse Gerhard Höpfner. Außer mit ihm hatte Sophia Schiffner noch nachweislich mit elf anderen Männern Umgang. Während des Prozesses wurden diese Männer wegen einfachem

und doppeltem Ehebruch zu unterschiedlich hohen Geldstrafen verurteilt, die zum Teil wegen Armut reduziert oder in Arbeitsstrafen
umgewandelt wurden:

Kritschgau (100 Gulden), Michael Jacob Frank (100 Gulden, reduziert auf 75), Ludwig Kuhn (100 Gulden, reduziert auf 75), Johann
Georg Märching (100 Gulden, reduziert auf 50), Johann Georg Siller
(100 Gulden, reduziert auf 75), Wolfgang Weinländer (50 Reichstaler,
reduziert auf 25), Johann Michael Nußbeck (50 Reichstaler, reduziert auf 25), Johann Philipp Andes (24 Gulden), Johann Friedrich
Lösch (24 Gulden), Wolfgang Schnellbügel (24 Gulden), Georg Leonhard Schlenner (24 Gulden, reduziert auf 15) und Gerhard Höpfner
(24 Gulden, umgewandelt in eine Leibesstrafe wie bei der Verurteilung wegen des Schmäh- und Raufhandels).

Es ist erstaunlich, dass die Männer die trotz der gewährten Min-
derungen doch recht hohen Geldbeträge aufwenden konnten, waren
doch einige selbst Almosenempfänger bzw. standen durch Verwandtschaft oder Beruf eng mit dieser Personengruppe in Verbindung. Der
ehemalige egloffsteinische Kammerdiener Johann Philipp Andes verlor 1754 seine Frau und bezog von 1762 bis zu seinem Tod 1766
Almosen. Er musste für seine Wohnung im Spital im Jahr immerhin
zehn Gulden zahlen. Der Leinenwebermeister Johann Michael
Nußbeck bezog 1757 Almosen und entrichtete für seine Pfründen
acht Gulden pro Jahr. Johann Gerhard Höpfner erhielt von 1748 bis
zu seinem Tod 1764, Georg Leonhard Schlenner 1778, die Wolfgang
Schnellbügel'schen Eheleute von 1770 bis zum Tod der Frau 1775
Almosen vom Spital. Sie alle wurden trotz der Verurteilung nicht für
unwürdig gehalten, weiterhin Gelder vom Spital zu empfangen. Ludwig Kuhns Ehefrau erhielt 1752, ein Kind Johann Georg Sillners 1757
Almosen vom Spital, Johann Friedrich Lösch und Wolfgang Weinländer waren weitläufig mit Almosenempfängern verwandt und Michael Jacob Frank war Krankenpfleger im Spital.

Anders sah es bei Sophia Schiffner aus. Es wurde bedauert, dass
sie mit Geldern des Spitals »durchgefüttert« worden war. Nach Ab-
schwören der Urfehde, sich für das Urteil nicht zu rächen, und der
Bezahlung der großen Kirchenbuße musste sie zunächst sechs Monate im Hofgarten von Ansbach Springerarbeit leisten. 1751 erhielten ihre Kinder noch 31 Almosenausteilungen, die sich aber nicht
datieren lassen. Unter der Nummer 1 und 8 bekam die »*arme und
kranke Wittib nebst ihren kranken Kindern*« zehn bzw. zwanzig

Kreuzer. Dies geschah wohl zu Beginn des Jahres. Unter den Nummern 24 und 27 finden sich für die »*armen und elenden hinterlassenen Adam Friedrich Schiffnerischen Kinder*« zwei Almosen von immerhin jeweils einem Gulden. Am 12. Februar 1752 erhielten diese zum letzten Mal einen Gulden. Sophia Schiffner musste nach Ableisten ihrer Arbeitsstrafe das Fürstentum Ansbach verlassen. Möglicherweise durfte sie ihre Kinder mitnehmen. Nur der jüngste Sohn, Jacob Schiffner, tauchte 24 Jahre später wieder in Langenzenn auf. Er heiratete am 23. Juli 1776 Susanna Geiger aus Hersbruck, die er möglicherweise auf der Wanderschaft mit seiner Mutter kennen gelernt hatte. Er ließ sich als angehender Bürger und Schuhmachermeister in der Stadt nieder, verstarb aber bereits im Alter von 38 Jahren an einer Seuche und wurde am 16. Juni 1784 begraben.[17]

Mit Schimpf und Schande warf man Sophia Schiffner für alle Zeiten aus ihrer Heimatstadt. Daher ist es bislang auch nicht gelungen, ihren weiteren Lebensweg zu verfolgen. Vielleicht gehörte sie als mittellos durchs Land streifende Bettlerin zu denjenigen, die nach ihrem Tod fern von der Heimat als namenlose Unbekannte in den Beerdigungsmatrikeln irgendeiner Pfarrei verzeichnet wurden. Eine große Zahl solcher Einträge findet sich in den Kirchenbüchern. Sollte dennoch eines Tages ein Historiker, Heimat- oder Familienforscher bei seinen Recherchen jene unglückliche Sophia Schiffner finden, würde sich der Schreiber dieser Zeilen über einen Hinweis freuen.

Anmerkungen:

1 Präger, Frank: Das Spital und die Armen, Regensburg 1997, S. 150f.
2 Präger, Das Spital, S. 143f.
3 Stürmer, Michael (Hg.): Herbst des alten Handwerks, München 1986, S. 7.
4 Pfarrarchiv Veitsbronn, Kirchenbücher, Bd. K 2, S. 322, 215, 640, 664.
5 Pfarrarchiv Langenzenn, Bd. K 5, S. 102, Nr. 19; Bd. K 4, S. 114.
6 Stadtarchiv Langenzenn, Bd. 231, S. 10.
7 Pfarrarchiv Langenzenn, Bd. K 5, S. 10, 11, 43, 215, 239, 292.
8 Stadtarchiv Langenzenn, Bd. 626.
9 Pfarrarchiv Langenzenn, Bd. K 5, S. 10, 321, 67.
10 Stadtarchiv Langenzenn, Bd. 632, 634, 636, 638.
11 Pfarrarchiv Langenzenn, Bd. K 5, S. 118, Nr. 26.
12 Stadtarchiv Langenzenn, Bd. 638.
13 Staatsarchiv Nürnberg, Rep. 225 4 II, Nr. 1007, S. 420.
14 Stadtarchiv Langenzenn, Bd. 640, S. 21f.
15 Pfarrarchiv Langenzenn, Bd. K 6, S. 480, Nr. 5.
16 Staatsarchiv Nürnberg, Rep. 225 4 II, Nr. 1007, Jg. 1751, S. 456f.
17 Pfarrarchiv Langenzenn, Bd. K 30, S. 162 und Bd. K 6, S. 50.

Nadja Bennewitz
Vagabundierende Frauen
Überlebensstrategien in der Frühen Neuzeit

Da sichtet die Obrigkeit eine »*Brut verdächtiger Weibsleute*« an einer Feuerstelle auf der Waldlichtung bei Simmelsberg, da wird gemeldet, dass eine »*gefaehrliche Weibs=Person*« mittlerweile in Heroldsberg gefasst worden sei, während eine »*arg böse rauberische Dirne*« sowie eine »*Ertz-Beutelschneiderin*«, eine gewiefte Taschendiebin, noch steckbrieflich gesucht würden – was ist von diesen furchterregenden Kriminellen zu halten?

Liest man Strafakten des 18. Jahrhunderts, gewinnt man den Eindruck einer permanenten Bedrohung der bäuerlichen Landbevölkerung durch Gauner- und Räuberbanden, bestehend aus Frauen, Männern, Jugendlichen und Kindern. Tatsächlich mag es eine große Belastung für die DorfbewohnerInnen gewesen sein, die umherziehenden Schichten versorgen zu müssen, zumal ihre Bettelei recht aggressiv vonstatten ging. Nicht allein durch Flehen und Bitten, sondern durch »*ungestümes Betteln*« versuchte man Almosen zu erhalten und ging dabei recht hartnäckig, ja bedrohlich vor, wie zum Beispiel der Geiger Hannsel, der sich zusammen mit seiner Frau Liesel, einem »*langen starcken Weibsbild*«, als »*Brandbettler*« durchs Leben schlug: Waren die Bauern nicht gebefreudig, so drohten sie damit, den Hof abzubrennen.[1]

Dennoch dürfte das von der Obrigkeit geschilderte Bedrohungsszenario nicht die allgemeine Stimmung in der Bevölkerung wiedergegeben haben. Die Zusammenarbeit zwischen einfachen Dorfleuten und den Polizeibehörden ließ vielmehr zu wünschen übrig. Da hatte ein Tagelöhner aus Beerbach, dem Milch gestohlen worden war, den Diebstahl gar nicht zur Anzeige gebracht, weil er dachte, es sei lediglich ein frecher Dumme-Jungen-Streich gewesen,[2] da spendete die Hirtin zum Abendbrot das Sauerkraut und fragte nicht danach, ob das Schweinefleisch von dem umherziehenden Burschen wohl gekauft oder gar geklaut worden war: Man ließ es sich gemeinsam schmecken.[3] Den in Franken so zahlreichen Landesherrschaften fiel es schwer, bürgerliche Lebensnormen und Wertesysteme in der breiten Bevölkerung durchzusetzen, wie etwa das Streben nach Leistung und Gewinn, nach bürgerlichen Tugenden wie Pünktlichkeit und Sparsamkeit. Eher, so die heutige Geschichtsschreibung, hätten es viele arme Menschen vorgezogen, sich durch Umherziehen, Betteln und Diebstahl zu ernähren, als einer festen, geregelten Arbeit nachzugehen: Sie seien ganz bewusst »arbeitsscheu« gewesen. Die von den Obrigkeiten angebotene Alternative war in der Tat wenig verlockend: Zwangsarbeit im Straßenbau oder im Arbeits- und Zuchthaus.[4] Darauf wollte offensichtlich auch eine gewisse »*Elisabeth Brücknerin, von Bayersdorff*«, »*die Bayersdorffer Ließl*« genannt, verzichten. Ihren Lebensunterhalt organisierte sie sich mehr als einmal mit einem »*Rauberischen Einfall zu Weiher [bei Erlangen] und [an] anderen Orten*«. Dass sie dabei nicht allein agierte, sondern im Gegenteil vorab für andere auskundschaftete, wo ein Einbruch am einfachsten und lukrativsten war, entspricht dem gängigen Part, den Frauen – von spektakulären Ausnahmen abgesehen – in Räuberbanden spielten. Lange blieben ihre Taten nicht unentdeckt. Wegen ihres »*argen und verbottenen Lebens halben*« war sie 1718 »*zu Erlang[en] an dem Pranger gestanden, und vor 4 Jahren zu Amberg gebrandmarcket worden*«.[5]

Man wird dennoch nicht davon ausgehen dürfen, es sei ein freiwillig gewähltes Leben gewesen, das Vagabundieren. Als der Nürnberger Rat 1724 einen Steckbrief veröffentlichen ließ, in dem er vor 180 räuberischen Personen warnte, davon ein Drittel Frauen, wurden darin wiederholt körperliche Gebrechen genannt: Die eine Mutter sei lahm, die andere hinke, eine Frau habe ein von den Blattern vernarbtes Gesicht und wieder ein anderes »*Weib*« habe »*sehr krancke oder löcherichte Füsse*«.[6] Waren manche Krankheiten zum Teil erst aufgrund des unsteten Lebens aufgetreten, war es umgekehrt oft erst die Krankheit, die zu einem solchen Leben zwang. Die 19-jährige Maria Ursula Bursin hatte sich durch Stricken und Nähen ernährt, bis sie eine »*hitzige Krankheit*« bekam. Seitdem konnte sie sich nur noch durch Betteln über Wasser halten, zu etwas anderem war sie nicht mehr fähig.[7] Für Frauen kam hinzu, dass sie im Falle einer Schwangerschaft aus dem Dienst entlassen wurden – eine Sanktionierung, die Männer nicht zu fürchten hatten.

Es lag also an den schlechten Ausgangsbedingungen, dass viele straffällig wurden, es war eine Folge der sozialen Umstände, nicht einer etwaigen »kriminellen Energie«. So bewegte sich der Wert des Diebesguts, das der Nürnberger Rat aufgrund seiner Nachforschungen über die Einbrüche der »*Eyerguzen-Bande*« aufspürte, zwischen einem und zwei Gulden. Gestohlen wurden etwa Bettdecken, Kleidungsstücke oder ein Schwein, also keine Wertgegenstände, sondern Dinge des alltäglichen Bedarfs.[8] Die meisten dieser Bande kannten nicht einmal ihr genaues Geburtsjahr. Die inhaftierte Anna Margaretha Frankin gab an, sie sei zwischen 25 und 26 Jahre alt. Wer hätte ihr tatsächliches Geburtsjahr schon genau aufschreiben sollen? Weiter sagte sie nämlich, sie sei »*auf dem feld unehel.[ich] gebohren worden, und solle ihr Vater ein Kay.[serlicher] Soldat gewesen seyn*«,[9] dessen Verbleib unbekannt war.

Die Lebensführung der armen Bevölkerungsgruppen entsprach ganz und gar nicht bürgerlichen Normvorstellungen. Die hohe Mobilität und der generell unstete Lebenswandel zogen zwangsläufig wechselnde Partnerschaften und Gemeinschaften nach sich, so genannte Zeitfamilien.[10] Anna Elisabetha Meyerin zog einmal mit einer Frau aus Erlangen namens Susanna umher, die ihren kleinen Sohn bei sich hatte, ein anderes Mal mit einer Catharina, schließlich mit ihrem Stiefbruder Johannes, dann mit einem Soldaten aus Eger und dessen Frau und in der Folge war sie für zwei Wochen mit einem ehemaligen Soldaten aus Landshut unterwegs.[11]

Der Anteil der Frauen an den Fahrenden, Nichtsesshaften lässt sich nur schwer ermitteln, er muss jedoch beträchtlich gewesen sein. Ihr prozentualer Anteil an der besitzlosen Unterschicht überstieg zudem bei weitem den der Männer.

Wie sich das Leben dieser Unterschichtfrauen gestaltete, lässt sich in vielen Fällen an ihren Beinamen ablesen: »*Margaretha Tierbachin*« wurde als »*Brandweinfrau*« bezeichnet,[12] sie verkaufte Wagenschmiere, Speiseöl, Eisen- und Kurzwaren, die auf dem Land nur durch Fahrende, wie zum Beipiel so genannte »*Wasserbrenner*« oder Branntweinhändler, erhältlich waren. Darüber hinaus finden sich »*Spielweiber*« unter den Fahrenden, wie »*Margaretha Steinla, Spilekundl*«[13] genannt, namentlich unbekannte Drehleierspielerinnen und eine »*Zimpalschlagerin*«.[14] »*Elisabeth Frannsin*« wurde der »*weltsche doctor*«[15] genannt und dürfte Teil der nichtakademischen Ärzteschaft gewesen sein, die die Versorgung der Landbevölkerung innehatte,[16] ähnlich wie eine andere Frau ihr Brot verdiente, indem sie »*Artzney[en] feil*«[17] trug. Oftmals lebten diese Frauen von reinen Gelegenheits- und Saisonarbeiten. Im Sommer ernähre sie sich mit Bauernarbeit und im Winter bettle und spinne sie, berichtete Rosina

Stangin. Andere strickten und nähten, sammelten Kräuter, klaubten Kartoffeln und halfen bei der Schnitternte.[18]

Was für Frauen erschwerend hinzukam, war das Leben mit Kindern. Die 1785 gefassten männlichen Mitglieder der »*Eyerguzen-Bande*« waren zwar fast allesamt »*beweibt*« und hatten Kinder, doch waren die bei ihren Frauen geblieben und zogen nicht mit den Vätern umher. Die inhaftierten Frauen hingegen waren entweder noch ungebunden und hatten auch keine Kinder oder sie waren allein erziehende Mütter. Die folgende Geschichte von zwei Vagantinnen veranschaulicht, welche Mittel und Wege Frauen fanden, um Hilfsgemeinschaften zu bilden.[19]

Anna Margaretha Frankin, die auf der Straße lebte, wurde von einem umherziehenden schwangeren »*Weibsbild*« angesprochen und gebeten, »*wegen ihrer nahen Niederkunft mit ihr zu gehen und einige Tage bey ihr zu bleiben*«. Die Frankin erklärte sich dazu bereit: »*so wäre sie mit selbiger gegangen.*« Diese schwangere Anna Elisabetha Meyerin hatte bei einer Bäckerfamilie gearbeitet,

> »*und wäre in diesem ihren dienst von dem neben ihr gedienten knecht, so sich Johannes Friedrich genennet, geschwängert worden, 4 Wochen nach lichtmeß sey sie ihrer Schwangerschaft halber aus dem dienst gegangen, ... vor 3 Tagen sey das ... Weibsbild [Anna Margaretha Frankin] so ... ihr vorher ohnbekannt geweßen, auf dem Weg hinter Pegnitz ... zu ihr gekommen, dieße hätte sie angesprochen wegen ihrer herannahenden Niederkunft mit ihr zu gehen, und ihr beyzustehen ...*«

Im Gepäck der Meyerin befanden sich deswegen auch ein Kinderhemd, eine Kinderhaube, eine alte Windel, ein Wickelband und ein kleines Fläschchen. Sie hatte also schon alles für die Niederkunft geplant. Dann allerdings wurde sie im Juni 1785 von einem Kommando bei Hiltpoltstein im Oberfränkischen verhaftet und eingesperrt, weil sie verdächtigt wurde, mit einigen »*diebs=Cameraden*« gemeinsame Sache gemacht zu haben. Über ein halbes Jahr war sie in den Nürnberger Lochgefängnissen unter dem Rathaus inhaftiert, wohin man alle Gefangenen aus Hiltpoltstein unter höchsten Sicherheitsvorkehrungen transportiert hatte. Die mehrfachen Verhöre ergaben für den Nürnberger Rat kaum Neues. Immer wieder forderte man die Meyerin auf zu gestehen, Kleider gestohlen und diese bei ihren Komplizen versteckt zu haben, was sie aber strikt verneinte.

Aber dann erhielt der Rat im Dezember desselben Jahres ein anonymes Denunziationsschreiben. Auf einem Bauernhof seien verschiedene

Kleidungsstücke gefunden worden, die eine gewisse »*Hörbers Liesel*« zusammen mit dem »*gleinen [=kleinen] Friedel*«, einem bekannten Dieb, dort hinterlegt habe. Die Herkunft der Textilien sei äußerst unklar und somit verdächtig. Sofort ging man dieser Spur nach und fand tatsächlich die beschriebenen Kleider auf dem Bauernhof. Doch das Bauernpaar hatte eine viel harmlosere Version der Ereignisse zu erzählen: »*Das vagierende Weibsbild, die Gerbers Liesel*«, habe öfter bei ihnen auf dem Hof übernachtet. Das letzte Mal sei sie hochschwanger gewesen und habe einige Kleidungsstücke bei sich gehabt. Sie habe den Bauern gefragt, ob er diese nicht als Pfand an sich nehmen und ihr dafür Geld leihen könne, damit sie sich für ihre Niederkunft Bettzeug kaufen könne. Anfänglich habe er, der Bauer, das strikt abgelehnt, doch habe sie ihn wiederholt sehr »*ängstiglich*« darum gebeten, und »*sein Eheweib [habe] ihm auch selbsten zugeredet, ihr zu helfen*«. Deshalb habe er ihr dann etwas Geld für die Kleider gegeben.

Den Namen »*Gerbers Liesel*« kannte der Nürnberger Rat noch nicht. Häufiger Namenswechsel war eine sehr beliebte Methode, sich der Kontrolle durch die herrschaftliche Aufsicht zu entziehen. Damit konfrontiert, gab die Meyerin zu, sie werde tatsächlich auch die Gerbers Liesel genannt, weil ihr Gevatter ein Rotgerber gewesen sei. Die Kleider habe sie bei dem Bauern deponiert, damit sie sie nicht mit herumschleppen müsse. Doch alles habe sie ordnungsgemäß gekauft oder geschenkt bekommen – und Stoffstück für Stoffstück legte sie dies dem Rat dar.

Am 23. Februar 1786, acht Monate, nachdem man sie auf einer Landstraße aufgelesen und eingesperrt hatte, kam Anna Elisabetha Meyerin mangels Beweisen frei. Ihre Tochter hatte sie noch am 1. Juli in Hiltpoltstein zur Welt gebracht.[20] Ob sie ihr Kind zu sich nehmen konnte, bleibt ungewiss. Wenige Wochen nach der Freilassung der Meyerin kam auch die Mitgefangene Margaretha Buchnerin frei. Ihr 9-jähriger Sohn war während ihrer Haftzeit auf einem Bauernhof untergebracht gewesen. Nun wollte man ihn »gnädigerweise« in die Findel aufnehmen, damit noch ein ordentliches Mitglied der Gesellschaft aus ihm werde. Doch konnte die Mutter dieser ratsherrlichen Fürsorge gerade noch entkommen:

»*... weilen Margaretha Buchnerin sehr desperat wurde, als sie hörte, daß ihr Bub hier bleiben sollte, so wurde ihr derselbe mitgegeben.*«[21]

172

Diesen Frauen hat man keine Straftat nachweisen können. Dass sie über Monate in den dunklen Zellen des Lochgefängnisses eingesperrt worden waren, wurde niemals wieder gutgemacht.

Wer einmal in die Mühle der Justiz geriet, konnte ihr nur schwer wieder entkommen. Besonders ab dem 16. Jahrhundert wurde häufig die körperliche Kennzeichnung durch Leibesstrafen eingesetzt. Es ist offensichtlich, dass das Ziel dieser Maßnahmen die soziale Ausgrenzung war: Mit Brandmalen versehen oder ohne Schwurfinger war ein »ehrbares« Leben kaum mehr möglich. Eine gewisse »*Anndel*«, die im Nürnberger Land 1724 steckbrieflich gesucht wurde, beschrieb man – mangels Steckbrieffoto – als

»*ein schon altes kurtz-dickes Mensch*«, das von »*daher wol zu erkennen [ist], weil sie in beeden Backen und an dem einen Arm zugeheilte Schnitte hat*«,

was bedeutete, dass sie im Gesicht und am Arm bereits gebrandmarkt worden war.[22] Bei einer Verhaftung wurden die DelinquentInnen deshalb vom Scharfrichter körperlich untersucht. Die körperliche Kennzeichnung ersetzte quasi den Eintrag ins »Vorstrafenregister«. In einigen Fällen hatten die Narben aber andere Ursachen: Die »*Vestnerin*« hatte zwar mitten auf dem Rücken zwischen den Schultern »*einige Striemen creutzweiß*«, doch der Scharfrichter konnte solche als nicht durch Auspeitschen verursachte Striemen erkennen. Sie stammten von Ungeziefer.[23]

Eine geschlechtsspezifische Unterscheidung bei Strafarten ist in der Frühen Neuzeit grundsätzlich nicht erkennbar. Frauen wurde genauso wie Männern durch die Backen gebrannt,[24] die Zunge abgezwickt,[25] die Ohren abgeschnitten[26] und die Finger abgeschlagen.[27] Folterungen zogen schwere psychische und physische Folgen nach sich, abgesehen davon, dass eine Folter »unehrlich« machte und danach eine gesellschaftliche Integration unmöglich war.[28] Die Diebin mit dem sprechenden Namen »*Anna Rebellin*« war 40-mal in Häuser eingebrochen und hatte dabei viel gestohlen. Dass sie nach ihrer Verurteilung aus Schwachheit auf dem Sessel zur Richtstätte getragen werden musste,[29] lässt vermuten, dass die Zustände im Gefängnis verheerend gewesen sein müssen oder dass sie dort gar gefoltert worden war.

Wie hart die Haftbedingungen in den Nürnberger Lochgefängnissen auch waren, es gab immer wieder kleine Listen, durch die die Gefangenen versuchten, ihre Lage zu verbessern. Spektakulär war der

Gefängnisausbruch der »*Kunigund Rötin*« aus dem Lochgefängnis 1441. Da man aber eine hohe Geldsumme für sie aussetzte, wurde sie wieder festgenommen.[30] Vermutlich hatte ihr die Lochmagd bei ihrem Ausbruch geholfen, denn sie wurde im selben Jahr wegen Fluchtbeihilfe eingesperrt.[31] Auch gelang es den Gefangenen immer wieder, von Zelle zu Zelle miteinander zu kommunizieren, was in der Isolation und bei der Ungewissheit, wie das Urteil ausfallen würde, wohl lebenserhaltend gewesen sein muss:

> »*Ingleichen hätte die Meyrerin sich auf die Erde an die thür gelegen, welche unten ein Loch hat, und hätte sehr leiß auf den neben ihr sitzenden Wölfel geredet, mann [!] hätte aber nicht vernehmen können, was sie gesprochen.*«[32]

Die Unterschichten schufen sich ihre eigene Sprache, das Rotwelsch, um sich damit untereinander zu verständigen, ohne dass die bürgerliche Gesellschaft sie verstehen konnte.[33] Der »*Lochwirt*«, der Nürnberger Gefängniswärter, gab zu Protokoll, dass die Gefangene Frankin mit dem Inhaftierten Sebastian Heidel in einer ihm unverständlichen Sprache gesprochen habe.[34]

Die Möglichkeiten für Frauen aus der Unterschicht, die eigene Lebenssituation zu verbessern, waren denkbar gering. Die rücksichtslose Willkür der Obrigkeiten gegenüber den mittellosen Bevölkerungskreisen erschwerte ein unbehelligtes Leben auf der Straße, im Heuschober, im Hirtenhaus. Ob jemand tatsächlich straffällig wurde, war vielfach abhängig von denjenigen, die definierten, was als Straftat zu gelten hatte. Auch weshalb jemand kriminell wurde, lag letztendlich an den sozialen und politischen Umständen.

Frauen hatten noch zusätzliche Probleme zu bewältigen, man denke nur an Schwangerschaft und die Situation allein erziehender Mütter. Dass sich zwei umherziehende Frauen gegenseitig unterstützten und dies auch noch überliefert wurde, ist ein seltener und wertvoller Hinweis auf weibliche Überlebensstrategien. Werden solche Anhaltspunkte beim Lesen historischer Quellen stärker in der Geschichtsschreibung wahrgenommen, wird es endlich möglich sein, Frauen in der Geschichte angemessen zu berücksichtigen.[35]

Anmerkungen

1 Vgl. Schubert, Ernst: Arme Leute, Bettler und Gauner im Franken des 18. Jahrhunderts, Neustadt a. d. Aisch 1983, S. 182ff. Zum Fall des Geiger Hannsel: StAN A 6/ I–1724 Aug. 20: »Descriptio, deß ubelberuffenen Landstreichenden Räuber= und

Diebs-Gesindes«, Nr. 114 u. 115.

2   StAN B 13, Nr. 427: »Schöffen Amts Akta a.o 1785, n.o 198a (Eyerguzen Bande btr.)«, Act. 98.

3   StAN B 13, Nr. 427, Act. 85.

4   Endres, Rudolf: Das Armenproblem im Zeitalter des Absolutismus, in: JfL 34/35, 1974/75, S. 1003–1020.

5   StAN A 6/ I – 1724 Aug. 20, Nr. 4.

6   Vgl. die Fälle in: StAN A 6/ I – 1724 Aug. 20.

7   StAN B 13, Nr. 427, Act. 74.

8   Vgl. die Auflistung in: StAN B 13, Nr. 427, Act. 88.

9   StAN B 13, Nr. 427, Act. 9.

10 Der Begriff wurde geprägt von Schubert, Ernst: Fahrendes Volk im Mittelalter, Bielefeld 1995, S. 38.

11 StAN B 13, Nr. 427, Act. 103.

12 Keller, Albrecht (Hg.): Maister Franntzn Schmidts Nachrichters inn Nürmberg all sein Richten, Leipzig 1913, S. 103, Nr. 208.

13 Keller, Maister Franntzn Schmidts, S. 100, Nr. 188.

14 StAN A 6/ I – 1724 Aug. 20, Nr. 72, 124.

15 Keller, Maister Franntzn Schmidts, S. 102, Nr. 199 und Nr. 202.

16 Schubert, Fahrendes Volk, S. 335ff.

17 StAN A 6/ I – 1724 Aug. 20, Nr. 129.

18 Bsp. u. a. in: StAN B 13, Nr. 427, Act. 9, 16, 67, 76.

19 Vgl. StAN B 13, Nr. 427, Act. 9, 15, 92, 93, 96, 101, 102. 103.

20 StAN B 13, Nr. 427, Act. 14; StAN B 13, Nr. 428, Act. 107.

21 StAN B 13, Nr, 428, Act. 111.

22 StAN A 6/ I – 1724 Aug. 20, Nr. 27.

23 StAN B 13, Nr. 427, 63.

24 Keller, Maister Franntzn Schmidts, S. 81, Nr. 2; S. 103, Nr. 209; S. 112, Nr. 261. Müllner, Johannes: Die Annalen der Reichsstadt Nürnberg von 1623. Teil 2: Von 1351-1469, Nürnberg 1984, S. 347.

25 Müllner, Die Annalen, S. 315.

26 Keller, Maister Franntzn Schmidts, S. 86, Nr. 62 und 67; S. 87, Nr. 75; S. 92, Nr. 120; S. 109, Nr. 240.

27 Keller, Maister Franntzn Schmidts, S. 83, Nr. 26 und 33; S. 84, Nr. 38; S. 86, Nr. 61; S. 97, Nr. 166; S. 100, Nr. 188.

28 Dülmen, Richard van: Theater des Schreckens. Gerichtspraxis und Strafrituale in der frühen Neuzeit, München 1985, S. 33.

29 Keller, Maister Franntzn Schmidts, S. 53, Nr. 200.

30 Müllner, Die Annalen, S. 360.

31 Knapp, Hermann: Das Lochgefängnis. Tortur und Hinrichtung in Alt-Nürnberg, Nürnberg 1907, S. 20.

32 StAN B 13, Nr. 427, Act. 21.

33 Vgl. Wolf, A. Sigmund (Hg.): Deutsche Gaunersprache, Wörterbuch des Rotwelschen, Hamburg 1993.

34 StAN B 13, Nr. 427, Act. 27.

35 Vgl. Bennewitz, Nadja: Frauen im Konflikt mit dem Strafrecht im spätmittelalterlichen und frühneuzeitlichen Nürnberg, in: JfL 59, 1999, S. 129-166; dies./Bergmann, Ulrike: Nürnbergs Liederliche Weyber. Auf den Spuren von auffälligen und straffälligen Frauen in Mittelalter und Früher Neuzeit (Schriftenreihe von Frauengeschichte mit besonderer Note 1), Nürnberg 1999.

Alexander Biernoth
Die politische Mitwirkung der Markgräfinnen und Mätressen[1]

Im 18. Jahrhundert spielten die Ehefrauen und Mätressen der jeweils regierenden Markgrafen im untergebirgischen Hohenzollern-Markgraftum Brandenburg-Ansbach eine nicht unerhebliche Rolle, die von der lokalen Geschichtsschreibung bisher häufig vernachlässigt wurde.

Markgräfin Christiane Charlotte (20.08.1694–25.12.1729)

Christiane Charlotte, die Tochter des Herzogs Friedrich Carl von Württemberg und seiner Gemahlin Eleonora Juliane, einer Tochter des Ansbacher Markgrafen Albrecht V., heiratete am 28. August 1709 den Ansbacher Markgrafen Wilhelm Friedrich. Von 1723 bis kurz vor ihrem Tod stand Christiane Charlotte als Landesregentin für ihren noch unmündigen Sohn an der Spitze der Regierung des Fürstentums Ansbach und leitete alleinverantwortlich die Geschicke des Landes. Noch heute verdankt ihr Ansbach seinen Charakter als barocke Residenzstadt, denn sie war es, die den Graubündener Baumeister Gabriel de Gabrieli nach Ansbach holte und mit ihm nicht nur den Schlossneubau, sondern auch die Anlage des Hofgartens mit Orangerie, die Kanalisation des Onoldsbaches unter der Promenade und die Freigabe der Stadtmauer zur Überbauung plante und durchzuführen begann. Auch der Bau von guten Straßen nach Nürnberg und Triesdorf gehen auf das Drängen Christiane Charlottes zurück. Ihre soziale Einstellung wird durch den Bau des Witwenhauses an der Würzburger Straße im Jahr 1727 deutlich.

Im Alter von nur fünfzehn Jahren wurde sie mit Wilhelm Friedrich verheiratet und obwohl es eine politische Heirat war, verband die beiden schon bald eine sehr enge und vertrauensvolle Liebesbeziehung. Da der Markgraf sehr kränkelte, war sie vermutlich schon zu seinen Lebzeiten die eigentliche Regentin, was sich aber aufgrund der bisher vorliegenden historischen Arbeiten nicht exakt beweisen lässt. In der Forschung ist Christiane Charlotte immer mit dem Makel belastet, dass sie bei der Erziehung ihres Sohnes »keine glückli-

Markgräfin Christiane Charlotte (1694–1729)

CHRISTIANA CAROLA MARCHIO BRANDENBURGICO ONOLDINA
NATA DUX WIRTENBERGICA

che Hand« gehabt hätte und deswegen Carl Wilhelm Friedrich zum »*wilden Markgrafen*« wurde. Hier wird Christiane Charlotte für eine Fehlentwicklung verantwortlich gemacht, die sie sicher nicht allein zu verschulden hat. Die Erziehung der Kinder lag im 18. Jahrhundert nicht unmittelbar in den Händen des Markgrafenpaares, sondern wurde durch mehr oder weniger professionelle Erzieher und Lehrer durchgeführt. Christiane Charlotte regierte bis kurz vor ihrem Tod. Sie erreichte die »*venia aetatis*«[2] für ihren noch unmündigen Sohn, übergab die Regentschaft an ihn und wenige Wochen später, Weihnachten 1729, verstarb sie. Christiane Charlotte ist ein Beispiel dafür, wie sich eine Frau, die nicht zum Regieren erzogen worden war, mit eisernem Willen, Tatkraft und einem gehörigen Maß an Intelligenz die nötigen Fertigkeiten im Umgang mit Verwaltung und Adel aneignete, um einen souveränen Staat zu führen.

Markgräfin Friederike Louise (28.09.1714–04.02.1784)

Friederike Louise, die Tochter des »*Soldatenkönigs*« Friedrich Wilhelm I. von Preußen und von Sophie Dorothea aus dem Welfenhause, wurde am 30. Mai 1729 in Berlin mit dem Ansbacher Erbprinzen und späteren Markgrafen Carl Wilhelm Friedrich verheiratet. Es war eine rein politische Heirat, weil das preußische Königshaus mit der Verheiratung Friederike Louises nach Ansbach und ihrer Schwester Wilhelmine nach Bayreuth die fränkischen Fürstentümer wieder näher an Preußen heranführen und so zu politischen Satelliten Preußens machen wollte. Im Falle Ansbachs ist dieses Unternehmen gründlich fehlgeschlagen, weil sich Markgraf und Markgräfin nicht nur nicht leiden konnten, sondern sich gegenseitig regelrecht mit Nichtbeachtung straften. Für Friederike Louise war es eine schwere Zeit und sie hat unter der Ausgrenzung vom Ansbacher Hof und dem Leben auf dem Land sehr gelitten. Ihr Einfluss auf den Markgrafen war gering, weil er nur bei wenigen offiziellen Anlässen mit ihr Kontakt hatte und sich von ihr in politischen Dingen sicher nichts sagen ließ.

Im Konflikt Preußens mit Österreich stimmte Carl Wilhelm Friedrich am 11. Januar 1757 beim Reichstag gegen den Preußenkönig und ließ seinen königlichen Schwager wissen, er sei kein von einer Apanage lebender Landsasse des Königs, sondern ein souveräner Reichsfürst, der in dem Konflikt aus patriotischen Gefühlen auf der Seite des Reichsoberhauptes stehe. Möglicherweise spielte Friederike Louises Herkunft bei dieser Entscheidung des Markgrafen eine Rolle. Aufgrund der gegenseitigen Abneigung hielt sich Friederike Louise hauptsächlich auf dem ihr geschenkten Landsitz Unterschwaningen auf. Nach dem Tod ihres Mannes am 3. August 1757 blühte sie noch einmal richtig auf, hielt sich oft in Ansbach auf, war als Markgräfinwitwe und Mutter des Landesherrn eine sehr angesehene Frau. Noch heute zeugt die Stiftungstafel am Turm der Ansbacher Heilig-Kreuz-Kirche davon, dass sie nie auf den ihr zustehenden Titel »*Königliche Hoheit*« verzichtet hat, nach dem Tod ihres Gatten mit viel Engagement am gesellschaftlichen Leben in Ansbach teilnahm und auch zahlreiche Stiftungen machte.

Getrübt wurde die Ehe zwischen Friederike Louise und ihrem Mann Carl Wilhelm Friedrich sicher auch durch die zahlreichen Verhältnisse, die der Markgraf hatte. Mit der Falknerstochter Eva Elisabeth Wünsch schloss er sogar in Gunzenhausen eine »*Ehe zur linken*

Friederike Louise
(1714–1784)

Hand« und ließ sich unter dem Namen Oberst Falk trauen. Die vier Kinder aus dieser Verbindung ließ er zu »*Freiherren von Falkenhausen*« adeln – dieses Geschlecht besteht noch heute. Daneben hatte er eine Reihe anderer Geliebter. Die Kinder mit ihnen ließ er nicht in den Adelsstand erheben, sondern lediglich entsprechend wirtschaftlich versorgen. Die Geliebten des Markgrafen haben sich, soweit der derzeitige Forschungsstand dieses Urteil zulässt, nicht in die Politik eingemischt.

Markgräfin Friederike Caroline (24.06.1735–18.02.1791)

Friederike Caroline stammte aus dem Haus Sachsen-Coburg-Saalfeld und wurde am 22. November 1754 mit dem Ansbacher Erbprinzen Christian Friedrich Carl Alexander verheiratet. Auch sie verstand sich wie ihre Schwiegermutter nur sehr schlecht mit ihrem Mann und hielt sich mit Friederike Louise hauptsächlich in Unterschwaningen auf. Und auch Alexander wurde gegen seine Neigung verheiratet. Der

Friederike Caroline
(1735–1791)

langjährige Minister und enge Vertraute des Markgrafen, Carl Friedrich Reinhard von Gemmingen, bezeichnete den Charakter Friederike Carolines als »*tugendhaft, sanft, wohltätig und fromm*«, aber sie sei »*zu wenig lebhaft, um der gesellschaftlichen Unterhaltung ihres Gemahls den Reiz zu geben, der ihn in die Länge hätte fesseln können*«.[3] Von anderen Zeitgenossen wurde die Markgräfin als phlegmatisch beschrieben, ihre Tage habe sie mit Filetsticken zugebracht. Sicher waren auch ihre Erziehung und ihre Bildung nicht darauf ausgelegt gewesen, an der Seite eines regierenden Fürsten einen souveränen Staat zu leiten und zu repräsentieren. Häufig wird die Markgräfin für die Kinderlosigkeit verantwortlich gemacht, die letztlich zum Ende der fränkischen Linie der Hohenzollern geführt habe. Doch wird auch vermutet, dass sich der Markgraf Alexander während seiner Kavalierstour 1751 in Venedig eine »*venerische Krankheit*« zugezogen hatte und nach der Heilung zeugungsunfähig wurde.

Die Mätressen

Vor allem unter der Herrschaft des letzten Ansbacher Hohenzollernfürsten, Markgraf Christian Friedrich Carl Alexander, der seit 1757 in Ansbach regierte und 1769 auch Markgraf von Brandenburg-Bayreuth wurde, gewannen Mätressen erheblichen Einfluss auf politische oder konfessionelle Entscheidungen. Mademoiselle Hippolyte Clairon (1723–1803) lernte 1770 in Paris den Ansbacher Markgrafen kennen. Alexander lud die ehemals gefeierte 47-jährige Schauspielerin nach Ansbach ein, wo sie 17 Jahre lebte. Es handelte sich um keine jugendliche, unüberlegte Liebschaft, denn der Markgraf, bereits 35 Jahre alt, hatte wohl ganz bewusst nach einer Partnerin Ausschau gehalten.

Der 35-jährige Markgraf wollte vielleicht auch französische Lebensart nach Ansbach bringen und so konnte sich Hippolyte Clairon relativ frei entfalten. Vom Markgrafen wurde sie – scherzhaft – als »*Mama*« bezeichnet. Sie war in Ansbach sehr beliebt, wie ein Zeitgenosse, der spätere Justizrat Heinrich Büttner, schrieb:

> »*Sie war geachtet und geehrt – selbst von der Markgräfin und dem Lande – anspruchslos, keinem im Weg stehend, manches Verdienst um die Untertanen sich erwerbend, zurückgesehnt von vielen, nicht aus Privateigennutz, sondern aus treuen Rücksichten für den Fürsten und das Land*«.[4]

Wegen ihres katholischen Glaubens gestattete der Markgraf Hippolyte Clairon, in ihren Privaträumen im markgräflichen Gesandtenhaus, dem heutigen Verwaltungsgerichtsgebäude am Ansbacher Schlossplatz, katholische Gottesdienste abzuhalten. Nach einem Rombesuch, bei dem der Markgraf auch mit dem Papst zusammentraf, genehmigte Alexander den Bau eines eigenen katholischen Bethauses am Karlsplatz, der heutigen Karlshalle. So kann mit Recht gesagt werden, der Wiederbeginn katholischen Lebens nach der Reformation sei Hippolyte Clairon zu verdanken, der zuliebe der Markgraf katholische Gottesdienste gegen sehr heftige Widerstände aus seinem Kabinett und dem Oberkonsistorium zuließ. In Ansbach ist Hippolyte Clairon heutzutage noch in aller Munde, weil sie das Weißbrot und damit auch die Brötchen in Ansbach einführte. Die Milchsemmeln heißen heute noch »*Clairons-Weck*« oder in Ansbacher Mundart »*Klärungs-Weckla*«.

Nach siebzehn Jahren geriet die Beziehung zwischen Hippolyte Clairon und dem Markgrafen in eine Krise und die Mätresse ging in ihre Pariser Heimat zurück. Markgraf Alexander wandte sich der vierzehn Jahre jüngeren Lady Eliza Craven zu. Eliza oder Elizabeth (17.12.1750–13.01.1828), Tochter des Grafen August von Berkeley, verheiratet mit Lord William Craven, hatte Alexander 1784 in London kennen gelernt. Nach einigen unschönen Szenen zwischen ihr und Hippolyte Clairon setzte sie sich durch und wurde zur starken Frau am Ansbacher Hof. Mit viel Geschick richtete Lady Craven in Ansbach und Triesdorf Theater ein und brachte selbst verfasste Stücke zur Aufführung. Mit ihrer charmanten Art zog sie den Markgrafen in ihren Bann und griff aktiv in viele politische Vorgänge ein, was ihr das Misstrauen der gesamten markgräflichen Verwaltung eintrug. Baulich veränderte sie zum Beispiel die Gartenanlagen in Triesdorf und Ansbach zu englischen Parkanlagen.

Da der Markgraf häufig mit seiner Geliebten auf Reisen war, begann in Ansbach der Groll gegen die Lady und ihre Einmischungen zu wachsen. Henriette von Knebel schrieb damals an ihren am Weimarer Hof weilenden Bruder Karl Ludwig, der als »Urfreund« Goethes bekannt ist:

»Es gibt Leute, die die Lady gar nicht ansehen können. Rastloser Neid auf jedes stille Verdienst ist der Grundzug ihres Charakters. Der Markgraf lebt in einer giftigen Atmosphäre, er kann durch nichts gestimmt werden als durch sie, die nichts Gutes will«.[5]

Schon von Anfang an hatte Lady Craven versucht, den Markgrafen zu einem Regierungsverzicht zu bewegen und mit ihr in ihre Heimat Großbritannien zu ziehen. Nach dem Tod seiner Gemahlin am 18. Februar 1791 hielt Alexander nichts mehr in Ansbach und sein Entschluss zur Abdankung stand fest. Am 2. Dezember 1791 unterzeichnete er in Bordeaux das Abdankungspatent und Ansbach und Bayreuth gingen gegen die Zahlung einer jährlichen Leibrente von 300.000 Gulden an die Krone Preußens. Alexander hatte bereits am 19. Mai 1791 Ansbach in aller Stille verlassen und kehrte, wohl unter dem Einfluss Lady Cravens, nicht mehr dorthin zurück. Nachdem dann auch der Gatte Lady Cravens verstorben war, heiratete Markgraf Alexander am 30. Oktober 1791 seine englische Geliebte und verbrachte mit ihr seinen Lebensabend in einem Anwesen an der Themse in der Nähe Londons, genannt das »Brandenbourgh-House«. Etwas später kaufte er außerdem den Landsitz Benham bei Newburry in der Grafschaft Berkshire. Alexander starb am 5. Januar 1806, seine zweite Frau Elizabeth überlebte ihren Gemahl um zweiundzwanzig Jahre.

In der Forschung wird Lady Craven häufig vorgeworfen, dass sie den kinderlosen Markgrafen Alexander zur Abdankung überredet und somit das Ende der Souveränität der beiden fränkischen Hohenzollern-Fürstentümer besiegelt habe. Nach dem Tod des kinderlosen Markgrafen Alexander wäre Ansbach jedoch laut den Hausverträgen sowieso an Preußen gefallen, durch die Einmischung von Lady Craven wurde dieser Erbfall lediglich vorgezogen und die beiden konnte noch einen ruhigen Lebensabend verbringen, wenngleich Lady Craven für den englischen Hof nicht als Markgräfin von Ansbach, sondern nur als »Pairesse von England«[6] galt.

So wie es am Ende der Markgrafenzeit eine Frau war, die das Schicksal Ansbachs lenkte, nämlich Lady Elizabeth Craven, die Carl Alexander zur Abdankung veranlasste, wodurch die Fürstentümer Ansbach und Bayreuth am Jahresende 1791 zur Krone Preußens kamen, so hatten schon zuvor immer wieder Frauen der Ansbacher Geschichte eine neue Wendung gegeben. Nach dem Tod des letzten Vogts aus dem Geschlecht von Schalkhausen-Dornberg im Jahr 1288 gingen sein Erbe und damit auch die Vogteirechte über Stadt und Stift Onolzbach an seine drei Töchter über. Zwei von ihnen heirateten Grafen von Oettingen, die dann 1331 den Erbteil ihrer Frauen an die Burggrafen von Nürnberg verkauften. Damit waren die Hohenzollern Vögte von Ansbach geworden und bekanntlich drängten sie sehr schnell die Vorrechte der Würzburger Bischöfe als Lehensgeber zurück und bauten Ansbach zu ihrer Residenzstadt aus.

Anmerkungen

1 Weiterführende Literatur: Dallhammer, Hermann: Ansbach – Geschichte einer Stadt, Ansbach 1993; Haller, Elfi M.: Markgraf Alexander – Frankens letzter Hohenzollernfürst, München 1980; Kaussler, Hermann: Der wilde Markgraf. Eine historische Novelle über die Ehe zur linken Hand zwischen dem Markgrafen Carl Wilhelm Friedrich und Elisabeth Wünsch auf dem Falkenschlösschen Georgenthal, Treuchtlingen (3) 1996; Schuhmann, Günther: Markgraf Alexander von Ansbach-Bayreuth und seine Abdankung im Dezember 1791. Sonderdruck Nr. 5 des Vereins der Freunde Triesdorfs und Umgebung e. V., Triesdorf 1992; Störkel, Arno: Christian Friedrich Carl Alexander – Der letzte Markgraf von Ansbach-Bayreuth, Ansbach 1995; Tiggesbäumker, Günter: Lady Elizabeth Craven – Ansbachs letzte Markgräfin (1750–1828). Sonderdruck Nr. 6 des Vereins der Freunde Triesdorfs und Umgebung e. V., Triesdorf 1994; Veh, Otto: Markgräfin Friederike Louise als Schlossherrin von Unterschwaningen. Sonderdruck Nr. 1 des Vereins der Freunde Triesdorfs und Umgebung e. V., Triesdorf 1986.
2 Die vorzeitige Volljährigkeitserklärung.
3 Zit. nach: Schuhmann, Günther: Die Markgrafen von Brandenburg-Ansbach, Ansbach 1980, S. 252.

4 Zit. nach: Schuhmann, Die Markgrafen, S. 258.
5 Zit. nach: Schuhmann, Die Markgrafen, S. 259.

Annette Körner
Susanna Maria Mörl – oder: Frauen im Umkreis der Altdorfer Universität

Die Gelehrsamkeit an der Altdorfer Universität der Reichsstadt Nürnberg war auschließlich die Angelegenheit von Männern. Die 15 ordentlichen Professoren der juristischen, medizinischen, theologischen und philosophischen Fakultäten waren Männer, die Angestellten der Universität waren Männer ebenso wie die Studenten. Entsprechend waren die Mitglieder der Studentenbünde der Amicisten, Harmonisten etc. auch Männer, Frauen war der Beitritt verboten.[1] Die Freimaurer ließen Frauen ebenfalls nur bei besonderen Anlässen und Festtagen zu.[2]

Die Professoren jedoch hatten Ehefrauen und Kinder und somit auch Töchter. Die Studenten hatten Freundinnen und deren Leben war auf vielfache Weise mit dem der Universität verbunden.[3]

Ein ungewöhnliches Beispiel aus Altdorf in der Zeit der Romantik soll dies veranschaulichen. Darüber hinaus werden weitere Anmerkungen über literarisch interessierte Frauen sowie über eine Gelehrte die Zeit des Barock und der Aufklärung näher bringen.

Susanna Maria Mörl (1757–1804)

Susanna Maria Mörl kam 1779 als Ehefrau des Juraprofessors Johann Christian Siebenkees (1753–1841) nach Altdorf.[4] Es war seine erste ordentliche Anstellung. Die gelehrte Welt war Susanna Maria wohl nicht fremd. Die frisch gebackene Professorengattin war Tochter von Johann Sigmund Mörl, dem Diakon von St. Sebald und Lehrer für Geographie und Griechisch in Nürnberg. Dass sie im Elternhaus von ihrer Mutter Maria im Schreiben, Lesen, Rechnen und in der Hausarbeit unterrichtet wurde, ist sehr wahrscheinlich. Belegt ist auch, dass die lebhafte junge Frau kein Kind von Traurigkeit war, sie sang gerne und spielte Klavier.[5] Mit ihren 22 Jahren hatte sie bereits eine – freilich annullierte – Ehe hinter sich: 1776 hatte sie Paul Jakob Feuerlein geheiratet, den Prokanzler der Universität Altdorf, und sich von ihm wenige Monate später wieder getrennt – auf Betreiben des Ehemannes und durch Gerichtsbeschluss. Weißfluss soll sie gehabt, den Ehemann durch die verschwiegene Krankheit hintergangen und betrogen haben, so das Urteil.[6]

Ihre zweite Ehe schien unter einem besseren Stern zu stehen. Der neue Wohnort Altdorf hatte um die Zeit von 1780 bis 1790 nach Schätzungen des Berliner Verlegers und Schriftstellers Friedrich Nicolai 700 Einwohner,[7] doch der Altdorfer Universitätsprofessor Georg Andreas Will rechnete die Einwohnerzahl auf insgesamt 3.000 hoch:[8] ein Universitätsdorf,[9] mit Mist auf den Straßen, Schlaglöchern, die man mit Marmorbrocken zuschüttete, ohne Wasserleitungen in den Häusern, dafür mit vielen Hausbrunnen, »*wohlfeil*« für die Einwohner.[10] Es gab Gaststätten, die wichtigsten Lebensmittel konnte man beim ansässigen Handel kaufen, für Kaffee, Tee und Tabak gab es Hausierer.[11] Kleider konnte man bei herumziehenden Schneidern oder auch in Nürnberg anfertigen lassen.[12]

Die Neuankömmlinge brauchten zuerst eine Wohnung und sie logierten lange zur Miete. Erst 1792 erhielt Johann Christian Siebenkees eine kostenlose Wohnung in der Universität und setzte dies als Kostenersparnis von 150 fl. an.[13] Es ist bekannt, dass die Eheleute Siebenkees in Altdorf 1785 einen Garten pachteten, der zu einem Wohnhaus von Johann Friedrich Bauder, dem Altdorfer Bürgermeister, gehörte. Es mag deshalb sein, dass sie dort in der Nürnberger Straße 6 beim Oberen Tor stadtauswärts auch gewohnt haben.[14]

Johann Christian Siebenkees arbeitete an seiner akademischen Karriere: 1777 begann er seine Lehrtätigkeit, 1778 erhielt er die Doktorwürde. Ein Jahr später trat er die vierte Professorenstelle an (Natur- und Völkerrecht), 1792 die dritte, schließlich erhielt er die zweite Professur (Staats- und Lehnrecht nebst Consiliariat) und 1795, nach dem Tod von Professor Stieglitz, erlangte er letztendlich die erste Stelle (u. a. Kirchenrecht). Er war achtmal Dekan und wurde zum Rektor der Universität ernannt, verfasste zahlreiche Artikel und Schriften, war Mitglied des Pegnesischen Blumenordens, der barocken Sprachgesellschaft Nürnbergs, und trat 1789 der Freimaurerloge bei.[15]

Während Johann Christian Siebenkees also lehrte – zum einen vier Stunden die Woche öffentlich und unentgeltlich, zum anderen in privaten Vorlesungen gegen eine kleine Gebühr und zum dritten in den Privatissimae, die von den Studenten teuer und monatlich zu bezahlen waren – und er so die Haushaltskasse füllte,[16] sah das Leben seiner »*sehr gebildeten, äußerst angenehmen Frau*«[17] ganz anders aus.

Im Laufe ihrer Ehe brachte Susanna Maria Mörl sieben Kinder zur Welt: Ihre erste Tochter Magdalena Christina wurde am 3. Juni 1781 geboren. Sie heiratete 1803 den Ministerialrat Georg Lorenz

Brunner und starb am 20. September 1820. Auch das zweite Kind war ein Mädchen, das die Eltern Maria Christina Barbara (10.3.1783–24.7.1786) nannten. Philipp Christian Ludwig, geboren am 27. Oktober 1784, wurde Prokurist in München. Er starb nach 1856. Das vierte Kind, Gustav Christian, das 1786 am 27. Mai zur Welt kam, blieb unverheiratet und wurde Dr. med. in Altdorf. Sein Todestag war der 6. Dezember 1821. Bereits zwei Jahre nach der Geburt des vierten Kindes brachte Susanna Maria abermals einen Sohn zur Welt, Christian Siegmund (5.2.1788 – nach 1856). Auch er ging wohl keine Ehe ein und wurde Großpfragner im großväterlichen Geschäft in Wöhrd. Seit 1856 lebte er als Privatier. Als Junggeselle machte ebenso der letzte Sohn Georg Christian Theodor (22.6.1789–6.11.1827) Karriere und wurde Landgerichtsassessor in Landshut und schließlich sogar geadelt. Das letzte der sieben Kinder, Helena Christophora Susanna, kam am 19. Dezember 1791 zur Welt, als ihre Mutter 34 Jahre alt war. Die Tochter starb am 3. Oktober 1856 unverheiratet in Nürnberg.[18]

Susanna Maria Mörl wird sich um die Kinderschar gekümmert, sie gepflegt, genährt – und wahrscheinlich auch bis zum 10. Lebensjahr unterrichtet haben. Aus einem Brief von Johann Christian Siebenkees geht hervor, dass sie eine Tochter in eine neu eröffnete Erziehungsanstalt nach Nürnberg gegeben haben.[19]

Geldsorgen prägten über längere Zeit das Leben der Altdorfer Professoren: Die Universität zahlte manchmal verspätet. Johann Christian Siebenkees, am Ende einer der am besten verdienenden Professoren, erhielt ein Gehalt von 476 fl., bezog kostenlos Getreide und Holz, hatte (umstrittene) Weiderechte auf der Gemeindewiese und besaß zudem das Recht, Bier zu brauen. Von besonderer Bedeutung dürfte gewesen sein, dass die Universität im Kollegienhaus einen Ofen betrieb, wo die Professoren ihr Brot backen konnten,[20] und zudem eine Kutsche besaß, die die Professoren kostenlos nach Nürnberg fuhr.[21]

Zu den verschiedenen akademischen Aktivitäten ihres Mannes hatte die Ehefrau wohl keinen Zugang. Bei den Collegia, den öffentlichen Vorlesungen, waren Frauen nicht anwesend. Überliefert ist allerdings, dass die Professorenfrauen oft das schmale Einkommen ihrer Männer durch einen Mittagstisch für Studenten aufbesserten, während der Ehemann dort weiterdozierte. Auch in Altdorf war dies üblich – so schreibt der bereits erwähnte Bürgermeister Bauder 1773: »*Die Studenten essen entweder bei den Professoren oder beim Speisemeister.*«[22]

Die Frauen nahmen am jährlichen Feiertag zum Gründungstag der Universität zu Peter und Paul (am 23. Juni) an zahlreichen Feierlichkeiten teil. Belegt ist dies durch einen Riesenskandal, den die Ehefrau des Rektors ausgelöst hatte, als sie sich einfach vor eine Theologengattin setzte.[23] Die Frauen besuchten die Kirche, nahmen vielleicht auch an einem Umzug durch Altdorf teil und waren beim anschließenden Festmahl zugegen. Sie besuchten Theateraufführungen – zumeist lateinische Komödien, die im theologischen Hörsaal, auf einer Bühne im »*Gasthaus zum Bären*« oder im Rathaus aufgeführt wurden. Dafür ließ man ihre eigenen Sessel hinschaffen.

Susanna Maria Mörl empfing prominenten Besuch wie z. B. 1781 den Aufklärer Friedrich Nicolai, der berichtete, dass er bei Professor Siebenkees in sehr angenehmer Gesellschaft gespeist habe.[24] Sie feierte Familienfeste und ehrte den Vater, dessen Lieblingstochter sie offenbar war, zu seinem 50-jährigen Pfarrjubiläum mit einem Gedicht.[25] Ab 1792 kam es zu Streitigkeiten zwischen den Eheleuten, die von ihren Zeitgenossen als lebhaft und temperamentvoll beschrieben wurden. Susanna Maria Mörl verliebte sich in einen Freund ihres Mannes, Johann Carl Osterhausen, der – welch ein Skandal – acht Jahre jünger war als sie und von dem sie ein Kind erwartete. Ein Verhör vor dem »*Hochlöblichen Ehegericht*« brachte alles zutage, man betrieb die Scheidung.[26] Susanna Maria Mörl verließ Siebenkees und heiratete am 7. Mai 1795 »*im Wasserturm*« , d. h. im Gefängnis, den Geliebten.[27] Der erwarb sich später in Nürnberg als Mediziner Meriten, war 1828 einer der Gutachter von Kaspar Hauser, Gesprächspartner Goethes während dessen Nürnberger Aufenthalts 1797 und Mitbegründer der naturhistorischen Gesellschaft.[28] Bemerkenswert bei dieser Trennung der Eheleute Siebenkees ist die Tatsache, dass die Freundschaft der drei Beteiligten bestehen blieb und auch regelmäßige Besuche von Siebenkees im Hause Osterhausen nachweisbar sind. Susanna Maria Mörl brachte in Nürnberg drei weitere Kinder zur Welt, führte eine gute Ehe und ein gastfreundliches Haus. Sie starb 1804 in Nürnberg an Brustkrebs.[29] Sie liegt begraben in der Grabstätte Nr. 1629 auf dem Johannisfriedhof im Familiengrab der Mörls.

Frauen im Pegnesischen Blumenorden

Wenn man nach Vereinen oder Gesellschaften im Barock und in der Aufklärungszeit sucht, die Frauen nicht nur als Gäste empfingen, sondern diese regulär aufnahmen, stößt man allein auf den Pegnesischen Blumenorden.[30] Vor allem die Töchter und Ehefrauen aus patrizischem Hause, bürgerliche Frauen oder literarisch interessierte Professorengattinnen konnten Mitglied werden. Einige Frauen wurden als Ehefrauen aufgenommen, andere um ihrer selbst und ihres literarischen Talents willen. Nach dem bisherigen Forschungsstand lassen sich einige in Altdorf ansässige Frauen im Pegnesischen Blumenorden ausfindig machen, wobei man wissen muss, dass sich die Mitglieder gegenseitig lateinische bzw. griechische »Künstlernamen« gaben.[31]

Diana II: Maria Dorothea Omeis, geboren in St. Lucar de Barameda in Andalusien, 1677 verheiratet mit Magnus Daniel Omeis, gest. 1738.[32]

Dorilis: Maria Catharina Stockfleth, gest. 1692. Tochter des Predigers Johann Leonhard Frisch; in erster Ehe verheiratet mit Johann Conrad Heden, fürstlicher Hofprediger zu Hilpoltstein, dann Professor in Altdorf, später Pastor zu Lauf; 1668 aufgenommen, in 2. Ehe verheiratet mit Heinrich Arnold Stockfleth, Theologe, eine kaiserlich preisgekrönte Dichterin.[33]

Florinda: Clara Catherina Birken (gest. 1679); 1. Ehe mit Johann Rubinger, 2. Ehe mit Johann Weinmann, Theologieprofessor in Altdorf; 3. Ehe mit Sigmund von Birken, Dichter, 1674 aufgenommen.[34]

Philinde: Helena Ingolstetter, Ehefrau des Gelehrten Andreas Ingolstetter, 1674 aufgenommen.[35]

Einwohnerin von Altdorf war auch Helena Sibylla Moller (1669–1735), die »*grundgelehrte Tochter*«[36] des Altdorfer Professors Johann Christoph Wagenseil (1663–1705).

Es wird berichtet, Helena Sibylla habe es

> »*in der Gelehrsamkeit so weit gebracht, daß sie nicht nur vollkommen lateinisch, griechisch, hebräisch, italienisch und französisch verstünde, sondern auch in den Wissenschaften bewandert sei*«[37],

und ferner heißt es:

> »*Sie machte auch in der Tat einen netten lateinischen Vers, las den Homer, unterhielt einen gelehrten Briefwechsel, wurde von Fremden mit vieler Achtung besuchet und gesprochen und ist von freyen Stücken in die berühmte Academia Reccuperatorum zu Padua als ein würdiges Mitglied aufgenommen worden. Inzwischen prahlte sie gar nicht mit ihrer Geschicklichkeit, ja ließ*

sich kaum merken, dass sie gelehrt war und verabsäumte dabei nicht, die einem Frauenzimmer so nöthigen und anständigen ökonomische Verrichtungen.«[38] Wenn auch Altdorf nicht zu den fränkischen Metropolen zählt, so boten doch seine reizvolle Landschaft, die Reichtümer der Natur, vielfältige Kenntnisse in Handwerken und Künsten auch den Frauen zahlreiche Anregungen und Möglichkeiten. Manche nutzten dieses Umfeld zur intellektuellen Entwicklung. In der Romantik stand die persönliche Selbstentfaltung im Vordergrund. Caroline Schlegel-Schelling hätte ihren *»Schwestern im Geiste«* wohl zugestimmt: *»Wer sicher ist, die Folgen nie zu bejammern, darf tun, was ihm gutdünkt.«*[39]

Anmerkungen

1 Deuerlein, Ernst: Studentenleben in Altdorf zur Zeit der Orden, in: Einst und jetzt. Jahrbuch des Vereins für corpsstudentische Geschichtsforschung, Bd. 4, Verden/Aller 1959, S. 75–88, hier S. 76.

2 Vgl. Habermas, Rebekka: Frauen und Männer des Bürgertums, Göttingen 2000, S. 159.

3 Vgl. zum Altdorfer Studentenleben: Recknagel, Hans: Geschichten & Geschichte. Historische Skizzen von Altdorf und Umgebung, Feucht 2001, S. 85–103.

4 Vgl. Rieger, Walter: Johann Christian Siebenkees – Professor der Rechte in Altdorf. Sein Leben und sein Werk, Diss. Jur., Erlangen/Nürnberg 1952 S. 26f.

5 Döderlein, Johann Christian: Leben und Verdienste Johann Sigmund Mörls, Nürnberg/Altdorf 1793, S. 24–26.

6 StAN F. 16, 14, Genealogische Papiere Feuerlein, Protokoll des Ehegerichtsspruchs.

7 Nicolai, Friedrich: Beschreibung einer Reise durch Deutschland, Bd. 2, Berlin 1783, S. 327–341, hier zit. nach: Rieger, Johann Christian Siebenkees, S. 20.

8 Will, Georg Andreas: Berichtigung der Nachrichten von Altdorf in des Herrn Nicolai Reisebeschreibung, Altdorf 1784, S. 27.

9 Der Altdorfer Student Schröder, zit. nach Rieger, Siebenkees, S. 20.

10 Vgl. Will, Berichtigung, S. 21–23.

11 Vgl. Bauder, Friedrich: Berechnung über Nutzen und Schaden, den zu jetziger Zeit Altdorf von der Universität hat, Altdorf um 1780, S. 42-51, in: Hartmann, Bernhard: Kulturbilder aus Altdorfs akademischer Vergangenheit, Nürnberg 1886, S. 43.

12 Bauder, Berechnung, S. 43–44: »Es gibt aber auch sieben Krämer, die von der Universität leben.«

13 Rieger, Johann Christian Siebenkees, S. 48.

14 Nach Angaben von Frau Hungershausen (Kulturamt Altdorf) finden sich im Häuserverzeichnis Hinweise, dass Prof. Siebenkees samt Gattin einen Garten bzw. ein Wohnhaus von Friedrich Bauder in der heutigen Nürnberger Str. 6 beim Oberen Tor stadtauswärts angemietet hat. Ich danke ihr für diesen Hinweis, die Kopie der Dokumente und Fotos.

15 Vgl. dazu: Will, Georg Andreas/Nopitsch, Christian Conrad: Nürnbergisches Gelehrten-Lexikon, Bd. 7, Altdorf 1808, S. 222–228; Leiser, Wolfgang: Johann Christian Siebenkees, in: Fränkische Lebensbilder, Bd. 8, Neustadt a. d. Aisch 1978. S. 181–192.

16 Recknagel, Hans: Die Nürnbergische Universität Altdorf, Altdorf 1993, S. 21ff.

17 Manuskript Göschel über Osterhausen S.122, zit. nach Rieger, Siebenkees, S. 28.
18 Leiser, Johann Christian Siebenkees, S. 184.
19 Brief Siebenkees' vom 14.8.1791, zit. nach: Rieger, Siebenkees, S. 33.
20 Hartmann, Kulturbilder, S. 8. Vgl. auch die Akten Siebenkees in der UB Erlangen.
21 Nopitsch, Christian Conrad: Wegweiser für Fremde in Nürnberg oder topographi-
   sche Beschreibung der Reichsstadt Nürnberg, Nürnberg 1801.
22 Bauder, Berechnung, S. 32.
23 Hartmann, Kulturbilder, S. 25.
24 Nicolai, Beschreibung, S. 342.
25 Vgl. StBN Genealogische Papiere Mörl, Gen. M. 45, 11: Gedicht der Enkelkinder
   für den Großpapa (21.12.1785), vielleicht von Susanna Maria Mörl; sowie StBN
   Genealogische Papiere Wittwer, Gen. W 73, 4a: Ein Trauergedicht von Philipp Christian Ludwig Siebenkees und seiner Mutter zum Tod des Paten o. J. (i. e. 1792).
26 Vgl. dazu StAN B, 13 Nr. 193 (119), Protokollnotiz zur Scheidung am 3./17.6.1794.
27 Ebd. und LKAN Pfarrarchiv Nürnberg St. Sebald S. 30, Trauungen, Jg. 1795, S. 34.
28 Vgl. Kirste, Hans: Johann Karl Osterhausen. Lebensbild eines Arztes um die Wende
   des 18./19. Jahrhunderts, Nürnberg 1931.
29 Kirste, Johann Karl Osterhausen, S. 11f.
30 Dürr, Stephanie: Bürgerliche Frauen im ausgehenden 17. Jahrhundert und während
   des 18. Jahrhunderts, Zul. masch., Erlangen/Nürnberg 1982, S. 61ff.
31 Amaranthes (Herdegen): Historische Nachricht von dess löblichen Hirten= und
   Blumenordens ... Anfang und Fortgang, Nürnberg 1744.
32 Amaranthes, S. 489–491.
33 Amaranthes, S. 337–340; Will, Bd. 3, S. 779
34 Amaranthes, S. 444–446.
35 Amaranthes, S. 446; Will, Bd. 2, S. 253.
36 Will/Nopitsch, Nürnbergisches Gelehrten-Lexikon, Bd. 4, S. 147.
37 Will/Nopitsch, Nürnbergisches Gelehrten-Lexikon, Bd. 2, S. 650.
38 Will/Noppitsch, Nürnbergisches Gelehrten-Lexikon, Bd. 2, S. 650, mit dem Verweis auf lateinisch verfasste Gedichte.
39 Zit. nach: Stern, Carola: »Ich möchte mir Flügel wünschen.« Das Leben der Dorothea Schlegel, Reinbek bei Hamburg 1990, S. 78.

Pfalzgräfin Dorothea Maria
erhält die Burg Hilpoltstein

Schon im Ehevertrag war festgelegt worden, dass Pfalzgräfin Dorothea Maria die Burg in Hilpoltstein nach dem Tod ihres Mannes als Witwensitz erben sollte. Und so geschah es.

Offensichtlich entsprach sie aber nicht mehr ihrem Geschmack. Daher ließ sie die Burg von 1604 bis 1606 völlig neu herrichten. Es sollten die letzten großen Umbauten an allen Teilen der Burg werden.

Die Pfalzgräfin empfand den bisherigen Burgzugang über einen Felsengang und die steile Zugbrücke als völlig unzumutbar. So ließ sie einen geräumigen und wesentlich bequemeren Treppenturm an die südliche Ringmauer einbauen, zum »*Gehen und Fahren*« – es handelte sich also um eine Reitertreppe, die man auch zu Pferd passieren konnte. Viele andere Vorschläge lehnte sie ab und setzte schließlich ihre Idee von einer repräsentativen Reitertreppe in einem Treppenturm durch, obwohl der »*Paumeister*« der Ansicht war, dass »*die erweitterung des Thores … nicht nottwendig*« sei. Die Reitertreppe ist noch heute zu besichtigen, durch das prunkvolle Spätrenaissance-Portal, ebenfalls eine Idee der Pfalzgräfin, gelangt man in den Treppenturm. Aufschlussreiche Erklärungstafeln machen die Besichtigung der Burgruine recht reizvoll.

Neben vielen weiteren Änderungen, wie der Pflasterung des Hofes mit Sandsteinplatten, dem Einbau gemauerter Wandschränke, der Veränderung der Raumaufteilung und dem Einbau neuer Fußböden und Kachelöfen wurde auf ausdrücklichen Wunsch der Pfalzgräfin auch die ehemalige Backstube in ein Badezimmer verwandelt. Der neue Ofen fand nun als Badeofen Verwendung.

Über die rege Bauherrinnentätigkeit der Pfalzgräfin gibt der im Hilpoltsteiner Stadtarchiv aufbewahrte Briefwechsel zwischen ihr und der Neuburger Hofkammer Aufschluss. Die Hofkammer versuchte immer wieder, die Bauvorhaben Dorothea Marias aufgrund der hohen Kosten zu stoppen. Tatsächlich konnten viele der von ihr angeregten Umbauten nicht ausgeführt werden.

Die Burg blieb bis 1793 im Besitz von Pfalz-Neuburg. Die beiden Vorburgen wurden bis dahin tatsächlich auch genutzt. Die Hauptburg verwaiste jedoch nach dem Tod von Dorothea Maria im Jahre

Das unter Pfalzgräfin Dorothea
Maria eingebaute Renaissance-
portal in Hilpoltstein

1639. Als Residenz war sie durch die Errichtung der Stadtresidenz
am Marktplatz seit 1619 überflüssig geworden. Heute ist die einst
stattliche Burg eine Ruine, weil die Bürgerschaft sie im 18. Jahrhundert als Steinbruch benutzte.

Nadja Bennewitz

Informationen:
Hilpoltstein liegt östlich der A 9 München-Nürnberg, Ausfahrt Greding
bzw. Hilpoltstein. Die Burgruine liegt in der Altstadt. Dort kostenlose Park-
möglichkeit.
Die **Burgruine Hilpoltstein** ist von Apr bis Okt Sa bis So u. feiertags von
10.00–12.00 Uhr und 13.30–18.00 Uhr geöffnet.
Weitere Informationen: Stadt Hilpoltstein, Amt für Kultur und Tourismus,
Marktstr. 1, 91161 Hilpoltstein, Tel. 0 91 74/90 43.
Der angrenzende ehemalige »Traidkasten« von 1473 ist heute das »Haus
des Gastes«.

Gräfin Franziska Barbara
Eine Flüchtlingsfrau in Wilhermsdorf

Wie in viele Gegenden Mittelfrankens kamen auch nach Wilhermsdorf Exulanten, protestantische Flüchtlinge aus Österreich. Eine ganz prominente Exulantin aus Kärnten war Franziska Barbara von Welz (1666–1718). Als Gräfin von Hohenlohe spielte sie für die Entwicklung von Wilhermsdorf eine wichtige Rolle.

Wolfgang Julius Graf von Hohenlohe-Neuenstein, der Besitzer der Herrschaft Wilhermsdorf, war seit acht Monaten verwitwet, als er 1689 mit 67 Jahren die erst 23-jährige Gräfin Franziska Barbara heiratete. Sie hatte als Hoffräulein bei seiner Gattin gedient und pflegte nun als Ehefrau aufopferungsvoll ihren kranken Mann.

Die Ehe blieb kinderlos und als der Graf starb, fiel die Herrschaft Wilhermsdorf an seine Witwe. Sie begann in der Folge mit dem systematischen Ausbau ihres Wohnortes. Unter ihrer Herrschaft wurde die noch heute erhaltene evangelische Pfarrkirche errichtet. Mehr als dem schlichten Markgrafenstil steht sie dem »verspielten, heiteren katholischen Barock« nahe. Diese neue Pfarrkirche sollte offensichtlich der herrschaftlichen Selbstdarstellung dienen, da die prächtige Schaufassade auf das (nicht mehr vorhandene) Schloss gerichtet war. Dadurch wurde das Ensemble der Grafengebäude abgerundet.

Das Spital ließ Gräfin Franziska Barbara 1716 errichten

Das alte Spital ersetzte die Gräfin durch einen Neubau mit einer Spitalkirche. Im Spital wurden arme Menschen aufgenommen, die nur geringe Mieten zahlten oder ganz umsonst wohnten. Es handelt sich um ein noch immer beeindruckendes zweigeschossiges Fachwerkgebäude mit zwei Dachböden und einem Satteldach. Zudem ließ sie viele alte Häuser abreißen und repräsentative Neubauten errichten. Sie veränderte die mittelalterliche Dorfstruktur durch geometrische Straßenzüge, neue repräsentative Mansarddachhäuser und bequemere, gepflasterte Straßen. 1742 schrieb der Ortschronist, dass Wilhermsdorf »*nunmehro einer Stadt ähnlicher siehet als einem Dorff* ...« Tatsächlich behaupteten manche bösen Zungen, nach dem Tod der Gräfin habe es einen »Exodus« an Künstlern und Handwerkern gegeben: Alle hätten sie Wilhermsdorf verlassen.

Besonders um die Wende vom 17. ins 18. Jahrhundert errichteten weltliche und geistliche Würdenträger in Franken unentwegt neue Burgen, Schlösser, Kirchen, Amtshäuser und Gärten, all das, was noch heute den kulturellen Reichtum der fränkischen Landschaft ausmacht. Die Bautätigkeit von Gräfin Franziska Barbara ist Ausdruck dieser Bauwut und Begeisterung für Architektur. Es war zudem notwendig, die Zerstörungen des Dreißigjährigen Krieges durch die Förderung des wirtschaftlichen Aufschwunges wieder wettzumachen. Somit trugen auch adlige Frauen maßgeblich zum heutigen Aussehen der Region bei. Sie besaßen die finanziellen Mittel und die nötige politische Autorität – ihrem Geschlecht zum Trotz.

1718 verschlechterte sich der Gesundheitszustand von Franziska Barbara sehr rasch. Sie starb noch im selben Jahr. Ihr Leichnam wurde in einem Sarkopharg in der Gruft der Pfarrkirche beigesetzt.

Nadja Bennewitz

Informationen:

Wilhermsdorf liegt westlich von Langenzenn. Die **Evang.-luth. Hauptkirche Wilhermsdorf** befindet sich in der Ortsmitte, Am Marktplatz 4, 91452 Wilhermsdorf. Das Spital in der gleichnamigen Straße ist in Privatbesitz, kann aber von außen besichtigt werden. Schräg gegenüber befindet sich die ehemalige Spitalkirche, heute Friedhofskirche.

Die Sophienquellfassung in Grünsberg

Das Brunnenbelvedere um die Sophienquelle in Grünsberg wurde am Ende einer ca. 300 Meter langen Allee, die südwestlich vom Grünsberger Burgkomplex in den Wald führte, errichtet. Ihren Namen erhielt die Quellfassung zu Ehren der jungen zweiten Ehefrau Johann Paul III. Paumgartners (1667–1726), Sophia Maria, geb. Nützel (1700–1789). Sie hatten am 11. Mai 1723 geheiratet und damit begonnen, die Burganlage repräsentativ umzugestalten. Nach Paumgartners Tod ließ Sophia Maria das Bauwerk vollenden.

Mit Sicherheit waren die Pläne zur Quelle und deren landschaftsgestaltendem Umgriff bereits zu Beginn der Bauarbeiten im Jahr 1724 fertig gestellt. Die aus großen Sandsteinquadern errichtete Quellfassung, wie sie auch heute noch nur wenig verändert zu sehen ist, gleicht einem kreisrunden Amphitheater. Vor die abgemeißelte Felswand ist die 3,30 Meter hohe Rückwand aufgemauert. In ihrer Mitte ergießt sich das Quellwasser über vier breite Kaskaden in ein großes halb-

Nikolaus Gabler, Die Sophienquelle, Kupferstich aus der »Neuen Ausgabe« von Joachim Sandrarts »Teutscher Akademie der Bau-, Bildhauer- und Maler-Kunst«

rundes Becken und unterirdisch in den tiefer gelegenen Fischweiher. Das Quellbecken wird zangenförmig von zwei großen Freitreppen gerahmt, über die man auf eine Aussichtsgalerie gelangt, die ehemals von einer steinernen Balustrade begrenzt wurde und mit einer Steinbank besetzt war. Während des Jahres 1725 wurden allein 240 einzelne Steine geliefert und verbaut. Das Jahr 1726 umfasste den Hauptteil der Bauarbeiten; die Pfeiler der Brunnenwand und die Galerie konnten fertig gestellt werden. Nach einem Baustopp 1727 wurden erst zwischen Mai und September 1728 die beiden Freitreppen vollendet und das Gelände so vorbereitet, dass die geplante Allee mit Vogelbeer-, Kastanien- und Nussbäumen angelegt werden konnte.

Das Brunnenbelvedere, das in der zweiten Hälfte des 18. Jahrhunderts einen Höhepunkt seiner Beliebtheit erreichte, fand bis hinein ins frühe 19. Jahrhundert eine außerordentlich große Verbreitung auf zahlreichen Kupferstichen, Stammbuchblättern, Miniaturen, Ölgemälden und sogar mehreren Glaspokalen.

Nachrichten über eine Ausgestaltung des ehemaligen Nutzgartens gegenüber der Einfahrt in den Grünsberger Wirtschaftshof (Vorburg) sind erstmals unter Sophia Maria, seit 1745 verwitwete von Haller, in der ausführlichen »*Capitulatio für den neu angenommenen Gärtner Johann Springer zu Grünsberg*« vom 12. September 1746 überliefert: Es handelt sich um einen typischen Nürnberger Barockgarten, der durch ein symmetrisches Wegekreuz erschlossen und im Südwesten durch fünf Terrassen begrenzt wird. Weiterhin erhalten wir Nachricht über Aprikosenbäume und Weinstöcke, für die Sophia Maria ein »*Winterungshäuslein*« errichten ließ. Seit dem Jahr 2000 wird der »*Himmelgarten*« als Tierfriedhof genutzt.

Ina Schönwald

Informationen:

Man erreicht **Grünsberg** über die A 3 Richtung Regensburg, Abfahrt Altdorf/Burgthann, biegt dann links ab Richtung Burgthann. Am Ortsende von Weinhof führt die Straße nach links direkt steil in den Grünsberger Talkessel. Die Burganlage liegt im Talgrund auf der linken Seite. Der Straße Richtung Burgthann von hier aus weitere 150 m folgen bis zu einem Waldparkplatz auf der rechten Seite nach dem **»Himmelgarten«**. Von hier aus etwa 250 m Fußweg zur **Sophienquellfassung.**

Entdeckung eines Kindsmordes
Der Laimersberg bei Langenfeld

Als der Knecht des Langenfelder Posthalters am 9. September 1746 einen Acker auf dem Laimersberg eggte, stieß er auf die Leiche eines Säuglings. Er meldete den Fund der zuständigen Behörde, dem Amtsverweser des Reichsfreiherrn von Seckendorff. Die Untersuchung ergab, dass das Mädchen unmittelbar nach der Geburt getötet worden war. Man begrub es an der Mauer hinter der Kirche und machte die Stelle unkenntlich, denn die reichsunmittelbaren Herren von Seckendorf befürchteten Schwierigkeiten mit dem angrenzenden Markgrafentum, mit dem es wegen der Kriminalgerichtsbarkeit im Streit lag.

Schon nach wenigen Tagen hatten die Behörden so viele Hinweise aus der Bevölkerung, dass sie die Mutter des Kindes steckbrieflich suchen konnten: eine Frau aus Emskirchen, »*mittelmäßiger Statur / etwas starcken länglichten schwarzbraunen Angesichts / und zahnluckigt / etwan 40 Jahr alt*«. Sie hatte zusammen mit einem etwa zehnjährigen hinkenden Mädchen auf dem benachbarten Buchhof bei der Ernte ausgeholfen und dort im Schafstall geschlafen. Die Frau wurde im markgräflichen Neustadt an der Aisch verhört, konnte aber die Tat abstreiten und sich auch einer Verhaftung entziehen.

Ein halbes Jahr später wurde das gehbehinderte Mädchen in Ullstadt beim Betteln festgenommen und verhört. Durch seine Aussagen konnte der Fall weitgehend aufgeklärt werden. Das Mädchen war die uneheliche Tochter von Maria Sophia Klein aus Emskirchen. Als die Mutter erneut unehelich schwanger wurde, erdrosselte sie das Neugeborene, versteckte die Leiche und verscharrte sie schließlich auf dem Acker. Zuvor hatte sie dem Kind ein Häubchen aufgesetzt und es in ein weißes Tuch gewickelt.

Das Schicksal von Maria Sophia Klein ist keine Seltenheit in der Frühen Neuzeit. Sie war das – wahrscheinlich uneheliche – Kind eines Soldaten aus Bayreuth, musste bereits für ein uneheliches, körperlich behindertes Kind sorgen und lebte vom Betteln oder von Gelegenheitsarbeiten. Nach Aussage ihrer Tochter tötete sie das Neugeborene, »*weil es so besser war*«. Für diese Tat wäre sie mit dem Tode bestraft worden, wenn die Strafverfolgung nicht durch den Streit um die Gerichtsbarkeit behindert worden wäre. Maria Sophia Klein hatte Emskirchen rechtzeitig verlassen, war mit ihrer Tochter nach Kitzingen im Hochstift Würzburg gegangen und später allein nach Frankfurt, wo angeblich eine Schwester von ihr lebte. Dort verliert sich ihre Spur.

Herwig Buntz

Einflussreiche Frauen in Ansbach und Unterschwaningen

Wohl kaum eine Stadt in Mittelfranken hat derart bedeutende Frauen der Aufklärungszeit vorzuweisen wie Ansbach. Im 18. Jahrhundert prägte die verwitwete Markgräfin Christiane Charlotte (1694–1729) maßgeblich die fürstliche Residenzstadt. Mademoiselle Hippolyte Clairon (1723–1803) nahm während ihres 17-jährigen Aufenthaltes in Ansbach als Partnerin des letzten Markgrafen Alexander (1736–1806) Einfluss auf dessen Lebensgestaltung. Verdrängt wurde sie schließlich von der jüngeren Engländerin Lady Elizabeth Craven, die weitaus stärker in die Politik eingriff und mit dem verwitweten Markgrafen eine Ehe einging.

»Die unvergeßliche Markgräfin Christiane Charlotte«

Diese Formulierung des Ansbacher Chronisten Johann Bernhard Fischer von 1786, knapp 60 Jahre nach dem Tod Christiane Charlottes, mag die nachhaltende Wirkung der Fürstin in ihrer Residenzstadt verdeutlichen. Adlige Frauen haben in der Geschichte viele Spuren hinterlassen. So findet sich das Medaillon von Christiane Charlotte

Das von Markgräfin Christiane Charlotte errichtete »Pomeranzenhaus«, die Orangerie, im Ansbacher Schlossgarten

und ihrem Mann Wilhelm Friedrich an dem von ihnen gestifteten Schönen Brunnen auf dem Schwabacher Marktplatz.

In Christiane Charlottes Regentinnenzeit fielen zahlreiche bauliche Maßnahmen. So ließ sie 1725 unter dem Architekten Karl Friedrich von Zocha (1683–1749) – größtenteils finanziert aus ihrem privaten Vermögen – das Ansbacher Residenzschloss neu gestalten, in klarem, klassizistischem Stil. Die Markgräfin bevorzugte die französische Nachklassik, die mehr als der Spätbarock ihren schlichten protestantischen Vorstellungen entsprach. Auf die Innengestaltung des Schlosses, die Tapeten und Hölzer, die französischen Gobelins, das venezianische Glas, den bayerischen Marmor und die Augsburger Silberwaren sowie auch auf die Möblierung nahm sie nachweislich großen Einfluss. Bei einem Besuch des Schlosses findet man im Bilderkabinett (erster Stock, nördlicher Flügel) die noch aus ihrer Zeit stammende Ausstattung. Frauengeschichtlich relevant sind dort auch die Standleuchter im Festsaal, gleich neben dem Bilderkabinett, deren geschliffene Kristallprismen die Prager Künstlerin Eva Maria Pichler lieferte.

Die größten Veränderungen nahm Christiane Charlotte im Schlossgarten vor. Hier ließ sie die schlossähnliche Orangerie errichten, eines der bedeutendsten »*Pomeranzenhäuser*« Deutschlands. In Winterzeiten diente die Orangerie als Gewächshaus, im Sommer bot sie eine Bühne für rauschende Festlichkeiten. Unmittelbar nach ihrem Regierungsantritt wurden im Garten die alten Bäume gefällt und auf ihr Geheiß hin »*die jetzt stehenden [Linden], welche aus Holland herausgebracht worden*«, eingepflanzt.

Als die Markgräfin 1712 den ersehnten Erbprinzen zur Welt brachte, beschenkte ihr Gatte sie mit dem Schlossgut Schwaningen. Heute ist Christiane Charlotte in der Dreifaltigkeitskirche in Unterschwaningen auf einem Gemälde von Johann Peter Feuerlein mit dem zweijährigen Sohn Carl Wilhelm Friedrich zu bewundern. Sie ist sitzend dargestellt, bekleidet mit einem Prunkgewand. Der Ausbau des Schlosses in Unterschwaningen geht gänzlich auf ihre Initiative zurück.

»Überdies halt´ ich jeden Genuss für erlaubt«
Hippolyte Clairon

Als die Schauspielerin Hippolyte Clairon auf Bitten des Markgrafen Alexander 1772 nach Ansbach kam, ließ sie sich im Gesandtenhaus an der Promenade 24 mit einer umfangreichen Dienerschaft – und vor allem mit einer französischen Köchin – nieder. Sie, die uneheliche Tochter einer Näherin, die mit elf Jahren gerade mal das Gebet-

Das ehemalige Gesandtenhaus, in dem Hippolyte Clairon in ihrer Ansbacher Zeit residierte

buch lesen konnte, galt schließlich als eine der gebildetsten Frauen ihrer Zeit. Mehr noch als Fürstenmätresse wurde sie in Ansbach wohl Fürstenerzieherin. Sie selbst charakterisierte sich als »*für tröstliche und sanfte Leidenschaften geboren*«, andere bezeichneten sie als die »*aufgeklärte Philosophin des Markgrafen*«.

Sie war 22 glanzvolle Jahre gefeierte Schauspielerin der bedeutenden »*Comédie Française*« und verließ das Theater auf dem Höhepunkt ihres Ruhmes. Bekannt war sie mit der geistigen Elite Europas, mit Diderot, d'Alembert und Voltaire, der über ihre Übersiedlung nach Ansbach schrieb: »*Ich trauere um das Theater und den guten Geschmack, denn Mlle Clairon geht nach Deutschland.*« Als Markgraf Alexander sie 1770 in ihrem Pariser Salon kennen lernte, machte diese selbstbewusste Persönlichkeit Eindruck auf den fränkischen Fürsten. In ihren Memoiren schrieb sie:

»*... mein Ruf einer berühmten Schauspielerinn (!) hatte bereits die Grenzen meines Vaterlandes überschritten; welch ein rohes, oder eiskaltes Herz hätte nicht sein Glück darein gesetzt, mir zu gefallen?*«

In ihrer Ansbacher Zeit erteilte sie Ratschläge für den Ausbau der Schlossbibliothek, die bereits unter Markgräfin Christiane Charlotte maßgebliche Förderung erfahren hatte. Auf ihre Initiative hin wurden die gefährlichen und teuren Hetzjagden eingestellt, und der Markgraf reduzierte seine persönlichen Ausgaben. 1774 schrieb sie nach Frankreich:

»*Noch niemals war, meine Gesundheit ausgenommen, mein Leben so angenehm. Ich habe Freunde; man erlaubt mir alles mögliche Gute zu wirken; nirgends könnt ich wieder finden, was ich hier verlieren würde.*«

Im Nachhinein betrachtete sie ihren Aufenthalt in Mittelfranken mit gemischten Gefühlen. Ihre 1787 die Ansbacher Bühne betretende Konkurrentin Lady Craven hat sie vermutlich niemals kennen gelernt. Dass Alexander sie wegen dieser Dame verließ, traf sie hart.

»*... Die Gewohnheit, Sie zu lieben und an ihre Tugenden zu glauben, haben mich lange alles verwerfen lassen, was sie entehrte ... Jetzt weiß ich, daß ich seit je das unglückliche Opfer Ihrer Selbstsucht und ihrer mannigfaltigen Grillen war. Wären Sie wirklich mein Freund gewesen ... Sie hätten sich nicht der Vorrechte Ihres Geschlechtes und Ihres Ranges bedient, um mich zu unterdrücken und zu erniedrigen. Sie hätten – was auch*

*jetzt Ihre neue Liebe sein mag – die Empfindungen und das
Betragen, die Sie seit vielen Jahren an mir kennen, zu schätzen
gewußt ...«*

Zurück in Paris arbeitete sie als Rezitatorin und Schauspiellehrerin.
Ihre Memoiren erschienen 1798. Die darin enthaltene Erzählung »*Die
Erscheinung*« wurde von Johann Wolfgang von Goethe aufgegriffen
und als »*Geschichte von der Sängerin Antonelli*« stofflich nur leicht
verändert in den »*Unterhaltungen deutscher Ausgewanderter*« veröffentlicht.

»Daß er sich von einem Weibe lenken ließ« – Lady Craven

Elizabeth Craven, mit 16 Jahren verheiratet und Mutter von sieben
Kindern, verließ nach 17-jähriger Ehe ihren Mann. Weit gereist und
mit den bedeutenden europäischen Höfen vertraut, ging sie in Ansbach ein Verhältnis mit Markgraf Alexander ein, obwohl beide verheiratet waren. Dass sie Alexander schon einen Monat nach dem
Tod ihres Mannes heiratete, nahm man ihr in England äußerst übel.
Sie entgegnete auf diese Vorwürfe, sie hätte es noch viel früher getan,
wäre sie sofort über den Tod ihres Gatten informiert worden.

Während ihres fünfjährigen Aufenthaltes in Ansbach errichtete sie
ein Theater, in dem sie die Intendanz übernahm und für das sie Thea-
terstücke auf Französisch verfasste, das sie ebenso beherrschte wie
ihre Muttersprache Englisch.

Beliebt machte sie sich wegen ihres maßgeblichen Einflusses auf
den Markgrafen in Ansbach keineswegs. Ein anonymer Autor
schimpfte, dass sich Alexander »*von einem Weibe lenken ließ*«, und
auch ihre explizit antideutsche Haltung wurde abgelehnt: Man müsse sich »*ja hüten, in Gegenwart der Lady ein deutsches Wort fallen
zu lassen, denn alles, was deutsch ist, ekelt die fremde Dame an*«,
schrieb der Zeitgenosse Ludwig von Heß.

Was soll man heute davon halten, wenn eine aufgeklärte, hochbe-
gabte, künstlerisch und wissenschaftlich versierte Frau als »*listiges
und eigennütziges Weib*« bezeichnet wurde? Wäre ein Mann mit
den gleichen Eigenschaften nicht als diplomatisch und zielstrebig charakterisiert worden?

Lady Craven gilt als die treibende Kraft für die Abdankung des
Markgrafen. Beide verbrachten lange gemeinsame Jahre in England.
Die Lady starb 22 Jahre nach Alexander 1828 in Neapel.

Nadja Bennewitz

Frau von Schardt und Amalie von Helvig
Gelehrte Luft im Schlösschen Mörlach

»*Du grünes frühlingsfrisches Land,*
Sei mir gegrüßt zu tausendmalen«,

schrieb die Dichterin Amalie von Helvig (1776–1831) über die Gegend um das Rokokoschlösschen in Mörlach, in dem sie ihre Kindheit verbrachte. Ihr Vater Freiherr Christoph Adam Carl von Imhoff hatte es 1775 nach eigenen Plänen erbauen lassen und war mit seiner zweiten Ehefrau Luise von Schardt, der Schwester Charlotte von Steins, dorthin gezogen. Der Herrschaftsbau nach englischem Vorbild besaß ehemals einen Lustgarten mit Bogengängen, Eremitage und Spielplatz.

Zur Welt gekommen ist Amalie in Weimar, wohin ihre Mutter zur Niederkunft gereist war. Dort machte diese die Bekanntschaft mit Johann Wolfgang von Goethe, der ihr ungeachtet des eifersüchtigen Ehemannes in Mörlach sehr schmeichelte, ihre Gesellschaft zu schätzen wusste und sie gar porträtierte. Ihr Gatte schrieb voller Sehnsucht: »*Mein Haus ist voll von Gästen, mein Kopf ebenso voll von*

Das Schloss Mörlach bei Hilpoltstein

Gedanken an Dich.« Wieder zurück in Mörlach führte die Familie ein behütetes, finanziell unbeschwertes Leben, so Amalie:

> »*Auf der grünen Schloßterasse lag ich im Anschauen von Bilderbögen und Märchenbüchern vertieft, oder den Rasenbehang hinunterkugelnd und heraufkrabbelnd, scheinbar mir selbst überlassen, nur von des Vaters Auge aus der Ferne beobachtet ...*«

Amalie erhielt eine sorgfältige Erziehung. Mit acht Jahren verfasste sie ihre ersten Gedichte, mit elf waren ihr die englische und französische Sprache geläufig. In jenem Alter kam sie in die Mädchenpension der Hugenottin Madame Diet nach Erlangen, während die Eltern Mörlach verkauften und nach Weimar zogen. Als ihnen Amalie folgte, war es Friedrich Schiller, der ihre Karriere als Lyrikerin förderte. Mit ihm und Goethe traf sie sich in Jena und dort *»nährte ich mich weit mehr mit geistiger als leiblicher Speise, oft bis tief in die Nacht hinein ...*« Mit ihrem Epos die *»Schwestern von Lesbos«* wurde sie als *»Weimarische Sappho«* gefeiert. Als sie später in Berlin lebte, schloss sie neue anregende Freundschaften, so mit Bettine Brentano. Seit 1802 mit dem schwedischen Oberst Karl Gottfried von Helvig verheiratet, war sie es, die mit ihren Veröffentlichungen weitgehend den Lebensunterhalt der mehrköpfigen Familie bestritt. Ihrem Mann wurde die intellektuelle Unabhängigkeit seiner Frau unerträglich. Ihre Antwort auf seine Vorwürfe: *»So wie ... mit unendlichen Saugfasern* *ich an der Welt hänge, die mir Nahrung für Kunst und Bildung geben muß, wie kannst Du da ... mit Deinem Streben mir alles sein zu wollen, Dich umsonst quälen und mich vergebens kränken?«* Amalie von Helvig starb 1831 nach einem künstlerisch erfüllten Leben in Berlin.

Nadja Bennewitz

Informationen:

Das **Schloss Mörlach,** Mörlachstr. 28, 91161 Hilpoltstein (Lkr. Roth), Tel. 0 91 74/91 64, ist heute im Besitz der Familie Helbach und nur von außen zu besichtigen. Es kann für Familienfeiern genutzt werden.

IV. Das 19. Jahrhundert
Spurensuche

In diesem Jahrhundert können wir nun wirklich von »Mittelfranken« sprechen, denn nachdem Bayern die Reichsstädte erhalten hatte, wurde aus den Territorien des Fränkischen Kreises 1837 Mittelfranken geschaffen, im nächsten Jahr galt es als Regierungsbezirk.[1]

Mittelfranken erlebte in diesem Jahrhundert einen umfassenden Strukturwandel, war einerseits neben Oberbayern der Regierungsbezirk mit der höchsten Zuwanderung, erlebte andererseits Landflucht in hohem Maße, sowohl als Binnenwanderung als auch als Auswanderung nach Übersee.[2] Im Jahr 1861 zählte der Kreis Mittelfranken insgesamt 545.285 »Seelen«.[3]

In der zweiten Hälfte des 19. Jahrhunderts nahm die Bevölkerungsdichte im Ballungsraum Nürnberg-Fürth rasch zu, im stadtfernen westlichen und nordwestlichen Teil ab. Rein ländliche Regionen wie die Bezirksämter Uffenheim und Scheinfeld verzeichneten die stärksten Abwanderungsverluste.[4] In Wellenbewegungen[5] vollzog sich die Auswanderung nach Übersee: Handwerker, TagelöhnerInnen, Gesellen, Knechte, Mägde – Letztere oft mit einem oder mehreren unehelichen Kindern. Zur Begründung ihres amtlichen Auswanderungsgesuchs gaben sie an, dass sie die »*Hoffnung auf besseres Glück und Auskommen*« dazu bewege, sich nach Nordamerika zu begeben.[6]

So hob auch die Dienstmagd Barbara Hahn aus Obersteinbach im Landkreis Neustadt, die erst am 23. Oktober 1857 ihre Spargroschen in die neu gegründete Sparkasse gebracht hatte, am 15. Februar 1858 ihr gesamtes Guthaben in Höhe von 20 Gulden und 10 Kreuzern Zinsen ab, um »*nach den nordamerikanischen Freistaaten*« auszuwandern.[7]

Mit ähnlichen Hoffnungen mögen wohl auch die jüdische ledige Näherin Mina Mann aus Gnodstadt am 1. April 1850 und Erika Fleischmann mit ihrer elfjährigen, unehelich geborenen Tochter Mariana nach Nordamerika aufgebrochen sein.[8] Gut ergangen in Amerika ist es Mary Uzelmann, die ab 1885 ihren Eltern in Wilhelmsdorf immer wieder von ihrem Glück berichtete, zu dem sie aus der Ferne beitragen sollten:

»ich habe einen sehr guten Dienst bei Englischen Leute ich bin ungefähr 10 Monate bei Ihnen und gedenke bei Ihnen zu bleiben bis nächstes Frühjahr dann wenn es Euch liebe Eltern recht ist will ich mich verheirathen. Ich habe ungefähr 8 Monate zurück einen sehr feinen jungen mann kennen gelernt welchen ich meine ganze Liebe und Achtung geschenkt habe. Er ist in Amerika geboren. ich wünschte nur das Ihr liebe Eltern hier wäret und könntet mir mit Rath beistehen und Euern Segen ertheilen. dann könnt ich ganz glücklich sein.«

Die Genehmigung der Eltern scheint erteilt worden zu sein, denn in weiteren Briefen bis zum Jahr 1894 berichtete Mary getreulich von der Entwicklung ihrer Familie, den Kindern, aber auch dem Heimweh, das sie manchmal überkam.[9]

Die meisten Frauen aus den armen Schichten mussten für ihr Auskommen und das Überleben ihrer Familien in der näheren und weiteren Umgebung ihrer Heimatorte als Tagelöhnerinnen, Dienstbotinnen oder Arbeiterinnen in den neu entstehenden Industrien sorgen. Hier wurden sie, wie *Gaby Franger* in dem Beitrag »Zieglerinnen, Nadlerinnen und andere Arbeiterinnen« zeigt, verstärkt eingesetzt. Sie übernahmen mit der Zeit viele Tätigkeiten, die vorher Männern vorbehalten waren, bedienten Maschinen, arbeiteten im Akkord und Schichtbetrieb. Auch wenn sie oft von den Arbeitern nur als unliebsame Konkurrentinnen gesehen wurden und die Unternehmer sie als »Puffer« benutzten, sie selbst identifizierten sich mit ihren Tätigkeiten und beteiligten sich auch an Arbeitskämpfen. Als Ehefrauen und Mütter mussten sie zudem versuchen, betriebliche Arbeit und Versorgung ihrer Kinder zu vereinen. Für sie war es deshalb auch sehr wichtig, dass die Kinder während ihrer Arbeitszeit untergebracht werden konnten. Die ersten »*Kinderbewahranstalten*« entstanden, so beispielsweise aufgrund der Initiative der Laufer Händlerswitwe Anna Dietz, geb. Vogel, († 1841). Mit einem Kapital von 1.048 Gulden, das ihre Stiftung aus dem Jahr 1838 angesammelt hatte, konnte am 14.5.1850 die »*Kleinkinderbewahranstalt*« für 20 Kinder eröffnet werden.[10]

Die Spurensuche nach Frauen in den ländlichen Regionen und Kleinstädten gestaltet sich nicht einfach. Ab und an findet sich ein Bericht über so tüchtige Frauen wie die Witwe Agnes Elisabeth von Stöcker (1757–1831): Sie führte seit dem Tod ihres Mannes im Jahr 1809 bis zur Übergabe an ihren Sohn Moritz im Jahr 1820 die

Posthalterei von Langenfeld einschließlich Wirtschaft und den größten Landwirtschaftsbetrieb im Ort. Damit nicht genug, erstellte sie daneben 1816 das »*Geographische Lexikon der K. und B. Postexpedition Langenfeld*«, ein Ortverzeichnis, in dem sie den umfangreichen Langenfelder Zustellbezirk konkret beschrieb.[11]

Landfrauen

Was bedeutete für Frauen die Aufhebung der Leibeigenschaft, die 1808 erfolgte, wie veränderte sich ihr Stand in der Familie, nachdem im Sommer 1848 die Grundherrschaft aufgehoben wurde und damit auch in Bayern die Reste des Feudalsystems fielen und die Bauern zu freien Eigentümern ihres Grundes wurden?[12] Die Bauern, die dafür eine Kapitalentschädigung leisten mussten, konnten möglicherweise deshalb nicht mehr so leicht heiraten. Ehen wurden immer noch mehr aus Notwendigkeit geschlossen und die Frauen mussten sowohl bei der Arbeit als auch beim Abtragen der übernommenen Schulden helfen.[13]

Sehr viele Ehen wurden im Frühjahr geschlossen, da der Mann so noch vor der Sommer- und Erntezeit eine Hilfe bekam, denn die Frau »*ist im Grunde genommen nichts als die erste und oberste Magd im Haus*«, wie übereinstimmend aus Uffenheim, Feuchtwangen und Ansbach berichtet wurde.[14] Aus Markt Bibart, Scheinfeld und Uffenheim berichteten die Gerichtsärzte, dass der Bauer patriarchalisch, aber auch praktisch denke. Seine Frau sei durch ihre Stellung in der Ehe sehr beeinträchtigt, denn sie diene in erster Linie als Hilfe bei Haus- und Feldarbeiten. Daher kämen »*genügsam beklagenswerte Zustände*« im familiären Leben vor.[15] Lapidar in dem Satz zusammengefasst: »*Das Kapitel von der ›Würde der Frauen‹ ist dem Bauern just nicht sehr geläufig*«, was die zwei Sprichwörter belegen: »*A Weibsbild is wie a Gans*«, wie der Hohentrüdinger sage, »*wenn mer drei toudt chlsägt [tot schlägt], genga sechs andere hi!*« und »*Der Hund und 's Weib g'hören zum Haus*«, so hieße es am Hahnenkamm.[16]

Für die Kinder armer dörflicher Tagelöhner oder verarmter Schichten in den Kleinstädten waren die Arbeitsaussichten in den Großstädten natürlich von besonderem Reiz:

> »*Eine besondere Anziehungskraft für die konfirmirte Jugend bilden die beiden naheliegenden Städte Fürth und Nürnberg, wohin sich die Mädchen als Mägde verdingen und die Knaben*

als Lehrlinge wandern. ... Die Mädchen treten dort in Dienst,
und nur wenige kehren zurück, und diese mit Schande bedeckt«,
konstatierte Pfarrer Dietzel aus Cadolzburg Ende des Jahrhunderts.[17]

Im Bezirk Greding wurde der Wegzug junger Männer von zu Hause grundsätzlich begrüßt, nicht jedoch der der Mädchen.

»Wenn Töchter aber aus den niederen Ständen, wie das häufig
der Fall ist und mitunter auch Mädchen aus bürgerlichen Fa-
milien sich in die benachbarten Städte in Dienst begeben, so ist
dies in der Regel in Bezug auf ihr sittliches Verhalten von nach-
theiligem Einfluße und viele kehren mit Kindern wieder nach
Hause.«[18]

Von der Sittlichkeit im Lande

Der Anteil der unehelichen Geburten in Mittelfranken bewegte sich von 1825 bis 1890 zwischen 24 % und 17 %, die Spitzenwerte lagen bei 26 %.[19] Protestantische Mediziner erregten sich im Gegensatz zu ihren katholischen Kollegen weniger über die Moral junger Leute, sie gaben die Schuld vor allem einer *»unseligen«* kommunalen Ansässigmachungspolitik.[20] Weniger Begüterte oder vom Tagelohn lebende Personen konnten oft erst mit 40 Jahren heiraten, da sie nicht das nötige Geld hatten, um Grundbesitz anzukaufen und sie *»der Eigensinn und die oft schiefe Ansicht der Landgemeinden nicht in den Stand der Ehe treten lässt«*, wie aus Altdorf, Ansbach und Rothenburg berichtet wurde.[21] Diese Situation führte auch dazu, dass es verhältnismäßig wenige Kinder gab, *»auf dem Lande [heiraten] viele Landarbeiter stets aus Mangel an Vermögen sehr spät und [bleiben] kinderlos«.*[22] Das Heiratsalter war so hoch, dass kaum ein Elternteil die Mündigkeit seiner Kinder erleben konnte.

Unverheiratete Frauen mit Kindern standen wie auch im Jahrhundert zuvor bei den Stadtoberen häufig von vornherein unter dem Verdacht, sich die Ansässigmachung erschleichen zu wollen, um dann die städtische Fürsorge in Anspruch zu nehmen. In Rothenburg wurden sämtliche Mägde mit unehelichen Kindern abgewiesen, denn, wie die Behörden argwöhnten, die Vorgehensweise sei bei vielen gleich. Sie

»erwerben ... sich von ihren Schwängerern einige Hundert Gul-
den als Abfindung. So suchen sie sich damit für sich und ihre
Kinder eine Unterkunft in der Stadt und um dies zu bewirken,

*gehen sie Verbindungen mit vermögenslosen Mannspersonen
von hier, von ungleichstem Alter ein. Manche junge rüstige Dirne
verheiratet sich mit einem alten Mann, welcher kaum sich noch
viel weniger Frau und Kind zu ernähren im Stande ist, daher
denn diese über kurz oder lang der Stadtgemeinde zur Last fallen.«* [23]

Viele Knechte und Mägde ließen sich deshalb auch ohne offizielle
Ansässigmachung und ohne Recht auf Heirat und Fürsorgeunterstüt-
zung unter der Androhung, bei Not abgeschoben zu werden, nieder.

Der Cadolzburger Pfarrer beklagte 1864, dass

*»unter den Webern, Steinbrechern, Fabrikarbeitern, Tagelöhnern
keine Ehe geschlossen wird, wo man nicht ein uneheliches Kind
in die Ehe bringt«.* [24]

Diese Tatsache könnte jedoch auch so interpretiert werden, dass die
Paare durchaus das Ziel hatten, sich zu verheiraten, ihnen dieses aber
nicht frühzeitig möglich war.

Dr. Reutter aus Schillingsfürst, der zwar sehr gegen die Unmoral
in seinem Bezirk wetterte, der die höchste Rate unehelicher Kinder
aufwies, machte dennoch darauf aufmerksam, dass die Frauen versuchten, das Beste für ihre Kinder zu tun.

*»Endlich werden die Kinder, selbst uneheliche, von ihren Müt-
tern, und seyen sie noch so arm, liebreich behandelt und vor-
kommenden Falls ärztlich behandelt. Kindermord kam seit
Mannes Gedenken und trotz der Armuth und der vielen Weibs-
personen ledigen Standes keiner vor.«* [25]

Kleinbürgerliches Leben in den Provinzstädten

Für Frauen und Mädchen aus den ärmeren Bevölkerungsschichten
bestand aufgrund ihrer Lebensbedingungen und ihrer finanziellen Situation kaum die Möglichkeit, sich wie bürgerliche Frauen ganz dem
Haushalt und der Familie zu widmen. Männer aus dem Bürgertum
erkannten diese anderen sozioökonomischen Bedingungen nicht an,
sondern qualifizierten Frauen aus ärmeren Schichten als kulturell
rückständig:

*»Die wenigsten Mädchen können nähen, stricken. Es bleibt
noch die Aufgabe des weiblichen Geschlechts, zu sanften Sitten und edlem Sinn Frauen zu bilden, damit die Rohheit der Sprache und Maniren zur bessern Gesittung umgewandelt werde und*

das Weib fähig mache zur guten Familienerziehung, welche das Hauptfundament im Staate ist.«[26] Zwei Lebensentwürfe zwischen »*Handarbeit und Herzeleid*« spürt *Evelyn Gillmeister-Geisenhof* in ihrem Beitrag auf. Neugierig wurde sie durch den in 19 verschiedenen kunsthandwerklichen Techniken gefertigten Schrein in Schloss Rügland, den Adelheid Wendel-Schratz (1843–1911) für den bayerischen Ministerpräsidenten Krafft Freiherr von Crailsheim herstellte. Aufgewachsen in kleinbürgerlichen Verhältnissen in Ansbach und Erlangen muss sie sich Graf Krafft trotz ihrer Heirat mit Rechtskommissär Wilhelm Wendel ihr Leben lang verbunden gefühlt haben – was sie verschlüsselt ausdrückt in dem gestickten und applizierten Werk ihres Lebens. Auf ganz andere Weise verband sich das Leben der Weißenburgerin Luise Rehnitz (1885–1987) mit textilem Arbeiten. Als »*Klöppelprofesseuse*« unterrichtete sie in der Treuchtlinger Manufaktur Auernheimer bis zu ihrer Heirat.

Eine neue Möglichkeit für junge Frauen aus kinderreichen Familien von Handwerkern oder Kleinbauern ergab sich mit dem Aufbau der weiblichen Diakonie und der Gründung einer evangelisch-lutherischen Diakonissenanstalt im Jahr 1854 in Neuendettelsau. Noch heute prägen evangelische Schwestern in ihrer Tracht diesen Ort. Der traditionell protestantische Weiblichkeitsentwurf »*Dienen – Heilen – Erziehen*« bot damals, wie *Angela Treiber* in ihrem Beitrag »*Diakonissen: Weiblichkeitsideal und Berufsethos im 19. und 20. Jahrhundert*« beschreibt, den Frauen einen alternativen Lebensentwurf: Die verantwortliche Teilnahme bei der Versorgung, Hilfe und Seelsorge von notleidenden Mitgliedern in den Gemeinden, Zugang zu Bildung und lebenslange Versorgung unabhängig von einem Ehemann.

In den mittelfränkischen Dörfern und Städten lebten neben Protestanten und Katholiken auch jüdische Familien, die sich im Verlauf des 19. Jahrhunderts aus den engen Bestimmungen der ihnen immer nur zeitweise Schutz gebietenden fürstlichen oder städtischen Schutzrechten zu gleichberechtigten BürgerInnen emanzipieren konnten.[27] Die jüdischen und christlichen Gemeinden lebten nebeneinander, Kontakte ergaben sich im Alltag durch die Arbeit, vieles lief aber auch getrennt. Aus Cronheim wird berichtet, dass die Hebamme Magdalena Puff, die von 1879–1926 ihren Dienst versah, allen Kindern im Dorf Geburtshilfe leistete, ob sie von einer jüdischen, evangelischen oder katholischen Mutter zur Welt gebracht wurden.[28]

Die jüdischen Frauen hatten in der Familie einen besseren Stand als ihre christlichen Nachbarinnen, wie Gerichtsarzt Dr. Mair aus Fürth feststellte:

> *Das Weib ist bei Christen häufig nur die erste Magd. Die Israeliten machen eine rühmliche Ausnahme nach dieser Richtung, d. h. Frauenachtung. Überhaupt könnten die Christen bezüglich Familienlebens viel von den Juden lernen. Das Verhältnis von den Kindern zu den Eltern und gegenteilig ist bei diesen besser als bei jenen.*«[29]

Gesetzliche Einschränkungen behinderten jedoch die Aktivitäten jüdischer Frauen, wie der nicht genehmigte Versuch der Fürther Jüdin Blum Mannes, die 1807 eine jüdische Garküche in Nürnberg errichten wollte, zeigt. Sie suchte bei der Stadt um die »*gnädige Erlaubnis ... ein Traitheur-Haus für ihre Glaubensgenossen etablieren zu dürfen*« nach und begründete dies mit ihrer eigenen »*äußerst traurigen und kummervollen Lage*«, denn ihr Ehemann könne sie und ihre drei Kinder nicht ernähren. Sie wies darauf hin, dass Nürnberg ausgedehnt Handel treibe und sich viele Kaufleute dort aufhielten:

> *Der jüdischen Glaubensgenossen, die dahin kommen, sind nicht wenige, besonders weil die handelnde Judenschaft in Fürth doch ziemlich zahlreich ist und ihre meisten Geschäfte zu Nürnberg mit der dortigen Kaufmannschaft abschließt.*«

Die Ablehnung wurde auf vielen Ebenen begründet, ausschlaggebend war dann jedoch die Einstellung: »*Einem Juden könne man keinen Vorteil einräumen, den er nicht bis dahin schon gehabt habe.*«[30]

Bürgerliche Frauen

Den Lebensweg von Clementine Ortenau, die als Münchnerin in die jüdische Oberschicht Fürths einheiratete, zeichnet *Monika Berthold-Hilpert* in ihrem Beitrag »*Clementine Ortenau – Akkulturation und traditionelles jüdisches Leben*« nach. Sie zeigt, wie sich private Beziehungen innerhalb der jüdischen Gemeinden und der Rollenvorstellungen bürgerlicher Oberschichtsfrauen gestalteten, die sich außerhalb des Hauses nur »wohltätig« beschäftigen konnten.

Wie Clementine Ortenau investierte auch Julie Schunck, Gattin eines Professors und Landtagsabgeordneten und Mutter von sieben Kindern, viel Zeit in das Abfassen von Briefen. *Nadja Bennewitz* rekonstruiert in ihrem Beitrag »*Alltagslast und -lust bürgerlicher Frauen*« aus ihrem Briefwechsel das Selbstverständnis einer neuen Frauengeneration aus dem Bildungsbürgertum. Die Veränderungen der Ehebeziehungen bürgerlicher Paare – die emotionalen Bindungen zwischen den Ehepartnern wurden nun gezeigt und wichtig genommen – lassen sich sowohl in der Ehe von Clementine Ortenau als auch von Julie Schunck deutlich erkennen.

Neue Wege und Zeiten, die sich zum ausgehenden 19. Jahrhundert abzeichneten, seien zum Schluss noch einmal an zwei Frauen aus ganz unterschiedlichen »typischen« mittelfränkischen Milieus aufgezeigt. Die großstädtische Pfarrerstochter Emilie Lehmus, geboren 1841 in Fürth, zog zu einer Zeit in die Schweiz, als Frauen in Deutschland noch nicht studieren konnten. Sie schrieb sich 1870 als erste deutsche Medizinstudentin in Zürich ein und promovierte dort 1875. Sie ließ sich in Berlin nieder, erhielt in Deutschland jedoch nicht die Berechtigung, die Berufsbezeichnung »Arzt« zu führen. Emilie Lehmus starb 1932 mit 72 Jahren in Gräfenberg bei Erlangen.[31]

Mina Bickel, die 1899 in Obermögersheim bei Gunzenhausen geboren wurde, ging als »Brui-Mina« – als begnadete und ledige Braumeisterin – in die mittelfränkische Geschichte ein.[32]

Anmerkungen

1 Die offizielle Bezeichnung lautete zunächst »Kreis«.
2 Guth, Klaus: Wanderungsbewegungen in und aus Franken im 19. Jahrhundert, in: JfL 49, 1989, S. 109–133.
3 Bavaria. Landes- und Volkskunde des Königreichs Bayern bearbeitet von einem Kreise bayerischer Gelehrter. Dritter Band. Oberfranken. Mittelfranken, München 1865, aus Tabelle zu S. 849.
4 Guth, Wanderungsbewegungen, S. 115.
5 Nach dem Hungerjahr 1846 und den 48er Unruhen fand die Auswanderung nach Amerika in fünf Wellen statt. 1846/47; 1851/52/53, 1872, 1889–1883, 1890 (Guth, S. 114).
6 Moritz, Gabriele: Rothenburg o. d. T. im 19. Jahrhundert, Rothenburg o. d. T. 1996, S. 198f.
7 Sparkasse im Landkreis Neustadt a. d. Aisch-Bad Windsheim (Hg.): Was ging den Landrichter die Sparkasse an?, Neustadt a. d. A. 1982, S. 39f.
8 Stimpfig, Karl Ernst: Die Juden in Ermetzhofen, Welbhausen, Gnodstadt und Uffenheim. Eine Dokumentation, Uffenheim o. J. (2002), S. 58 und 128.
9 Wilhelmsdorf, Gemeindearchiv (Amerika), Transkript Gerti Gagsteiger.
10 Hinweise von E. Glückert, Heimatpfleger, Lauf, Brief vom 16.3.2001.
11 Wigand, Harald: Von Langevelt zu Langenfeld. Ein fränkisches Dorf im Wandel der Zeit, Scheinfeld 1999, S. 105.
12 Dippold, Günter/Wirz, Ulrich: Die Revolution von 1848/49 in Franken, Bayreuth 1998, S. 73.

13 Loos, Edeltraud: »Behufs der Bestimmung des im Bezirk herrschenden Kulturgrades ...«. Die Physikatsberichte in der Mitte des 19. Jahrhunderts als Beitrag zu Sozial- und Kulturgeschichte Mittelfrankens, Ansbach 1999, S. 58.

14 Loos, Die Physikatsberichte, S. 584. Einblick in Tätigkeiten von Landfrauen am Beispiel der Textilverarbeitung bei: Gillmeister-Geisenhof, Evelyn: Spinnen, Weben, Schneidern ist der Weg zu Kleidern. Textilverarbeitung im 19. Jahrhundert am Beispiel Nennslingens, Ansbach 1989; dies.: Flachs wie Engelshaar. Flachsverarbeitung am Beispiel des Marktes Flachslanden, Ansbach 1994.

15 Loos, Physikatsberichte, S. 582.

16 Bavaria, S. 955.

17 Kroner, Michael: Cadolzburg. Im Wandel von der Hohenzollernresidenz und dem Ämtersitz zum gewerblich-industriellen Markt, Markt Cadolzburg 1993, S. 114.

18 Loos, Physikatsberichte, S. 224.

19 Lindner, F.: Die unehelichen Geburten als Sozialphänomen. Ein Beitrag zur Statistik der Bevölkerungsbewegung im Königreich Bayern, 1900, S. 223 (Tab. VII), in: Moritz, Rothenburg, S. 313.

20 Loos, Physikatsberichte, S. 573.

21 Loos, Physikatsberichte, S. 580.

22 Loos, Physikatsberichte, (Dr. Buchold, Rothenburg), S. 571.

23 StAN Kdl Abg. 1932, Tit. II Nr. 611 (5.7.1819), in: Moritz, Rothenburg, S. 181.

24 Kroner, Cadolzburg, S. 111.

25 Loos, Physikatsberichte, S. 236.

26 Loos, Physikatsberichte, S. 210.

27 Ein erster Schritt auf dem Weg der Emanzipation war das 1813 von König Maximilian I. erlassene Judenedikt, das jedoch die Zahl der an den verschiedenen Orten zugelassenen jüdischen Einwohner begrenzte. Erst ab 1861 konnten Juden aufgrund eines Landtagsgesetzes ihren Wohnsitz in Bayern frei wählen.
    Zur zahlenmäßigen Einordnung der verschiedenen Religionsgruppen: Im Jahr 1852 gab es in Mittelfranken 109.754 Katholiken, 411.706 Protestanten, 718 »Reformirte«, 743 »Menoniten, Wiedertäufer, Griechen«, 10.659 »Nichtchristen«, also jüdische EinwohnerInnen (Bavaria, S. 852).

28 Rossmeissl, Ralf: Mikrokosmos Cronheim. Ein Dorf – drei Religionen, Schwabach 2000, S. 81.

29 Loos, Physikatsberichte, S. 582.

30 Nürnberg-Fürther Isr. Gemeindeblatt 5,1932, S. 75–77.

31 Bornemann, Regina: Erste weibliche Ärzte. Die Beispiele der »Fräulein Doctores« Emilie Lehmus (1841–1932) und Franziska Tiburtius (1843–1932), in: Brinkschulte, Eva (Hg.): Weibliche Ärzte. Die Durchsetzung des Berufsbildes in Deutschland, Berlin 1994, S. 24–31.

32 Schachner, Erwin: Die »Brui-Mina«. Porträt einer ländlichen Braumeisterin, Nördlingen 1981.

Nadja Bennewitz
Alltagslast und -lust bürgerlicher Frauen

Julie Meynier (1800–1856) war das jüngste von vier Geschwistern. Sie stammte aus einer Erlanger Hugenottenfamilie.[1] Ihr Vater Johann Heinrich Meynier hatte sich als aufgeklärter Pädagoge und Schriftsteller von Kinder- und Jugendbüchern einen Namen gemacht.[2]

Wir sind verhältnismäßig gut über Julie Meynier, diese Frau aus dem gehobenen Bildungsbürgertum der kleinen Universitätsstadt Erlangen unterrichtet, weil sie wie viele ihrer bürgerlichen ZeitgenossInnen der Aufzeichnung persönlicher Angelegenheiten und Empfindungen viel Zeit widmete. Sie hinterließ der Nachwelt ihre persönlichen Tagebuchaufzeichnungen als 18-Jährige und zahlreiche Briefe, die sie als verheiratete Frau an ihren Mann Karl Schunck richtete. Durch ihre Aufzeichnungen wird der rege Austausch zwischen den Eheleuten deutlich, etwa wenn sie ihm beteuert, »*daß dein Fräulein zu hause außer der Freude an ihren Kindern nichts erfreuliches hat, als deine Briefe*«. Darüber hinaus liegen Briefe ihrer Mutter und ihrer Tochter Emma vor. Julie Meynier, verheiratete Schunck, hatte in den elf Jahren von 1822 bis 1833 zwei Töchter und fünf Söhne zur Welt gebracht.[3]

Es ist erstaunlich, wie viel Zeit in das Abfassen von Briefen investiert wurde, obwohl das tägliche Arbeitspensum einer bürgerlichen Hausfrau trotz zahlreicher Mägde enorm war. Ähnliches ist auch von der etwa gleichaltrigen Luise Rückert bekannt, ebenfalls Erlanger Professorengattin wie Julie Meynier.[4] Als Julies Mann bereits in München lebte, erstattete sie ihm regelmäßig einmal die Woche minutiös in einem vier- bis sechsseitigen, eng geschriebenen Brief Bericht über das Familienleben, den Fortschritt der Kinder beim Lernen, die Besuche, ihren Gemütszustand, die Gartenarbeit, und sie endete so manches Mal mit dem Versprechen: »*Leb wohl geliebter Mann ich fange bald einen neuen brief für dich an.*« Das Papier schien kaum auszureichen, denn sie beschrieb die Ränder bis zum letzten Eck und wünschte sich dann von ihrem Gatten: »*ich hoffe du wirst zufrieden mit der Länge dieses Briefes seyn.*« Keineswegs war ihr Mann ihr einziger Briefpartner, vielmehr erhielt sie mehrmals die Woche Post von Bekannten und Verwandten. Interessant sind auch die kleinen Informationen über den eigentlichen Akt des Schreibens. So entschul-

digte sie ihre schlechte Schrift damit, dass sie »*mit der ersten selbst-
geschnittenen Feder*« geschrieben habe.

Dieser rege Briefverkehr hat auch mit der wachsenden Mobilität
der Gesellschaft im beginnenden 19. Jahrhundert zu tun. Zudem ist
das Abfassen von Briefen ein ausgesprochen bürgerliches Phänomen:
Die Bürgerin und der Bürger drückten sich in Briefen auf unmittelbare und authentische Weise aus, wodurch man sich explizit von dem
als affektiert geltenden Adel abgrenzte. Der Brief diente dabei nicht
nur dazu, intime Äußerungen zu machen, sondern war durchaus halb
öffentlich. Briefe wurden weitergereicht oder in Gesellschaft vorge-
lesen.[5] Auch Tochter Emma legte ihrer Mutter den Brief einer Freundin zur Lektüre bei oder ließ die Bemerkung »*nicht wahr, Onkel?*«
fallen und machte damit deutlich, dass sie durchaus damit einverstanden war, dass ihr Brief auch noch von anderen gelesen wurde.

Was sagen diese Selbstäußerungen von Julie Meynier und ihrer
Familie nun über das Selbstverständnis dieser bürgerlichen Frauengeneration aus der ersten Hälfte des 19. Jahrhunderts aus?

Julie ist 18 Jahre alt, als sie zusammen mit ihrer Mutter die Verwandtschaft in Württemberg besucht. Die Reise nach Ellwangen führt
sie von Erlangen über Dinkelsbühl, wo man Rast macht und
»*Chocolade*« trinkt. Sie genießt während der Reise »*die schöne Natur, das feyerliche Abendläuten, ... die herrliche Aussicht*« und freut
sich schließlich über die herzliche Aufnahme durch Tante und Onkel. Zu den täglichen Unternehmungen gehören ausgedehnte Spaziergänge und Julie wird nicht müde in ihren Erinnerungen die schöne
Gegend zu preisen, wobei die dort »*arbeitenden Landleute*« in den
Augen dieser gut situierten Tochter sicherlich zur landschaftlichen
Idylle beigetragen haben mögen. Besonderen Eindruck macht auf die
sehr empfindsame junge Frau der Besuch von Großmutters Grab.
Ihre Mutter sei tief bewegt gewesen und auch an ihr geht dieser Mo-
ment nicht spurlos vorüber: »*der Gedanke verläßt mich nicht, daß
ich auch einst an ihrem [meiner Mutter] Grabe so stehen werde.
Meine Stimmung ist sehr ernst ...*« Gemäß dem bürgerlichen
Bildungskanon lernen die Mädchen beizeiten, sich in Gesellschaft
angemessen zu bewegen:[6] Man macht Visiten und Gegenvisiten und
Julie kann sich dabei hemmungslos ihren Beobachtungen hingeben:
Der »*Kammeralverwalter ein Original, Miene, seine Tochter, eine
niedliche aber furchtbar affektierte Lebedame, Hofrat Neuß ... ein
vielleicht guter, doch grober Kumpan*«. Sie scheint den Sinn dieser

Zusammenkünfte bald erkannt zu haben:

»*Kaffee bei der Stadtschreiberin. Eine Tafel beinahe so lange als die Stube, darauf zwey Torten, 4 Teller mit Konfekt, 4 Körbchen mit Obst, zwey Teller mit Wurstbrod ... Alle Honoratioren ... sind zugegen. Man ißt sich voll und voll, schreit etwas und begiebt sich um manche wichtige Neuigkeit reicher nach Hause.*«*

Diese stundenlangen Besuche sind oft reichlich ermüdend, so klagt sie: »*Wir armen bürgerlichen Menschenkinder haben große Langeweile, man ißt und trinkt und drückt sich endlich unterthänig dankend zur Thür hinaus.*« Denn eigentlich interessant wird es für die Heranwachsende erst, wenn man sich abends zum Ball trifft: »*Mein Tänzer unterhält mich einstweilen, das Männchen ist nicht so übel, in der Blüte seiner Jahre ... lebhaft, scherzhaft, erstaunlich lieb, ein wahrer Herzensbezwinger!*« Julie gibt sich jedoch keineswegs nur dem schnöden Vergnügen hin. Wie ihren Äußerungen zu entnehmen ist, ist sie zum einen äußerst gottesfürchtig und zum anderen auch durchaus belesen. Aus beiläufigen Bemerkungen erfährt man, dass ihr das Drama »*Don Carlos*« von Friedrich Schiller sowie die »*Wahlverwandtschaften*« von Johann Wolfgang von Goethe geläufig sind. Auch in ihrer späteren Ehe wird sie sich von ihrem Gatten wünschen:

»*eine Freude könntest du mir machen, wenn du ... die Werke der besten Schriftsteller in unser Haus brächtest ... Ich denke öfter daran, wie schön das wäre.*«

Im Alter von 21 Jahren heiratet Julie Meynier 1821 den zehn Jahre älteren Friedrich Christoph Karl Schunck. Ihr Mann hat eine viel versprechende Karriere vor sich, er wird Professor für öffentliches Recht, arbeitet als Sekretär im mittelfränkischen Landtag und zieht schließlich als Abgeordneter der Erlanger Universität in die Bayerische Ständeversammlung ein.[7]

Als sie wieder eine Reise nach Württemberg zu ihrer Verwandtschaft unternimmt, ist sie bereits seit einigen Jahren verheiratet und Mutter mehrerer Kinder. Weil die anderen der Reisegesellschaft beschäftigt sind, geht sie, wie sie ihrem Mann nach Hause berichtet, alleine spazieren:

»*so ging ich meinen Gedanken nach, und fing endlich an zu singen ›Ach wie schön die liebe Erde‹, du weißt. Das muß ich immer, wenn mir das Herz recht voll ist, aber dann muß ich auch in der Regel dich küssen und dir sagen, wie es mir zu Muth*

*ist, und die gleiche Empfindung in deinen Augen lesen; das aber
konnte ich gestern nicht – und das ist schlimm, sehr schlimm.«*
Wie sich anhand solcher Briefe sehr deutlich nachzeichnen lässt, hatte
die bürgerliche Ehe seit dem 18. Jahrhundert eine starke Emotionalisierung
erfahren. Die Eheleute sind nun nicht mehr das aus der Frühen Neuzeit
bekannte »Arbeitspaar«, das sich durch gemeinsames Wirtschaften den
Lebensunterhalt sichert und eher selten von Empfindungen zusammengehalten wird. Noch zehn Jahre nach der Hochzeit, als ihr Mann
bereits in München wohnt, wo ihn wichtige Geschäfte im Landes-
parlament in Anspruch nehmen, schreibt Julie:

> *»Weißt du, daß ich auch die Landtagsprotokolle lese? Am Tag
> warte ich die Kinder und wenn die Nacht herbey kommt schreib
> ich Liebesbriefe und politisire.«*[8]

Obwohl Julie selbstverständlich die Zeitung liest, interessiert sie sich
doch nur insoweit für Politik, als es ihren Mann betrifft:

> *»ja – ja ich lese die Landtagsprotokolle! – von den Sachen die
> vorkommen interessieren mich eigentlich nicht viele, aber ich
> lese sie um die Leute kennen zu lernen die dich umgeben und
> zu hören was du gehört hast. Deine Rede ... gefällt auch mir
> recht wohl.«*

Trotz dieses geringen Interesses der Ehefrau an Politik kann von einer absoluten Beschränkung auf den privaten, angeblich weiblichen
Bereich gegenüber der öffentlichen, »männlichen« Sphäre nicht die
Rede sein. Julie betont mehrfach, sie verfolge die Diskussionen im
Parlament, zudem empfängt sie Besucher, die an der Arbeit ihres
Mannes interessiert sind, die Unterlagen und Akten verlangen und
denen sie Rede und Antwort stehen muss. Umgekehrt nimmt auch er
an den familiären Belangen regen Anteil. Zu beobachten ist ein gemeinsames Wachsen des Paares an der nun als sehr wichtig empfundenen Aufgabe, die Kinder zu guten Menschen und Bürgern auszubilden.

Freilich wurden besonders die Mütter durch eine neue Form der
Kindererziehung gefordert. Die Erziehung wurde in den bürgerlichen
Kreisen nicht mehr als gegenseitiges Nehmen und Geben zwischen Eltern und Kindern verstanden, nicht mehr die materielle Absicherung
der Eltern im Alter stand im Vordergrund, den Kindern sollte nun selbst-
lose Liebe entgegengebracht werden. Als gute Eltern galten diejenigen,
deren Kinderliebe und Fürsorge frei von persönlichem Interesse war.[9]

1831 hat Julie bereits fünf Kinder, das kleinste noch im Säuglingsalter. Jahrhundertelang war das Stillen eine Aufgabe, die adlige und

bürgerliche Frauen ohne weiteres einer Amme übertragen hatten. Nun aber avancierte im Bürgertum das Stillen zur unverzichtbaren Tugend der Mutter, dies in Abgrenzung zum Adel und angeregt durch pädagogische Überlegungen der Aufklärung, nach denen der Einfluss einer Amme als äußerst schädlich eingestuft wurde.[10] Auch Julie stillt selbstverständlich ihren Sohn Karl selbst, doch wegen einer Krankheit muss sie ihn zu ihrem Bedauern vorzeitig abstillen:

> »die fünf anderen Kinder die, da sie jetzt den Vater entbehren, doch recht nothwendig eine kräftige Mutter brauchen, bestimmen mich zu thun was ich kann ... So bin ich im Begriff mein Büble zu entwöhnen ... Wäre es mein einziges Kind, so könnte mich nichts hierzu bewegen, das arme Würmchen findet sich so schwer in die neue Last!«

Wie es der Zeitgeist von bürgerlichen Müttern forderte, widmete auch sie den Großteil ihres Tages den Kindern – ein Aufwand, der noch von der vorangegangen Generation kaum gemacht wurde. In den Briefen, die sich die jungen Mütter schrieben, wird der Einsatz bei der Zubereitung von Kindernahrung in aller Ausführlichkeit geschildert:

> »[Meine Freundin] hat ihre Kinder stillen können u. hat ihnen 4 oder 6 Wochen Fenchelmasse gegeben u. dann ein mal des Tags Nachmittags 4 Uhr ein Breichen ... mit kalter Milch angerührt, eine halbe Tasse voll. Dies kochte sie über Spiritus in einer Porzellantasse oder in etwas Irdenem, ja nicht Kupfer u. ja nicht Blech, weil es zu geschwinde kocht ... auch soll das Gefäß eng nicht weit sein. Später gab sie Morgens noch ein Wassersüppchen oder auch Mittag ... Ist die Beschreibung nicht genau?«

Fremden Kindermädchen möchte Julie ihre Kinder nicht übergeben, auch dies entspricht ganz dem mütterlichen Erziehungsauftrag.

> »Das ganz kleine Kind vertrau ich ihr [der Magd] so wenig als möglich an, dadurch aber wird meine Last immer größer ich bin in beständiger Unruhe und erschein mir ... ein zu schwer beladenes Kameel, meine Kräfte wollen noch nicht reichen.«

Den Ratschlägen ihres Mannes, besser auf sich aufzupassen, kann sie angesichts der täglichen Anforderungen kaum Folge leisten. Sie nimmt ihre mütterliche Hingabe sehr ernst:

> »Du empfiehlst mir ... mich zu schonen ... Bin ich zu hause, so _kann_ ich nicht besondere Rücksicht auf mich nehmen. Wie kann ich ruhig sitzen bleiben, wenn tausend Anforderungen an mich gerichtet werden, und wie könnte ich mich von meinen Kin-

Julie Schunck, geb. Meynier
(1800–1856). Zeichnung
ihres Bruders Louis Meynier

dern absondern, ehe noch die dringendste Noth es gebeut [ge-
bietet]? – So bin ich geistig und körperlich den ganzen Tag an-
gespannt ... Sind wir ... beisammen, so wendet sich doch
natürlich alles an mich, ich möchte es auch nicht anders.«
Ausdrücklich betont sie, es sei »*gegen meinen Grundsatz ..., zwi-*
schen mich und meinen Kindern auf längere Zeit eine dritte Per-
son zu stellen«.

Bei den Erziehungsfragen zeigt Julie Eigenständigkeit gegenüber
ihrem Mann. So hat sie Schwierigkeiten mit dem ältesten Sohn Julius, der zwar später Stadtvikar in Erlangen und Pionier der sozialen
Diakonie werden sollte, bei dem als Neunjähriger aber noch »*ein paar*
Ohrfeigen oft viel nützlicher wären« als jede andere Erziehungs-
maßnahme. Sie beschließt, »*in der Voraussetzung daß du es billigen*
werdest«, Julius in den Unterricht eines anderen, kompetenteren Lehrers zu schicken. Auch ob er besser Zeichen- oder Musikunterricht
erhalten solle, entscheidet sie selbst: »*deine Meinung kann ich nicht*
mehr hören, da man sich Morgen schon entscheiden muß.«

Schließlich hält das Ehepaar die räumliche Trennung nicht mehr aus. Die Sehnsucht ist groß und die Reise von Erlangen nach München äußerst langwierig und mühsam. Anfangs noch weist sie die Aufforderung von Karl, sie solle mit den Kindern nach München ziehen, als absurd zurück, »*es gewann mir ein Lächeln ab, so ein Gedanke kann nur in dem Kopf eines genialen Mannes entstehen*«. Für eine »*arme sehr geplagte Frau*« sei ein solches Ansinnen »*ein unübersteiglicher Berg*«. Schließlich aber willigt sie ein, macht aber deutlich, wie viel Arbeit dieser Umzug macht:

> »*Ich muß also einen Auszug aus meiner Haushaltung machen und das übrige zum Theil in Verwahrung geben, zum Theil so zusammen stellen, daß es nicht Schaden nehmen kann. Diese große große Mühe, diese Lasten, diese Störungen … allein die Reise hin und her mit dem kleinen höchst unruhigen Kind, das eigentlich nur still ist, wenn es schläft …*«

Dennoch drängt Karl sie zum baldigen Aufbruch, weshalb es zu Missstimmungen zwischen den Eheleuten kommt:

> »*Dein gestriger Brief, geliebter Mann, ist höchst merkwürdig und zeigt mir wie wenig ich dich mit den Sorgen der Wirthschaft geplagt habe, sonst könntest du es nicht denkbar finden, daß eine Frau mit 6 Kindern und 2 Mägden sich in zwey Tagen fertig machen kann für eine Abwesenheit eines Jahres und drüber.*«

Schließlich müsse noch die große Wäsche gemacht werden, was ungefähr eine Woche dauere, und außerdem bekomme sie eine neue Magd, mit der sie noch vertraut werden müsse. Der Umzug dieses vielköpfigen Haushaltes erfordert von der Hausfrau in der Tat einige logistische Vorüberlegungen. Betten, Strohsäcke, Winterkleider, Wäsche und Kinderbettstätten werden eigens von einem Fuhrmann nach München gebracht, während Julie mit den Kindern und den Bediensteten in Kutschen reist. (Ihre Tochter Emma wird 1853 für ihre Reise von Erlangen zur Kur die Eisenbahn nehmen![11]) Und schließlich heißt es in ihrem letzten Brief, den sie von Erlangen aus an Karl schreibt:

> »*Die Freuden der großen Stadt [München] ziehen mich nicht, aber der herzinnige Wunsch, dies Gefühl von Einsamkeit von dir zu scheuchen, dies ist es, was mir alle Mühseeligkeit leichter macht.*«

Das Unverständnis des Mannes gegenüber den Arbeitsbelastungen seiner Frau führt die Diskrepanz zwischen der propagierten Norm und der Alltagsrealität in einem bürgerlichen Frauenleben deutlich vor Augen. Die Forderung nach Disziplin, Leistung und Strebsam-

Wilhelmine Dorothea
Meynier, geb. Faber (1761–
1841), Julies Mutter

keit richtete sich zu Beginn des 19. Jahrhunderts an das männliche
bürgerliche Individuum, das auch das bürgerliche Arbeitsethos nach-
haltig prägte. Die Forderung, die die Gesellschaft an die bürgerliche
Frau richtete, war der Müßiggang. De facto aber lag das Arbeitspensum
gut situierter bürgerlicher Männer bei sechs Stunden täglich – eine
Zeitspanne, die von ihren Ehefrauen durch Haushaltsführung und
Erziehung weit übertroffen wurde. Nichtsdestotrotz blieben der öffentlich zur Schau gestellte Müßiggang der Damen und das Leistungs-
prinzip der Herren prägend für das Bild der bürgerlichen Epoche, ob
es nun der Realität entsprach oder nicht.[12]

Auch die Frauen selbst unterstützten diese Sicht, so Julies Mutter
Wilhelmine Dorothea Meynier (1761–1841). Als sie ihrer Tochter 1835
nach München schreibt, berichtet sie ausführlich von ihrem 74. Geburtstag und bedankt sich herzlich für die zahlreichen Geschenke
aller Kinder, darunter Stickarbeiten der Enkelinnen, Zeichnungen
und Briefe der Enkel.[13] Auch ihrem Schwiegersohn Karl dankt sie
mit folgenden Zeilen:

223

»*Nun komen auch noch ein paar Worte des Dankes und der Liebe für den herrn z[u] sagen daß er mir nach 10 J.[ahren] mal wieder einmal ein p.[aar] Worte zu schickte: Es wird Ihm freylich viel Überwindung gekostet haben, die kostbare Zeit so unnütz zu verschwenden: dies hat aber für mich dadurch einen noch höheren Wert bekomen …*«*

Man wird in diesen Äußerungen weniger Sarkasmus als vielmehr wirkliche Demut gegenüber dem Herrn Professor erkennen müssen.

Auf der Zeichnung, die ihr Sohn Louis von ihr machte, ist Wilhelmine Dorothea an einem Spinnrad sitzend dargestellt. In Zeiten mechanisierter Baumwollspinnereien war es ein Privileg der bürgerlichen Schichten, sich durch derartige Handarbeiten nostalgisch einer »guten alten Zeit« hinzugeben. In der Regel diente die dadurch gewonnene Wolle nicht der Herstellung tatsächlich benötigter Wäsche, sondern dekorativer Textilien, die das bürgerliche Heim behaglicher machen sollten. Den Charakter von wirtschaftlich notwendiger Arbeit hatte diese Tätigkeit verloren und dies war auch durchaus beabsichtigt.[14]

Dem Eheglück von Julie und Karl Schunck war keine lange Dauer beschieden. Karl starb 1836, woraufhin seine Frau nach Erlangen zurückkehrte. Hier engagierte sie sich standesgemäß im »*Verein für freiwillige Krankenpflege*«,[15] reiste viel und besuchte ihre Geschwister. Auch dem Briefeschreiben widmete sie nach wie vor Zeit, wie die Korrespondenz mit ihrer Tochter Emma zeigt. Ob sie weiterhin in ihrem berühmten Garten arbeitete, den das Ehepaar 1820 erworben hatte, ist unbekannt.[16] Noch 1831 hatte sie berichtet, wie die Großmutter in den dortigen hohlen Bäumen und zwischen Hecken Süßigkeiten für die Kinder an Ostern versteckt hatte. Der heute noch bestehende Garten, ein bekanntes Erholungsgebiet in Erlangen, hatte mit seinem Gartenhäuschen, den Treppenanlagen und eingefassten Quellen, den Weichselbäumchen, Äpfel-, Quitten- und Kirschbäumen Julie Schunck seinerzeit viel Arbeit gemacht – auch dies war ein Teil der versteckten bürgerlichen Frauenarbeit.[17]

Der »Schunck'sche Garten« befindet sich in Erlangen an der Bayreuther Str. 58 am Westabhang des Burgbergs.

Anmerkungen

1 Zur Familie Meynier vgl. Bennewitz, Nadja: »... daß ihre Kinder zur Bildung der Jugend gesucht werden.« Französische Gouvernanten, in: Bennewitz, Nadja/Franger, Gaby (Hg.): »Die Erlangischen Mädchen sind recht schön und artig ...« Ein Erlanger Frauengeschichtsbuch, Cadolzburg 2002, S. 68–76.

2 Vgl. Strobach, Erich: Der Jugendschriftsteller Johann Heinrich Meynier, in: Börsenblatt für den Deutschen Buchhandel Nr. 24, 1977, S. 81–94. Die Angabe, Johann Heinrichs Frau sei zu seinen Lebzeiten gestorben, ist falsch; sie überlebte ihren Mann um 16 Jahre, vgl. StAE Akte Meynier, III.107.M.1, 60.

3 StAE 2.B.2134: Rück-Erinnerungen an lezten September 1818; 25.B.2136-2145: 10 Briefe zw. 22.2.1831–3.8.1831 der Julie Schunck aus Erlangen an ihren Mann in München; 25.B.2146: Brief der Julie Schunck von einer Reise aus Württemberg an ihren Mann in Erlangen v. 1.5.1828; I D 52: Brief der Mutter Wilhelmine Dorothea Meynier an ihre Tochter Julie in München v. 6.10.1838; 25.B.2148-2154: 5 Briefe der Tochter Emma Schunck an ihre Mutter Julie zw. 20.7.–12.10.1858.

4 Vgl. Forssman, Ingeborg: Luise Rückert (1797–1857) – die Frau an der Seite eines berühmten Mannes, in: Bennewitz/Franger, Die Erlangischen Mädchen, S. 104–112.

5 Vgl. Habermas, Rebekka: Frauen und Männer des Bürgertums. Eine Familiengeschichte (1750-1850), Göttingen 2000, S. 22–27.

6 Vgl. Hardach-Pinke, Irene: Bleichsucht und Blütenträume. Junge Mädchen 1750–1850, Frankfurt a. M./New York 2000.

7 Vgl. Seifert, Heinz: Dr. Julius Schunck. Erlanger Stadtvikar 1847–1853, Pionier sozialer Diakonie, in: EB 19, 1972, S. 3–17.

8 Ich zitiere im Folgenden aus den 10 Briefen der Julie Schunck aus Erlangen an ihren Mann in München vom 22.2–3.8.1831: StAE 25.B.2136-2144.

9 So Habermas, Frauen und Männer, S. 365–380, bes. S. 366.

10 Vgl. Toppe, Sabine: Mutterschaft und Erziehung zur Mütterlichkeit in der zweiten Hälfte des 18. Jahrhunderts, in: Kleinau, Elke/Opitz, Claudia (Hg.): Geschichte der Mädchenbildung, Bd. 1, Frankfurt a. M./New York 1996, S. 346–359.

11 StAE 25.B.2153. Mit Eröffnung der ersten Teilstrecke Nürnberg-Bamberg 1844 trat Erlangen in das Eisenbahnzeitalter ein.

12 Vgl. Habermas, Frauen und Männer, S. 33–38.

13 StAE I D 52.

14 Vgl. Habermas, Frauen und Männer, S. 53–61.

15 Willett, Olaf: Evangelische Frauenvereine in Erlangen von ihrer Gründung bis zum Beginn des 20. Jahrhunderts, in: Bennewitz/Franger, Die Erlangischen Mädchen, S. 131–135, hier S. 132.

16 Vgl. Art. »Schunckscher Garten«, in: Friederich, Christoph/Haller, Berthold Frhr. von/Jakob, Andreas (Hg.): Erlanger Stadtlexikon, Nürnberg 2000, S. 628f.

17 StAE III 107 M 1, S. 3: Meynier, Julius: Züge aus dem Leben und Sterben der Großmutter, Maschinenschriftliche Abschrift.

Monika Berthold-Hilpert
Clementine Ortenau – Akkulturation und traditionelles jüdisches Leben

Am 16. Januar 1920 starb die 82-jährige Clementine Ortenau in Bad Reichenhall in der Villa ihres Sohnes Gustav, der dort – bis ihm die Nationalsozialisten Berufsverbot erteilten – als leitender Kurarzt ein Sanatorium betrieb. Nach ihrem Tod ließ ihre Schwiegertochter Adele, die zu ihrer im Haus lebenden Schwiegermutter ein stets gespanntes Verhältnis hatte, deren Nachlass zum Anschüren in die Waschküche schaffen. Enkel Erich Ortenau, damals acht Jahre alt, griff aus dem Heizmaterial wahllos Schriftstücke heraus, die ihm interessant erschienen: Urkunden, Fotos, Gedichte, Zeichnungen, Tagebücher und Tausende von Privatbriefen einer fränkisch-jüdischen Familie. Er bewahrte somit eine Familienüberlieferung[1] aus der zu diesem Zeitpunkt wichtigsten Periode im Leben der deutschen Juden.

Im Zeitraum zwischen 1780 und 1870, der mit den Begriffen Naturalisierung, Reform, bürgerliche Verbesserung, Amalgamierung und Emanzipation beschrieben wird, war die jüdische Gemeinschaft tief greifenden Veränderungen unterworfen, die den gesetzmäßigen Status, die berufliche Aufgliederung, die kulturellen und religiösen Anschauungen sowie die Lebensgewohnheiten maßgeblich beeinflussten. Es begann eine Entwicklung, die die Juden aus der sozialen Isolierung und dem religiös-kulturellen Eigenleben, das ihre Existenz seit dem Mittelalter bestimmte, herausführte und ihnen den Eintritt in die bürgerliche Gesellschaft ebnete.[2]

Die Familie Ortenau war seit dem 18. Jahrhundert zunächst noch unter dem Namen Ottensooser in Fürth ansässig. Dieser Name verweist auf die wahrscheinliche Herkunft aus der mittelfränkischen Ortschaft Ottensoos. Die Namensänderung stand in Zusammenhang mit den Bestimmungen des bayerischen Judenedikts von 1813, das unter anderem die Auflage zur Annahme eines deutschen Familiennamens enthielt. Ein Blick in die Fürther Matrikelliste[3] zeigt, dass der Name Ottensooser weit verbreitet war, weshalb David und Jakob Ottensoos den bleibenden Familiennamen Ortenau eintragen ließen.

Der erste Ortenau, über den mehr ermittelt werden konnte als nur Name, Geburts- und Sterbedaten, ist David Ortenau (1792–1864).

Mit 14 Jahren trat er als Lehrling in das Ausschnittwarengeschäft seiner Tante Mirl Ottensooser ein, das er schließlich als Geschäftsführer leitete. Als die Tante 1820 kinderlos starb, führte er das Geschäft fort. In seinem Ansässigmachungsgesuch an den Fürther Magistrat vom 1. März 1820 wies er ein Vermögen von 6.700 Gulden nach.[4]

Durch die Verbindung mit Esther Emilie Wertheimer (1800–1867) heiratete er in eine alte und vornehme Hoffaktoren- und Bankiersfamilie ein: Esther Emilie war in direkter Linie eine Nachfahrin sowohl des bayerischen Hoffaktors Wolf Wertheimer wie auch des kaiserlichen Hoffaktors Salomon Oppenheimer.

Die Wichtigkeit, die innerhalb der jüdischen Gemeinschaft den geeigneten Heiratsverbindungen beigemessen wurde, legt nahe, dass auch die Familie Ottensooser/Ortenau Teil der jüdischen Oberschicht Fürths war. Ehen wurden in der finanzkräftigen Oberschicht selten aus Liebe geschlossen, es standen meist vorteilhafte geschäftliche Verbindungen für die Familien im Vordergrund. Die langwierigen und oft schwierigen Mitgiftverhandlungen führten die Eltern, häufig unter Hinzuziehung von professionellen Heiratsvermittlern. Die Betroffenen hatten kaum ein Mitspracherecht und lernten sich nicht selten erst am Tag der Hochzeit kennen. Dass Heirat auch für David Ortenau in erster Linie ein Geschäft war, ergibt sich aus dem zitierten Ansässigmachungsgesuch von 1820. Bei der Aufstellung seines Vermögensnachweises betont er, dass er im Falle einer Eheschließung – eine geeignete Kandidatin wird nicht genannt – noch einige tausend Gulden zu erwarten habe.

David und Esther Ortenaus Sohn Ignaz (1830–1883) schlug mit dem Besuch des Gymnasiums in Nürnberg und seinem Jurastudium in München einen vollkommen anderen Lebensweg ein als sein Vater, der in einem noch für das 18. und frühe 19. Jahrhundert typisch jüdischen Beruf, dem des Ausschnittwarenhändlers, tätig war. Die Familie konnte es sich leisten und nutzte die politischen Veränderungen[5] zu Beginn des 19. Jahrhunderts, um dem Sohn den Einstieg in eine andere Berufssphäre und somit in die Schicht des Bildungsbürgertums zu ermöglichen.

Da aber der Zugang zum Notars- bzw. Anwaltsberuf in den 1850er Jahren für Juden immer noch mit großen Schwierigkeiten verbunden war, nahm Ignaz Ortenau zunächst die Stelle des Geschäftsführers der Israelitischen Kultusgemeinde in Fürth an und promovierte gleichzeitig 1860 in Heidelberg mit summa cum laude zum Dr. jur.

Zu dieser Zeit hatte er bereits zarte Bande zu seiner in München lebenden Cousine[6] Clementine Seligmann geknüpft. Heiraten kam aber auf absehbare Zeit nicht in Frage, da in Bayern noch der »*Matrikelparagraph*«[7] in Kraft war, der die Eheschließung an eine Matrikelstelle band. Erst die Berufung auf eine Advokatur oder Notariatsstelle hätte ihm eine eigene Matrikelstelle ermöglicht. In Clementine Seligmanns Tagebüchern[8] wird der Tod von bayerischen Notaren und Anwälten daher unverhohlen begrüßt und die Neubesetzung mit anderen Kandidaten als Ignaz Ortenau mit Groll registriert. 1862 erfolgten schließlich die lang ersehnte Ernennung zum Notar in Fürth und die sehnlichst herbeigewünschte Eheschließung. Im Gegensatz zur Ehe der Eltern von Ignaz Ortenau handelte es sich hier um eine Liebesheirat, in die die Wertheimer'sche Verwandtschaft umso lieber einwilligte, als damit auch das Versorgungsproblem der Vollwaise Clementine gelöst war.

Clementine Ortenau wurde am 29. August 1838 in Wien als drittes Kind von Leopold Seligmann und seiner Frau Nanette, geborene

Clementine Seligmann als Braut, München 1862

Wertheimer, in eine wohlhabende Kaufmannsfamilie hineingeboren, die trotz unglücklicher Finanzspekulationen des Vaters ein standesgemäßes Leben führte.

1856 nach dem plötzlichen Tod des Vaters blieben Clementine, ihre Mutter und ihre jüngere Schwester Sophie nahezu mittellos zurück. Als zwei Jahre später Mutter und Schwester starben, konnten oder wollten ihre beiden Brüder sie nicht aufnehmen und so war sie mit knapp 20 Jahren auf das Wohlwollen der reichen Verwandtschaft der Mutter angewiesen. Zunächst kümmerte sich die Wertheimer-Familie in Wien um sie, dann wurde sie zu ihrer Tante Esther Emilie Ortenau nach Fürth geschickt. Die sich anbahnende Liebesbeziehung zu ihrem Vetter Ignaz führte dann aber offenbar dazu, dass die Familie Hals über Kopf beschloss, sie bei ihrer Tante Cäcilie Rau, einer Münchener Bankiersgattin, unterzubringen.

Über ihre Bildung ist fast nichts überliefert. Ein Zeugnis des Wiener Religionslehrers Mannheimer aus dem Jahr 1851 bestätigt, dass sie »*die vorgeschriebenen Gegenstände der israelitischen Religions- und Sittenlehre privatim erlernt*« und die Prüfung mit »*sehr gut*« bestanden habe.[9] Aus ihren Tagebuchaufzeichnungen geht jedoch hervor, dass sie französische und italienische Literatur in der Originalsprache las und Englischstunden nahm. Hieran zeigt sich deutlich ein bürgerliches Phänomen des 19. Jahrhunderts. Höhere Töchter, auch die jüdischen, erlernen keinen Beruf, sind nicht in der Lage, sich zu versorgen, sondern auf das Wohlwollen ihrer Verwandten angewiesen. Die einzige ehrbare Möglichkeit, dieser als bedrückend empfundenen Abhängigkeit zu entgehen, besteht in einer standesgemäßen Ehe. Aber die Juden immer noch benachteiligenden bayerischen Rechtsverhältnisse und die fehlende Mitgift schlossen auch diese Möglichkeit über Jahre hinweg aus.

Das gesellschaftliche Umfeld, in dem Clementine Ortenau sich in Fürth und München bewegte, war eng umrissen. Der mit dem wirtschaftlichen Erfolg verbundene soziale Aufstieg in die Schicht des Bürgertums führte nicht zu einer Integration der Juden in die sie umgebende Mehrheitsgesellschaft, wenn sich auch ihre Akkulturation an die Lebensweise der Umwelt verstärkte. Es scheinen eher zwei nebeneinander bestehende Gesellschaften entstanden zu sein, die seit der Mitte des 19. Jahrhunderts größere Berührungspunkte, vornehmlich im geschäftlichen Bereich, entwickelten. Diesen Schluss lassen zumindest für Fürth und München Clementine Ortenaus Tagebücher zu, in denen sie zwischen 1858 und 1864 akribisch alle gesellschaftlichen Kontakte notierte. Beziehungen wurden ausschließlich innerhalb der jüdischen Gemeinschaft gesucht und gepflegt, Nichtjuden nicht erwähnt. Trotz dieser vornehmlich jüdischen Sozialisation ging das Engagement des jüdischen Bürgertums im 19. Jahrhundert über die Interessen der eigenen Glaubensgemeinschaft hinaus. Die religiöse Pflicht der »Zedaka« (Wohltätigkeit), wonach jeder Einzelne als Teil einer Gemeinschaft für jeden Bedürftigen Verantwortung trägt, wird nun auf die gesamte Gesellschaft ausgedehnt.[10] Wohltätigkeit war die einzige Beschäftigung außer Haus, die sich für bürgerliche Frauen des 19. Jahrhunderts schickte. So war es für Clementine Ortenau, die als Notarsgattin zu den Fürther Honoratioren gehörte, nicht nur eine durch ihre Religion begründete Selbstverständlichkeit, sondern auch eine gesellschaftliche Pflicht, sich im Deutsch-Französischen Krieg von 1870/71 in der Verwundetenfürsorge zu engagieren. Dafür erhielt sie eine Reihe von staatlichen Auszeichnungen: 1871 vom preußischen König Wilhelm I. das Verdienstkreuz für Frauen und Jungfrauen und 1872 das bayerische Verdienstkreuz für die karitativen Tätigkeiten in den Jahren 1870/71.[11]

Religion und Religionsausübung spielten innerhalb der Familie eine wichtige Rolle. Die Familie war der Israelitischen Kultusgemeinde in Fürth und später in München[12] eng verbunden, ordnete sich jedoch eindeutig der liberalen Fraktion um den Fürther Reformrabbiner Dr. Isaak Löwi und seinen Nachfolger Dr. Immanuel Neubürger[13] zu. Die hohen Feiertage wurden beachtet: Rosch-ha-Schana, das Neujahrsfest, verbrachte Clementine Ortenau regelmäßig in der Synagoge, an Jom Kippur, dem Versöhnungstag, fastete sie. Auch Pesach, das Fest zur Erinnerung an den Auszug der Israeliten aus Ägypten, hatte einen festen Platz im jährlichen Festkreis. Die Vorbereitungen, vor allem das Reinigen des Hauses von allem Gesäuerten, betrieb sie mit Akribie. Den in ihren Augen laxen Umgang der Münchner Verwandten mit den für Pesach gültigen Speisevorschriften kritisierte sie.[14] Während ihrer Fürther Zeit besaß sie einen gemieteten Sitz in der Frauenabteilung der Fürther Altschul, dem Gotteshaus der Liberalen. Ihre Söhne schickten die Ortenaus in die Israelitische Realschule, die von orthodoxen Fürther Juden gestiftet worden war, denen in öffentlichen Schulen zu wenig Wert auf die religiöse Unterweisung der Kinder gelegt wurde.[15] Die Tochter Anna besuchte ein Mädchenpensionat und erhielt privaten Religionsunterricht. Im Gegensatz zu

Clementine Ortenau (Mitte) im Kreise ihrer Familie an ihrem 80. Geburtstag in Bad Reichenhall (v. l. Enkel Erich, Lina Peiser, Emmi und Karl Ortenau, Gustav und Adele Ortenau, Enkelin Irma und Tochter Anna)

ihren Eltern hatten die beiden Söhne jedoch ein sehr distanziertes Verhältnis zur Religion. Karl Ortenau heiratete eine Katholikin und konvertierte. Gustav Ortenau blieb aus Überzeugung Jude, ohne die Religion seiner Kindheit weiter auszuüben.

Auch innerhalb der jüdischen Gemeinde engagierte sich Clementine Ortenau. In Fürth ließ sie einen von der Wertheimer-Familie für die Altschul gestifteten Tora-Vorhang restaurieren und stiftete nach der Renovierung dieser Synagoge ebenfalls einen. Zudem fungierte sie als Gründungsmitglied im »*Jüdischen Frauenverein Fürth*«, der sich um »*gefallene Mädchen*« kümmerte. Auch nach dem Wechsel nach München war sie als Mitbegründerin des Frauenvereins und langjährige Schriftführerin des »*Vereins zur Bekleidung armer israelitischer Schulkinder*« tätig.

Einen großen Raum in Clementine Ortenaus Tagebuchaufzeichnungen nehmen die Beschreibungen des Tagesablaufs ein. In der traditionellen jüdischen Gesellschaft vor der Emanzipationszeit waren Frauen aufgrund der religiösen Verpflichtung der Männer zum intensiven und täglichen Studium von Tora und Talmud selbstverständlich in die Aufrechterhaltung der Geschäfte, die Sicherung der

Existenz und die Ernährung der Familie eingebunden. Der Alltag der zum »*Engel des Heims*«[16] gewordenen jüdischen Frau des bürgerlichen Zeitalters sah anders aus.

Neben der karitativen Arbeit standen Hausfrauenpflichten wie Kochen, Nähen und Waschen auf dem Tagesprogramm. Die eigentliche Arbeit hierbei leisteten Dienstboten, Clementine erlernte unter der Anleitung ihrer Tanten so viel, dass sie in der Lage war, dem Personal vernünftige Anweisungen zu erteilen und die Haushaltsführung zu organisieren und zu kontrollieren. Die meisten Beschäftigungen dienten ausschließlich dazu, den Tag vergehen zu lassen, wobei gesellschaftliche Aspekte im Vordergrund standen: Besuche machen und empfangen, mit anderen Damen Spaziergänge machen, im Kaffeehaus sitzen, ins Theater oder Konzert gehen. Einen der Durchschnittstage kommentierte Clementine Ortenau am 16. April 1859:

> »*Bei Rosa Mohr & Tabor Besuch gemacht. Nachmittag zu Hause, Louise Berolzheim kam um mich zu langweilen; sie gefällt mir auch bei näherer Bekanntschaft nicht besser, da sie ziemlich geziert ist. Im Theater, die Grabesbraut wurde gegeben, ich langweilte mich.*«

Die Beschäftigung zu Hause bestand zumeist in der Herstellung von Stickereien und anderen Handarbeiten, die zu Geburts- und anderen Festtagen an Freunde, Familienmitglieder und Verwandte verschenkt wurden. Dem weiteren Zeitvertreib dienten Karten- und Gesellschaftsspiele, Lesen und ein ausgedehnter Briefwechsel mit der über ganz Europa verteilten Verwandtschaft.

Nach dem frühen Tod ihres Mannes zog sie zu ihrem ältesten Sohn Gustav, in dessen Lungensanatorien in Nervi bei Genua und in Bad Reichenhall sie die hauswirtschaftliche Oberaufsicht führte und gesellschaftlich die Rolle der Frau des Hauses einnahm. Dieses Arrangement, das ihren gesellschaftlichen Status auch als Witwe sicherte, geriet aus den Fugen, als der Sohn unerwartet und spät noch heiratete. Clementine blieb zwar im Haus, musste jedoch nach einem jahrelangen Kleinkrieg mit der selbstbewussten Schwiegertochter Adele, einer Malerin aus Breslau, ihre Hausfrauenrolle in der Familie abgeben, was sie nie ganz verwand.

In seiner Trauerrede anlässlich ihrer Beerdigung rühmte der Münchener Rabbiner Dr. Baerwald Clementine Ortenaus vorbildliche Erfüllung der traditionellen Frauenrolle als Gehilfin ihres Mannes und aufopfernde Mutter:

»Sie ... hat sich überall dort betätigt, wo Frauenarbeit am Platze ist, wo sorgende Hände einer edlen Frau Sorgen mildern, Wunden heilen und ... überall dort sich geopfert, wohin eine Frau in sozialer und charitativer Hinsicht die Pflicht ruft ... Allen wird die Heimgegangene ein wahres Vorbild sein wahrer Frauentugenden, der Hilfsbereitschaft, der Güte und Milde, die ein Abglanz ist jener göttlichen Güte und Milde.« [17]

Anmerkungen

1 Gemälde, Hausrat und Ritualgegenstände erhielt 1985 das Israel Museum in Jerusalem, Dokumente, Briefe, Fotos und Urkunden gingen 1991 an das Jüdische Museum Franken.
2 Vgl. Katz, Jakob: Aus dem Ghetto in die bürgerliche Gesellschaft. Jüdische Emanzipation 1770–1870, Frankfurt a. M. 1986.
3 StAFü, Fach 20, Nr. 10. Matrikellisten sind Verzeichnisse über Personen oder Einkünfte.
4 StAFü, Fach 20, Nr. 11.
5 Das Judenedikt von 1813 hatte den Juden den Zugang zu höheren Schulen und Universitäten eröffnet.
6 Ignaz Ortenaus Mutter Esther Emilie Wertheimer und Clementine Seligmanns Mutter Nanette Wertheimer waren Schwestern.
7 Vgl. Treml, Manfred: Von der »Judenmission« zur »Bürgerlichen Verbesserung«. Zur Vorgeschichte und Frühphase der Judenemanzipation in Bayern, in: Treml, Manfred u. a. (Hg.): Geschichte und Kultur der Juden in Bayern. Aufsätze, München 1988, S. 247–265.
8 Jüdisches Museum Franken, Nr. 48–99 (Schenkung Ortenau, Nr. 5.8).
9 Jüdisches Museum Franken, Nr. 48–99 (Schenkung Ortenau, Nr. 5.1).
10 Vgl. Heuberger, Georg (Hg.): Zedaka – Jüdische Sozialarbeit im Wandel der Zeit, Ausstellungskatalog (Jüdisches Museum Frankfurt), Frankfurt a. M. 1992.
11 Jüdisches Museum Franken, Nr. 48–99 (Schenkung Ortenau, Nr. 5.21 und 5.22).
12 Die Ortenaus zogen 1875 nach München, nachdem Ignaz Ortenau dort zum Notar berufen worden war.
13 Mit Neubürger führte Clementine Ortenau seine rege Korrespondenz.
14 Tagebucheintrag vom 28.3.1860 (s. Anmerkung 10). *»Daß Pesach bei der lieben Tante nicht strenger gehalten wird ist mir gar nicht lieb, doch kann ich meinetwegen keine Ausnahme verlangen und hoffe der allgütige Vater werde es mir in seiner Milde und Gnade verzeihen.«*
15 Vgl. Prestel, Claudia: Jüdisches Schul- und Erziehungswesen in Bayern 1804–1933. Tradition und Modernisierung im Zeitalter der Emanzipation, Göttingen 1989, S. 243–267.
16 Vgl. Kaplan, Marion A.: Die jüdische Frauenbewegung in Deutschland. Organisation und Ziele des Jüdischen Frauenbundes 1904–1938, Hamburg 1981.
17 Jüdisches Museum Franken, Nr. 48–99 (Schenkung Ortenau, Nr. 5.27).

Evelyn Gillmeister-Geisenhof
Handarbeit und Herzeleid
Luise Rehnitz und Adelheid Wendel-Schratz

»Millionen von Stichen
Hab' ich wohl gemacht
Und innig bei Jedem
An ›Dich‹ gedacht!«[1]

Diese Zeilen eines Gedichtes von Adelheid Wendel-Schratz entsprechen der üblichen Klischeevorstellungen von Frauen des 19. Jahrhunderts und lassen das Bild einer bürgerlichen Frau entstehen, wie sie in vollendeter Toilette in einer Fensternische ihres Salons vor ihrem »Nähtisch« sitzt und handarbeitet, während ihre Gedanken weit entfernt bei ihrer im Herzen verborgenen Liebe weilen. Der Vers spiegelt die »*Bestimmung der Frau*« wider. Vor allem die Frauen des Bürgertums und des niederen Adels in der nachfeudalistischen Zeit sind auf dieses Bild reduziert worden, auch die Autorin dieser Verse, die als »*Bildungsbürgerin*« den damaligen Zeitgeist repräsentiert.

Handarbeit als Alibi für rastloses Tätigsein und zur Harmonisierung familiärer Atmosphäre, aber auch als standesgemäße Einkommensquelle war ein zentraler Punkt im Leben bürgerlicher Mädchen und Frauen. Der besondere Stellenwert textiler Arbeiten im Lebenszusammenhang bürgerlicher Frauen von der Mitte des 19. Jahrhunderts bis zum Ersten Weltkrieg lässt sich anhand der Biographien der Beamtentochter Adelheid Schratz aus Ansbach und der Uhrmacherstochter Luise Rehnitz aus Weißenburg darstellen. Das Ausgangsinteresse zur Erforschung dieser beiden Frauenleben begründeten ihre erhaltenen Handarbeiten.

Ein ganzer Sack voll Klöppelspitzen mit Mustervorlagen, den Klöppelbriefen, Kleidungsstücken mit eingearbeiteten handgemachten Spitzen und Stickereien aus dem Nachlass einer Weißenburgerin führt zu Luise Rehnitz. In ihrem einstigen Wohnhaus befanden sich noch einige Briefe und Dokumente, aus denen sich zusammen mit den Handarbeiten ihr Lebensplan erschließen lässt.

Schwieriger gestalteten sich die Forschungen zu Adelheid Wendel-Schratz. Ausgangspunkt war ein im Schloss Rügland stehender kostbarer Schrein mit 19 Bildkollagen, die in verschiedenen kunsthandwerklichen Techniken gefertigt sind, wobei Stickereien, Applikationen, Spitzen und gemalte Miniaturen die wesentlichen Elemente bilden. Thematisiert wird das Leben des bayerischen Ministerpräsidenten Krafft Freiherr von Crailsheim. Zusätzlich werden in einem »*poetischen Commentar*« die Darstellungen erläutert. Die einzelnen Gedichte sind mit dem Namen von Adelheid Wendel-Schratz versehen und eine der Bildkompositionen zeigt ihr Porträt. Trotz dieses einmaligen Vermächtnisses, das sie als »*das Werk meines Lebens*«[2] bezeichnete, war im Hause Crailsheim nichts über die Person Adelheid Wendel-Schratz bekannt. Erst in minutiöser Archivarbeit konnten über Vater und Ehemann ihre Lebensdaten rekonstruiert werden.

Jedoch blieben viele Fragen offen. Geben die Handarbeiten, die Gedichte und Widmungen von Adelheid Wendel-Schratz verifizierbare Antworten, dienen sie als »Filter der Wirklichkeit«[3]? Wenn neben den archivalisch belegten Lebensstationen des Freiherrn von Crailsheim vermutlich auch viele Träume in dieses Werk eingearbeitet worden sind, so repräsentiert es doch deutlich die bürgerliche sozialhistorische Struktur in der zweiten Hälfte des 19. Jahrhunderts, und zwar aus dem Blickwinkel einer Bürgerin.

Adelheid Wendel-Schratz

Adelheid Schratz wurde 1843 in Ansbach[4] geboren, eine biedermeierliche Epoche, in der die Familie zum allein glücklich machenden Refugium gegenüber der feindlichen Außenwelt hochstilisiert wurde.

Adelheid wuchs in kleinbürgerlichen Verhältnissen auf, die durch fortdauernde finanzielle Probleme gekennzeichnet waren. Ihr Vater Wilhelm Mathäus Schratz hatte 1832 in Straubing eine Stelle als geprüfter Rechtspraktikant erhalten und bewarb sich unzählige Male um eine feste Anstellung, die ihm eine Familiengründung ermöglichen würde.

Im Alter von 33 Jahren erhielt er endlich den Posten eines Sekretärs 2. Klasse bei der Regierung von Mittelfranken[5] in Ansbach und konnte nun die Ehe mit der 28-jährigen Maria Thekla Henriette Karth aus Landshut eingehen. Die bayrische Staatsregierung versetzte ihre Rechtsbeamten bei Beförderungen meistens an einen anderen Ort und besonders gerne und vermutlich politisch gezielt aus dem katholischen Altbayern in das erst in jüngerer Zeit bayrisch gewordene Frankenland.

Die Bittbriefe um Beförderung und finanzielle Unterstützung sowie die ärztlichen Atteste geben einen Einblick in die Lebensbedingungen

Porträt von Adelheid Wendel-Schratz

im Elternhaus von Adelheid Schratz. Die Mutter litt seit Jahren an einem »*Nerven- und Brustleiden*«. In dem Attest eines Medizinalrats von 1844 werden die Nöte der Familie Schratz anschaulich dargestellt:

> »*Dieses langwierige Kranksein der Frau Sekretär Schratz, die Krankheit und der Tod eines Zwillingskindes, so wie mit einer 2. Schwangerschaft* (Adelheid, d. Verf.), *dem Wochenbette und der Pflege zweier Kinder ... Beschwerden machten die häuslichen Verhältnisse des Herrn Sekretär, die nicht nur sehr beschwerlich sondern auch sehr kostspielig....*«[6] waren.

Ihre ersten sechs Jahre verbrachte Adelheid mit den Eltern und zwei Geschwistern in Ansbach. Lernte sie in dieser Kinderzeit schon »*ihren Jugendfreund*« Friedrich Krafft von Crailsheim kennen, der zwei Jahre vor ihr 1841 in Ansbach geboren wurde? In ihrem Eingangsgedicht zu den Stickbildern beschreibt sie Kindheitserinnerungen:

> »*Als Kind unter Blumen – Im duftigen Haag – Da spielten wir Beide – Am sonnigen Tag! – Die Zeit flog dahin – Ohne Ruh', ohne Halt – Die Spiele der Kinder – Gewannen Gestalt!*«

Wo befand sich der »*duftige Haag*«, in welchem Zusammenhang trafen die beiden Kinder aufeinander? Bis jetzt gibt es keine Belege, weder für Ort noch Zeit, was mit den Zeilen: »*... der Lenz ist bald* *gewichen, – ... – Und immer noch im Herzen – mir das Geheimnis ruht.*«[7] merkwürdig übereinstimmt.

Die Wohnung der Familie Schratz lag in Ansbach in der Herrieder Vorstadt. In dieser Wohnung, dem allgemeinen Lebensraum und Symbol der neuen bürgerlichen Familienidylle, erfuhr Adelheid die erste Erziehung zum Mädchen, und wurde mit Sicherheit auch in die damals überaus wichtige weibliche Kunst der Handarbeiten eingeführt, wie es die Verhaltens- und Anstandsbücher dieser Zeit beschreiben:

> *»Andere bedeutsame, aber minder ernste Ereignisse* (als der Tod der Mutter, der im Kapitel vorher beschrieben wurde; d. Verf.) *im Leben des kleinen Mädchens sind die Strickanfänge, die erste eingefädelte Nähnadel und der erste selbst eingeschlagene Saum ... Nur ein Mädchen, das von klein auf daran gewöhnt wurde, eine bestimmte Zeit zu den Füßen der Mutter strickend oder nähend zu sitzen, und erst freigelassen wurde, wenn es seine kleine*

»Stickschrein« im Schloss Rügland mit 19 Bildcollagen von Adelheid Wendel-Schratz

Aufgabe vollendet, wird später als Hausfrau, oder als Vorstehe-
rin eines Haushaltes überhaupt, das ganze Räderwerk der Wirt-
schaftsmaschine in geregeltem Gange zu halten wissen ...«[8]
Das Erlernen und Praktizieren von Handarbeiten bedeutete wesentlich mehr als nur das Produzieren von schönen Strümpfen, Deckchen,
Spitzen etc.: Es bereitete das Mädchen auf seine Pflichten als Frau
vor und diente als »Disziplinierungsmittel innerhalb des Ein-
gliederungsprozesses von Frauen in die bürgerliche Gesellschaft«.[9]

Der häusliche Anfangsunterricht setzte sich in der Schule fort. Adelheid Schratz, deren Vater 1849 als »*königlicher Stadtkommissär*« im
Rang eines Regierungsrates und Vorstand des Universitäts-Polizei-Di-
rektoriums nach Erlangen[10] versetzt worden war, absolvierte wohl dort
den Schulunterricht. Für das aufsteigende Berufsbeamtentum nahm
eine hervorragende Bildung auch für Frauen und Töchter einen besonders hohen Stellenwert ein, da sie dadurch ihre oftmals mäßigen
finanziellen Verhältnisse in der hierarchischen Gesellschaftsstruktur
kompensieren konnten. Zudem »bezeichnete das Frauenideal in der
herrschenden Klasse bei Adel und Bürgertum eine gebildete Frau, die
zugleich tüchtige Hausfrau, pädagogisch versierte und ihrer sozialen
Verantwortung bewusste Gattin eines in der Öffentlichkeit wirksamen, auf guten Ruf und Ansehen bedachten Staatsbürgers war«.[11]

Da Adelheid Schratz katholisch getauft war und in den Mädchen-
schulen auf eine religiöse Erziehung großen Wert gelegt und ausgiebig Religion sowie biblische Geschichte gelehrt wurden, ist es sehr
wahrscheinlich, dass sie im überwiegend protestantischen Erlangen das
katholische Mayer'sche Institut besuchte,[12] um hier in den sprachli-
chen und künstlerischen Disziplinen und in den feinen Handarbeiten,
die seit den 30er Jahren des 19. Jahrhunderts oft nur als weibliche Arbeiten bezeichnet wurden, eine Grundbildung zu erlangen, die in ihren
Gedichten, Zeichnungen und Handarbeiten sichtbar wird. In ihren poetischen Ergüssen, die sicher nicht hoher Kunst zuzurechnen sind, zitiert sie gekonnt die klassische Mythologie von Pegasus über Egeria bis
zu Apollo, verwendet Metaphern und stellt ihre Bildung unter Beweis.

Luise Rehnitz

In den kleineren Städten waren die Bildungsmöglichkeiten auf Volksschule und Privatunterricht beschränkt. In Weißenburg bestanden bis
zum Bau eines Zentralschulhauses 1908 fünf kleine Schulen, davon

zwei für Mädchen. Seit der Mitte des 19. Jahrhunderts beschäftigte die Stadt stundenweise zwei Lehrerinnen für einen freiwilligen Handarbeitsunterricht in den oberen Klassen, der laut Stadtmagistratsbeschluss von 1887 für alle Jahrgangsstufen verpflichtend in den Stundenplan aufgenommen worden ist. Das Sitzungsprotokoll veranschaulicht die damalige Schul- und Klassensituation:

>>*Erklärt sich der Stadtmagistrat mit dem Vorschlage, den zur Zeit über 70 Schülerinnen umfassenden Kurs des Lehrers Käppel ... in 2 Hälften zu theilen behufs gründlicherer Ertheilung des Unterrichts zwar einverstanden, glaubt aber die Stunde von 11–12 als die praktischere in Vorschlag bringen zu sollen, da insbesondere die Fabrikarbeiterskinder, die von jetzt ab den Unterricht besuchen müssen, durch die Zeitbestimmung auf 12–1 Uhr sehr benachtheiligt würden, da die wenigsten Mütter dieser Bevölkerungsklasse in der Lage sind in der Zeit von 11–12 warme Kost bereit zu halten ...*<<[13]*

Die Bürgers- und Uhrmachertochter Luise Rehnitz war Ende Januar 1885 geboren worden und besuchte in den 90er Jahren die Volksschule in Weißenburg. Sie war vom Handarbeiten wohl auch wegen

Luise Rehnitz (Mitte) fertigt nach ihrer Hochzeit nur noch für den Privatbedarf Handarbeiten an. Sonntagnachmittag 1929 im Hof ihres Hauses in Weißenburg

ihrer Lehrerinnen so begeistert, dass sie diesen Beruf erlernen wollte. Jegliche gewerbsmäßige Arbeit mit »*feinen weiblichen Arbeiten*«, wie das Fertigen von Spitzen, Stickereien etc., aber auch das Lehren dieser Fertigkeiten, führte während des gesamten 19. Jahrhunderts, in dem die bürgerlichen Frauen immer mehr auf den privaten Bereich der Familie eingeengt worden waren, nicht zur sozialen Degradierung. Häufig waren Frauen aus finanzieller Not heraus gezwungen, einen Nebenverdienst zu erlangen, um so mit diesem verdienten »*Nadelgeld*« die gesellschaftliche Stellung der Familie zu sichern.

Schon 1898, mit dreizehn Jahren, zog Luise Rehnitz nach ihrer Konfirmation zu Onkel und Tante nach München und besuchte dort die »*Frauenarbeitsschule*«. Nach Beendigung des zweiten Schuljahres musste sie im Juli 1900 die Schule wieder verlassen und nach Weißenburg zurückkehren. Sie wurde im elterlichen Haus gebraucht und das Schulgeld von 45 Mark sowie 60 Mark für die Verpflegung sollte eingespart werden, damit der Bruder Fritz studieren konnte. Wie sie später immer erzählte, hätte sie nur noch ein weiteres Jahr an dieser Schule benötigt, um als Handarbeitslehrerin arbeiten zu können.

»*Nachdem der Unterricht in den weiblichen Handarbeiten allmählich in allen Volksschulen des Regierungsbezirkes ein obligater Lehrgegenstand werden soll, können in Zukunft als Handarbeitslehrerinnen nur solche Personen verwendet werden, welche ihre Befähigung zur Erteilung dieses Unterrichts durch das Erstehen einer Prüfung nachgewiesen haben.*«[14]
Luise Rehnitz verdiente sich in den folgenden Jahren ein Nadelgeld durch kleine Auftragsarbeiten, wie aus ihrer Korrespondenz hervorgeht: »*... Einstweilen sende ich Dir die farbigen Überzüge zur freundlichen Besorgung mit der Bitte, die Buchstaben nicht abgesetzt, sondern durchaus zu sticken ...*«[15] Auch schickte ihr die Schwägerin Helene aus Nördlingen »*eine Partie*« und für Onkel und Tante aus München stickte sie Monogramme in Taschentücher:
»*Auch sage ich Dir einstweilen herzlich Dank für die Taschentücher, Du hast mir gar nicht geschrieben was ich Dir schuldig bin. Onkel wird Dir schon selbst danken für das hübsche Monogramm.*«
Sie fuhr wohl auch immer wieder einige Zeit nach München, um bei der Tante vor Ort zu arbeiten:
»*Ich habe immer soviel zu nähen und da wäre mir Deine Hilfe doch recht angenehm ... Ich möchte mir einen Unterrock, Bluse*

machen, dann brauchen verschiedene Röcke Litzen, ... und für
Oskar sind Taschentücher zum Einsticken da. Wir waschen jetzt
alle 14 Tage und da habe ich auch immer zum Ausbessern.«
Das Nähen von Kleidungsstücken sowie das Flicken waren ebenfalls
Arbeiten, die in kleinbürgerlichen Kreisen von den weiblichen Fami-
lienangehörigen ausgeführt wurden, um im gesellschaftlichen Leben
bestehen zu können. Allerdings wurde Wert darauf gelegt, dass diese
Tätigkeiten im Verborgenen stattfanden, was in den Anstandsbüchern
auch besonders hervorgehoben wurde:
> *»Dagegen sollten die Töchter des Hauses im gemeinschaftli-*
> *chen Wohnzimmer und im kleineren Kreise stets einer leichten*
> *Handarbeit obliegen, jedoch nicht etwa Strümpfe stopfen oder*
> *Hemden flicken. Es ist sicher sehr anerkennenswerth, wenn sie*
> *solches thun, aber es sollte im Schlafzimmer oder in früher*
> *Morgenstunde geschehen ...«*[16]

1912 bewarb sich Luise Rehnitz vergebens als Klöppellehrerin für
die neu eingerichtete Schule in Abenberg. Ein Jahr später erhielt sie
eine Stelle als Lehrerin in Treuchtlingen an der Spitzenschule der
Gold- und Silber-Manufaktur Aurnhammer, wie aus einem Brief ihres Bruders zu ihrem Geburtstag im Januar 1914 hervorgeht, auf dessen Kuvert Luise als *»Klöppelprofesseuse«*, die offizielle Bezeichnung

Klassenbild der »Spitzenschule« in Treuchtlingen im Mai 1941 mit der Lehrerin
Luise Rehnitz aus Weißenburg

241

von Frauen mit einer unzünftigen Lehre, in Abgrenzung von den männlichen Meistern, angesprochen wird. Die Spitzenschule selbst ist allerdings weder im Firmen- noch im Stadtarchiv belegt, einzig durch das Kündigungsschreiben nach Beginn des Ersten Weltkriegs: »*Durch den Krieg sind alle Geschäfte nach dem Ausland eingestellt ... Aus diesem Grund sind wir gezwungen, die Spitzenschule in Treuchtlingen bis auf weiteres zu schließen und wir bedürfen Ihrer Dienste ab 1. September nicht mehr.*«[17]

Hinter der so genannten Spitzenschule verbarg sich wahrscheinlich, wie es in vielen Werkstätten gehandhabt wurde, die Lehrstätte der Manufaktur, die den Mädchen, häufig sogar ohne dass diese ein Lehrgeld entrichten mussten, eine Ausbildung in textilen Techniken ermöglichte. Allerdings verpflichteten sie sich meistens im Anschluss daran über einen längeren Zeitraum unentgeltlich weiterzuarbeiten.[18]

Fotografien von Klöppelklassen von Luise Rehnitz könnten diese Hypothese bestätigen, da auf den abgebildeten Klöppelkissen der Schülerinnen nicht nur Musterstücke der Metallspitzen sichtbar sein dürften, sondern vermutlich auch dort produzierte Meterware.

Luise Rehnitz kehrte nach ihrer Kündigung wieder in den Schoß der Familie zurück und heiratete 1921 den Weißenburger Uhrmacher Josef Lindner, so dass die beiden Uhrmachergeschäfte zusammengelegt werden konnten. Ab dieser Zeit handarbeitete sie nur noch im privaten Bereich, wie die meisten Frauen, die ihren »Naturtrieb nach ständiger, rastloser Tätigkeit« unter Beweis stellen mussten.

Ob sich Adelheid Schratz bis zu ihrer 1870 erfolgten Hochzeit mit dem »*Rechtskommissär*« Wilhelm Wendel mit feinen Handarbeiten ein Nadelgeld verdient und/oder sich ihre sehr aufwendig gearbeitete Kleidung selbst angefertigt hat, ist nicht bekannt. Das »*Werk ihres Lebens*«[19], in das sie wohl vor allem ihre unerfüllte Liebe zu dem »*Jugendfreund*« hineingestickt hat, begann sie vermutlich erst nach dem frühen Tod ihres Ehemannes im Jahre 1885. Die Bilder sind alle höchst professionell ausgeführt, genauso wie die Spitzen und Stickereien von Luise Rehnitz, was von viel Übung und Routine zeugt, und den Spagat zwischen anerzogenem Hausfleiß und zwingender Gewerbsmäßigkeit erahnen lässt. Die Handarbeiten dieser Zeit spiegeln nicht nur in ihrer Gestaltung den Stil einer Epoche wider, sondern geben einen tiefen Einblick in das sozioökonomische Leben bürgerlicher Frauen.

Anmerkungen

1 Wendel-Schratz, Adelheid: Poetischer Commentar, Augsburg 1901, »Sein Bild«.
2 Wendel-Schratz, Poetischer Commentar, »Sein Bild«.
3 Weber-Kellermann, Ingeborg: Frauenleben im 19. Jahrhundert, München 1983, S. 9.
4 StAAN K 97 Taufregister St. Ludwig.
5 BayHSTA Mü Sig. MInn 39523, Personalakt.
6 Ebd.
7 Wendel-Schratz, Adelheid: Aus Herz und Welt, München 1896, S. 34.
8 Polko, Luise: Unsere Pilgerfahrt von der Kinderstube bis zum eigenen Herd, Leipzig (7)1880, S. 19 u. 22.
9 Ladj-Teichmann, Dagmar: Erziehung zur Weiblichkeit durch Textilarbeiten, Weinheim 1983, S. 9.
10 BayHSTA Mü Sig. MInn 39523, Personalakt.
11 Simmel, Monika: Erziehung zum Weibe, Frankfurt a. M. 1980, S. 142.
12 Zur Schulgeschichte vgl. Loos, Edeltraud: Erlangen macht Schule, Erlangen 2002.
13 StAWei Sitzungsprotokoll Nr. 611, 4.12.1887.
14 StAWei Sig. 669,2/1901.
15 Briefkarte von Hedwig Berger; aus dem Nachlass von Luise Rehnitz.
16 Hohenhausen, F. von (Hg.): Brevier der guten Gesellschaft, Leipzig 1876, S. 46.
17 Brief der Gebrüder Aurnhammer vom 5.8.1914 an Luise Rehnitz.
18 Ladj-Teichmann, Erziehung, S. 157–159.
19 Vgl. Wendel-Schratz, Poetischer Commentar. Der Stickschrein der Adelheid Wendel-Schratz befindet sich im ehemaligen Wasserschloss Rügland nordöstlich von Ansbach, an der Straße nach Marktbergel. Es gibt keine festen Besichtigungszeiten. Ein Besuch ist aber nach Anmeldung bei der Gemeindeverwaltung (Tel. 0 98 28/2 44) möglich.

Angela Treiber
Diakonissen: Weiblichkeitsideal und Berufsethos im 19. und 20. Jahrhundert[1]

Auf dem Hof des Gymnasiums und der Realschule in Neuendettelsau steht ein Maibaum. An der Spitze des von weitem weißblau »urständisch« bayerisch leuchtenden Stamms sind traditionell die örtlichen Handwerke und Berufe dargestellt: neben Schmied und Schreiner, Bäcker und Putzfrau, alter Mann und kleines Mädchen, Lehrer und Schüler, schließlich auch der Pfarrer und eine Frau im blauen Kleid mit weißer Haube, eine Diakonisse.

Die repräsentierten Berufe und Gruppen dienen der lokalen Identifikation. Die Darstellungen von Lehrer und Schüler zeigen dies deutlich. Da sie nicht zu den vertrauten traditionellen Berufedarstellungen gehören, wird ihnen eine besondere Bedeutung zuteil. Letzteres gilt auch für Pfarrer und Diakonisse. Dies erstaunt in Zeiten zunehmender Distanz gegenüber der Kirche umso mehr. Der einzige weiblich besetzte Berufsstand würde andernorts vermutlich nicht einmal mehr erkannt. Wer sind diese evangelischen Schwestern in Tracht und welche Rolle spielen sie heute?

Vor mehr als einem Jahrzehnt errichtet, zeichnet der Maibaum ein Bild, das auf die regionale und gegenwärtige Erfahrung verweist und doch bereits der Vergangenheit angehört. Der kleine Ort Neuendettelsau ist eines der Zentren der Inneren und Äußeren Mission in der Evangelisch-Lutherischen Kirche mit theologischer Hochschule, Missions- und Diakoniewerk. Als einer der größten kirchlichen Sozialdienste Deutschlands beschäftigt die Neuendettelsauer Mission vor Ort und in ca. 50 Filialen und Stationen etwa 4.500 MitarbeiterInnen im Pflege- und Krankenwesen, der Alten- und Behindertenhilfe, der Jugend- und Gemeindearbeit sowie in verschiedenen Erziehungs- und Ausbildungsbereichen. Damit sind die klassischen Tätigkeitsfelder einer seit dem 19. Jahrhundert bekannten »weiblichen Diakonie« aufgeführt. Noch heute gehören sie zu den typischen Frauenberufen. Der derzeitige Frauenanteil von ca. 80 % bei den Beschäftigten des »Werkes« verweist auf diese Tradition.

Die Idee der Diakonissenmutterhäuser

Neuendettelsau ist mit der »weiblichen Diakonie« besonders eng verbunden.[2] Die Geschichte des Diakoniewerks beginnt 1854 mit der Gründung einer »*evangelisch-lutherischen Diakonissenanstalt*« durch Pfarrer Wilhelm Löhe (1808–1872). Dies geschah nach dem Vorbild des Diakonissenamtes in der frühchristlichen Kirche. Es ging dabei um die verantwortungsvolle Teilnahme von Frauen bei der Versorgung, Hilfe und Seelsorge von bedürftigen und Not leidenden Gemeindegliedern in der Nachfolge Christi.

Die steigende wirtschaftliche wie soziale Verelendung breiter unterer Bevölkerungsschichten in der ersten Hälfte des 19. Jahrhunderts und der grundsätzliche Mangel an qualifizierten Pflegekräften für Bedürftige bildete den Anstoß dazu. Vor allem pietistisch geprägte, bürgerliche Frauen nahmen zunächst großen Einfluss auf die Durchsetzung weiblichen diakonischen Handelns. Sie übten, meist in Vereinen zusammengeschlossen, eine ehrenamtliche Wohltätigkeit in der Armen- und Krankenpflege aus. Bekannte Namen wie Elizabeth Fry und Amalie Sieveking sind hier zu nennen. Sie erkannten die Notwendigkeit einer qualifizierten Ausbildung für die Krankenpflege und das Erziehungswesen und verbanden diese mit der Möglichkeit, Frauen eine sinnvolle Aufgabe außerhalb des Ehestands zuteil werden zu lassen. Eine Berufsausbildung dieser Art für Mädchen und Frauen existierte bisher nicht. Besonders für ledige Frauen der unteren sozialen Schichten waren die Aussichten auf einen gesicherten Lebensunterhalt äußerst gering, und Armut im Alter war an der Tagesordnung.

Den Durchbruch zu einer berufsmäßigen Schulung von Frauen für diakonische Aufgaben brachte die Gründung einer genossenschaftlich organisierten Schwesternschaft 1836 in Kaiserswerth bei Düsseldorf. Der Pfarrer Theodor Fliedner (1800–1864) baute sie mit Unterstützung seiner Frau Friederike nach dem Vorbild der katholischen Barmherzigen Schwestern als Mutterhausdiakonie auf.[3] Deren Prinzipien wurden auch für die Neuendettelsauer Diakonissenanstalt übernommen. Sie sind mit geringen Änderungen in ihrer Struktur bis heute konstitutiv. Junge allein stehende Frauen traten mit dem Versprechen von »*Armut, Keuschheit und Gehorsam*« der »*Lebens-, Glaubens- und Dienstgemeinschaft*« bei. Die Mutterhausidee folgte in sozialökonomischer Hinsicht dem idealisierten Bild von der intakten patriarchalisch-hierarchischen Hausgemeinschaft, die man als schöpfungsgemäße Familienform betrachtete. Das Mutterhaus galt als Zuhause der Schwestern. Die Oberin trat an die Stelle der »*Hausmutter*« und wurde auch so genannt. Der amtliche »*Vorsteher*«, bis heute ein Theologe, übernahm die leitende und kontrollierende Position des »*Hausvaters*«. Das Konzept war höchst erfolgreich; 1865 bestanden im Anschluss an den »*Kaiserwerther Verband*« bereits 30 selbständige Mutterhäuser im deutschsprachigen Raum.

Der Eintritt in die Gemeinschaft bot den Frauen eine Alternative zu ihren begrenzten traditionellen Zukunftsperspektiven. Religiöse und ideelle Beweggründe für ein ausgefülltes Leben und nicht selten auch ein wirtschaftliches Sicherheitsbedürfnis ließen die Entscheidung reifen. Gerade Letzteres war für die Zeit des späten 19. und die erste Hälfte des 20. Jahrhunderts ein keineswegs zu vernachlässigender Gesichtspunkt. Die Mehrheit der jungen Frauen kam aus kinderreichen Familien von Handwerkern und Kleinbauern. Das Geld für eine weiterführende Berufsausbildung der Töchter war nicht vorhanden. Sie blieben ungelernte Kräfte und besaßen nur die Möglichkeit,

Diakonissentracht mit Schleier,
Ölgemälde von Benedikt Küchle,
1866, Neuendettelsau

als Haustöchter in fremden Haushalten angenommen zu werden oder in der elterlichen Familie die Mutter zu entlasten. Andernfalls mussten sie sich als Dienstbotinnen auf Bauernhöfen verdingen oder aber als Fabrikarbeiterinnen nach Nürnberg und Augsburg abwandern. Die Diakonissenanstalt bot den Mädchen und Frauen eine qualifizierte, kostenlose Ausbildung und stellte eine lebenslange Versorgung in Aussicht. Für die Familien bedeutete die Unterbringung einer Tochter in der Diakonissenanstalt eine nicht zu unterschätzende finanzielle Entlastung.

Die aufgenommenen jungen Frauen erhielten in Neuendettelsau zunächst eine allgemeine, besonders hauswirtschaftlich ausgerichtete Bildung. Die Erziehung sollte die evangelische Grundhaltung der Mutterhausdiakonie vermitteln, mit Kenntnis der entsprechenden Verhaltens- und Berufskodizes und einer Einführung in die Arbeitsfelder der Diakonissen. Nicht als »*Wissensschule*«, vielmehr als »*Gewissensschulung*« verstand man sie.[4] War diese abgeschlossen, wurden die Schwestern durch einen Gestellungsvertrag in Kranken- und Rettungshäuser, Lazarette, Einrichtungen für Arme und Behinderte und für Kinderpflege oder in Gemeinden »versendet«. Sie arbeiteten unentgeltlich, denn ihr Verdienst erhielt das Mutterhaus. Dieses sorgte für ihren Lebensunterhalt und sicherte ihnen die Versorgung bei Krankheit und im Alter.

Bekennen durch Kleidung

Der Weg in die Gemeinschaft war durch zwei liturgische Übergangsrituale geprägt, bei denen die Diakonissentracht symbolisch eine entscheidende Rolle spielte. Mit der »*Haubenfeier*«, bei der die Frauen erstmals die Haube trugen, wurden sie als Probeschwestern aufgenommen. Dort gaben sie das »*Versprechen*«: »*Ja, ich will*« in die Hand des Rektors. Dies bedeutete den Übertritt in einen gesellschaftlichen Stand jenseits des ungebundenen »Ledigseins«.

Die »*notwendige Uniformität*« der Diakonissenkleidung zur Gemeinschaftsstabilisierung nach außen wie nach innen war von Wilhelm Löhe bereits 1858 für die Neuendettelsauer Diakonissen klar formuliert worden. Von Theodor Fliedner war die Haube bewusst als Standeszeichen der verheirateten Frau für die ledigen Diakonissen übernommen worden.[5] Sie sollte die Gleichwertigkeit der diakonischen Aufgaben und Pflichten mit den weiblichen Tätigkeitsfeldern des Ehestandes demonstrieren, den Diakonissen die gleiche Achtung wie Ehefrauen sichern. Die Klarheit ihres »Standes« sollte ihnen zudem Schutz vor Avancen der Männerwelt sowie einen sicheren Handlungsspielraum bieten. Die Haube entwickelte sich durch zähes Festhalten an der Kleiderordnung des 19. Jahrhunderts zum Haupterkennungszeichen der Diakonissen jenseits der gesellschaftlichen Verbindlichkeit. Mit dem immer größer werdenden Abstand der Diakonissenkleidung gegenüber der zeitgenössischen Mode steigerte sich ihr Zeichencharakter. In der Krankenpflege ist die Haube für die meisten Erwachsenen noch heute stereotypes Berufszeichen und Symbol für die Krankenschwester schlechthin.

Die endgültige Aufnahme der Frauen in die Gemeinschaft fand erst nach vier bis fünf Jahren praktischer Ausbildung mit dem feierlichen liturgischen Akt der Einsegnung statt. Die Frauen trugen das erste Mal die vollständige Tracht mit Kreuz und Abendmahlsschleier, eine liturgische Besonderheit des Neuendettelsauer Mutterhauses. Dieser war von Wilhelm Löhe als erste Kopfbedeckung für die Diakonissen eingeführt worden. Das rechteckige Tuch aus weißem Batist wurde wie die so genannten Kirchumnehmetücher beim Kirchgang von den Frauen umgebunden. Heute tragen die Diakonissen den Schleier nur noch sehr selten. Über seinen liturgischen Sinngehalt sind sich nur wenige Frauen im Klaren. Als »*Erinnerung*«, »*Christo dem Herrn verlobt*«[6] zu sein, wie Löhe 1848 darlegte, wird er den Diakonissen noch heute ins Grab mitgegeben.[7]

Frauenbild und »weibliche Diakonie«

Mit dem Ansehen der Schwestern verbunden war das Bild der mütterlichen, umsorgenden, aufopferungsfähigen Frau. Diese Charakter- und Wesenseigenschaften waren den Frauen seit dem späten 18. Jahrhundert als naturgegeben zugewiesen worden. In der Ideenbildung des 19. Jahrhunderts für die »weibliche Diakonie« dienten die Vorstellungen als Argument und Rechtfertigung für die »*Bildung der zum Dienst der leidenden Menschen begabten Frauen*«[8], so Löhe in seinen »*Bedenken über die weibliche Diakonie innerhalb der protestantischen Kirche Bayerns*« 1853. Die Anstalten

> »*bildeten nichts als die vorhandene Fähigkeit zu weiblich- christlichem Liebesdienst ... Es kann aber nichts mehr geben, was sich für die Frauenpersonen mehr zum Bildungsmittel eignete als die Befähigung zum Dienste der leidenden Menschheit.*«

Mit theologischen Begründungen konnten diese Rollenzuweisungen verfestigt werden. Die von Gott zur »*Manneshilfe*« geschaffene Frau sei nach dem Sündenfall besonders der Barmherzigkeit verbunden.[9] Dies wurde von Theologen bis in 1960er Jahre aufrechterhalten.[10]

Die den Diakonissen zugeschriebenen Tätigkeitsfelder folgten einem theologisch ideologisierten Weiblichkeitsideal, das mit den spezifischen Kompetenzzuweisungen »Dienen, Heilen, Erziehen« knapp umschrieben werden kann. Eine besondere Überhöhung fanden die Arbeitsgebiete durch die theologische Ausrichtung des Begriffs des Dienens. Sie ist im Wappen der Diakonissenanstalt versinnbildlicht: Eine brennende Öllampe steht auf einem Kreuz und wird von den Strahlen des Heiligen Geistes getroffen, verkörpert durch eine Taube. Der Dienst unter dem Symbol der Öllampe erfährt eine eschatologische Ausrichtung, ist die Lampe doch ein Verweis auf das Gleichnis der klugen und törichten Jungfrauen aus dem Matthäusevangelium (25,113). Die theologische Auslegung des unter Wilhelm Löhe entworfenen Sinnbildes durch den 1925 amtierenden Rektor lautet: »*Wie der Herr bis zum Kreuz den seinen dient, so möchte die Diakonisse von ihm das Dienen lernen.*« Die Dornenkrone erinnert an die Mühen und Opfer des Berufes: »*Opfer einer immer völliger werdenden Selbstverleugnung*«, aber auch eines »*reichen und herrlichen Berufes*«.[11] Löhe hatte diese Vorstellungen in einem so genannten Diakonissenspruch für seine Schwestern formuliert, der sich über das Muttterhaus Neuendettelsau hinaus zum klassischen Bekenntnisspruch der Diakonissen entwickelte.[12] Auf zahlreichen Wegen verinnerlicht, prägte er das Selbstverständnis der Schwestern und war eine entscheidende Hilfe, die wechselnden Arbeitsplätze außerhalb des Mutterhauses und entfernt von der »*Glaubensgemeinschaft*« zu verkraften, den Alltag mit harter und schwerer Arbeit unter ständiger Dienstbereitschaft zu meistern.

Niedergang des Weiblichkeitsentwurfes »Diakonisse«

Das Mutterhaus in Neuendettelsau ist heute neben der ein Jahr später (1855) gegründeten Augsburger Diakonissenanstalt und dem erst 1909 gegründeten Hensoltshöher Gemeinschaftsmutterhaus das älteste und größte im süddeutschen Raum. Der einst rege Zulauf junger Frauen hat nach dem Zweiten Weltkrieg stetig abgenommen. Die Entwicklung verlief damit parallel zum bundesdeutschen Trend. Zwischen 1969 und 1981 sank die Zahl der Diakonissen von 15.000 auf 8.000.[13] Konnte das Mutterhaus bis dahin ledigen Frauen eine alternative Lebensform jenseits der ehelichen Gemeinschaft bieten, eröffneten die gesellschaftlichen Umbrüche der Nachkriegszeit Frauen nun erweiterte Lebens- und Arbeitsmöglichkeiten.

In den Dienstleistungsberufen fand zudem eine wachsenden Spezialisierung und Rationalisierung statt. Die Diakonisse und Historikerin Anna Sticker forderte bereits 1953 einen Abschied vom »Dekorum des Vielseitigkeitsideals der Diakonisse, ›die alles kann‹«, auch »wenn ganz offenbar alle Welt das immer wieder von ihr erwartet«.[14] In diesem Zusammenhang bescheinigte sie 1987, 84-jährig, Kaiserswerth ein »Stehenbleiben in der Krankenpflege« gegenüber den genannten Tendenzen in den Pflegeberufen. Sie führte es zurück auf die in den Mutterhäusern verbreitete Annahme, »fromme Christlichkeit sollte zu beruflicher Tüchtigkeit genügen« und die sich daraus entwickelnde, selbstüberschätzende Haltung den freien, so genannten »wilden Schwestern« gegenüber, »ihnen ginge es nur um den Job, ›Wir aber dienen‹«.[15] Auf der anderen Seite führte die Professionalisierung der erforderlichen Dienstleistungen zu immer größeren Konflikten mit den religiösen Inhalten des Diakonissenamtes. Eine Spannung, die von den Frauen eine gewaltige individuelle Gestaltungs- und Bewältigungsleistung des Lebensweges bedeutete.

Über den traditionellen protestantischen Weiblichkeitsentwurf »Diakonisse« sind heute gesellschaftliche wie individuelle mentale Verortungsmöglichkeiten für Frauen kaum mehr gegeben. Die Altersstruktur innerhalb der Gemeinschaft verdeutlicht diese Entwicklung: Während 1939 der Neuendettelsauer Diakonissenanstalt 1.471 Schwestern angehörten, zählte das Mutterhaus 1995 noch 308 Diakonissen.[16] Lediglich 83 von ihnen waren noch aktiv im Berufsleben tätig.[17] Nahezu alle Frauen haben heute das Alter von 60 Jahren überschritten. Die anderen sind Feierabendschwestern, also Diakonissen im Ruhestand, und leben zum Großteil in Altenwohnheimen.

Die evangelischen Schwestern in Tracht prägen allein zahlenmäßig noch immer den kleinen Ort Neuendettelsau. Doch außerhalb ihres Mutterhausstandortes sind sie nur wenigen ein Begriff. Noch vor zehn bis zwanzig Jahren waren sie als »Dettelsauer Schwestern« weit über die Region hinaus in den Kirchengemeinden und ihren karitativen Einrichtungen bekannt. Sie begleiteten den Lebensweg vieler Generationen vom Kindergarten bis zum Sterbebett.

Anmerkungen

1 Vgl. Treiber, Angela: »Diakonie ist kein Handwerk, sondern Dienewerk«. Weiblichkeits-ideale und gelebte Frömmigkeit. Zur Identitätsbildung evangelischer Feierabend-schwestern in Lebensgeschichten, in: BJbVk 2000, S. 111–128.

2 Beyreuther, Erich: Geschichte der Diakonie und Inneren Mission in der Neuzeit. 3. erw. Aufl., Berlin 1983; Lauerer, Hans: Die Diakonissenanstalt Neuendettelsau 1854–1954, Neuendettelsau 1954.

3 Sticker, Anna: Die Mutterhausdiakonie und das moderne Frauenbild, in: Die innere Mission 1953, S. 301.

4 Lauerer, Diakonissenanstalt Neuendettelsau, S. 37; MANau BVII, 6, Blaue Schule, Stundenplan 1934–38.

5 Renner, Charlotte: Die Diakonissentracht. (Kleine Schriften zur Fortbildung der evangelischen Schwestern 1), Berlin 1940, S. 8, 11f.

6 Löhe, Wilhelm: Von der Kleidung der Frauen, in: Correspondenzblatt der Diakonis-sen von Neuendettelsau, Nr. 3, April 1858, S. 10–12.

7 Vgl. Rechts-, Dienst und Versorgungsordnung 1981, § 5; vgl. Bringemeier Martha: Die Abendmahlskleidung der Frauen und Mädchen in der Schaumburger und Min-dener Tracht [1954], in: Dies. (Hg.): Mode und Tracht. [...] 2. erw. Aufl., Münster 1985, S. 40–72; vgl. Gillmeister-Geisenhof, Evelyn: Die Bedeutung des Schleiers in der Tracht der Diakonissen in Neuendettelsau, in: Frauen in der einen Welt (Hg.): Kopftuchkulturen, Nürnberg 1999, S. 101–108.

8 Löhe, Wilhelm: Bedenken über die weibliche Diakonie innerhalb der protestanti-schen Kirche Bayerns, 1853, zit. n. Krimm, Herbert (Hg.): Quellen zur Geschichte der Diakonie, Bd. 2, Reformation und Neuzeit, Stuttgart 1963, Nr. 179.

9 Smid, Marikje: Diakonissen in der Evangelischen Kirche – eine Herausforderung für Kirche und Gesellschaft, in: Cordes, Martin (Hg.): Diakonie und Diakonissen. Beiträge zur Rolle der Frauen in kirchlich sozialer Arbeit, Hannover 1995, S. 27–72, hier S. 46.

10 Vgl. Dietzfelbinger, Hermann: Vom Dienst der Frau in der Kirche, in: Lutherische Monatshefte 2, 1963, S. 494–502, bes. S. 497–499.

11 Lauerer, Diakonissenanstalt Neuendettelsau, S. 15f.

12 Krimm, Quellen zur Geschichte der Diakonie, Bd. 2, Nr. 181 »Diakonissensprüche«, S. 379.

13 Lukatis, Ingrid: Frauen in der Diakonie heute, in: Cordes, Diakonie und Diakonis-sen, S. 14.

14 Sticker, Mutterhausdiakonie, S. 259.

15 Frauen in der Diakonie hatten immer mehr Dienst als Einfluss. Vgl. ein Interview mit der Diakonisse D. Anna Sticker, in: Diakonie 13, 1987, S. 116.

16 Die Statistik der Kaiserswerther Generalkonferenz 1939, 100 Jahre Diakonissen-anstalt Neuendettelsau, S. 80, verzeichnet für das Jahr 1952 1.153 Diakonissen.

17 Miteinander unterwegs. Jahresbericht 1995/96 Evang.-Luth. Diakoniewerk, Neuendettelsau 1996, S. 31.

Gaby Franger
Zieglerinnen, Nadlerinnen und andere Arbeiterinnen

Der Cadolzburger Pfarrer Ludwig Christian Seyler konnte in den 1850er Jahren den Tätigkeiten der Frauen und Mädchen in den Fabriken gar nichts abgewinnen, Tätigkeiten, die sie aufnahmen, um der Armut zu entgehen. Denn durch das Abwandern in die Städte sah er vor allem die Sittlichkeit sehr gefährdet:

> *Dazu kommt noch, daß die Töchter ärmerer Eltern sich gewöhnlich als Mägde oder Fabrikarbeiterinnen in den benachbarten Städten verdingen, von denen sie nur zu oft an Leib und Seele verdorben zurückkehren«.*[1]

Die Beschäftigungsentwicklung von Frauen in der industriellen Produktion

Die Entwicklung, die Heimatgemeinden zu verlassen und in die Orte zu ziehen, wo es Beschäftigung gab, ließ sich nicht aufhalten. Eine stetig steigende Zahl von Frauen und Mädchen in Mittelfranken fanden Arbeit in Handwerksbetrieben und den neu entstehenden Industrien der Ballungszentren Nürnberg und Fürth, aber auch in den Provinzstädten.

Diese Vorgänge wurden in den seit 1879 jährlich erscheinenden Berichten der bayerischen Fabrikinspektoren[2] untersucht, deren Aufgabe es war, die industrielle Entwicklung zu beobachten und die Einhaltung der Schutzgesetze durchzusetzen, auch im Sinne einer Sozialpolitik, die soziale Unruhen vermeiden wollte. Besonderes Augenmerk wurde darauf gelegt, wie sich die Beschäftigung von Frauen auf die Arbeitsmöglichkeiten für Männer auswirkte. Die Anwendung der besonderen Schutzgesetze für Frauen wurde überwacht und die soziale Situation der ledigen und verheirateten Frauen und Familien mit Kindern beobachtet und kommentiert.

Die Arbeiterinnen oder »*weiblichen Gehilfen*« arbeiteten vor allem in den Spiegel-, Golddraht-, Blattmetall-, Flitter- und Gespinstfabriken, in der Goldpapier- und Papierindustrie, in Pinsel-, Bürsten-, Bleistift- und Tabakfabriken, lithographischen Kunstanstalten, Glasschleifereien, in der Zündhütchen- und Zündholzindustrie, in Knopf- und Holzwaren-, Schuh- und Schäftefabriken, in den Goldschläge-reien, in der Flaschenkapsel- und Schellenfabrikation und in der Gürtler- und Konfektionsbranche.

Nicht wenige Betriebe beschäftigten sogar ausschließlich Arbeiterinnen, etwa Seidenzwirnereien und -haspeleien, Perlen-, Draht- und Zündholzfabriken, Spiegelfabriken, Flitterstickereien, Wäsche-, Puppen-, Strickwarenunternehmen, Goldpapier-, Pinsel-, Spielwaren-, Zigarrenfabriken.

Einen Überblick über den prozentualen Anteil weiblicher Beschäftigter an der Gesamtarbeiterzahl Mittelfrankens in den wichtigen industriellen Bereichen gibt für das Jahr 1886 die folgende Aufstellung:[3]

Golddrahtspinnerei	*50–100 %*
Leonische Drahtfabrikation	*50–83 %*
Gold- und Buntpapierfabriken	*66–88 %*
Metallhammerwerke	*50–70 %*
Spielwaarenfabriken	*40–100 %*
Bleistiftfabriken	*25–33 %*
Gasbrennerfabriken	*25–33 %*
Zündholzfabrikation	*75 %*
Spiegelbelegen	*66–100 %*
Tabak- und Cigarrenfabrikation	*50–86 %*
Lithographische Kunstanstalten	*58–63 %*

Die Beschäftigung von Arbeiterinnen, die gegen Ende des Jahrhunderts bei etwa 30 % der Gesamtarbeiterschaft[4] lag, nahm stetig zu, besonders dann, wenn in Zeiten des wirtschaftlichen Aufschwungs Arbeitskräftemangel herrschte. Ein Grund dafür war, dass Frauen geringer entlohnt wurden, was allerdings nicht für alle Bereiche zutraf: Den Ausschlag für ihre Beschäftigung gab jedoch nach Meinung des Fabrikinspektors *»die Rücksicht darauf, dass die weiblichen Arbeiter weniger zur Widersetzlichkeit usw. geneigt, kurz leichter zu behandeln sind«.*[5]

Arbeiterinnen in den Streikbewegungen »Schlampen und Drachen«[6]

Doch kann keineswegs davon ausgegangen werden, dass die Arbeiterinnen sich nicht an den Arbeitskämpfen beteiligt hätten.[7] So wurden besonders die Streiks der Erlanger Textilarbeiterinnen in den Jahren 1891 und 1897 bekannt, hier waren sie die alleinigen Protagonistinnen.[8]

Auch im Jahr 1889, als die Metallschläger zunächst in Fürth, dann in Nürnberg und Schwabach streikten, beteiligten sich die Frauen. Es ging dabei um den Zehnstundentag, um neue Tarife zur einheitlichen Bewertung und um gesonderte Lohnplanungen in bestimmten Arbeitsprozessen. Aus der Tatsache, dass der Verein der Feingoldschlägergehilfen Streikunterstützung für Männer und Frauen zahlte – *»15 Mark/Woche für jeden Streikenden, 1/3 davon, d. h. 5 Mark/Woche für jede weibliche Ausständige«* –, geht hervor, dass Frauen, wahrscheinlich Einlegerinnen oder sonstige weibliche Hilfskräfte, an dem Streik beteiligt waren; mit 226 von 405 Streikenden stellten sie sogar die Mehrheit.[9]

Auch der Streik in der Buchbinderei der Nürnberger »Kunstanstalt Kistner« im Jahr 1896 wurde hauptsächlich von Frauen getragen. Von 195 Arbeiterinnen streikten 180, daneben 28 männliche Kollegen. Es handelte sich wohl um Hilfsarbeiterinnen, für die leicht Ersatz zu finden war, denn der Arbeitgeber entließ sämtliche Streikenden. Nach zehn Tagen hatte er bereits 50 neue Arbeiterinnen eingestellt, denen angeblich die von den Ausständigen geforderte neunstündige Arbeitszeit zugestanden worden war. Durch Vermittlung des mittelfränkischen Fabrikinspektors konnten zunächst 12 der 28 streikenden Buchbinder und dann auch 102 der 180 Arbeiterinnen bei neunstündiger Arbeitszeit wieder eintreten. »Die Leidtragenden waren also in der Mehrzahl Frauen: Immerhin nahezu 80 suchten bei Beendigung des Ausstandes noch nach Beschäftigung.«[10]

Bei den angeführten Streiks ging es um Arbeitsbedingungen, Arbeitszeit und Löhne. Es gab aber auch nicht wenige Fälle von »Mobbing« gegenüber Arbeiterinnen durch ihre männlichen Kollegen und Vorgesetzten.

»Wo Frauen mit Männern arbeiten, spürten sie ihre Einschätzung als Lohndrückerinnen und Schmutzkonkurrentinnen in der Form rohen Benehmens«,[11] wogegen sie sich wehrten und worüber ab und zu in der *»Fränkischen Tagespost«* berichtet wurde. So erzählten dort die Arbeiterinnen einer Nürnberger Patentstiftfabrik, dass sie *»ob jung oder alt, ob verheirathet oder ledig«* mit *»Du«* angeredet würden.[12]

Besonders gravierend war ein Fall in der Nürnberger Bleistiftfabrik

Schwanhäuser, den Arbeiterinnen der »*Fränkischen Tagespost*« meldeten:

> »*Am Donnerstag erlaubte sich der Comptoirist F. ... eine 18jährige Arbeiterin dermaßen ins Gesicht zu schlagen, daß dieselbe rückwärts an ein Gitter fiel, weil sie sich weigerte, ihm einen Schoppen Bier und für drei Pfennig Brod zu holen ... Als die verheirathete Schwester der Mißhandelten den Herrn Comptoiristen zur Rede stellte, bot er derselben ebenfalls Schläge an und warf dann die erstgenannte Arbeiterin in den Arbeitskleidern zur Tür hinaus.*«[13]

Mütter in den Fabriken

In seinem Jahresbericht für das Jahr 1899 beschäftigte sich der Nürnberger Fabrikinspektor Kopf ausgiebig mit der Situation verheirateter Frauen und Mütter. In der öffentlichen Diskussion wurde ja immer wieder darauf hingewiesen, dass es aus sittlichen Gründen sowie für das Wohl der Kinder unverantwortlich sei, wenn Frauen neun bis elf Stunden täglich arbeiteten. Schon 1886 hatte er angeregt, das angebliche Desinteresse der Familien an ihren Kindern durch Kurse in Abendschulen wettzumachen.[14]

Nun stellte er fest, dass ein Arbeiter seine Familie nicht allein ernähren könne.

> »*Das durchschnittliche Einkommen eines Arbeiters in Mittelfranken beträgt etwa 18 M. pro Woche, dieses ist aber, selbst wenn die Ehe kinderlos ist, ... nur nothdürftig ausreichend, ganz unzureichend aber dann, wenn Kinder vorhanden. ... Darum muss die Arbeit der Frau, deren Wochenverdienst in Mittelfranken durchschnittlich mit 8 M. angenommen werden kann, ergänzend eintreten und weil in der Mehrzahl der Fälle Neigung und Befähigung dafür sprechen, wird diese Arbeit in der Fabrik aufgesucht, wo selbe stets begehrt und verhältnismässig besser bezahlt ist, als andere das Verbleiben im Hause ermöglichende Beschäftigungen. In dem Maasse, als der Wochenverdienst des Mannes unter obigem Durchschnittsatz von 18 M. zurückbleibt ..., in dem gleichen Maasse wächst die Nothwendigkeit der Mitarbeit der Frau. ... [Es] scheint zweifellos, dass ... Nachtheile aus der Fabrikarbeit von Frauen erwachsen können, wenn Kinder vorhanden sind. Denn alsdann beginnt nach Feierabend in*

der Fabrik für die Mutter erst die Reihe häuslicher Arbeiten und Sorgen, so dass sie, wenn sie dieselben nicht vernachlässigen will, mehr oder weniger jeder Erholung entbehrt, was sicher für die Gesundheit mit der Zeit nicht ohne Nachtheil bleiben kann; ausserdem ist nicht zu bezweifeln, dass die Wartung und Erziehung der Kinder durch die Fabrikbeschäftigung der Mutter vernachlässigt werden.

... Eine Hauptbedingung eines geregelten Haushaltes bildet das Vorhandensein genügender Subsistenzmittel und es ist zu befürchten, dass der Nachtheil einer Verringerung derselben mit Rücksicht auf den Nährwerth der Nahrungsmittel und die Beschaffenheit der Wohnung grösser ist als der Nachtheil durch die Beschäftigung der Frau in der Fabrik. Auch kann mit ziemlicher Sicherheit erwartet werden, dass jeder zwangsweise Ausschluss der verheiratheten Frauen von der Fabrikbeschäftigung bei der grossen Zahl dieser Frauen dem Streben nach Aufsuchung von Heimarbeit Vorschub leisten wird, was jedoch sowohl vom wirthschaftlichen als hygienischen Standpunkte aus nicht gerade wünschenswert erscheint.« [15]

Einblick in einige Beschäftigungszweige: Zieglerinnen

Die Ziegeleifabrikation in Mittelfranken reicht bis ins Spätmittelalter zurück. Um 1885 boomte die Produktion, denn vor allem für den Bau neuer Wohnungen in Nürnberg und Fürth bestand ein großer Bedarf nach preiswerten Ziegelsteinen.[16]

Ungefähr die Hälfte der Betriebe beschäftigte weibliche Kräfte, sie stellten jedoch nur rund 9 % der Gesamtbeschäftigtenzahl. In 4/5 aller Betriebe mit weiblichen Arbeitskräften waren maximal 10 Frauen beschäftigt. Die meisten weiblichen Beschäftigten hatten die Ziegeleien Schultheiß in Spardorf (1890) mit 21 und Woesch in Reichenschwand (1902) mit 23 Frauen.[17]

Dass der Frauenanteil gering war, lag an der körperlich anstrengenden und gesundheitsgefährdenden Arbeit, von der die Frauen durch Arbeitsschutzbestimmungen fern gehalten wurden.[18] Die »*Arbeiterinnen*« oder »*Handarbeiterinnen*« bewegten die fertig gepressten bzw. geschlagenen, aber auch gebrannten Steine. Andere Tätigkeiten waren Abnehmen, Abtragen, Zutragen, Steine rücken, Steine bewegen, Umlegen der Steine.[19]

Ziegelarbeiterinnen und -arbeiter in der Ziegelei Andreas Dehn in Unterstrahlbach bei Neustadt a. d. Aisch 1897[20]

Der Transport der Steine durch Frauen wurde häufig kritisiert. Die Ziegelei Beck in Kleingeschaidt wurde beispielsweise 1900 davor gewarnt, weiterhin eine Arbeiterin zum Steintransport mit der Schubkarre einzusetzen. In der Ziegelei Lang in Weißenburg wurde 1902 festgestellt, dass Arbeiterinnen mit dem Transport von Presssteinen auf Schubkarren beschäftigt waren, was schon seit 1883 verboten war.[21]

Auch am Ziegelofen durften sie nicht arbeiten, so wurde beispielsweise 1899 die Hilfeleistung der Frau eines Ziegeleibrenners beim Befeuern des Ofens moniert.[22]

»Die Frau des Brenners besorgt mit diesem das Befeuern des Ofens, was dem Abschnitt I. Abs. 4 der Bundesrathsvorschriften vom 18. Okt. 1898 zuwider ist.«[23]

Nadlerinnen

Die ersten Abnehmerinnen der Nadeln, die seit dem Mittelalter in der Region um Weißenburg produziert wurden, waren wohl die Nonnen der Benediktinerinnenklöster in Eichstätt, Monheim, Bergen und Heidenheim, die Ornate und Tücher bestickten.[24] Wurden die Nadeln zunächst im genossenschaftlichen Verband von bäuerlichen Gewerbetreibenden hergestellt, bildeten sich seit dem 14. Jahrhundert Zünfte, so in Weißenburg, Roth und Pappenheim.

In Schwabach sind Nadler seit dem 16. Jahrhundert nachgewiesen. Bis zur Mitte des 19. Jahrhunderts war die Herstellung von Nadeln eine rein handwerkliche Tätigkeit. Im Jahr 1810 gab es dort 47 Nadelfabriken mit 1.500 Arbeitern bei einer Gesamtbevölkerungszahl von 6.700 Personen.[25] Der Einsatz von ersten Maschinen am Niederrhein und in England, mit der drei Männer, zwei Mädchen und zwei Kinder mit hoher Präzision in 12 Stunden 80.000 Nadeln produzieren konnten,[26] brachte die Nadlermeister und Heimarbeiterfamilien in Schwabach in große Schwierigkeiten. Im Jahr 1869 wurde auch in Schwabach die erste Fabrik mit den neuesten Maschinen gegründet, nun ging es wieder aufwärts. Im Jahr 1883 produzierten vier Firmen, darunter die von der Witwe Knöllinger geführte, 250 Millionen Nadeln, im Jahr 1914 fertigten über 1.000 Beschäftigte 2,5 Milliarden pro Jahr.[27]

Die Seifenfabrik Ribot in Schwabach

In der ersten Hälfte des 19. Jahrhunderts gab es in Schwabach acht Seifensiedereien, eine davon war 1792 von Ernst Gottlob Strunz eröffnet worden. Seine Enkelin Babette heiratete den Cannstätter Gesellen Philipp Benjamin Ribot und begründete damit die Seifenfabrik Philipp Benjamin Ribot (1849–1953).

Ribot war Alleinhersteller der Ray-Seife, die man wegen des Eizusatzes als besonders hautfreundlich anpries. Sie entwickelte sich zum großen Verkaufsschlager. Pro Jahr wurden mehrere Millionen Stücke Ray-Seife produziert und verkauft, auch exportiert, so mit besonders bunter Verpackung nach China.[28]

Arbeiterinnen schlagen für die Ray-Seife frische Eier auf

Belegschaft der Firma Ribot im Fabrikhof um 1900

»*Die Männer arbeiteten hauptsächlich in der Produktion, während die meisten Frauen in Verpackung und Versand beschäftigt waren. Die Arbeitszeit betrug z. B. im Jahr 1927 49 1/2 Wochenstunden bei einem Jahresurlaub von vier Tagen. Um diese Zeit lagen die Löhne der Seifenarbeiterinnen tariflich höher als die der Metallarbeiterinnen, was gerade in der Metaller-Stadt Schwabach für Unmut sorgte. Der Stundenlohn für weibliche Arbeitskräfte der Firma Ribot reichte (altersmäßig gestaffelt von 16 bis über 25) von 21 Pf. für gelernte bzw. 19 Pf. für ungelernte Arbeiterinnen bis zu 35 Pfennigen für gelernte bzw. 31,5 Pf. für ungelernte Arbeiterinnen.*«[29]

Schon 1883 hatte der Fabrikinspektor für Mittelfranken festgestellt – damals allerdings bezogen auf die Webereien –, dass es nur »*wenige Arbeiten*« gebe, *die nicht gleichwerthig von Frauen wie Männern besorgt werden*«[30]. Die wenigen überlieferten Fotos, die Frauen bei ihrer Arbeit oder mit ihrem Arbeitswerkzeug darstellen, zeigen, dass sie sich dieser Gleichwertigkeit bewusst und dass sie stolz auf ihre Arbeitsleistungen und ihren Beitrag zum Erfolg der Unternehmen waren.

Anmerkungen

1 Kroner, Michael: Cadolzburg. Im Wandel von der Hohenzollernresidenz und dem Ämtersitz zum gewerblich-industriellen Markt, Markt Cadolzburg 1993, S. 108.
2 Im Folgenden zitiert: JBF.
3 JBF 1887, S. 55.
4 So gaben die JBF beispielsweise für 1884 den Anteil der Arbeiterinnen an der Gesamtzahl mit 30 % an, für 1903 mit 29 % Arbeiterinnen. Allerdings wird in diesen Berichten immer nur von den inspizierten Fabriken ausgegangen (1895, S. 46; 1904, S. 133).

5   JBF 1885, S. 45.
6   FTP Nr. 13, 6. Januar 1902: Anredeform der Platz- und Paketmeister an die Frauen in der Verpackung eines Nürnberger Walzwerks.
7   Jüngling, Elisabeth: Streiks in Bayern (1889–1914). Arbeitskampf in der Prinzregentenzeit, München 1986, zeigt in ihrer grundlegenden Arbeit auf, dass es vor allem auch ein Problem der Berichterstattung und Überlieferungen ist, Aufschluss über die Aktivitäten der Frauen zu erhalten.
8   Vgl. Salzinger, Irmgard: Versammlungen, Streiks und Selbsthilfe. Frauen in der Arbeiterbewegung, in: Bennewitz, Nadja/Franger, Gaby (Hg.): »Die Erlangischen Mädchen sind recht schön und artig ...« Ein Erlanger Frauengeschichtsbuch, Cadolzburg 2002, S. 145–152.
9   Jüngling, Streiks in Bayern, S. 49.
10 Jüngling, Streiks in Bayern, S. 63.
11 Aus einem Versammlungsbericht vom 8.2.1891, zit. nach Plössl, Elisabeth: Weibliche Arbeit in Familie und Betrieb. Bayerische Arbeiterfrauen 1870–1914, München 1983, S. 255.
12 FTP Nr. 162, 13. Juli 1904.
13 FTP Nr. 119, 21. Mai 1892. Weitere Fälle vgl. FTP Nr. 95, 22. April 1890: Arbeiter wollen die Aussperrung ihrer Kolleginnen; FTP Nr. 105, 5. Mai 1904: Streik in den Vereinigten Fränkischen Schuhfabriken u. a. mit dem Inhalt der »Notwehr« gegen einen Meister, um die beschäftigten Frauen vor unsittlichen Angriffen zu schützen.
14 JBF 1886, S. 46.
15 JBF 1900, S. 297ff.
16 Kühne, Andreas: Ziegler in Mittelfranken. Arbeits- und Lebensverhältnisse um 1900 im Spiegel archivalischer Quellen, Passau 1998, S. 75f.
17 Kühne, Ziegler, S. 112.
18 Kühne, Ziegler, S. 142.
19 Kühne, Ziegler, S. 144f.
20 150 Jahre 1830–1980. Andreas Dehn Dampfziegelei Neustadt a. d. Aisch.
21 Kühne, Ziegler, S. 147.
22 JBF 1900, S. 297.
23 Kühne, Ziegler, S. 149.
24 Kraft, Wilhelm: Die Nadelherstellung im Raume Monheim-Pappenheim-Weißenburg, in: JfL, 25, 1965, S. 209–271, hier S. 217.
25 Beutel, Thomas: Die gewerbliche Entwicklung süddeutscher Mittelstädte während der Frühen Industrialisierung, dargestellt an den Städten Erlangen, Ingolstadt und Schwabach, Diss. Erlangen 1977, S. 156f.
26 Beutel, Gewerbliche Entwicklung, S. 159.
27 Beutel, Gewerbliche Entwicklung, S. 161f.
28 Weigand-Karg, Sabine: Die Seifenfabrik Philipp Benjamin Ribot in Schwabach, Schwabach 1999, S. 13.
29 Weigand-Karg, Seifenfabrik, S. 20.
30 JBF 1883, S. 53. Solche Aussagen finden sich immer wieder, vor allem auch, wenn es um die Arbeitsleistungen der Frauen in den Kriegsjahren 1914–1917 geht (vgl. JBF 1914–1918, München 1920).

Frauenorte
Das Mädchenschulhaus in Herzogenaurach

Herzogenaurachs erste Schullehrerin, Jungfer Margarethe Sauerin, unterrichtete ihre Mädchenklasse in der Knabenschule am Marktplatz. Vergebens hatte sie 1795 Beschwerde darüber geführt, dass aus Gründen der Sittlichkeit ein separates Schulgebäude für die weibliche Jugend dringend erforderlich sei. Erst Mitte des 19. Jahrhunderts beschloss der Stadtmagistrat den Neubau eines Mädchenschulhauses; das Gebäude an der Nordseite des Kirchenplatzes wurde am 20. Mai 1860 seiner Bestimmung übergeben. Die Stadtväter des traditionell tiefkatholischen Landstädtchens beschlossen die Einsetzung von Ordensfrauen als Lehrkräfte in der neuen Schule, um bei den Töchtern der Stadt Fleiß, Sittlichkeit und Anstand zu fördern. Sie gewannen für diese Aufgabe Klosterfrauen vom Orden der Armen Schulschwestern de Notre Dame aus dem Mutterhaus in München, die im Oktober 1861 den Unterricht in der klösterlichen Mädchenschule aufnahmen. Die Wohnung für die Ordensschwestern war in dem Schulhaus untergebracht. Im Jahr 1909 lebten und arbeiteten in Herzogenaurach neun Schulschwestern, fünf als Volksschullehrerinnen, zwei als Handarbeitslehrerinnen, zwei leiteten die Kinderbewahranstalt. Die Aufgabe

Das Mädchenschulhaus in Herzogenaurach um 1910

261

der »Stadtfiliale« und die Abberufung der Schulschwestern durch die Leitung des Ordens im Sommer 1909 bedauerte die Bevölkerung zutiefst.

Der Einsatz weltlichen Lehrpersonals blieb ein Intermezzo, bereits im Herbst 1918 übernahmen die Ordensfrauen vom Bamberger Englischen Institut (Englische Fräulein) den Mädchenunterricht. Bis 1937 leitete Mater Benedikta Schöber die Schule. Problematisch wurde ihre Tätigkeit in der NS-Zeit, mit Beginn des Schuljahrs 1937/ 38 wurde den Ordensangehörigen jegliche Schultätigkeit verboten und die katholische Schule gegen den Widerstand der Eltern geschlossen. Vier Jahre später wurde das Lehrverbot auch auf die Erteilung von Handarbeits- und Privatunterricht ausgedehnt. Vier Schulschwestern gingen zurück ins Bamberger Mutterhaus; Mater Rosalie Göller blieb und überbrückte die Zwangspause bis zum Zusammenbruch des *»Tausendjährigen Reiches«* als Pfarrschwester und Mesnerin, auch der Aufbau der Pfarrbücherei lag in ihrer Obhut. Mut und Widerstandswille gegen die nationalsozialistische Diktatur zeichneten Mater Rosalie aus, die in dieser Zeit den Respekt und die Anerkennung der Herzogenauracher Bevölkerung gewann. Große Verdienste erwarb sich die spätere Herzogenauracher Ehrenbürgerin beim Wiederaufbau des Schulwesens kurz nach Kriegsende. Unter schwierigsten Bedingungen organisierte sie die Wiederaufnahme des Schulunterrichts in der Stadt, deren Bevölkerung durch den Zuzug von Ausgebombten und Vertriebenen stark angewachsen war. Seit Kriegsende leitete Mater Rosalie als Rektorin die Herzogenauracher Volksschulen, 1949 wurde das Schulwesen neu organisiert und Mater Rosalie übernahm die Leitung der Mädchenschule, eine Aufgabe, die sie bis zu ihrem Tod 1971 wahrnahm. Nach dem Neubau eines zeitgemäßen Zentralschulhauses wurde der Unterricht in der alten Mädchenschule im Dezember 1972 eingestellt, das Gebäude am Kirchenplatz wurde frei für die 1970 gegründete Singschule.

Irene Lederer

Informationen:

Das ehemalige **Mädchenschulhaus** befindet sich Kirchenplatz 11, 91074 Herzogenaurach.

V. Im 20. Jahrhundert
Spurensuche

Aufbruch: Die moderne Frau

Das neue Jahrhundert begann erfolgversprechend. So konnten ab 1903 Frauen an den bayerischen Hochschulen studieren, auch in Erlangen. Nach der Aufhebung der Vereins- und Versammlungsgesetze 1908, die Frauen jegliche politische Betätigung in Vereinen und Parteien verboten hatten, durften sie sich nun auch hier einmischen.

Die bewegten bürgerlichen Frauen kamen langsam auch in den Provinzstädten an und wurden freundlich begrüßt. So schrieb der Fränkische Kurier anlässlich der Ankündigung eines mittelfränkischen Frauentags im April 1911 in Ansbach davon, dass die Frauenbewegung durchaus »*Kulturfaktor*« und keineswegs »*müßiges Erzeugnis einzelner, überspannter, sensationslustiger, unzufriedener Frauen*« sei. Die Rednerinnen an diesem Tag, Helene von Forster[1] und Elise Hopf[2] aus Nürnberg sowie Luise Kießelbach[3] aus Erlangen merkten zwar an, dass in Ansbach die Frauenbewegung weniger heimisch sei als in den Großstädten, »*aber auch in die kleineren Orte müsse sie sieghaft ihren Einzug halten*«. Das tat sie denn auch, jedenfalls gründete sich eine Frauenvereinsortsgruppe mit der Vorsitzenden »*Frau Rentamtmann Koletschka*«. »*Wo ein Wille ist, da ist auch ein Weg!*«, erklärten die Frauen und nannten ihre Ziele: Der Unselbständigkeit der Frau im sozialen Leben abzuhelfen, der Meinung von der Minderwertigkeit ihrer Arbeit entgegenzuwirken, Verständnis und Achtung für das Wesen der Frau und ihre Betätigung zu wecken und ihr das Recht auf die Teilnahme an Armen- und Waisenpflege, Arbeiterschutz, Jugendschutz usw. zu verschaffen.[4]

In den Kriegsjahren des Ersten Weltkriegs mobilisierten die bürgerlichen Frauen ihre patriotischen Kräfte, die proletarischen schmissen die Wirtschaft.[5] Weibliche Fabrikarbeit nahm während der Kriegszeit so zu, dass auf staatliche Anordnung Fabrikpflegerinnen eingestellt wurden, die den arbeitenden Frauen und Mädchen in allen Fragen der Unterkunft, Ernährung und Versorgung der Kinder beratend und helfend zur Seite stehen sollten.[6] 1918 mussten die Arbeiterinnen allerdings ihre Arbeitsplätze wieder für die aus dem Krieg heimge-

Weiterbildung im Dorf Großenried bei Ansbach. Die Teilnehmerinnen eines Kochkurses, ca. 1910

kehrten Männer freimachen. Von Entlassungen betroffen waren vor allem Frauen in Berufen mit hohem Lohnniveau.[7]

Die »*Novemberrevolution*« von 1918 bescherte den Frauen das aktive und passive Wahlrecht, das sie erstmals in den Landtagswahlen im Januar 1919 ausübten. Sechs Frauen zogen in den Landtag ein, darunter für Mittelfranken die Nürnberger Bezirksoberlehrerin Käthe Günther für die Deutsche Demokratische Partei.

Die in Pappenheim geborene »*Frauenrechtlerin des Frankenlandes*« Dr. Dr. Bertha Kipfmüller resümierte in einem Artikel zum ersten Jahrestag der Revolution in Bayern mit spitzer Feder den Kampf um das Frauenstimmrecht und die Perspektiven einer »*unerschrockenen Kulturpolitik*«:

»*Wer die Kämpfe um das Frauenstudium, um Universität und Gymnasium passiv und aktiv mit durchgemacht hat, weiß, mit welcher Bitterkeit einerseits und welcher Geistlosigkeit andererseits sie geführt waren. Was da nicht ›alles verlorenging‹ am weiblichen Geschlecht an ›Duft und Blüte‹ wie die ›Welt‹ (das war der Haushalt und die Bequemlichkeit des Mannes!) ganz zugrunde ginge, was für ein nationales ›Unglück‹ das Frauenstudium bedeute. Das letzte Ziel der Frauenemanzipation war die Gewährung des Frauenstimmrechts. Die Frau mit dem Wahl-*

zettel in der Hand – Gottseibeiuns – noch schrecklicher wie mit dem Tintenfaß zum Kollegiensaal.«[8]

Helene Grünberg[9] forderte anlässlich des Jahrestags, dass bei Verlassen der Schule allen Kindern die neue Reichsverfassung ausgehändigt werde:

>*»So werden auch die Mädchen frühzeitig an politisches Denken gewöhnt werden. Wenn auch im eigenen Hause eine neue Erziehung platzgreift, wird ein neues Geschlecht erstehen, wo auch die Frauen in politisch geistiger Reife ihr Wahlrecht noch weit besser ausüben als bei den letzten Wahlen.«*[10]

Charlotte Bühl-Gramer zeichnet in ihrem Beitrag den dornigen *»Weg der Frauen in die Kommunalpolitik«*[11] nach. Bei den Stadtratswahlen vom Juni 1919 errangen Frauen 16 von 228 Sitzen. Am Fall der Rothenburger Kandidatin Anna Laible zeigt die Autorin, mit welchen harten Bandagen gekämpft wurde, um Frauen an der Kandidatur zu hindern. Dr. Else Hölzl hatte in Fürth für die MSPD kandidiert und war als Wirtschaftsexpertin die *»eine Frau im ›11 Mann starken‹ Finanz- und Wirtschaftsausschuss der Stadt Fürth«.*

Im September 1919 traf sich die 1. Mittelfränkische Frauenkonferenz der SPD mit 59 delegierten Genossinnen im Künstlerhaus in Nürnberg. Sie beklagten, es sei besonders auf dem Land noch schwierig, ernst genommen zu werden. So forderte Genossin Füllbeck *»Bildungs- und Diskussionsabende auf dem Lande, stärkere Agitation für die [Zeitschrift] »Gleichheit« und intensivere Aufklärung, um der Reaktion entgegentreten zu können«.* Genossin Maißel wies darauf hin, *»daß auch in der Kleinstadt die Genossinnen nicht zur Kommunalarbeit herangezogen werden, daß selbst die Genossen ihre Frauen an der politischen Tätigkeit hindern. Die politische Aufklärung muß im Hause durch den Mann beginnen.«* Die Beschlüsse, die auf der Versammlung getroffen wurden, bezogen sich dann auch vor allem darauf, die Frauenagitation zu fördern, Genossinnen zu schulen und dem Parteivorstand ihre Wünsche und Anregungen zu unterbreiten.[12]

Die Weimarer Republik brachte neue Freiheiten – die *»moderne Frau«* gab es nicht nur in Berlin, auch in Erlangen, Schwabach oder Ansbach wurde für pflegeleichte, den modernen Zeiten angemessene Kleidung geworben. Das Tabuthema Sexualität kam zur Sprache und es erschienen Anzeigen für moderne Verhütungsmittel.[13] Mercedes Gleitze, die weltberühmte Langstreckenschwimmerin und Werbeträgerin aus Herzogenaurach war eine Ikone der »neuen Frauen«.

Frauen in der nationalsozialistischen Ideologie

Dem propagierten neuen Lebensgefühl, den neuen Chancen, Bildungs- und Berufsmöglichkeiten, die sich Frauen eröffneten, stand jedoch die Haltung derjenigen Frauen entgegen, die sich angezogen fühlten von der klaren Rollenzuweisung als Hausfrau und Mutter, wie diese von den Nationalsozialisten propagiert wurde. Immer mehr Frauen wählten nach 1930 die Nationalsozialisten und spätestens nach der Machtübernahme 1933 war klar: Frauen sollten ihr Heil einzig bei ihrem Mann, ihren Kindern und ihrem Haushalt suchen. Das Wort Frauenemanzipation war laut Hitler »*ein nur vom jüdischen Intellekt erfundenes Wort*«[14]. Frauen mussten sich aus dem öffentlichen und politischen Leben verabschieden.

Nun waren Frauen- und Familienpolitik vom Weltbild der Nationalsozialisten bestimmt, das Frauen in »*gute*« und »*erbbiologisch Unerwünschte*« einteilte. Es entstand ein Mutterkult für »*arische*« kinderreiche Frauen, die sich um das »*Mutterkreuz*« bewarben, und die dafür gern ihre »*Erbtüchtigkeit*« nach medizinischen wie auch sozialen Kriterien »*bewiesen*«. Sie wurden in »*Mütterehrungsfeiern*« gewürdigt, was vielen wohl viel bedeutete.[15]

Verfolgte Frauen

Die andere Seite der Medaille war das Gesetz zur »*Verhütung erbkranken Nachwuchses*« von 1934. *Astrid Ley* zeigt diese in ihrem Beitrag: »›*Babette A. ist unfruchtbar zu machen ...*‹ *Frauen als Opfer des nationalsozialistischen Sterilisationsprogramms*«.

Die wichtigste ideologische Stütze der Selektionspropaganda war die besonders in Franken verbreitete Zeitung der »*Stürmer*«. *Renate Geyer* zeichnet in ihrem Beitrag »*Die Darstellung jüdischer und nichtjüdischer Frauen im* ›*Stürmer*‹« nach, mit welchen Mitteln jüdische und auch »*arische*« Frauen, die in »*Rasseschande*« lebten, systematisch diffamiert wurden.

Als »*nicht lebenswert*« galten psychisch und geistig kranke Frauen und Männer. Die PatientInnen aus dem Bezirkskrankenhaus Ansbach wie auch aus den Anstalten in Neuendettelsau wurden zur Vernichtung freigegeben. Am 25. Oktober 1940 fand für 120 PatientInnen aus der Ansbacher »*Heil- und Pflegeanstalt*« der erste Todestransport statt. Darunter waren zwei Frauen aus Schwabach: die 42-jährige Margarete G., Fabrikarbeiterin und Ehefrau eines Bierbrauers aus der Nördlichen Mauerstraße, und die ein Jahr ältere Frieda L., Lehrergattin. Beide litten unter Schizophrenie und lebten schon seit Jahren in der Anstalt. Wie alle anderen bekamen sie ein Pflaster mit ihrem Namen auf den Rücken, auf ihr Handgelenk wurde mit Tintenstift ihre Nummer auf der Transportliste geschrieben. Sie wurden zum Ansbacher Bahnhof gefahren und in Züge nach Sonnenstein verladen, eine der sechs Tötungsanstalten, in der sie sofort nach ihrer Ankunft vergast wurden. Auf der Karte von Margarete G. ist der Todestag angegeben und in den Sterilisierungsunterlagen des Schwabacher Gesundheitsamtes steht als angebliche Todesursache: Ruhr. Für Frieda L. lässt sich keine Todesmeldung ermitteln.[16]

»*ZigeunerInnen*« und »*Zigeunermischlinge*« waren schon seit Mitte des 19. Jahrhunderts durch polizeiliche Verfolgung und Erfassung immer stärker diskriminiert worden, was sich schließlich in dem 1926 erlassenen »*Zigeuner- und Arbeitsscheuengesetz*« manifestierte. Unter dem Nationalsozialismus verschärfte sich diese Verfolgung. Zunächst drangsaliert, wurden sie untersucht, vermessen, klassifiziert, schließlich in großem Umfang sterilisiert und zu Hunderttausenden der Massenvernichtung preisgegeben.[17]

Die 20-jährige Margarete S. aus Uffenheim, klassifiziert als »*Zigeunermischling*«, wollte im September 1943 ihren Wohnort nach Darmstadt verlegen. Ihr Ansuchen wurde abgelehnt und ihr wurde angedroht, dass sie bei eigenmächtigem Verlassen der Stadt in ein KZ eingeliefert würde. Zwei ihrer Geschwister waren zu der Zeit in KZs, ihr Bruder Peter in Mauthausen, ihre Schwester Josefine in Ravensbrück. Ihr Bruder Johann, der aus der Wehrmacht entlassen worden war, war ebenfalls aktenkundig, da er ein Jahr vorher trotz Reiseverbots nach Berlin gefahren war, um seinen Bruder aus der Vorbeugehaft freizubekommen. Dies brachte auch ihm die Drohung ein, in ein KZ eingewiesen zu werden.

Am 18.12.1943 bat Margarete S. das Landratsamt um Auskunft, ob sie Andreas N., den Vater ihres Kindes, heiraten könne, wenn sie sich der Sterilisierung unterziehe. Der Bräutigam von Margarete S. war »*deutschblütig*«, zudem »*stark kurzsichtig*«, wie eigens in den Akten vermerkt war. Zuvor hatten sich beide schon an das Reichskriminalpolizeiamt (RKPA) gewandt und dort um die Erlaubnis nachgesucht, ebenso beim Landrat. Dieser war von der Kriminalpolizei verständigt worden, dass »*unter keinen Umständen zugestimmt werden*« solle.

»*Das RKPA hat ... angeordnet, daß Vorsorge zu treffen ist, daß die Eheschließung des N. mit S. zu verhindern ist und daß die S. nach Aufhebung der Einweisungssperre in das Konzentrationslager Auschwitz einzuweisen ist, weil sie gegen den nationalsozialistischen Grundsatz der Reinhaltung des deutschen Blutes verstossen hat.*«
Ihr selbst sollte jedoch nur eröffnet werden, dass eine Eheschließung nicht zugelassen sei. Im Februar 1944 erklärte sich Margarete S. »*mit Durchführung der Unfruchtbarmachung einverstanden*«. Am 29.9.1944 wurde sie »*im Stadtkrankenhaus Ansbach unfruchtbar gemacht*«. Die Behörden nahmen an, dass sie damit glaube, sich ihrer Probleme entledigt zu haben. Tatsächlich wurde sie keineswegs aus den »*Zigeunerbestimmungen*« herausgenommen und in den darauf folgenden Monaten abermals verwarnt,
»*dass ihr der Geschlechtsverkehr mit dem deutschstämmigen Musiker Andreas N. ... untersagt ist, andernfalls sie mit der Einschaffung in ein Konzentrationslager zu rechnen hat*«.
Der letzte Eintrag in ihrer Akte vom 8.11.1944 besagt, sie habe diese Verwarnung erhalten. Über das weitere Schicksal von Margarete S. schweigen die Akten.[18]

Die Sintezza Rosa Lehmann ist Überlebende dreier Konzentrationslager: Auschwitz, Ravensbrück und Buchenwald. Sie wurde 1943 von Hersbruck aus mit ihren zwei kleinen Kindern und ihrem Mann nach Auschwitz-Birkenau deportiert, wo ihre Kinder umgebracht wurden. Anschließend musste sie im KZ Buchenwald-Schlieben für den »*Endsieg*« Panzerfäuste herstellen. 90-jährig gibt sie Zeugnis davon, was ihr und anderen Sinti widerfahren ist, was *Gaby Franger* aufgezeichnet hat: »*Wir sind unschuldig wie der Herrgott ans Kreuz nach Auschwitz gekommen*«.

Emma Ullmann, die angesehene Besitzerin einer Kurzwarenhandlung in Schnaittach wurde in der Pogromnacht vom 9. zum 10. November 1938 im Nachthemd verhaftet und nach Nürnberg in Gestapohaft gebracht, angeblich der Spionage verdächtig. Sie starb dort einen Tod durch Erhängen. *Birgit Kroder-Gumann* spürt in ihrem Beitrag »*Ein Leben in Schnaittach. Die Jüdin Emma Ullmann*« dem Geschehenen nach. Sie befragte noch lebende Schnaittacher ZeitzeugInnen – damals teilweise noch Kinder – zu den Ereignissen und zur Person von Emma Ullmann. Die Aussagen zeigen in beklemmender Weise, wie Hass und Angst gesät wurden.

Untätigkeit, Hilflosigkeit und Furcht wurden täglich neu erzeugt, wie beispielsweise in dem kleinen Städtchen Wassertrüdingen, das schon seit den Landtagswahlen 1928 – mehrheitlich – die NSDAP gewählt hatte.[19] Obwohl die Bäuerinnen aus der Umgebung zunächst noch in den jüdischen Läden Emden und Levi in der Marktstraße einkauften und auch die Viehhändler noch eine Weile Arbeit hatten, wurden die Repressalien immer größer. Die Ladeneingänge wurden überwacht, Kunden fotografiert. Wenige brachten in dieser Situation die Zivilcourage auf, Selbstverständliches nicht zu lassen, so wie Marie Herrmann. Sie war als »Brezen-Marie« stadtbekannt und brachte trotz vieler Anfeindungen täglich mit ihrem Fahrrad Brotwaren in die Wohnungen jüdischer KundInnen.[20]

In Wittelshofen, einem Dorf am Fuß des Hesselbergs, hatten dagegen die EinwohnerInnen im Jahr 1935 die Abgabe von Lebensmitteln an die dort ansässigen 15 Juden verweigert.[21]

Wer von den jüdischen BewohnerInnen nicht aus diesen Provinzstädten geflohen war, hatte kaum eine Überlebenschance. In Wassertrüdingen überlebte nur Elsa Richter. Weil sich ihr »arischer« Mann nicht scheiden lassen wollte, wurde er vorzeitig in den Ruhestand versetzt und die Familie zog nach Nürnberg. Erstaunlicherweise wurde ihnen gestattet zurückzukehren, nachdem sie dort ausgebombt worden waren. Allerdings durften sich beide nicht in der Öffentlichkeit sehen lassen und bekamen keine Lebensmittelrationen. Seine Schwester Babette Frosch versorgte die beiden mit ihren schmalen Rationen.[22] Elsa Richter überlebte den Naziterror in Wassertrüdingen höchst traumatisiert. Bis zu ihrem Tode 1977 lebte sie abgeschirmt in ihrer abgedunkelten Wohnung, die sie kaum je verließ.

Lilli Bechmann-Rahn, Fürther Unternehmersgattin und promovierte Germanistin, suchte sich einen Weg, den Alltagsschikanen und dem Auseinanderfallen der Familie durch Flucht in alle Erdteile etwas entgegenzusetzen, indem sie ihre Familiengeschichte erforschte und in einem unveröffentlichten Manuskript niederschrieb. Über 200 Jahre wirkten ihre Vorfahren in verschiedenen Orten Mittelfrankens in den jüdischen Gemeinden. *Gaby Franger* folgt in ihrem Beitrag »*Die Bechmanns – eine mittelfränkische Familie*« diesen Spuren.

Alltag im Nationalsozialismus

Für die »*arischen Frauen*« war die Welt noch eine Weile in Ordnung. Den Kindern – Mädchen wie Jungen – gefiel es in ihren Jugendgruppen. Der Ideologie, die mitgeliefert wurde, konnten sie sich schwer entziehen. Sie sollten zu »*deutschen, echt deutschen Mädels*«[23] und Frauen erzogen werden. Abitur sollte nicht mehr nötig sein, angeregt wurde der Besuch von Hauswirtschaftsschulen. 1934 wurde verheirateten Medizinerinnen die Kassenzulassung entzogen, ab 1936 konnten Frauen nicht mehr als Richterin oder Anwältin wirken, die Zulassung für die gehobene Beamtenlaufbahn war schon ab 1933 nur noch Männern vorbehalten.[24]

Dafür durften die Mädchen Reigen tanzen und singen, wie bei der Hochzeit eines SA-Sturmführers und Adjutanten des Sturmbanners im Jahr 1936 in Wassertrüdingen.

»*Der Rathaussaal war festlich und sinnig geschmückt. ... Die gut geschulte Singgruppe des BDM umrahmte die Feierstunde mit passenden Liedern und der Führer des Sturmbanners entbot dem Brautpaar einen besonderen Gruß in Gedichtform.*«[25]

Trotz aller Propaganda und Einschränkungen: Die Erwerbstätigkeit der Frauen wuchs schon vor dem Krieg von 35,5 %[26] im Jahr 1933 auf 37 % im Jahr 1939.[27] Der Frauenanteil an den deutschen Beschäftigten stieg durch die Einberufungen der Männer bis Ende September 1944 auf über 50 %, die absolute Zahl der beschäftigten Frauen blieb jedoch mit 14,9 Mio. nahezu konstant.[27]

Mit fortschreitendem Krieg wurde der Druck auf Frauen, in der Rüstungsindustrie zu arbeiten immer stärker, worauf sie mit der Zeit missmutig reagierten, wie Spitzel des Sicherheitsdienstes berichteten, die ständig die Stimmung in der Bevölkerung beobachteten.

»*Ein weiterer, nicht unwesentlicher Faktor in der allgemeinen Stimmungslage ist auch die Dienstverpflichtung von Frauen für Rüstungsbetriebe, bzw. die Nichtverpflichtung von Frauen bestimmter Kreise. Es kann z. B. in letzter Zeit immer mehr beobachtet werden, daß ein bereits großer Teil der im Arbeitseinsatz stehenden Frauen oft 2–3 Tage in der Woche fehlt. In den meisten Fällen geben diese Frauen als Entschuldigung an, daß sie an diesen Tagen Lebensmittel, Gemüse und Obst für ihre ebenfalls in Arbeit stehenden Männer beschaffen müssen. Wenn sie dies nicht so machen, würden die ›Anderen‹, d.h. die Frauen aus sogenannten ›besseren Kreisen‹ alles aufkaufen, und sie hätten das Nachsehen.«*

Die Frauen bezogen sich in ihrem Ärger darauf, dass Frauen von Parteigenossen und Funktionären nicht für die Arbeit in den Rüstungsbetrieben eingezogen wurden. Diesen Ärger konnten die Beobachter gut verstehen, die wohl selbst über die Bevorzugung *»gewisser Kreise«* ungehalten waren.

> *»In den Kreisen der Arbeiterfrauen kann auch heute noch nicht verstanden werden, dass immer nur der ›Kleine‹ jedes Opfer bringen soll und die ›Besseren‹ ein Drohnenleben führen. Diese Frauen könnten doch ebenso gut in den Arbeitsprozeß eingeschaltet werden wie die anderen Frauen, zumal diese ›Dämchen‹ oft keine Kinder oder nur ein Kind haben, während die Arbeiterfrau zu Hause oft 4 und mehr Kinder hat.«*[28]

Neben den dienstverpflichteten Frauen arbeiteten vor allem Kriegsgefangene und ZwangsarbeiterInnen in den Fabriken, die sich daraus ergebenden Kontakte aufgrund der *»engen Arbeitsgemeinschaft in den Betrieben«* waren den Behörden ebenfalls ein Dorn im Auge.[29]

90.000 *»fremdvölkische Arbeitskräfte«* arbeiteten 1943 *»im Gau Franken«* und diese

> *»beschäftigt[en] die Volksgenossen immer stärker. Die Franzosen und Französinnen führen sich laut und ungeniert, besonders am Abend auf. … Es wird berichtet, dass Männlein und Weiblein dieser Fremdvölkischen [in Nürnberg] zum Teil auf dem Randstein vor dem Luitpold Automat und zum Teil auf der Stadtmauer vor dem Frauentor und am Ring noch spät am Abend zusammensitzen und kein gutes Sittenbeispiel geben.«*

Empört waren die Spitzel auch darüber, dass die ZwangsarbeiterInnen nicht durchweg unfreundlich behandelt wurden. So bei einem Konflikt in einer Straßenbahn, in dem die Schaffnerin Partei für einen Zwangsarbeiter, der auf einem der Plätze saß, ergriff.

> *»Wenn ein Parteigenosse [in der Straßenbahn]… zur Selbsthilfe schreitet und für deutsche Frauen Platz schaffen will, von der Schaffnerin die Drohung erhält, vom Wagen gewiesen zu werden, so verkennt eine solche Deutsche als Schaffnerin ihren Dienst.«*[30]

Lydia Rudik aus der Ukraine hatte nicht so viel Glück mit Beziehungen in ihrer Umwelt. Sie wurde als 17-jährige Zwangsarbeiterin in Lauf als *»Schwein«* beschimpft und mit Steinen beworfen,[31] dieses

Schicksal teilte sie mit vielen anderen, die neben der schweren Arbeit Beschimpfungen, Schläge und Schmach ertragen mussten.

Spitzel und DenunziantInnen arbeiteten nicht nur in der Nachbarschaft[32] und in Gaststätten[33], sondern es wurden auch Briefe geöffnet. Dies musste u. a. Terese Mai, eine 56-jährige verwitwete Arbeiterin aus Nürnberg mit dem Tod bezahlen, denn sie hatte ihrem Sohn, der in Russland eingesetzt war, in Briefen, die abgefangen wurden, geschrieben, dass sie sich nichts sehnlicher wünsche, als dass das *»widerliche Pack«* – die Nationalsozialisten – verschwinde.[34]

Letzte Kriegstage

Anna Wahlrab aus Behringersdorf führte einen kleinen Gemischtwarenhandel. Als sie in den ersten Apriltagen 1945 ohne Waren dastand und eine Kundin den Laden mit leeren Händen verlassen musste, schlug sie zornig mit der Faust auf die Ladentheke:

> *»Der Hitler ist doch ein Verbrecher, wenn er nicht endlich Schluß macht! Ich wäre froh, wenn die Amis endlich kämen, dann gibt es wenigstens etwas zu essen.«*

Die Kundin denunzierte Anna Wahlrab, sie wurde von der Gestapo abgeholt, am 10. April 1945 zum Tode verurteilt und von einem Exekutionskommando erschossen.[35]

Christine Schmotzer wurde am 13. April 1945 von der Gestapo in Bad Windsheim ermordet. Sie galt als Rädelsführerin des *»Weibersturms von Windsheim«*.[36] Am 12. April 1945 gegen 18 Uhr demonstrierten die Frauen gegen das Durchhalten und die militärische Verteidigung der Stadt. Am 13. April wurde Christine Schmotzer aus Rache auf offener Straße im Beisein ihres Mannes von einem Leutnant Schmid mit einem Genickschuss getötet. Die Leiche wurde mit einem mitgebrachten Pappschild bedeckt, auf dem stand: *»Eine Verräterin wurde gerichtet.«*[37]

Minna Bickel aus Obermögersheim hisste am 8. April auf ihrem Gasthaus die weiße Fahne. Ein Offizier auf der Flucht bedrohte sie mit der Todesstrafe, der sie nur auf Fürsprache des Bürgermeisters entrann.[38] »Am 18. April, kurz nach Mitternacht hatte der ranghöchste Wehrmachtsoffizier dem Druck der Leutershausener Bürger nachgegeben, seine Kampfgruppe abrücken lassen und den Volkssturm aufgelöst. Noch in der Nacht räumten die Leutehausener Frauen die Panzersperren beiseite – entgegen dem Rat des verbohrten Führers der Volkssturmkompanie, der meinte: ›Etwas Dümmeres hättet Ihr nicht machen können, Ihr bringt Schmach und Schande über Leutershausen.‹«[39]

Frauendemonstrationen ähnlicher Art fanden auch an anderen Orten statt, so gingen am 6. April in Cadolzburg Frauen auf die Straße, um die örtlichen Behörden zur kampflosen Übergabe des Marktes zu zwingen, wie auch in Merkendorf sieben Tage später. In Wicklesgreuth bei Petersaurach lief eine mutige Witwe den Amerikanern entgegen. Diese meist spontanen Aktionen waren durchaus mit Risiken verbunden, denn der Arm von SS und Partei reichte auch in den letzten Kriegstagen noch bis in den abgelegensten Winkel der Provinz.[40]

Die Nachkriegszeit

In Mittelfranken wurde schon die Anwesenheit evakuierter Deutscher aus allen Teilen des Reiches als Überfremdung und Störung des heimatlichen Lebens empfunden; sie machten in den Landkreisen Fürth und Ansbach bald ein Drittel der Bevölkerung aus.[41] Die nach dem Krieg erfahrene Zurückweisung wurde von vielen Flüchtlingen aus den Ostgebieten als bedrückend empfunden.

Maria Lang kam im März 1946 zunächst auf die Wülzburg bei Weißenburg:

> »Wir waren ... in einem großen Saal untergebracht mit anfangs 92 Personen. ... Die Bauern kamen und holten sich die Familien ab, so wie man heute Ware oder Geräte abholen würde ... Ich wurde nicht angenommen mit drei Kindern, meiner Mutter und meiner Schwiegermutter.«[42]

Die Presse machte immer wieder auf Missstände aufmerksam, so beschrieb die »Fränkische Landeszeitung« die Situation einer Flüchtlingsfamilie im Jahr 1948:

> »Im Haus Herrieden Nr. 205 wurde uns ein im Erdgeschoß liegender, etwa 16 Quadratmeter großer Raum gezeigt, der von einer Flüchtlingsfrau mit sieben Kindern bezogen werden sollte. Diese Frau wohnt jetzt noch in einem kleineren Zimmer, dessen Wände so feucht sind, daß sogar die Strohsäcke verfaulen, das Ofenrohr ist durch das Fenster geführt, da die Hausbesitzer ihr keinen Zugang zum Kamin gestatteten. ... Der Mann der Flüchtlingsfrau ... befindet sich noch in jugoslawischer Kriegsgefangenschaft. Nach Aussagen der Landpolizei wollte die Frau

*in ihrer Verzweiflung durch Rattengift, das sie sich in einer Dro-
gerie gekauft hatte, ihrem Leben ein Ende setzen.* Der Land-
polizei gelang es, sie von diesem Schritt zurückzuhalten.«[43]
Doch es gab auch freundlichere Einheimische, die sogar bereit waren, etwas von den Neuankömmlingen zu lernen.

*»Wenn man morgens Kaffee getrunken hat, brockte man das
Brot ein und löffelte dann die Tasse aus. Als die Flüchtlinge
gekommen waren, zeigten sie uns, daß man zum Kaffeetrinken
ein beschmiertes Brot essen kann. Die Flüchtlinge zeigten uns
auch, wie man aus Zuckerrüben Sirup macht, der dann als Brot-
aufstrich genommen wurde. Auch den Mohnkuchen übernahmen wir von den Flüchtlingen.«*[44]

Die Flüchtlinge wurden von den Einheimischen als *»Zigeuner«* bezeichnet, die *»Zigeuner«* – Sinti und Roma – wurden aufs Neue drangsaliert. So interpretierte die Uffenheimer Stadtverwaltung sogar eine
Schwangerschaft als *»aggressiven Akt«* gegen die städtischen
Ordnungsbehörden:

*»Die Zigeunerplage nimmt im ganzen Landkreis überhand und
nisten sich diese in den Städten und Ortschaften in größeren
Mengen ein. ... Ich setze den Zigeunern eine kurze Frist, in welcher sie den Schießhausplatz verlassen haben müssen. Eine von
den Frauen gibt an, in der Hoffnung zu sein, lediglich deshalb,
daß sie Uffenheim nicht verlassen brauchen.«*[45]

Für die einen hörte die Diskriminierung und Verfolgung immer noch
nicht auf, MitläuferInnen und TäterInnen tauchten jedoch unter und
hatten relativ wenig Konsequenzen zu befürchten. Frau Schaller, Ar-
chivarin beim *»Stürmer«* und Stenotypistin des Hauptschriftleiters, die
noch 1947 ihr Einvernehmen mit dem im *Stürmer* angeblich vorhan-
denen *»Suchen nach den tiefsten Zusammenhängen«* ausdrückte,
meinte zu ihrer Verteidigung, dass zwar die dortige *»Aufklärungsar-
beit über das wahre Wesen des Judentums bisher teilweise mit Hass
und Fanatismus durchwoben war«*, dagegen aber habe sie in der *»Stürmer«*-Redaktion angeblich *»durch ein bewußt und sichtbar zur Schau
getragenes Schweigen«* opponiert.[46]

Die leitende Stationsärztin der Kinderabteilung des Bezirks-
krankenhauses in Bruckberg bei Ansbach, Asam-Bruckmüller, die maßgeblich an der Tötung von Kindern mit Behinderungen beteiligt war,
entging einer Verhaftung und eröffnete bereits 1947/48 eine Praxis als
Nervenärztin. Erst 1961 wurde gegen sie ermittelt, zu der Zeit war sie

Oberärztin des Gesundheitsamts Schwabach. Sie ließ sich 1962 wegen »*schlechten Gesundheitszustands*« in den Ruhestand versetzen und verhandlungsunfähig erklären wegen: Konzentrations- und Merkschwäche, Depressionen, Wortfindungsstörungen, Psycholabilität, Herzmuskelschaden und beginnender Arteriosklerose des Gehirns. Außerdem kam sie mit einem Gutachten, welches bescheinigte, dass durch einen Prozess gegen sie eine unmittelbare Lebensgefahr für ihren Ehemann bestünde, dieser leide an einem chronischen Zwölffingerdarm-Geschwür, das bei seelischer Belastung durchbrechen könne. Sie gestand lediglich, dass Kinder von ihr medikamentöse Sterbehilfe erhalten hätten, um ihnen einen qualvollen Tod zu ersparen. Das Verfahren gegen sie wurde eingestellt.[47]

Neu beginnen

Doch natürlich gab es auch sie noch, die wenigen Frauen der Weimarer Republik, die aufs Neue versuchten sich in Gesellschaft und Politik einzumischen, obwohl es nicht so einfach war:

> *In Bayern haben die Gemeinde- und Kreistagswahlen, was die Mitarbeit der Frauen angeht, ein entmutigendes Bild ergeben. Viele Gemeinden und einige Parteien hatten überhaupt keine Frauen aufgestellt, auch in den überparteilichen und Flüchtlingsausschüssen waren sie rar wie die blaue Mauritius*«,

meinte die Journalistin Nora Winkler von Kapp 1949.[48]

Doch in viele Stadträte zogen wieder Frauen ein, die vorher aktiv waren, so in Nürnberg und Erlangen. Im Kreistag Nürnberg-Land wurde die erste Frau begrüßt:

> *Zum ersten Mal seit seinem Bestehen wurde eine Frau in den Kreistag gewählt: Frau Emmi Klag-Schwaig von der SPD wurde als Arbeiterkind 1908 in Nürnberg geboren. Nach Besuch der Volksschule und der Handelsschule für die Mädchen und nach kurzer kaufmännischer Tätigkeit, die keine innere Befriedigung verschaffte, entschloß sie sich auf dem Gebiet der sozialen Arbeit umzusatteln ... Nach viereinhalbjähriger Tätigkeit im sozialen Beruf mußte sie wegen ihrer sozialistischen Gesinnung 1933 ihren Posten verlassen ... heute steht sie erneut im sozialen Dienst zum Wohle der notleidenden an den Klippen der Gesetze gestrauchelten Menschen und versucht durch verständige, von fraulichen Impulsen geleiteter Arbeit*

und liebevoller Hingabe an die gestellte Aufgabe, den für sie gestimmten Platz auszufüllen.«[49]

In Fürth fand 1947 die erste SPD-Frauen-Konferenz seit 20 Jahren[50] statt und in den Beirat der Stadt Schwabach wurde erstmals eine Frauenvertreterin gerufen[51].

Vieles ist noch immer nicht aufgearbeitet aus der Geschichte des 20. Jahrhunderts, viele Diskussionen müssen noch geführt werden zwischen den immer weniger werdenden Zeitzeuginnen der Vorkriegs- und Kriegszeit und ihren Enkelinnen, denn:»Zukunft braucht Vergangenheit«![52] Oder wie *Gaby Franger* es im letzten Beitrag dieser Frauengeschichte Mittelfrankens ausdrückt mit den Worten von Dr. Julie Meyer (* 1897 in Nürnberg, † 1970 in New York), einer Nürnbergerin, die die lokale Geschichte von 1921 bis 1937 mitprägte und die sich nicht entschließen konnte, nach der Zeit der Barbarei nach Mittelfranken zurückzukehren*:»Es leben die guten wie die schlechten Zeiten mit uns, und beide haben uns geformt.«*

Anmerkungen

1 Helene von Forster, geb. Schmidmer (1859–1923), Mitbegründerin und 1. Vorsitzende des Vereins »Frauenwohl«, ab 1908 Mitglied der »fortschrittlichen Volkspartei«, wurde als Kandidatin für die DDP in den Stadtrat gewählt und bemühte sich vor allem um das Mädchenschulwesen und die Wohlfahrtspflege (vgl. FIBiDoZ e.V. (Hg.): »Verlaßt Euch nicht auf die Hülfe der deutschen Männer!« Stationen der bürgerlichen und proletarischen Frauenbewegung in Nürnberg, Nürnberg 1990, bes. S. 18–23).

2 Elise Hopf, geb. Josephthal (1865–1936) war Mitbegründerin des Nürnberger Vereins »Frauenwohl« (1893), des »Hauptverbandes Bayerischer Frauenvereine« (1909) und des »Bundes Deutscher Frauenvereine« (1894). Sie war maßgeblich an dem Bau des ersten Wöchnerinnenheims in Nürnberg beteiligt. Sie arbeitete ehrenamtlich in den Ausschüssen des Nürnberger Wohlfahrtsamts und als Leiterin des Nürnberger Paritätischen Wohlfahrtsverbands. 1933 wurde ihre Arbeit wegen ihrer jüdischen Herkunft zurückgewiesen, was ihr fast 40-jähriges Engagement abrupt beendete (vgl. Specht, Agnete von (Hg.): Geschichte der Frauen in Bayern. Von der Völkerwanderung bis heute. Katalog zur Landesausstellung 1998, Augsburg 1998, S. 319f.).

3 Luise Kießelbach (1863–1929) lebte eine Zeit lang als Professorengattin in Erlangen, war dort Vorsitzende des Vereins »Frauenwohl«, setzte sich ein für sozialkaritative Frauenarbeit, Mädchenbildung, Jugendarbeit und Frauenrechte. Sie wurde 1919 als Mitglied der DDP in den Münchner Stadtrat gewählt (vgl. Friederich, Christoph/Haller, Bertold Frhr. von/ Jakob, Andreas (Hg.): Erlanger Stadtlexikon, Erlangen 2002, S. 413f.; Bäumer, Gertrud: Gestalt und Wandel. Frauenbildnisse, Berlin 1939, S. 709–714; Hopf, Elise: Luise Kiesselbach, in: Bayerische Frauenzeitung 5.2.1929).

4 STAN Reg. v. Mfr., Abg. 1968, Tit. II Nr. 6, »Fränkische Zeitung«, vom 30.3. und 6.4.1911.

5 Ewinger-Schenk, Margarete: Die Rüstungsarbeiterin im II. Bayr. Armeekorps, Nürn-

berg 1920; vgl. Gersdorff, Ursula von: Frauen im Kriegsdienst 1914–1945, Stuttgart 1969.

6 Ewinger-Schenk, Rüstungsarbeiterin, S. 36ff.

7 Berninger, Ulrike: Vom Bubikopf zum Gretchenzopf: Frauenleben in der Weimarer Republik und im »Dritten Reich«, in: Weigand-Karg, Sabine/Hoffmann, Sandra/Sandweg, Jürgen (Hg.): Vergessen und Verdrängt? Schwabach 1918–1945, Schwabach 1997, S. 17–32, hier S. 19.

8 Dr. Kipfmüller, Bertha: Den Frauen ein Gedenkblatt, in: Erste Beilage der »Fränkische Tagespost« 8.11.1919.

9 Vgl. Meister, Monika: »Sind wir auch keine Wählerinnen, so lasst uns Wühlerinnen sein!« Helene Grünberg, die erste Arbeitersekretärin in Deutschland, in: Bennewitz, Nadja/Franger, Gaby (Hg.): Am Anfang war Sigena. Ein Nürnberger Frauengeschichtsbuch, Cadolzburg 1999, S. 153–161; Weid, Beate: Stationen der proletarischen Frauenbewegung in Nürnberg, in: FIBiDoZ, »Verlaßt Euch nicht, S. 77–111.

10 Grünberg, Helene: Der Frauen Freiheitstag, »Fränkischer Kurier«, 8.11.1919.

11 Vgl. Litz, Gudrun: Frauen in der Kommunalpolitik während der Weimarer Republik. Die ersten Stadträtinnen in Nürnberg, in: Bennewitz/Franger, Am Anfang, S. 162–170; Hirschfelder, Ute: In politischer Verantwortung für die Stadt. Erlanger Stadträtinnen im 20. Jahrhundert, in: Bennewitz, Nadja/Franger, Gaby (Hg.): »Die Erlangischen Mädchen sind recht schön und artig …« Ein Erlanger Frauengeschichtsbuch, Cadolzburg 2002, S. 212–220 u. 268f.; Berninger, Bubikopf, S. 18f.

12 »Fränkischer Kurier« 15.9.1919.

13 Vgl. Anzeigen aus Schwabacher Zeitungen in: Berninger, Bubikopf, S. 23.

14 Zit. nach: Berninger, Bubikopf, S. 25.

15 Ley, Astrid: Wertloser Orden für »wertvolle« Volksgenossinnen: Das »Ehrenkreuz der Deutschen Mutter«, in: Bennewitz/Franger, Die Erlangischen Mädchen, S. 186–193; vgl. Berninger, Bubikopf, S. 25ff.

16 Weigand-Karg, Sabine: »Ihr Tod reißt nicht die geringste Lücke…« Schwabacher Euthanasieopfer im Dritten Reich, Teil 1 und 2, in: Schwabacher Heimat. Blätter für Geschichtsforschung und Heimatpflege, Nr. 1, 1997, S. 1–8 und Nr. 2, 1997, S. 1–8, hier 1, 1997, S. 3f.

17 Vgl. Eiber, Ludwig: »Ich wusste, es wird schlimm«. Die Verfolgung der Sinti und Roma in München 1933–1945, München 1993; Lewy, Guenter: »Rückkehr nicht erwünscht«. Die Verfolgung der Zigeuner im Dritten Reich, München/Berlin 2000; Strauß, Eva: Die Zigeunerverfolgung in Bayern 1885–1926, Magisterarbeit München 1986.

18 STAN LRA Uffenheim Abg. 56 Nr. 2036.

19 Bei den Reichstagswahlen 1932 mit 78 %; vgl. Ott, Norbert: Wassertrüdingen unter Krone und Kanzler. Chronik der Stadt Wassertrüdingen 1806–1987, Wassertrüdingen 1987, S. 492.

20 Ott, Wassertrüdingen, S. 309.

21 Ott, Wassertrüdingen, S. 500.

22 Ott, Wassertrüdingen, S. 501.

23 Fent, Martha, in: Die Heimat 1933, zit. nach Berninger, Bubikopf, S. 30.

24 Berninger, Bubikopf, S. 31.

25 Ott, Wassertrüdingen, S. 496.

26 Eiber, Ludwig: Frauen in der Kriegsindustrie. Arbeitsbedingungen, Lebensumstände und Protestverhalten, in: Broszat, Martin/Fröhlich, Elke/Grossmann, Anton (Hg.): Bayern in der NS-Zeit, Bd. 3: Herrschaft und Gesellschaft im Konflikt, München 1981, S. 569–644, hier S. 572.

27 Eiber, Frauen in der Kriegsindustrie, S. 574: Zusätzliche Arbeitskräfte wurden allein aus der Menge von Kriegsgefangenen und ausländischen ArbeiterInnen gewonnen, deren Zahl 1944 7 Mio. überstieg. Etwa 25 % von ihnen waren Frauen.

28 Bericht der SD-Außenstelle Schwabach, 11. Juli 1942, in: Eiber, Frauen in der Kriegsindustriendustrie, S. 619f.

29 Eiber, Frauen in der Kriegsindustrie, S. 587.
30 Aus weltanschaulichem Bericht des Kreisschulungsamts Nürnberg 18.4.1943, in: Broszat, Martin/Fröhlich, Elke/Wiesemann, Falk (Hg.): Bayern in der NS-Zeit, Bd. 1: Soziale Lage und politisches Verhalten der Bevölkerung im Spiegel vertraulicher Berichte, München 1977, S. 577.
31 »Initiative Lauf hat Gezerre zum Entschädigungsfond für Zwangsarbeiter satt. 300 Mark sind besser als langes Warten«, in: NN 19./20.4.2001.
32 Vgl. Lehmann, Gertraud: Von der »Ehre der deutschen Frau«. Nürnbergerinnen vor dem Sondergericht 1933–1945, in: Bennewitz/Franger, Am Anfang, S. 199–210.
33 Ott, Wassertrüdingen, S. 309.
34 Fröhlich, Elke: Regimekritik in privaten und anonymen Briefen, in: Broszat, Martin/Fröhlich, Elke (Hg.): Bayern in der NS-Zeit, Bd. 6: Die Herausforderung des Einzelnen. Geschichten über Widerstand und Verfolgung, München 1983, S. 138–156, hier S. 143–146.
35 Mossak, Erhard: Die letzten Tage von Nürnberg. Nach einem Tatsachenbericht, Nürnberg 2000, S. 49–53; SPD Schwaig: Mitteilungsblatt der Gemeinde Schwaig im Mai 1995.
36 Troll, Hildebrand: Aktionen zur Kriegsbeendigung im Frühjahr 1945, in: Broszat, Martin/Fröhlich, Elke/Grossmann, Anton (Hg.): Bayern in der NS-Zeit, Bd. 4: Herrschaft und Gesellschaft im Konflikt, München 1981, S. 645–690, hier S. 650ff., vgl. auch »Fränkische Landeszeitung«, Westmittelfranken, 31.3.1995. (Die Stadt Bad Windsheim hat einen Gedenkstein aufgestellt.)
37 Troll, Aktionen, S. 652.
38 Schachner, Erwin: »Die Brui-Mina«. Porträt einer ländlichen Braumeisterin, Nördlingen 1981, S. 57.
39 Troll, Aktionen, S. 654; Woller, Hans: Gesellschaft und Politik in der amerikanischen Besatzungszone. Die Region Ansbach und Fürth, München 1986, S. 55.
40 Woller, Gesellschaft, S. 57.
41 Woller, Gesellschaft, S. 30.
42 König, Walter: Flüchtlingslager Wülzburg. Ankunft und Integration der Heimatvertriebenen in Weißenburg, Weißenburg 1990, S. 85f.
43 FLZ 3.4.1948, zit. nach: Erker, Paul: Vom Heimatvertriebenen zum Neubürger. Sozialgeschichte der Flüchtlinge in einer agrarischen Region Mittelfrankens 1945–1955, Stuttgart 1988, S. 133.
44 Bürmann, Ingrid: Sie kamen als Vertriebene und wurden Mitbürger. Flüchtlinge und Einheimische nach dem Krieg, Neunkirchner Geschichtshefte, Nr. 8, Neunkirchen am Sand 1997, S. 42.
45 STAN LRA Uffenheim Abg. 56 ad. 2036, Der Landrat an den Flüchtlingskommissar am 15.2.1946.
46 StAN F 14, Nr. 15.
47 Fitz, Diana: Ansbach unterm Hakenkreuz, Ansbach 1994, S. 137f. und 144–147.
48 Die politische Situation der Frauen in Bayern, NN 29.5.1949.
49 Die erste Frau im Kreistag Nürnberg-Land, NN, Lauf-Hersbruck-Altdorf, 19.5.1948.
50 NN, Fürth Stadt und Land, 28.6.1947.
51 NN, Schwabach-Roth-Weißenburg-Hilpoltstein, 4.2.1948.
52 Lerner, Gerda: Zukunft braucht Vergangenheit. Warum Geschichte uns angeht, Königstein/Ts. 2002.

Gaby Franger
Die Bechmanns –
eine mittelfränkische Familie

Alles Vergangene lebt mit uns,
die Namen, die Orte, die Ereignisse –
nichts ist vollständig ausgelöscht,
nichts ist total vergessen.
Leibl Rosenberg[1]

Lilli Bechmann-Rahn begab sich im Jahr 1935 auf die Suche nach
den Wurzeln ihrer Familie, die für sie deshalb so wichtig war, weil in
»dieser Zeit so viele jüdische Familien über alle Teile der be-
wohnten Erde zerstreut werden … Die Geschichte der Familie
Bechmann ist, soweit sie sich urkundlich zurückverfolgen und
belegen lässt – und dies war bisher ungefähr bis zum Jahre 1700
möglich – auf das engste verknüpft mit der mittelfränkischen
Landschaft.«[2]
Dr. Lilli Bechmann-Rahn, die letzte jüdische Promovendin an der
Philosophischen Fakultät der Friedrich-Alexander-Universität in Erlangen, wurde am 10. Februar 1911 in der Hornschuchpromenade 7
in Fürth als einziges Kind angesehener und wohlhabender Bürger
geboren.

Sie hatte eine unbeschwerte Kindheit und jede Unterstützung für
ihr Studium und ihre akademischen Ziele. 1930 begann sie in Freiburg Germanistik, Geschichte, Kunstgeschichte und Philosophie zu
studieren, ging dann nach Berlin und Wien und schrieb sich 1932 in
Erlangen für Germanistik als erstes Promotionsfach ein. Am 17. Februar 1934 legte sie ihr Rigorosum mit großem Erfolg ab, auch ihre
Doktorarbeit erhielt höchste Anerkennung.[3]

Daneben schrieb sie Gedichte, zwei davon wurden in Anthologien
veröffentlicht.[4] 1933 heiratete sie Alfred Rahn, Mitinhaber der Firma
M. S. Farrnbacher in Fürth.[5]

Ende 1935 erkundeten Alfred Rahn und seine Mutter Emigrations-
möglichkeiten in den USA. Als sie zurückkamen, meinten sie jedoch,
dass sie einfach nicht weglaufen und ihre lange Familientradition hinter sich lassen könnten. Sie hofften, dass sich die Nazis nicht lange im

Lilli Bechmann-Rahn mit ihrem Mann in den dreißiger Jahren

»*Land von Goethe und Beethoven*« halten würden.[6] 1937 bereiteten sie dennoch die Emigration vor. Kurz vor der Ausreise Ende 1937 wurde Alfred Rahn wegen »*Devisenvergehens*« verhaftet – er hatte mehr Bargeld im Haus, als einem jüdischen Emigranten gestatten war – und kam für 14 Monate in Leipzig, Fürth und Nürnberg ins Gefängnis. Damit galt er als vorbestraft und verlor sein Visum für die USA. Durch einen aufsehenerregenden Prozess in New York wurden Vorstrafen, die aufgrund unrechtmäßiger Nazigesetze erfolgten, nicht mehr als Ablehnungsgrund für die Einreise anerkannt,[7] und so konnte die Familie im April 1939 über Paris in die Vereinigten Staaten von Amerika auswandern.

Die Anfänge: Rabbi Salomo in Schnaittach

Die Reise in die Vergangenheit der Familie beginnt in Schnaittach.
　　»Der erste in der Reihe unserer direkten Vorfahren … ist Rabbiner Salomo, auch Rabbi Salomo Schnaittach oder Rabbi Salomo Eichberg genannt. … Ob Salomo selbst aus Kolin (in der Tschechoslowakei) stammte oder ob schon seine Eltern Nachman Löb und Gitel, bzw. deren Vorfahren von dort nach Franken kamen, ist unbekannt.«[8]

Die jüdische Gemeinde in Schnaittach ist seit 1505 belegt.[9] Die 1570 errichtete Synagoge wurde 1735/36 erweitert. Noch heute besteht der Gebäudekomplex mit Synagoge, Ritualbad und Rabbiner- und Vorsängerhaus, das den Eingang des heutigen Jüdischen Museums bildet.

Als Vizerabbiner Salomo in Schnaittach wirkte, erlebte die Gemeinde ihre größte Blüte. Er kam wohl 1711 mit dem berühmten Fürther Rabbiner Baruch Rappaport aus Wilna nach Franken. Sein Wirken in Schnaittach ist seit 1724 belegt. 1728 leistete er den Amtseid. 1732 hörte er mit der Tätigkeit in Schnaittach auf. Damals scheint er nach Bechhofen gezogen zu sein.[10]

Seine erste Frau Rebekka,[11] die Mutter seines Sohnes Jona, wurde am 2. Schewat 1719 in Schopfloch, wo ein Bruder Salomos wohnte, begraben. In Schopfloch existierte vermutlich seit dem 16. Jahrhundert eine jüdische Kultusgemeinde, von der nur noch eine Gedenktafel an einem Wohnhaus, wo früher mal die Synagoge stand, und das Gebäude der früheren jüdischen Schule mit Rabbinerwohnung in der Bahnhofstraße 8 Zeugnis ablegen.

Salomo heiratete ein zweites Mal, Edel (gest. Oktober 1748), die Tochter des Dajan[12] Hess aus Fürth. Sie ist in Bechhofen begraben, auf ihrem Grabstein steht:

»Hier ruht die angesehene Frau, die Rabbinersgattin, Frau Edel, Tochter des Dajan Hess, sel. And., in Fürth, Gattin des Rabbiners Salomon aus Kolin. Sie starb am Jomkippur tätigl 5509 (d. i. Oktober 1748). Ihre Seele sei gebündelt im Bündel des Lebens.«

Salomo überlebte auch sie. Noch in seinem hundertsten Lebensjahr soll er Nüsse mit den Zähnen aufgeknackt haben.

»Die Tage, die er lebte auf Erden, waren 101 Jahr, und nicht ist seine Lebenskraft gewichen, sein Auge wurde nicht trübe, dass er ein Augenglas benötigt hätte«,

wie sein Sohn Jona, der viele Jahre in der Gemeinde Bechhofen als Mohel[13] tätig war, vermerkte.

Jona und Jendel in Bechhofen

1739 heiratete Jona die Tochter des Salomon David aus Bechhofen: Jendel. Sie gehörte zu den 1682 aus Herrieden vertriebenen Familien, die vom Markgrafen in Ansbach die Erlaubnis erhalten hatten, sich in Bechhofen niederzulassen.

Jona und Jendel hatten acht Söhne und vier Töchter. Die Grab-
schrift von Jendel auf dem Friedhof in Bechhofen lautet:
>*Hier ruht Jendel, Gattin des Herrn Jona aus Ansbach. Eine
allseits geehrte und angesehene Frau, wer zählt ihr Lob. Die
Teure und Redliche, in den Frauengesetzen war sie gewissen-
haft und erzog ihre Kinder zur Lehre. Frau Jendel, Tochter des
Herrn Salomo, ges. And. Sie starb und wurde beerdigt am Don-
nerstag, den 10. Siwan 5559 (1799). Ihre Seele sei gebündelt im
Bündel des Lebens!*«
Die letzten Jahre seines Lebens verbrachte Jona wahrscheinlich in
Ansbach. Dort erhielt der Hoffaktor Isaak Nathan Schwabacher 1739
vom Markgrafen die Genehmigung zur Errichtung einer eigenen privaten Synagoge und Schule, aus der sich die Gemeindesynagoge entwickelte. Die von Leopold Retti im Barockstil erbaute Synagoge mit
einer großen Frauenempore und Mikwe im Keller wurde 1746 einge-
weiht. Die Synagoge wurde beim Pogrom vom 9. November 1938
zwar entweiht und beschädigt, aber nicht niedergebrannt. Sie wurde
renoviert und 1964 zum »musealen und symbolischen Gotteshaus«
erklärt. Der Hof mit dem Gemeindehaus und einer weiteren Mikwe
in der Reuterstraße 2a befindet sich im Besitz der Stadt Ansbach.

Die Familie lässt sich in Fürth nieder

Der Sohn von Jona, Nachmann Löb Bechhofen-Berg (1740–1828),
wurde von seinem Vater in den Bund der Beschneidung eingeführt.
Er muss schon frühzeitig nach Fürth gezogen sein. Wahrscheinlich
hat er 1766 geheiratet, seine Frau Hanna (1744–1836) war die Tochter des Wolf Sulzberg in Fürth.

Nachman Löb war Schreiblehrer. In den Zeugnisbüchern der Gemeinde Fürth erscheint er sowohl 1812 als auch 1825 als ein »*ganz
armer*« und in späten Lebenstagen als kranker Mann.

>*Allerdings sind die Aussagen, dieser an sich sehr wertvollen
Zeugnisbücher immer mit etwas Vorsicht aufzunehmen, weil
gerade solche Armutszeugnisse gerne etwas übertrieben wurden, um den Betreffenden dadurch in den Genuss einer Stiftung oder sonstigen wohltätigen Zuwendung zu bringen.*«
Er starb mit 88 Jahren und liegt auf dem alten jüdischen Friedhof in
Fürth begraben, seine Frau überlebte ihn um acht Jahre.

>*Um jene Zeit begannen die Juden sich Familiennamen zuzu-

*legen, die sich allerdings noch öfters änderten bis sie in den
ersten Jahrzehnten des 19. Jh. vom Staat endgültig festgelegt
wurden.«*

Nathan Hirsch (11.10.1780–19.7.1859), der dritte Sohn von Nachman
Löb und Hanna Bechofen-Berg änderte den Namen in »*Bechmann*«
und war damit der »*Schöpfer*« des Familiennamens.

Nathan Hirsch Bechmann wurde Schreiblehrer wie sein Vater.
Später ging er »*stunden- oder tageweise zu Firmen und trug dort
mit seiner ausgesucht schönen Handschrift die Bücher nach*«, so
z. B. in der Firma M. S. Farrnbacher in Fürth. Eine seiner »*hervor-
stechendsten Eigenschaften muss seine Pünktlichkeit und Genauigkeit gewesen sein*«. Die Familie sprach sogar von Pedanterie, denn
er begann und beendete seine Schreibarbeiten »*mit dem Glocken-
schlag, ganz gleich ob er auch mitten im Satz stand.*« Seine Tätigkeiten waren wohl nicht so gut bezahlt, »*denn seine Frau Esther,
eine Tochter des Jakob Löb Neustettel-Neuhaus in Fürth, war gezwungen durch Handel mit verschiedenen Waren zusätzlich zum
Unterhalt der Familie beizutragen*«. Aus dem Zeugnisbuch der Gemeinde Fürth ist zu entnehmen, dass Nathan Hirsch und seine Familie jährlich 90 Gulden aus der Rindskopf'schen Stiftung empfingen
und dass ihnen im Jahre 1823 das Schulgeld für die Kinder erlassen
wurde, da sie es nicht bezahlen konnten. Zwei Jahre vor seinem Tod
beantragte er, dass seiner Witwe die Bezüge aus dem Stiftungsgeld
weiter bezahlt würden.

Nathan und Esther Bechmann (1780–1859)

Gette Bechmann, geb. Offenbacher-Oppenheim (17. April 1824–
25. März 1901) und Wilhelm (25. Juni 1820–14. November 1908)

»*Mit Nathan Hirschs und Esthers Kindern beginnt die Familie
Bechmann in die große Emanzipationsbewegung der damaligen Judenheit einzutreten. Während bis dahin die Interessen
unserer Vorfahren zum überwiegenden Teil auf die Ereignisse
und Inhalte des jüdischen Lebens gerichtet waren, beginnt die
nun folgende Generation ihr Hauptaugenmerk der nichtjüdischen Umwelt zuzuwenden, was sich rein äusserlich schon
in der Änderung der Vornamen und in der Berufswahl ausdrückt. Nicht mehr Jakob Löb, Wolf oder Jechiel nennen sie
sich, sondern Jaques Louis, Wilhelm und Julius in Angleichung
an die Namen ihrer Umgebung.*«

Lillis Urgroßvater Wolf, genannt Wilhelm, konnte 1847 eine
Spiegelglashandlung in der damaligen Alexanderstraße 328 gründen,
weil sein Schwiegervater auf seine Konzession verzichtete. Mit der
Mitgift seiner Frau Gette Oppenheimer-Offenbacher konnte Wilhelm

1859 ein Haus in der Blumenstraße 16 erwerben. Ende der 60er Jahre trat neben den Handel die Herstellung von Spiegelglas. 1885 konnte eine Fabrik in der Flößaustraße Nr. 33 (heute 25) eröffnet werden.[14]

Gette stammte aus einer sehr angesehenen Familie. Ihr Großvater war Dajan in Fürth, später Landesrabbiner in Speyer, mit dem Sitz in Bruchsal, ihr ältester Bruder war Rabbiner in Pirmasens. Sie

»war eine fromme Frau und hielt streng darauf, dass in ihrem Hause genau und pünktlich alle Gesetze der Religion erfüllt wurden, während Wilhelm seine Pflichten mehr aus Pietät seinen Eltern und aus Achtung seiner Frau gegenüber auf sich nahm.«

Die Firma wurde von seinen Söhnen Louis und Mayer übernommen, im Jahr 1896 beschäftigte sie 110 Arbeiter in Fürth. Louis Bechmann, der älteste Sohn von Wilhelm, heiratete 1876 Mathilde Gutherz aus Lichtenfels. Louis wandelte die Firma durch eine Fusion mit W. Kupfer und Söhne in die Bayerischen Spiegel- und Spiegelglasfabriken AG um. Einer der Direktoren wurde Hugo Bechmann, der Sohn von Louis.[15]

Louis (4. September 1848–
23. Mai 1921) und Mathilde Bechmann
geb. Gutherz (24. Oktober 1854–
9. Juni 1920)

Seinen Ruhestand verbrachte Louis Bechmann in Bad Kissingen.

»*Hochangesehen in seiner Vaterstadt, starb [er] kaum ein Jahr nach dem Tode seiner Frau in Bad Kissingen. Sie wurden eingeäschert und ihre Urnen ruhen auf dem neuen jüdischen Friedhof in Nürnberg. Sie wollten es durch die Wahl dieser zwischen Nürnberg und Fürth gelegenen Grabstätte sowohl ihrer in Nürnberg wohnenden Tochter, wie ihrem in Fürth wohnenden Sohn möglichst leicht machen, ihr Grab oft zu besuchen, worauf sie als, trotz aller Emanzipation fromme und gottesfürchtige Menschen, großen Wert legten.*«

Dieser Wunsch ging nicht in Erfüllung, denn ihr Sohn Hugo musste nach Schweden, die Tochter Carola in die USA emigrieren.

Emigration

Lillis Vater Hugo (1878–1942) heiratete 1910 Ida Metzger aus Nürnberg. Er war bis 1928 Direktor der Bayerischen Spiegel- und Spiegelglasfabriken AG, 1930 zog er nach Berlin um. Er starb 1942 in der Emigration in Stockholm.

Lilli Bechmann–Rahn und ihr Mann bauten sich nach ihrer Flucht nach Amerika eine neue Existenz in Denver, Colorado, auf. Dort lebten sie mit Ida Bechmann und dort wurde auch ihre zweite Tochter Evelyn geboren. Bis zu ihrem Tode arbeitete Lilli Bechmann-Rahn mit großem Engagement für die Hadassah[16], zunächst im regionalen Komitee, später als Vizepräsidentin des Nationalkomitees.[17]

Epilog

Ein Vorstoß der Grünen Liste in Erlangen, die Agnes-Miegel-Straße in Lilli-Bechmann-Rahn-Straße umzubenennen, da Lilli Bechmann-Rahn in Erlangen ihren Doktortitel erworben hatte, der ihr später von den Nationalsozialisten unrechtmäßig aberkannt worden war,[18] wurde im Januar 2002 vom Stadtrat abgelehnt.[19]

Die zweihundertjährige Verbundenheit der Familie mit der Region wird bewahrt durch verwitterte Grabsteine in Bechhofen, Schopfloch, Ansbach, Fürth und Nürnberg: Zum Jüdischen Friedhof in Bechhofen gelangt man, wenn man von der Ansbacher Straße aus Großenried kommend rechts in die Ziegeleistraße einbiegt, diese bis zum Ende fährt und dann links in die Blütenstraße einbiegt. Am Ende der Straße ist die Friedhofsmauer, rechts der Straße ist der Eingang.

Lilli mit Vater und Mutter

Der Jüdische Friedhof in Schopfloch ist ebenfalls leicht zu finden: Von Feuchtwangen kommend, biegt man in der Ortsmitte hinter der Kirche vor dem Rathaus rechts in die Badestraße ein, hier geht es Richtung des Ortsteiles Deuenbach etwa 300–400 Meter. Gegenüber dem Haus Badestraße 10 auf der linken Seite ist rechts der Friedhofs- eingang. Der alte Jüdische Friedhof in Fürth liegt zwischen Schlehen- straße/Weiherstraße und Rosenstraße.

Der Jüdischer Friedhof in Nürnberg hat die Adresse Schnieglinger Straße 155. Das Geburtshaus der Lilli Bechmann liegt an der Horn- schuchpromenade 7 in Fürth. Das Jüdisches Museum Franken in Schnaittach, Museumsgasse 12-16 hat folgende Öffnungszeiten: Mai bis Okt: Mi bis So, Feiertage, 11.00–17.00 Uhr; Nov bis Apr: So 11.00– 17.00 Uhr. Die Synagoge in Ansbach liegt in der Rosenbadstraße 3.

Anmerkungen

1 Rosenberg, Leibl: Spuren und Fragmente. Jüdische Bücher, Jüdische Schicksale in Nürnberg, Nürnberg 2000, S. 4.
2 Soweit nicht anders angemerkt, stammen alle Informationen zur Familiengeschichte aus einem unveröffentlichten Manuskript von Lilli Bechmann-Rahn aus dem Jahre 1935; das Manuskript ist in Familienbesitz und liegt der Autorin vor.
3 Vgl. Kugler, Hartmut (Hg.): Lilli Bechmann-Rahn-Preis. Erste Verleihung im Rah- men der Promotionsfeier der Philosophischen Fakultät am 5. Februar 1999, Akade- mische Reden und Kolloquien Friedrich-Alexander-Universität Erlangen-Nürnberg Bd. 19, Erlangen 2000.

4 Sonntag der Seele, Anthologie 1931; Licht im Nebel, Sammlung neuer Lyrik.

5 Auch Alfred Rahn kam aus einer alteingesessenen Familie. Vgl. Budd, Ruth R.: A Refugee Family Aided by the Attorney General of the U. S., in: Garbuny-Vogel, Carole (Hg.): We shall never forget. Memories of the Holocaust, Lexington 1994, S. 48–55, hier S. 49.

6 Budd, Refugee Family, S. 49.

7 »Fränkischer Kurier« 28.1.1938: »Verfehlungen eines Auswanderungslustigen«; New York Times 3. und 12.1.1939; Budd, Refugee Family, S. 50.

8 Nachmann Löb starb vor 1740, Gitel vor 1756.

9 Weinberg, Dr. M. Rabbiner: Geschichte der Juden in der Oberpfalz, Bd. 3, Der Bezirk Rothenberg (Schnaittach, Ottensoos, Hüttenbach, Forth), Sulzbürg 1909, S. 2.

10 Vgl. Weinberg, Geschichte der Juden, S. 119ff.

11 Nach Weinberg, Geschichte der Juden, hieß Salomos Frau allerdings Kela und stammte aus Mainbernheim, S. 119.

12 Richter an einem Bet Din (Rabbinisches Gericht), ein hochangesehenes Mitglied der gesetzestreuen jüdischen Gemeinde (Rosenberg, Spuren, S. 173 und 171).

13 »Der Beschneidende« gehört zu den angesehensten Mitgliedern einer jüdischen Gemeinde (Rosenberg, Spuren, S. 182). Das Mohelbuch enthält Aufzeichnungen über alle seine 157 Beschneidungen und über Zeitereignisse, wie die große Kälte des Winters 1740, als sein erstgeborener Sohn zur Welt kam, oder über die große Hungersnot 1771. Daneben gibt es viele Rezepte zum Blutstillen bei der Beschneidung. In seiner Gemeinde Bechhofen war er Gründer und Organisator des Wohltätigkeitsvereins. Jona schrieb die Statuten in einem »Chevrabuch« nieder, die noch bis 1935 Gültigkeit hatten. Das Mohelbuch befand sich 1935 im Besitz des Jüdischen Museums in München. Es ist ein häufig vorkommender Druck der »Gebete vor und bei der Beschneidung« von Samuel ben Israel aus Sobno, gedruckt in Amsterdam 1719. Über das Titelblatt setzte Jona die Worte: »Ich kaufte es zu Ehren des Schöpfers. Der kleine Jonas, Sohn des Rabbiners Salomon Schnaittach aus Bechhofen.« Die Informationen über ihn stammen aus einem handschriftlichen Bericht des Lehrers Willy Goldberg aus Bechhofen von 1935. Dieser Bericht befindet sich ebenfalls in Familienbesitz.

14 Schraudolph, Erhard: Vom Handwerkerort zur Industriemetropole. Industrialisierung in Fürth von 1870, Ansbach 1993, S. 77–79.

15 Schraudolph, Handwerkerort, S. 78.

16 Zionistische Frauenorganisation.

17 Budd, Refugee Family, S. 54.

18 Vgl. Franger, Gaby: Aberkennung der Akademischen Würde. Lebenswege Erlanger Doktorandinnen, in: Bennwitz, Nadja/Franger, Gaby (Hg.): »Die Erlangischen Mädchen sind recht schön und artig ...«. Ein Erlanger Frauengeschichtsbuch, Cadolzburg 2002, S. 168–177.

19 Agnes Miegel, »Mutter Ostpreußens«, war während des Nationalsozialismus eine populäre Heimatdichterin; Antrag der Grünen Liste vom 30.4.2001; zur Ablehnung: EN 22.1.2002.

Charlotte Bühl-Gramer
Der Weg der Frauen in die Kommunalpolitik – Die ersten Stadtratswahlen in Mittelfranken

Als Henriette Goldschmidt auf der Generalversammlung des »*Allge-meinen Deutschen Frauenvereins*« (ADF) von 1868 feststellte, »*man spreche immer nur von den ›Vätern‹ der Stadt, aber oft täten auch Mütter not*«,[1] war dies der Auftakt für die Forderung der bürgerlichen Frauenbewegung nach politischer Partizipation auf Gemeindeebene. Sie erfolgte zu einem Zeitpunkt, als der Transformationsprozess von der Eingriffsverwaltung durch örtliche, männliche Honoratiorenkreise zu einer professionellen Leistungsverwaltung für eine kommunale Daseinsvorsorge erst in Gang kam. Ein Wahlrecht für Frauen sah die Gemeindeordnung (GO) für das rechtsrheinische Bayern von 1869 lediglich für seltene Ausnahmen vor: Nur ledigen, verwitweten oder geschiedenen Frauen, die ein besteuertes Wohnhaus besaßen, war der Erwerb des Bürgerrechts gestattet. Das damit verbundene aktive Stimmrecht durfte aber nur ein männlicher Stellvertreter ausüben. Verheiratete oder getrennt lebende Hausbesitzerinnen konnten keine bürgerliche Selbständigkeit erlangen. Ihre Steuerleistungen wurden dem Ehemann zugerechnet.[2]

Gemeindearbeit

Der Antrag Helene Langes und Helene von Forsters, Vorsitzende des Nürnberger Vereins »*Frauenwohl*«, der Nürnberger Ortsgruppe des ADF und des Kreisverbands mittelfränkischer Frauenvereine, auf der Generalversammlung 1901 »*zur Agitation für die möglichst ausgedehnte Heranziehung der Frau zum Kommunaldienst*« sowie zur Zulassung der Frauen zur öffentlichen Armen- und Waisenpflege markiert den »Beginn der kommunalpolitischen Offensive des ADF«.[3] In der Armenpflege sollten Frauen nach einer Ministerialentschließung von 1909 auch in Bayern als Hilfsarmenpflegerinnen mit beratender Stimme im Armenpflegschaftsrat herangezogen werden, der Wählbarkeit zu Armenrätinnen stand aber das bayerische Armengesetz von 1869 entgegen.[4] Die Etablierung von Hilfsarmenpflegerinnen in einem Bereich, in dem »*... die Männer sich die Arbeit schon angeeignet hatten...*«,[5] stieß anfangs auf Widerstände. Erlangen war die erste Stadt in Bayern, in der 1909 die Frauenvereine die Aufstellung von Luise Kießelbach und sieben weiteren Frauen durchsetzten. Sie wurden zur Unterstützung bedürftiger Frauen und Kinder oder bei »*mangelhafte[r] Haushaltsführung*«[6] tätig. Mit Änderung des Heimat- und Armengesetzes 1914 waren Frauen als voll stimmberechtigte Mitglieder in den Armenrat wählbar.[7] Durch Ausdifferenzierung des sozialen Dienstleistungsangebots seit den 1890er Jahren hin zu einer Fürsorge zugunsten besonders gefährdeter Gruppen, wie etwa Säuglinge, Kleinkinder, Waisen und Schwangere, aber auch Alkohol- und Tuberkulosekranke, konnten sich Frauen durch ehrenamtliche Gemeindearbeit profilieren und bis 1914 ihren Aktionsradius als Waisenpflegerinnen, Vormund oder in der Wohnungsinspektion erweitern.[8]

»*Sehr viel leichter haben sich die Gemeinden an die Mitarbeit der Frauen auf solchen Gebieten gewöhnt, die erst durch die Erkenntnis und Erfahrung der letzten Jahre für notwendig erachtet wurden*«,[9] bestätigt ein zeitgenössischer Erfahrungsbericht diese Entwicklung.

Die Gemeindearbeit sozialdemokratischer Frauen blieb dagegen noch nach der Jahrhundertwende vergleichsweise gering, wie Helene Grünberg, die in Nürnberg tätige erste Arbeitersekretärin Deutschlands, noch 1913 feststellte.[10] Dies lag am verspäteten Interesse der Sozialdemokratie für die Kommunalpolitik, außerdem war ein ehrenamtliches Engagement für Arbeiterinnen schwieriger zu leisten.[11]

Die Gemeindearbeit der Frauen konzentrierte sich auf die Bereiche Waisenpflege, Armenpflege, Ziehkinder-Betreuung, Hebammendienste, Arbeiten für die Säuglingsfürsorgestelle und beratende Tätigkeiten in Ausschüssen etwa zur Schwangerenfürsorge oder in Stiftungsräten. In Erlangen, Ansbach, Eichstätt, Rothenburg, Schwabach und Weißenburg wurde am Vorabend des Ersten Weltkrieges keine einzige dieser Stellen besoldet. In Fürth und Nürnberg gab es einige wenige besoldete Stellen etwa für eine Schulärztin, in Mutterberatungsstellen oder für Schulschwestern.[12]

Vor allem in der Kriegs- und Hinterbliebenenfürsorge eröffneten sich den Frauen ab 1914 weitere Arbeitsgebiete – kommunale Frauenarbeit hatte sich »*zu einem unentbehrlichen Bestandteil der Gemeindetätigkeit entwickelt und während des Krieges die Feuerprobe bestanden.*«[13]

Wahlrechtsbewegung

Mit Gründung des »*Bayerischen Landesvereins für Frauenstimm-recht*« und seiner Gliederung in sieben Ortsgruppen – eine davon formierte sich in Nürnberg/Fürth – erhielt ab 1902 die Stimmrechtsforderung vom radikaleren Flügel der Frauenbewegung eine eigene Organisationsplattform. In der Forderung nach dem Kommunalwahlrecht für Frauen waren sich die verschiedenen Gruppierungen grundsätzlich einig, wenngleich die gemäßigte Frauenbewegung – seit 1894 im Dachverband »*Bund Deutscher Frauenvereine*« (BDF) zusammengeschlossen – moderater vorging. So beschränkten sich 70 bayerische Frauenvereine 1909 in ihrer Petition an das Innenministerium noch auf die Forderung nach wahlrechtlicher Gleichstellung nach Art. 11 der GO, was aber nach geltender Rechtslage die verheirateten Frauen weiter vom Wahlrecht ausgeschlossen hätte.[14] Die Möglichkeiten politischer Partizipation hatten sich mittlerweile bereits verbessert. Nachdem 1898 in Bayern das restriktive Vereinsgesetz von 1850, das Frauen die Teilnahme an politischen Versammlungen und die Parteimitgliedschaft verboten hatte, etwas gelockert worden war,[15] ermöglichte das Reichsvereinsgesetz 1908 Frauen die gleichberechtigte, öffentliche politische Betätigung. Die vollständige Demokratisierung des Wahlrechts nach Art. 17 der neuen Reichsverfassung brachte 1919 das endgültige Aus der von männlichem Bildungs- und Besitzbürgertum geprägten städtischen Kommunalpolitik.

Die ersten Stadtratswahlen und der »Fall Laible« in Rothenburg

Die Kommunalwahlen fanden am 15.6.1919 statt. Turnusgemäß hätten sie schon 1917 erfolgen müssen, wurden aber zur Wahrung der Wahlrechte der Kriegsteilnehmer zweimal verschoben.[16] Nach dem neuen Wahlgesetz hatten alle Männer und Frauen, die die bayerische Staatsangehörigkeit besaßen, sechs Monate in der Gemeinde ansässig waren, mit Vollendung des 20. bzw. 25. Lebensjahrs das aktive und passive Wahlrecht. An die Stelle des Zweikammersystems mit Magistrat und Gemeindebevollmächtigtenkollegium trat der Stadtrat. Die Wahl war eine geheime, direkte, gleiche und allgemeine Verhältniswahl, so dass nur Parteilisten mit einem Kreuz versehen werden konnten. Damit hingen die Wahlchancen von Stadtratskandidatinnen ganz von dem ihnen in den entsprechenden Parteigremien vorab eingeräumten Listenplatz ab.

Von den in den acht mittelfränkischen Städten zu vergebenden 228 Sitzen wurden nur sechzehn von Frauen besetzt, jeweils sechs für die DDP und MSPD, drei für die BVP und einer für die USPD. Mit einer Frauenquote von 7 % lag dieses Ergebnis unter dem Reichsdurchschnitt von rund 11 %.[17] Während in Ansbach und Weißenburg keine Frau in das Stadtparlament einzog, schafften dies in Rothenburg und Eichstätt eine, in Schwabach zwei, in Erlangen drei und in Nürnberg sechs Frauen.[18] Die Stadträtinnen rekrutierten sich aus Vereinen der allgemeinen Frauenbewegung bzw. aus den dem BDF angeschlossenen Verbänden: Agnes Gerlach und Helene von Forster waren Führungspersönlichkeiten der bürgerlichen Frauenbewegung,[19] Luise Erdmann führte in Fürth den Verein für Frauenfürsorge.[20] Anna Ullrich, Nürnberg, und Babette Vetter, Erlangen, waren in katholischen Frauenverbänden aktiv. Elise Spaeth hatte den Vorsitz des Erlanger Bezirkslehrerinnenvereins inne.[21] Marie Jung, Schwabach, war seit 1912 Vorsitzende des Frauenvereins vom Roten Kreuz, ein dem BDF angeschlossener Frauenverband existierte ebenso wenig wie in den übrigen kleineren mittelfränkischen Städten.[22] Aus der Parteiarbeit bzw. der Arbeiterbewegung kamen dagegen Margarete Dressel, Erlangen, und Babette Schartau, Nürnberg. Für kommunalpolitische Aufgaben besonders qualifiziert war Else Hölzl, die ihr Studium in Erlangen mit einer Dissertation über den Gemeindehaushalt der Stadt Fürth abgeschlossen hatte.[23] Insgesamt waren 68 Frauen auf Parteilisten aufgestellt worden – die meisten aus dem liberaldemokratischen und konservativen Lager, oft allerdings auf aussichtslosen Plätzen unterschiedlich langer Vorschlagslisten.

Dass die Listenaufstellung Gegenstand heftiger Auseinandersetzungen werden konnte, zeigt der Streit um die Kandidatur von Anna Laible in Rothenburg. 1855 als Tochter des Bahnhofsvorstands Johannes Zinn in Neustadt/Kurhessen geboren, hatte sie 1882 den 30-jährigen Heinrich Laible geheiratet, der bis 1917 an der Lateinschule in Rothenburg lehrte.[24] Anna Laible engagierte sich als zweite Vorsitzenden der Ortsgruppe Rothenburg der Bayerischen Mittelpartei (BMP) parteipolitisch. Für die Stadtratswahlen hatte sich die BMP mit dem Beamten- und Lehrerbund, der DDP und der katholischen Kirchengemeinde zu einer gemeinsamen Liste unter dem Namen »*Freie bürgerliche Vereinigung*« zusammengeschlossen.[25] Nach langwierigen Verhandlungen verzichtete die Mittelpartei zugunsten eines aussichtsreichen Listenplatzes auf die Nominierung weiterer

Kandidaten, so dass die damals 64-jährige Anna Laible als Spitzenkandidatin der BMP an zehnter Stelle auf die Liste gesetzt wurde. Rothenburgs Bürgermeister Ludwig Siebert, der zugleich das Amt des Wahlleiters innehatte, bestellte jedoch 15 Tage vor der Wahl die beiden Vorstände der »Freien bürgerlichen Vereinigung« zu sich. Siebert erklärte den beiden,

> »daß nach Art. 8 der Verordnung über die Selbstverwaltung in den Gemeinden nach Verhinderung des 1. und 2. Bürgermeisters das älteste Stadtratsmitglied die Vertretung des Bürgermeisters zu übernehmen hätte, daß dies im Falle der Wahl nach dem Vorschlag der freien bürgerlichen Vereinigung eine Frau sei, dass dies aber in keinem Falle vorkommen darf, da eine Frau nicht auf ein par (!) Tage, nicht auf ein par Stunden, nicht einmal auf ein par Minuten die Vertretung übernehmen könne.«[26]

Siebert forderte daher die Rücknahme der Kandidatur Anna Laibles und erhöhte den Druck auf die BMP bzw. auf deren Spitzenkandidatin durch eine Rücktrittsdrohung, wodurch der Stadt

> »eine beträchtliche Pensionslast aufgebürdet würde, da ferner die städt. Beamtenschaft protestiere und mit Verweigerung der Weiterarbeit drohte, falls diese Dame die Vertretung des Bürgermeisterpostens erhalte.«[27]

Nachdem das Angebot des ersten Vorsitzenden der BMP, Frau Laible werde schriftlich für den Fall ihrer Wahl auf das Vertretungsrecht verzichten, als nicht rechtsverbindlich abgelehnt wurde, begab sich eine Deputation zu ihr hin. Anna Laible suchte die »Argumente« gegen sie mit dem Hinweis zu entkräften, dass für die Vertretung ja zunächst der zweite Bürgermeister da sei, »der ... schauderhafte Fall also kaum eintreten würde«. Doch es kam noch schlimmer:

> »Gröberes Geschütz führte der zweite Herr auf. Ich sei zu alt (64 Jahre), würde vielleicht das Ende der Wahlperiode nicht erleben, in dieser aufgeregten Zeit brauche es Männer, keine alten Frauen auf dem Rathause.«[28]

Nach einer Stunde zog Laible ihre Kandidatur zurück. Für die Einreichung eines neuen Vorschlags der BMP blieb keine Zeit mehr, die Abgabefrist war nur eine Stunde später abgelaufen. Anstelle von Laible wurde ein Kandidat aus den Reihen der DDP nominiert, der Antrag der BMP auf Verschiebung der Gemeindwahl von Vertretern der »Freien bürgerlichen Vereinigung« und der MSPD als unbegründet abgelehnt. Die BMP – so der Pressebericht – habe freiwillig ihre Kandidatur zurückgezogen, Zwang oder moralischer Druck seien dabei nicht im Spiel gewesen. Bürgermeister Siebert erklärte, »*daß er selbst eine Beeinflussung in persönlicher Hinsicht in keiner Weise vorgenommen habe*«.[29] Diese Unwahrheiten über den tatsächlichen Hergang der Ereignisse veranlassten BMP-Vorstand und auch Laible selbst zu ausführlichen Gegendarstellungen. Der Wahlprotest wurde wegen Nichteinhaltung der 14-tägigen Beschwerdefrist abgelehnt.[30] Der Hinweis des MSPD-Parteivorsitzenden auf einer Wählerversammlung, dass im Gegensatz zu den Sozialdemokraten »*auf der Liste der bürgerlichen Parteien erst an 23. Stelle eine Frau stehe, ein Eintreten in den Stadtrat also gar nicht möglich sei*«[31], war pure Wahlkampfpolemik. Anna Laible stand in den folgenden Jahren für eine Stadtratkandidatur nicht mehr zur Verfügung. Entgegen der geäußerten »Befürchtungen« starb sie erst 1933 im Alter von 78 Jahren.

Insgesamt war die Frauenquote in den Stadtparlamenten während der Weimarer Republik rückläufig. Einige Frauen legten aus politischen, gesundheitlichen oder aus Gründen der Überbelastung durch Familie, Beruf und Stadtrat ihr Amt noch während der ersten Amtsperiode nieder.[32] An ihre Stelle rückten – entsprechend der Platzierung auf der Ersatzliste – in der Regel männliche Kollegen nach.

Anmerkungen

1   Zit. bei Rosenbusch, Ute: Der Weg zum Frauenwahlrecht in Deutschland, Baden-Baden 1998, S. 347.
2   Apolant, Jenny: Stellung und Mitarbeit der Frau in der Gemeinde, Berlin 1913, S. 6.
3   Stoehr, Irene: Emanzipation zum Staat? Der Allgemeine Deutsche Frauenverein – Deutscher Staatsbürgerinnenverband (1893–1933), Pfaffenweiler 1990, S. 36.
4   Vgl. Apolant, Stellung, S. 14f.
5   Voß-Zietz, Martha: Frauenarbeit in deutschen Gemeinden, in: Frauenstimmrecht, 1913/1914, S. 254.
6   Vgl. Lehmann, Gertraud: »… halten wir Treue, nicht um unserer Interessen willen, sondern im Interesse der Sozialdemokratie«, in: Schweigert, Walter/Treuheit, Klaus (Hg.): »dass der Mensch dem Mensch ein Helfer ist …« 120 Jahre Sozialdemokratie in Erlangen, Erlangen 1990, S. 125–142, hier S. 130. Die übrigen: Lina Fritsch, Arztgattin, die Sozialdemokratin Doris Ruppenstein, die Privatieren Charlotte Schmidt und Katharina Kotz, Oberbibliothekarsgattin Anna Zucker, Schreinergehilfengattin Christine Ponader und Privatiersgattin Emma von Volkamer. Vgl. Verwaltungsbericht der Universitätsstadt Erlangen für das Jahr 1909, S. 172f.
7   Wählbar waren nur volljährige Einwohner beiderlei Geschlechts, die zu einer Steuer veranlagt wurden, also keine verheirateten Frauen. Rosenbusch, Weg, S. 353.
8   Apolant, Stellung, S. 23f., 36–39, 46f., 63.
9   Voß-Zietz, Frauenarbeit, S. 254.
10 Rosenbusch, Weg, S. 362, Anm. 498; zu Grünberg: Meister, Monika: »Sind wir auch

keine Wählerinnen, so laßt uns Wühlerinnen sein!«, in: Bennewitz, Nadja/Franger, Gaby (Hg.): Am Anfang war Sigena. Ein Nürnberger Frauengeschichtsbuch, Nürnberg 1999, S. 153–161.

11 Saldern, Adelheid von: SPD und Kommunalpolitik im Deutschen Kaiserreich, in: AfK 23, 1984, S. 193–214; Rosenbusch, Weg, S. 381–383 verweist darauf, dass selbst die SPD, die als einzige Partei 1891 das Frauenwahlrecht in ihr Programm aufgenommen hatte, sich im Landtag mit Frauenwahlrechtsforderungen zurückhielt. 1907 war z. B. beim Antrag der SPD zur Reform des Gemeindewahlrechts davon nicht die Rede.

12 Apolant, Stellung, S. 125–130. Für Bayern insgesamt: 1.787 ehrenamtliche und 70 besoldete Hilfskräfte.

13 Apolant, Jenny: Neue Aufgaben der Frau in der Gemeinde, in: Jb. der Frauenbewegung 1920, S. 28–38, hier S. 28.

14 Wahlberechtigt waren alle volljährigen selbständigen Männer in Besitz der bayerischen Staatsangehörigkeit, mit Wohnort in der Gemeinde und Veranlagung mit einer direkten Steuer. Abdruck der Petition in: Die Frau 1908/09, S. 558–562.

15 Art. 15 des bayerischen Vereinsgesetzes vom 26.2.1850 wurde durch Gesetz v. 15.6.1898 um Abs. 2 erweitert: »*Dieses Verbot bezieht sich hinsichtlich großjähriger Frauenspersonen nicht auf solche politische Vereine, welche nur den besonderen Berufs- und Standesinteressen bestimmter Personenkreise oder nur Zwecken der Erziehung, des Unterrichtes und der Armen- oder Krankenpflege dienen.*« Ball, Ernst/Friedenthal, F.: Das öffentliche Vereins- und Versammlungsrecht in Deutschland, Berlin 1902, S. 143.

16 STAN Reg. v. Mfr., KdI Abg. 1968 Tit. X, 931, Gesetz v. 24.12.1917, verlängert durch Bekanntmachung v. 18.9.1918.

17 Apolant, Jenny: Die Frau in Gemeindevertretung und Gemeindevorstand, in: Die Frau, 1921/22, S. 65–75, hier 72. Vgl. auch die Erhebung in: Neue Bahnen, 1919, S. 42–54.

18 STAN, Reg. v. Mfr., KdI Abg. 1968 Tit. X, 934, 940, 942, 947, 954, 955, 963, 965, 967.

19 Zu den Nürnberger Stadträtinnen: Litz, Gudrun: Frauen in der Kommunalpolitik während der Weimarer Republik, in: Bennewitz/Franger, Sigena, S. 162–170.

20 Jb. des Bundes deutscher Frauenvereine 1920, Leipzig/Berlin 1920.

21 Lehmann, Treue, S. 129, 132.

22 Weigand-Karg, Sabine u. a. (Hg.): Vergessen und verdrängt? Schwabach 1918–1945, Schwabach 1997, S. 18f.

23 Hölzl, Else: Die Gemeindefinanzen der Stadt Fürth in Bayern von 1808–1913, Diss. Erlangen 1918.

24 Verwaltungsbericht der Stadt Rothenburg o. d. T. 1925 bis 1928/29, 10; FA 45, 22.2.1929; StARb, NA 0430.27.

25 FA 132, 10.6.1919.

26 STAN Reg. v. Mfr., KdI Abg. 1968 Tit. X, 963, Schreiben der Ortsgruppe Rothenburg der BMP, 27.6.1919.

27 Ebd.

28 FA 136, 14.6.1919.

29 FA 135, 13.6.1919.

30 STAN Reg. v. Mfr., KdI Abg. 1968 Tit. X, 963, Schreiben v. 21.7.1919.

31 FA 124, 12.6.1919.

32 Etwa Dressel, Philipp und Gerlach.

Birgit Kroder-Gumann
Ein Leben in Schnaittach
Die Jüdin Emma Ullmann

Das Jüdische Museum Franken in Schnaittach widmet einen Teil der Ausstellung dem Leben einer Frau, über deren Persönlichkeit und Schicksal noch immer von vielen älteren Einwohnern in Schnaittach erzählt wird. Bei meinen Führungen in dem Museum erfuhr ich mehr über Emma Ullmann, über die Bedingungen, unter denen sie aufwuchs, ihren Alltag und Umfeld, ihre Freundschaften, Interessen und Ängste. Um von ihrem Leben eingehender berichten zu können, befragte ich zusätzlich sechs ZeitzeugInnen der Jahrgänge 1918, 1920, 1922, 1926 und 1930 aus Schnaittach. Ihre Aussagen sind im Wortlaut wiedergegeben. Alle Befragten waren mit einer Veröffentlichung einverstanden.

Die Geburt von Emma Ullmann am 11. März 1884 in Schnaittach fiel in eine Zeit, in der die jüdische Bevölkerung auf dem Land schon stark abgenommen hatte. Im Zeitraum von 1837 bis 1880 war die Anzahl der jüdischen Einwohner von 262 auf 110 Personen gesunken. Mit der 1861 erfolgten Aufhebung des 1812 erlassenen Edikts »*Die Verhältnisse der jüdischen Glaubensgenossen im Königreiche Baiern betreffend*« und mit der Einführung des Reichsgesetzes 1871, das die volle Gleichberechtigung brachte, nahmen vor allem junge Juden die Gelegenheit wahr, von ihrem neu gewonnenen Recht auf Freizügigkeit Gebrauch zu machen. Viele zogen ein Leben in der Stadt vor, das bessere ökonomische Bedingungen versprach und mehr Bildungsmöglichkeiten bot.

Emma Ullmann wuchs als einziges jüdisches Kind ihres Jahrgangs mit christlichen Nachbar- und Schulkindern auf. Ihre Mutter Pauline Ullmann, geb. Guttag, 1850 in Schnaittach geboren, war seit Oktober 1881 mit Isaak Ullmann, 1857 in Ichenhausen geboren, verheiratet. Drei Jahre nach der Eheschließung wurde Emma als ältestes von fünf Kindern geboren. Von den vier nachgeborenen Geschwistern erreichte keines das dritte Lebensjahr.

Emmas Mutter war Inhaberin des von ihrem Vater Jakob Guttag gegründeten Krämerladens in der Nürnberger Straße 32. Nach dem Tod ihres Vaters Isaak 1922 führte Emma das Geschäft als Mitinhaberin mit ihrer Mutter und nach deren Tod 1925 als Alleininhaberin fort. Schon die Eltern hatten ein christliches Dienstmädchen beschäftigt, das bei Emma im Dienst blieb. Emma beschäftigte auch eine jüdische Verkäuferin, die nicht aus dem Ort stammte. Die beiden Mädchen hatten Kost und Logis im Haus.

Frau A: »*Meine Schwester war Dienstmagd bei den Eltern von der Emma und dann auch bei der Emma. Sie hat auch dort geschlafen. Ich habe auch manchmal dort geschlafen ...*« »*Die alte Ullmänne konnte nicht laufen. Wenn meine Schwester zum Tanzboden ging, musste sie vom Tanzboden heim und die Mutter von der Emma ins Bett richten, dann konnte sie wieder gehen ...*« »*Die Ullmanns. Das waren ganz Stolze! Die Emma war auch stolz. Aber vor allem die Eltern! Die haben auch so besonders ausgesehen, so anders. Es waren halt andere Leute, keine Bürger. Das hat man schon gemerkt ...*« »*Zum Essen hat es oft bloß einen Brathering gegeben, für vier Leute, mit der Dienstmagd, und Kartoffeln dazu. Einen Hering bloß! Die waren schon recht sparsam ...*«

Frau B: »*Wir haben ja direkt neben den Ullmanns gewohnt ...*« »*Mein Vater hatte eine Schwester, die hatte einen Klumpfuß und konnte nicht laufen. Sie hat halt ein bisschen geschneidert und so. Und der Vater von der Emma hat ihr geraten, sie soll um eine Rente einzahlen. Dann hat sie auch eine kleine Rente gekriegt. Sie hat immer gesagt: Dem hab ich's zu verdanken.*«

Das Sortiment des Krämerladens umfasste ein außerordentlich großes Angebot an Haushalts- und Schreibwaren, Damen- und Kinderwäsche, Schuhen, Spielwaren und Saisonartikeln zu Fasching, Ostern und Weihnachten. Außerdem gab es christliche und jüdische Devotionalien zu kaufen. Katholische und evangelische Gesang-, Gebets- und Andachtsbücher, Rosenkränze, Heiligenbildchen, Kommunionkerzen u. ä. deckten den Bedarf der christlichen Kundschaft, Schabbat-Lampenöl, Gebetsriemen und religiöses Schrifttum kauften die jüdischen Einwohner im »Laden«.

Frau C: »*Meine Großeltern haben schon bei der Emma und ihren Leuten eingekauft. Sie waren halt reell, haben gut und fair gehandelt.*«

Frau D: »*Emma war eine tüchtige Geschäftsfrau. Ich habe alle Schuhe von der Emma gekauft. Gute Schuhe hatte sie!*«

Frau E: »*Die Emma war Geschäftsfrau durch und durch. Aber sie war sehr, sehr nett. Es hat bei ihr alles gegeben. Ich habe mir immer*

Aus dem Schnaittacher Wochenblatt vom 23.3.1889

*gern einen Fingerring gekauft, der kostete ein Zehnerle, und wenn
ich nicht so viel Geld dabeihatte, gab ihn die Frau Ullmann auch
um ein Fünferle. Sie war sehr großzügig ...« »Man konnte immer
was auf Abzahlung kaufen ...« »Der Vater hat immer gesagt: Gehst
wieder zum ›Wullwott‹. Wir haben das so ausgesprochen. Es war im
Laden wie beim Woolworth in Nürnberg, alles gab es. Der Woolworth
in Nürnberg war ja auch ein Jude. Da gab's auch alles ...« »Die
Ullmann's Emma war eine gute Frau. Sie hat einem auch Zeit ge-
lassen zum Zahlen. Aber wenn es Zeit war, war sie auch energisch.
Das musste sie ja sein ...« »Ja, vielleicht war sie auch so energisch,
weil sie als Frau sonst übers Ohr gehauen worden wäre.«*

Frau C: *»Meine Mutter hat mich immer zur Emma geschickt. Die
Emma hat von der Mutter nähen lassen, und wir haben auch alles
dort gekauft, Nähseide und so. Alles halt ...« »Die Emma war ganz
und gar ehrlich.«*

Herr F: *»Die Emma war sehr beliebt. Uns Kindern hat sie immer
Mazzen rübergelangt, wenn sie im Garten war. Wir haben neben
ihr gewohnt. Sie war halt eine Geschäftsfrau. Aber sehr freundlich. Immer!«*

Emma Ullmann war als junges Mädchen mit der Mutter von Frau B.
im Stenographenverein, sie war aktives Mitglied im *»Theaterverein
Edelweiß Schnaittach e. V.«* und hatte noch 1934 einen Auftritt als
Laiendarstellerin, sie gehörte dem Gesellschaftsverein *»Fidelitas«* an
und war zeitweise auch Mitglied im Vorstand der Israelitischen Kultusgemeinde.

Frau D: *»Die Emma war eine gläubige Frau. Jeden Freitag Abend
war Gottesdienst, jede Woche ist die Emma zum Gottesdienst gegangen. Die jüdischen Geschäftsleute haben kurz vor fünf ihren
Laden zugemacht und sind um fünf Uhr zum Gottesdienst gegan-*

298

gen. *Wir haben immer gesagt: Da ist der Schabbes ein(ge)gangen.*«
Frau E: »*Sie war sehr religiös* ...« »*Meine Großmutter hat ja die Synagoge geputzt, zweimal im Frühjahr, zweimal im Herbst, die Stühle wurden sauber gemacht, die Gitter abgestaubt usw., die Vorhänge gewaschen. Es waren weiße Vorhänge an den Gittern. Die wurden immer zugezogen beim Gottesdienst* ...« »*Von allen Frauen, die in die Synagoge gingen, war Emma Ullmann am nettesten. Jedenfalls habe ich das so empfunden, als Kind. Jede Frau hatte ihr eigenes Kissen, die hab ich manchmal aufgeschüttelt. Und von der Emma Ullmann habe ich immer einen Fingerring gekriegt, oder ein paar Pfennige* ...« »*Die Frauen gingen samstags in die Synagoge, am Freitag nicht, da müsste ich mich schwer täuschen* ...« »*Bei den Frauen war ich nie drin zum Gottesdienst. Bei den Männern schon. Wir mussten ja Licht anzünden und so.*«
Frau D: »*Die Emma war oft bei uns. Sie war ja mit der Tante richtig befreundet. Deshalb hat die Emma auch das Haus uns angeboten, wie sie auswandern wollte* ...« »*Die Emma war sehr angesehen, sie war eine ganz feine Frau, immer gepflegt* ...« »*Sie war einfach, gutartig, still, zurückgezogen. Und gescheit* ...«
Frau B: »*Zu den Horzens ist sie gegangen und zu uns, zur Mutter. Die Mutter war Jahrgang 87. Und die Emma Jahrgang 84* ...« »*Freilich, die Emma hat auch viel gelacht. Sie war so nett* ...« »*Ob sie was Besseres war? Was man halt drunter versteht. Sie war ja immer allein.*«
Frau C: »*An die Ullmann's Emma kann ich mich sehr gut erinnern. Ich glaube, sie hat einen Goldzahn gehabt. Immer wenn sie gelächelt hat, hat man den gesehen. Sie war sehr freundlich* ...« »*Die Emma war ein feines Ding, immer gut gekleidet. Man hat schon gewusst, dass sie Jüdin ist, aber man hätte es so nicht gemerkt. Schmuck hat sie auch getragen. Sie war ein richtiges ›Fräulein‹.*«
Der zunehmende Antisemitismus richtete sich in Schnaittach vor allem gegen jüdische Geschäftsleute und besonders gegen Emma Ullmann. Immer wieder wurden bei ihr nachts die Fenster von Wohnung und Laden eingeschlagen. Emma Ullmann wurde krank. Nach einem schweren Nervenzusammenbruch beantragte deshalb ein Bevollmächtigter in ihrem Namen im März 1930 bei der Industrie- und Handelskammer Nürnberg, einen Warenausverkauf durchführen zu dürfen. Emma Ullmann nahm jedoch nach ihrer Genesung die Geschäftstätigkeit wieder auf.

In der Nacht vom 1. zum 2. Mai 1933 vernichtete ein Brand einen Teil des Anwesens von Emma Ullmann. Sie beantragte im Juni 1933 bei der Gemeinde die Genehmigung zum Sonderverkauf der durch Feuer und Wasser beschädigten Waren im Nebengebäude der Gastwirtschaft Träg. Nach dem Wiederaufbau ihres Hauses ließ Emma Ullmann die Fenster und Türen vergittern.

Herr F: »*Wie es gebrannt hat, 1933, da hat die Emma ein komisches Gefühl gehabt und ist raufgegangen. Sie hat die Luke zum Dachboden aufgemacht, und da hat's schon lichterloh droben gebrannt. Das war kein Fremdverschulden.*«

Frau D: »*Nach dem Brand hat Emma Ullmann beim Bauernwirt gewohnt. Der Laden ist auch ausgelagert gewesen, er war dann beim Bauernwirt, bis das Haus wieder aufgebaut war.*«

Frau B: »*Also, wir waren ja Nachbarn. Ich habe mein Schlafzimmer im ersten Stock gehabt und dadurch alles mitbekommen, alles. Wie sie die Fenster reingeschmissen haben ...*« »*Nach dem Brand hat die Emma dann alle Fenster vergittern lassen, ringsherum, aus Angst ...*« »*Die Emma war ganz brav, wie konnten sie das machen! Sie ist oft zu uns rübergeschlichen, aus Angst, sie war ja allein im Haus. Später hat sie dann oft gejammert, keiner kauft mehr ein, sie konnte auch schlecht wo einkaufen, keiner wollte ihr was geben ...*« »*Wir haben ihr oft was aufs Mäuerchen gestellt, Milch oder so, das hat sie dann geholt ...*« »*Einer hat ja den anderen verraten in der Zeit, es war ganz schlimm ...*« »*Warum gerade die Emma? Sie war halt allein stehend und hat was gehabt. Und es war so eine gute Nachbarschaft! ...*« »*Freilich hat sie geweint, oft. Aus Angst. Sie hat immer Angst gehabt. Vor dem ..., der hat gegenüber gewohnt. Hinten über den Hof ist sie rübergeschlichen, vorn hat sie sich nicht getraut. Sie wollte uns auch schützen. Andere auch, sie wollte praktisch nicht, dass jemand mit ihr gesehen wird ...*« »*Fast hätte sie verhungern müssen, keiner hat ihr was gegeben ...*« »*Das Fensterschmeißen ist jahrelang gegangen. Ich hab mich deswegen oft so gefürchtet, das war dann so schlimm, ich hab so gezittert, dass ich deswegen sogar zum Doktor gegangen bin. Und der Doktor hat gefragt, warum ich solche Angst hab, und ich hab ihm das erzählt, von dem Fensterreinschmeißen. Der Doktor hat dann was verschrieben. Ich hatte es als Kind am Herzen. Der war ja auch ein Großer, aber da hast nie was gehört. Der hat keinen reingelegt. Das ist doch auch gegangen. Der war dabei, und trotzdem ging das.*«

Frau C: »*Damit die Mutter nicht erwischt wird, hat sie uns Kinder zum Einkaufen zur Emma geschickt. Wie ich in den Laden rein bin, habe ich selber geschaut, ob einer von den Nazis da war, und wie ich raus bin, hat die Emma geschaut, ob frei war.*«

Frau D: »*Das Haus hat ein jüdischer Architekt wieder aufgebaut. Der hat der Emma später auch den Flugschein geschickt. Die Emma wollte gleich nach dem 10. November raus. Sie hat die Koffer schon gepackt. Am 10. November war ein Notartermin in Nürnberg. Sie hat meinem Vater das Haus verkauft. Es war alles schon geschrieben. Sie mussten nur noch in Nürnberg unterschreiben. Am nächsten Tag wollten sie nach Nürnberg fahren deswegen. Deshalb war die Emma auch am Abend bei uns ...*« »*Sie war richtig froh, dass alles geregelt war. Sie hat ja auch drüben viele gekannt ...*« »*Eine Stunde, bevor sie abgeholt worden ist. Wenn wir das gewusst hätten! Wir hätten sie doch nimmer gehen lassen! Die hätten wir doch im Keller versteckt! Das hätten wir schon gemacht! Und am nächsten Tag ...*« »*Der jüdische Architekt hat ihr die Flugkarte geschickt.*

Emma Ullmann um 1920

Sie hat sie uns gezeigt. Und man musste in Amerika ›gutgesprochen‹ werden, jemand musste quasi bürgen. Und das hat die Emma gehabt. Es waren ja schon so viele Schnaittacher drüben ...« »*Sie hat an den Vater verkauft und das Haus nicht der Partei gegeben. Wie sie die Emma weggeholt haben, haben sie sie die ganze Nacht verhört. Sie wollten, dass sie das Haus der Partei zuschreiben lässt. Und dann haben sie die Emma erschlagen.*«

In der Nacht vom 9. zum 10. November 1938 steckten SA-Männer auf Befehl des Kreisleiters Walz die Synagoge in Brand. Nachdem die Inneneinrichtung völlig zerstört war, wurde der Brand gelöscht, um das Gebäude mit dem angrenzenden Vorsänger- und Rabbinerhaus einer geplanten Nutzung als Heimatmuseum zu erhalten. Fast alle der 21 in Schnaittach wohnenden Jüdinnen und Juden wurden verhaftet und am nächsten Morgen wieder freigelassen. Sie mussten bis zum Ende des Jahres 1938 den Ort verlassen.

Emma Ullmann hatte schon einige Nächte – von Vorahnungen und Angst geplagt – im Keller verbracht. In der Pogromnacht brachen SA-Männer mit Gewalt die Tür des Hauses auf, fanden Emma Ullmann im Keller und drückten sie durch ein Kellerfenster ins Freie. Von außen zerrten weitere »Helfer«, die nicht zur SA gehörten, Emma Ullmann nach außen und verletzten sie dabei erheblich. Im Nachthemd wurde sie abgeführt und zu den anderen Leidensgefährten in das Schulhaus in der Erlanger Straße gebracht, in dem ein Raum vorübergehend als Polizeistation genutzt wurde. Auf dem Weg zum Schulhaus versorgte Julie Vitzthum, die Frau des Bürgermeisters, Emma Ullmann mit Kleidung, die sie sich überstreifte. Alle Verhafteten kamen am nächsten Morgen frei. Nur Emma Ullmann brachte man unter dem Vorwurf der Spionage – vorgeschoben wurde ihre Korrespondenz mit Verwandten in den Vereinigten Staaten – mit dem Auto nach Nürnberg in Gestapohaft. Dort starb Emma Ullmann am 12. November 1938 durch Erhängen. Die ortspolizeiliche Erlaubnis zur Beerdigung vom 14. November 1938 wird »*zur Beerdigung der Leiche der am 12. November 1938 an Suic[id] d[ur]ch Erhängen verstorbenen led. Emma Ullmann ... erteilt*«. Am selben Morgen wurde Emma Ullmann auf dem Israelitischen Friedhof in Nürnberg-Schniegling bestattet.

Herr F: »*Wir haben neben der Ullmann's Emma gewohnt, im Kolbmannshof. Wir haben viel gesehen, aber die Kinder wurden weggeschickt vom Fenster, wie das war. Sie hat furchtbar geschrien.*«

Emmas Krämerladen in der Nürnberger Str. 32, Aufnahme von
etwa 1910

Frau B: »*Der ... hat die Emma in der Nacht aus dem Kellerfenster
rausgezogen, an den Haaren. Sie hatte so Angst, sie hat im Keller
geschlafen vor lauter Angst. Wie kann einer so was machen! Sie
hat noch gesagt: ›Was machst du da, wir sind doch Schulkamera-
den.‹ Und er hat sie an den Haaren aus dem Kellerschacht rausgezogen, die Kopfhaut ist abgegangen. Und an dem ist sie dann
gestorben ...*« »*Der Vater hat vom Fenster runtergeschimpft, wie
sie bei der Emma eingebrochen sind. Da hat der ... gesagt: ›Wennst
net ruhig bist, zieh mer dich auch raus.‹*«
Frau D: »*Selbstmord hat es immer geheißen – Selbstmord. Nie! Die
Emma hätte keinen Selbstmord begangen. Die Emma hat dann im
Lager gesagt, sie kann es nicht der Partei verkaufen, sie hat's an
den Horz verkauft und will es dem Horz zuschreiben lassen. An
dem Tag hätte das ja sein sollen ...*« »*Das mit dem Selbstmord
haben die bloß geschrieben, Selbstmord. Und erhängt hat sie sich
auch nicht ...*« »*Dabei war freilich keiner ...*« »*Die Emma haben's
zu Tode geprügelt.*«

Frau E: »*Wie es in Schnaittach rumgegangen ist, dass die Emma tot ist, da hat die Frau Gutmann gesagt:* ›*Das gibt es nicht! Ein Jude hängt sich nicht auf.*‹ *Nie hat sie es geglaubt, dass die Emma Ullmann sich aufgehängt hat.*«

Herr F: »*Die alte Leipoldin vom Kipfel ist nach Nürnberg gefahren und hat der Emma was zum Essen gebracht, wie sie im Gefängnis war.*«

Frau B: »*Gestraft worden sind's alle. Ja, das war wirklich so. Allen ist was passiert, die so schlimm waren. Wie kann man so was tun? Sie hat doch keinem was getan ...*« »*Wie die Juden alle weg waren, da ist nicht drüber geredet worden. Alle hatten Angst. Einer hat ja den anderen verraten. Bei der Emma war's auch so, vorher. Und wie man gewusst hatte, dass die Emma tot ist, da haben die Leute die Sachen bei ihr rausgeholt. Beim Gogern waren wir nicht! Wirklich nicht! Aber die anderen! Da ist sogar eingebrochen worden. Dann hat es geheißen:* ›*Zuerst ham's die Emma rausgezogen, dann ham's die Ware raus.*‹«

Frau C: »*Und die Emma hat am Tag, bevor das war, oder zwei oder drei Tage zuvor, zur Mutter gesagt, sie soll alles mitnehmen, was sie braucht. Bettwäsche und alles. Und die Mutter war ja so ehrlich, die hat gesagt, wir können's nie zahlen. Dann hat die Emma gesagt, das macht nichts, irgendwann wirst es schon zahlen könnnen. Sie hat schon was gespürt vielleicht. Anders kann das nicht sein. Wir hätten es mitnehmen sollen. Aber das haben wir nicht gemacht. Wir waren ehrlich. Und hinterher sind die Leute gekommen und haben alles mitgenommen. Man hat schon gewusst, wer das meiste rausgeholt hat! Wir hätten so was nie gemacht.*«

Herr F: »*Nach der Reichskristallnacht sind die Leute immer nachts gekommen, haben alles geplündert, die Schuhe usw. Den Rest haben sie vom ersten Stock runtergeschmissen in den Garten. Danach sind die Leute gekommen zum* ›*Gogern*‹«

Renate Geyer
Die Darstellung jüdischer und nichtjüdischer Frauen im »Stürmer«

Im folgenden Beitrag wird über die antisemitische Hetzzeitschrift »*Der Stürmer*« informiert sowie die Darstellung nichtjüdischer und jüdischer Frauen in diesem Organ untersucht. Produziert wurde »*Der Stürmer*« in Nürnberg, spätestens seit 1933 war er im gesamten Deutschen Reich verbreitet. Ihre massivste und aggressivste Verbreitung fand die Zeitschrift jedoch in Franken, besonders in Nürnberg und Mittelfranken.[1]

»Der Stürmer«

Die erste Ausgabe erschien im Mai 1923 als vierseitiges Blatt mit einer Auflage von etwa zwei- bis dreitausend Stück. Herausgegeben wurde »*Der Stürmer*« von Julius Streicher (1885–1946), einem Volksschullehrer, der 1909 nach Nürnberg gekommen war. Spätestens 1920 wurde er zum überzeugten Antisemiten, 1922 trat er in die NSDAP ein. Nach seiner Teilnahme am Hitlerputsch 1923 in München wurde er aus dem Schuldienst entlassen und widmete sich in der Folgezeit ausschließlich der Politik und seiner Herausgebertätigkeit. »*Der Stürmer*« war im Gegensatz zu dem Eindruck, den Streicher vor allem nach 1933 erwecken wollte, stets sein Privatbesitz und somit keine offizielle Parteizeitung. Auch nach 1933 gelangte Streicher niemals in den inneren Kreis der Macht; der Einfluss des »*Frankenführers*« – dieser Titel war ihm von Adolf Hitler verliehen worden – blieb auf Franken beschränkt. Seine Stellung benutzte Streicher als unermüdlicher Redner und ausgesprochener Vielschreiber sowohl für seine antisemitische Propaganda als auch zur persönlichen Bereicherung durch Erpressungen (Druckmittel war die angedrohte Veröffentlichung eines Artikels im »*Stürmer*«), durch Steuerhinterziehung, durch Schenkungen der Stadt Nürnberg, später durch Unterschlagungen im Zusammenhang mit den Arisierungen. Letzteres in einem Ausmaß, das selbst der NSDAP zu viel wurde, so dass Streicher 1940 seines politischen Amtes als Gauleiter enthoben wurde.

Die Auflage der Wochenzeitung »*Der Stürmer*« war bis Anfang 1933 auf 10.000 gestiegen. Im Herbst 1934 erreichte die offizielle Auflagenhöhe 100.000, 1936/37 einen Höhepunkt von 486.000 Exemplaren.

Dies waren zumindest die Zahlen, die das Impressum aufwies. Der Internationale Militärgerichtshof, vor dem sich Streicher nach dem Krieg in Nürnberg zu verantworten hatte, wies nach, dass die realen Auflagen- und Verkaufszahlen zeitweise wesentlich höher lagen.

Die hohe Verbreitung des »Stürmer« verdankte Streicher zum einen seiner persönlichen Beziehung zu Robert Ley, so dass es ihm gelang, »die deutsche Arbeitsfront mit ihrem riesigen Organisationsapparat für die ›Stürmer‹-Werbung einzusetzen«[2]. Zum anderen besaß Streicher nach der Machtübernahme besonders in Franken seine eigenen Werbemethoden: »Kleine SA-Trupps fragten in Gaststätten, Cafes, Friseursalons etc. in provokatorischer Weise nach dem ›Stürmer‹, um bei negativen Antworten die Besitzer anzupöbeln und alle möglichen Drohungen auszustoßen. Dadurch wurden Wirte und Friseure veranlaßt, den ›Stürmer‹ zu abonnieren. In ähnlicher Weise zwang Streicher die Unternehmer in seinem Gau den ›Stürmer‹ für Kantinen und Aufenthaltsräume in hundert und mehr Exemplaren zu beziehen.«[3] »Stürmer«-Gardisten, Anhänger des Streicher'schen Gedankenguts, widmeten sich der Abonnentenwerbung und dem Straßenverkauf. Auch Nicht-Abonnenten wurden mit dem »Stürmer« konfrontiert: »Stürmer«-Kästen, vorzugsweise an frequentierten Plätzen angebracht, stellten das Hetzblatt jede Woche aus, mit zusätzlichen Parolen und Zeichnungen als Blickfang.

Nach Streichers Machtenthebung 1940 bestellten viele der »Furchtabonnenten« den »Stürmer« wieder ab. Außerdem kann man davon ausgehen, dass in den Kriegszeiten das Interesse an einer Zeitschrift, deren einziges Thema antisemitische Propaganda war, nachließ, zumal die Opfer der »Stürmer«-Hetze aus dem Alltagsleben so gut wie verschwunden waren. Dennoch weist auch für die letzten Jahre das Impressum eine Auflagenhöhe um 300.000 Exemplare auf. Der Umfang der Zeitschrift, der in den dreißiger Jahren bis zu zwölf Seiten erreicht hatte, ging wieder auf vier Seiten zurück.

In den Anfangsjahren des »Stürmer« wurden überwiegend Artikel mit starkem Regionalbezug abgedruckt, gegen Ende der zwanziger Jahre verstärkt auch reichsweite Themen aufgegriffen. Mit der Expansion des Reiches verlagerten sich die Themenschwerpunkte auf die besetzten Gebiete und Länder bzw. die Kriegsgegner. Letztendlich war – unabhängig vom Thema des Artikels – der einzige Inhalt des »Stürmer« antisemitische Hetze. Ob die Zielrichtung des Beitrags gegen konkrete Personen des öffentlichen Lebens der Weimarer Republik, vor allem bestimmte Berufsgruppen wie Unternehmer, Bankiers und Politiker, ging, gegen Demokratie und Frauenemanzipation, moderne Kulturströmungen, die Sowjetunion und den Bolschewismus, die USA und das (internationale) Finanzkapital, jedes Thema wurde in einer Weise bearbeitet, die »den Juden« zum Mittelpunkt machte.

Nichtjüdische Frauen

Frauen wurden im »*Stürmer*« fast ausschließlich als Objekte so genannter »*Rassenschande*« (mit diesem Begriff wurden sexuelle Beziehungen zwischen jüdischen und nichtjüdischen Menschen bezeichnet) oder aber als Jüdinnen thematisiert. Doch teilte der »*Stürmer*« selbstverständlich generell das nationalsozialistische Frauenbild.

»*Rassenschande*« war das bevorzugte Thema des »*Stürmer*«. Gemäß dem »*Blutschutzgesetz*« vom September 1935 galten (sexuelle) Beziehungen zwischen jüdischen und nichtjüdischen Menschen als Straftatbestand. Strafbar machte sich nur der (jüdische) Mann, der Zuchthaus oder Todesstrafe zu erwarten hatte. In kaum einer Ausgabe des »*Stürmer*« fehlten Fotos angeblicher »*Rassenschänder*«, Berichte skandalöser Vorgänge, Anspielungen, detaillierte Beschreibungen von Verführungen und Vergewaltigungen. Von wenigen Ausnahmen abgesehen handelte es sich dabei immer um das Verhältnis zwischen einem jüdischen Mann und einer nichtjüdischen Frau. Der pornographische Ton, in dem diese Artikel gehalten waren, bediente eine ganz bestimmte Leserschaft.

Ein großer Teil der Informationen, auf die sich die Artikel beriefen, kamen durch Denunziationsbriefe zustande, auch ein großer Teil der gerichtlichen Verfahren in dieser Sache wurde durch Denunziationen ausgelöst. Während einerseits unterstellt wurde, dass das Streben und Trachten jüdischer Männer quasi ununterbrochen auf die Verführung nichtjüdischer Mädchen und Frauen gerichtet war, wurden diese selbst als schwache und willenlose Wesen dargestellt, die es zu schützen galt. Dass eine solche Verbindung auf gegenseitiger Zuneigung beruhte, war für die Redakteure des »*Stürmer*« undenkbar, Frauen, die sich nicht freiwillig von ihren jüdischen Ehemännern scheiden ließen, wurden als »*hörig*« bezeichnet.

Nichtjüdische Frauen, die der »*Rassenschande*« angeklagt waren, wurden im wahrsten Sinn des Wortes »an den Pranger gestellt«,

Arthur Schmidt, Gabitzstr. 4

An den Pranger.

Margarete Rolle, Weinstr. 30
mit dem Juden
Walter Sachs, Hardenbergstr. 5,
Johanna Deichsel, Ohlauerstr. 58,
mit dem Juden
T.W. Guttmann, Rossmarkt 14,
Gertrud Schönwälder, Herderstr. 19,
mit dem Juden
Abraham Gurker, Agnesstr. 16,
Emilie Kmitta, Paradiesstr. 13,
mit dem Juden
Samuel Neumann, Freiburgerstr. 13,

Hüte Dich
deutsche Frau!!

An den Pranger gestellt: Diffa-
mierung jüdisch-»arischer« Paare

Stellwände nannten ihre Namen und den des jüdischen Partners, jeweils mitsamt Adresse; auch hier taten sich die »*Stürmer*«-Gardisten
in Franken hervor. Oder man trieb sie durch die Straßen, die nicht-
jüdische Frau mit einem Schild »*Ich bin am Ort das größte Schwein
und laß mich nur mit Juden ein*«, der jüdische Mann mit einem,
dessen Aufschrift zum Beispiel lautete: »*Ich bin ein Rassenschänder.*«
Für den jüdischen Mann bedeutete dies in der Folge Zuchthaus oder
Tod.

Der umgekehrte Fall, die Verbindung eines nichtjüdischen Mannes mit einer jüdischen Frau, stieß in der Redaktion des »*Stürmer*« –
und wahrscheinlich auch bei den Lesern – auf wesentlich geringeres
Interesse, widersprach es doch dem gängigen Männlichkeitsbild.

Jüdische Frauen

Die Darstellung jüdischer Frauen im »*Stürmer*« beruhte im Wesentlichen auf der Kombination von Fotos mit entsprechenden Bildun-

terschriften. Ausführliche Artikel, wie dies bei jüdischen Männern der Fall war, wurden ihnen kaum gewidmet. Bereits gegen Ende der zwanziger Jahre wurden zunehmend Fotos verwendet, Mitte der dreißiger Jahre waren sie fester Bestandteil der Redaktionsarbeit und lösten die Zeichnungen als Hauptgestaltungsmittel der bildlichen Darstellung jüdischer Menschen ab. Während die Zeichnungen so gut wie ausschließlich Männer zeigten, waren auf den Fotos nun auch Frauen zu sehen.

Über die Herkunft der Fotos ist relativ wenig bekannt. Der »Stürmer« schickte eigene Fotografen in die Ghettos bzw. Fotografen schickten ihre Fotos dem »Stürmer« zu. Dies ist mit Sicherheit als die wesentliche Quelle der Bilder zu betrachten. Aber auch aus der Bevölkerung wurden – im Zusammenhang mit dem relativ verbreiteten und von der Zeitung durch Aufrufe immer wieder ermutigten Leserbriefwesen – Fotos eingeschickt, wie aus den Unterlagen des »Stürmer«-Archivs hervorgeht. Ein großer Teil dieser Fotos sind unkommentiert völlig nichts sagend, ihre antisemitische Wirkung beruht auf der Verbindung von Wort und Bild.

Nach der Zerschlagung der Tschechoslowakei, der Besetzung Polens 1939 und der Errichtung jüdischer Ghettos wurden vorzugsweise Fotos älterer Frauen in ärmlicher Kleidung verwendet. Wo das Bild den Zwecken der Redaktion nicht genügte, half man durch Retuschieren nach. Viele Bildunterschriften stellten die angebliche Hässlichkeit jüdischer Frauen heraus und behaupteten zugleich in höhnischem Ton, die betreffende Frau bilde sich etwas auf ihr Aussehen ein. »*Rebekka schielt zwar, glaubt aber dennoch, besonders hübsch zu sein.*« Oft wurden den Frauen die Namen Rebekka oder Sara zugeordnet und abwertende Wortkombinationen wie Perückensara, Faltenrebekka und Brillensara gebildet. Fehlende Weiblichkeit unterstreicht beispielsweise auch das Foto einer älteren Frau mit Haarwuchs am Kinn: »*Bei ihr ist nicht leicht festzustellen, ob sie Mann oder Weib ist.*« Das Vorurteil, jüdische Frauen seien nicht nur alt und hässlich, sondern auch schmutzig, wurde durch Fotos verarmter Frauen in abgetragener Kleidung mit Bildunterschriften wie »*Sie waschen sich oft wochenlang nicht*« gefördert.

Seltener wurden ganze Seiten zusammengestellt, die mehrere jüdische Frauen zeigten. Ein Beispiel findet sich in einer Ausgabe vom Januar 1939. Unter der Überschrift »*Weiber des Satans – Wiener Jüdinnen*« sind neun ältere Frauen in Porträtaufnahmen abgebildet.

Auf einigen dieser Fotos haben die Frauen einen unfreundlichen »bösen« Gesichtsausdruck, sei es aufgrund der Tatsache, dass dies ihre Stimmungslage im Moment der Aufnahme war, sei es durch Retuschieren erreicht oder verstärkt, vor allem bei Profilfotos ist die Vergrößerung der Nase festzustellen. Andere Gesichter sind einfach ernst, es sind ältere, klug oder entschlossen aussehende Frauen. Einzig die diffamierenden Bildunterschriften stellen den negativen Bezug her; sie stellen bestimmte Grundtypen heraus: das Schwertmaul, die Klatschbase, die »*Gutmütige*«, die Kriminelle, die Gelegenheitsarbeiterin (mit der Erläuterung: »*Sie arbeitet nur, wenn sie dort stehlen kann*«), die Drohne (»*hat noch nie gearbeitet*«), die Schnorrerin (»*arbeitet nicht, lebt aber doch*«), die Hausiererin, die Trödlerin. An anderer Stelle, bei der Kommentierung von Einzelfotos, werden den abgebildeten Frauen Delikte wie Devisenschieberei, Wahrsagerei und Kupplerei zugeordnet. Auf die Verbindung von faul und schmutzig verweist ein Bild von 1939 mit der Unterschrift »*Jüdin x. Zum ersten Mal in ihrem Leben hat sie hier einen Besen in der Hand. Sie mußte die Räume der Gestapo reinigen*«, auf dem eine Frau mittleren Alters im einfachen Kleid mit Besen in der Hand zu sehen ist.

Das Motiv des Weibes mit böser Zunge wird oftmals wiederholt: »*Ihre Gewohnheit, an allem herumzunörgeln, hat sie zum gefürchtetsten Weib der ganzen Vorstadt gemacht*«, so zum Beispiel zu lesen unter dem Foto einer verschmitzt aussehenden, ebenfalls älteren Frau. Noch weiter gehende Ressentiments wurden angesprochen, wenn Frauen in soldatischer Uniform oder mit Waffen abgebildet wurden, z. B. werden Partisaninnen als »*Furien*« oder »*Flintenweiber*« bezeichnet. Das Phänomen »*Frauen mit Waffen*« bzw. Frauen als Inhaberinnen von Befehlsgewalt war bereits vor Kriegsausbruch als typisch bolschewistisch und somit jüdisch herausgestellt worden. Ein häufig wiederkehrender Begriff für die Sowjetunion war »*Judenparadies*«. Im Januar 1937 fand sich im »*Stürmer*« das Foto einer Frau mittleren Alters in Uniform mit folgendem Kommentar:
»*Dieses Bild brachte die jüdische Zeitschrift Forward. Darunter steht in Hebräisch: (Name). Sie hat über den größten Part Sowjetrußlands den Befehl. Also auch hier wieder ein jüdisches Eingeständnis: Juden sind die Befehlshaber in Sowjetrußland.*«
Frauen in für sie nicht vorgesehenen Machtpositionen, als Politikerinnen oder Unternehmerinnen waren bereits in den zwanziger und frühen dreißiger Jahren als jüdisches Phänomen denunziert worden.

Ebenfalls aus dem Jahre 1937 stammen die folgenden Fotos: Auf einer ganzen Seite waren Porträts von für den heutigen Betrachter eher klug denn abschreckend aussehenden Frauen unter der Überschrift *»Giftspeiende hysterische Judenschicksen auf einer Judentagung in Zürich«* zu sehen. Die Attributzuweisung *»giftspeiend, hysterisch«* ist hier eine typisch frauenbezogene. Unter dem Foto einer älteren Frau, deren Gesichtszüge durchaus von einer gewissen Härte (positiv ausgedrückt: Durchsetzungskraft) zeugen, war zu lesen: *»Sie schikanierte ihre Angestellten in niederträchtiger Weise. Viehische Brutalität spricht aus den Augen dieser Jüdin.«*

Ein weiteres Motiv bei der Darstellung jüdischer Frauen sind Frauen als Verführerinnen bzw. Prostituierte. Da im *»Stürmer«* grundsätzlich von der Anfälligkeit deutscher Frauen für *»Rassenschande«* ausgegangen wurde, nicht aber deutscher Männer, ist dieses Motiv jedoch eher selten. Hier kommen auch Fotos jüngerer Frauen zwischen 30 und 40 Jahren zum Einsatz. So – zu Beginn der vierziger Jahre, als die Einschränkungen der Kriegszeit für die Bevölkerung bereits spürbar waren – das Foto einer Frau, die vor einem wohlgedeckten Tisch sitzt, mit Hilfe dessen sie, wie aus der Bildunterschrift hervorgeht, Männer anzulocken gedenkt. Oder das Foto einer hellhaarigen Frau mit der Bildunterschrift *»Die erblondete Sara«*, auf dessen Hintergrund das Firmenschild eines Frauenarztes zu sehen ist, womit eine Geschlechtskrankheit angedeutet wird.

Bisweilen werden auch Fotos gezeigt, die auf die übliche Stereotypisierung völlig verzichten. So eine Zusammenstellung von Bildern, die jüngere Frauen mit blonden Haaren und hellen Augen zeigen: *»Wie notwendig die Kennzeichnung der Hebräer durch den Judenstern war, beweisen die obigen Bilder! Wer sieht diesen Weibern aus dem Generalgouvernement auf den ersten Blick an, daß sie Jüdinnen sind?«*

Dieser Widerspruch zu der sonst im *»Stürmer«* vertretenen Auffassung, jüdische Menschen seien bereits an äußeren Merkmalen zu erkennen, lässt sich dadurch erklären, dass es hier darauf ankam, das Tragen des seit 1941 vorgeschriebenen Judensterns propagandistisch plausibel zu machen. Solche Darstellungen bildeten jedoch die Ausnahme.

Die Fotos jüdischer Frauen zeichnen – zusammen mit den Bildunterschriften – im Wesentlichen also folgendes Bild: alt, hässlich und schmutzig, aber eitel, wenn jünger, dann sexuell aktiv/aggressiv, bösartig und klatschsüchtig, faul und arbeitsscheu, in dieser Variante

In der Nazipropaganda verbreitetes Bild der »Herrenrasse«

u. U. auch wohlhabend, wenn tätig, dann in »*unsoliden Berufen*«, kriminell oder dominant als Ausbeuterin oder »*Flintenweib*«. Bemerkenswert ist auch, dass jüdische Frauen so gut wie immer als allein stehend dargestellt werden, es kommen weder Mütter noch Ehefrauen vor. Dieses Bild ist das Gegenteil des von den »*deutschen*« Frauen geforderten Propagandaprofils: fleißig, gesund und sauber, aber nicht auf »Äußerlichkeiten« bedacht, fürsorgliche Mütter und treu sorgende Ehefrauen, bescheiden und zugleich tatkräftig im Dienst an der Familie und der Volksgemeinschaft. Dieser Gegensatz führt zu der These, dass im Bild der »Jüdin« eine Reihe der Stereotypen aufgenommen wurden, die den Typus der »Hexe« kennzeichnen.

Die Auswirkung der antisemitischen Propaganda

Die Auswirkung der bildlichen Darstellungen jüdischer Menschen im »*Stürmer*« ist schwer nachweisbar, nahezu unmöglich ist es, zwischen den Geschlechtern zu differenzieren. Die Zeitschrift existierte über zwanzig Jahre lang, wurde gelesen und betrachtet. Auch Menschen, die nicht unbedingt überzeugte Anhänger des Streicher'schen Gedankenguts waren, nahmen unwillkürlich die Bilder in den »*Stürmer*«-Kästen auf. Der »*Stürmer*« trug dazu bei, ein Klima zu schaffen, in dem der Großteil der nichtjüdischen Bevölkerung keinen nennenswerten Widerstand gegen die Entfernung der jüdischen Mitbürger aus dem gesellschaftlichen Leben verspürte und unternahm. In Bezug auf das Einflussgebiet Streichers äußerte Dr. Walter Berlin, Vorstand des »*Centralvereins deutscher Staatsbürger jüdischen Glaubens*« in Nürnberg:

> »*Im Bereiche Streichers sind wir Juden vielleicht mehr unseres Lebens sicher, als sonst wo im Reiche. Aber nirgendwo ist unsere seelische Bedrängnis und unsere Verfemung schlimmer und untragbarer als in Franken.*«[4]

Hinsichtlich der Leser schrieb Otto Rühl 1960:

> »*Man kann mit Sicherheit annehmen, daß ein großer Teil der Leserschaft den Wahrheitsgehalt der ›Stürmer‹ –Veröffentlichungen zumindest in Frage stellt. Allein die Tatsache, daß das berühmte ›Körnchen Zweifel‹ … übrigblieb, genügte, daß die Propaganda Streichers letztlich doch ihre Wirkung hatte. In Gesprächen mit ehemaligen ›Stürmer‹-Lesern ist dieser rudimentäre Antisemitismus noch heute zu erkennen.*«[5]

Obwohl Streicher keinerlei direkte Beteiligung an Mordtaten nachgewiesen wurde, verurteilte ihn der Internationale Gerichtshof in Nürnberg zum Tode. Er hatte seinen Antisemitismus und seine Drohungen bis zuletzt als »*Wissen und Aufklärung*« bezeichnet. In der Verurteilung Streichers brachte das Gericht somit die Anerkennung der Macht des Wortes und Bildes zum Ausdruck.

Anmerkungen

1 Grundlage des Beitrages sind folgende Quellen und Literatur: StAN »Der Stürmer« 1923–1945; Froschauer, Hermann/Geyer, Renate: Quellen des Hasses – Aus dem Archiv des »Stürmer«, Nürnberg 1988.
2 Rühl, Manfred: »Der Stürmer« und sein Herausgeber, Nürnberg 1960, S. 157.
3 Rühl, »Der Stürmer«, S. 156.
4 Zit. nach: Rühl, »Der Stürmer«, S. 72f.
5 Zit. nach: Rühl, »Der Stürmer«, S. 197.

Astrid Ley
»Babette A. ist unfruchtbar zu machen ...«
Frauen als Opfer des national-
sozialistischen Sterilisationsprogramms

Am 1. Januar 1934 trat das »*Gesetz zur Verhütung erbkranken Nachwuchses*« (GzVeN) in Kraft. Die Vorschrift legalisierte die zwangsweise operative Unfruchtbarmachung bei verschiedenen, als erblich
angesehenen Leiden. Auf der Basis dieses NS-Gesetzes wurden bis
1945 etwa 400.000 Menschen – in aller Regel gegen ihren Willen –
sterilisiert, knapp die Hälfte von ihnen waren Frauen.[1]

Als Indikationen zur Zwangssterilisation galten fünf psychiatri-
sche Krankheitsbilder, drei körperliche Behinderungen sowie »*schwerer Alkoholismus*«.[2] Über diese neun Diagnosen wurde eine Vielzahl
von Menschen zu Trägern »*minderwertiger*« Erbanlagen erklärt.
Gegen sie wurden »*Erbgesundheitsverfahren*« angestrengt, in denen ihre Persönlichkeitsrechte außer Kraft gesetzt wurden und ihre
»*Fortpflanzungswürdigkeit*« zur Verhandlung stand. Die Verfahren
folgten einem immer gleichen Muster.

Am Beginn ein »*Antrag auf Unfruchtbarmachung*«. Obwohl nach
dem GzVeN auch die Betroffenen »*berechtigt*« waren, sich freiwillig
zur Sterilisation zu melden, wurden solche Anträge fast ausschließlich durch Amtsärzte oder Leiter psychiatrischer Krankenanstalten
gestellt. Im Unterschied zu diesen Anstaltsleitern, deren gesetzliche
Antragspflicht auf die aktuellen Insassen der jeweiligen Einrichtung
beschränkt war, konnten Amtsärzte im Grunde jede und jeden zur
Unfruchtbarmachung vorschlagen. Ihre Sterilisationsanträge betrafen
Personen, die auf irgendeine Weise »*amtsbekannt*« geworden waren –
das Spektrum der Möglichkeiten, ungewollt in das Visier der nach »*Erbkranken*« fahndenden Medizinalbeamten zu geraten, erstreckte sich
von der Inanspruchnahme von Wohlfahrtsunterstützung bis zur Be-
stellung eines Aufgebots beim Standesamt. In einem kleinen Teil der
Fälle waren die Betroffenen sogar von ihren behandelnden Ärzten als
»*erbkrank*« bei den Gesundheitsämtern angezeigt worden.

Adressaten jener »*Anträge auf Unfruchtbarmachung*« waren so
genannte Erbgesundheitsgerichte (EG), die über diese Eingaben im
Rahmen von mündlichen Verhandlungen entschieden. Auch wenn

solche Verfahren mitunter mehrere Instanzen durchliefen, endeten
weitaus die meisten Erbgesundheitsverfahren damit, dass das Gericht
die Sterilisation der bzw. des Betroffenen anordnete. Kommunale oder
universitäre Krankenhäuser vollstreckten diese Gerichtsbeschlüsse
jeweils wenig später, bisweilen nachdem die Verurteilten polizeilich
in die Klinik eingeliefert worden waren.

Wie die kurze Schilderung des Verfahrensablaufs zeigt, spielten bei
der Durchführung des Sterilisationsgesetzes neben Krankenhäusern
und Gesundheitsämtern vor allem Erbgesundheitsgerichte eine bedeutende Rolle. Diese Gerichte, die vom GzVeN eingeführt worden
waren und ausschließlich »*Erbgesundheitssachen*« entschieden,
waren mit einem hauptberuflichen Amtsrichter als Vorsitzendem und
zwei Ärzten besetzt. Einer dieser Mediziner musste stets ein staatlicher Amtsarzt sein; als zweiter ärztlicher Beisitzer konnte dagegen
jeder Mediziner berufen werden, der über eine gültige Approbation
verfügte und »*mit der Erbgesundheitslehre besonders vertraut*« war.[3]
In Bayern war in der Regel für jeden Landgerichtsbezirk ein
Erbgesundheitsgericht zuständig. Das EG für das Gebiet des Landge-
richts Nürnberg-Fürth, zu dessen Sprengel die 14 Amtsgerichte Altdorf, Erlangen, Fürth, Hersbruck, Herzogenaurach, Hilpoltstein, Lauf/
Pegnitz, Markt Erlbach, Neumarkt/Oberpfalz, Neustadt/Aisch, Nürnberg, Roth bei Nürnberg, Schwabach und Windsheim gehörten, hatte
seine Geschäftsstelle im Erlanger Justizgebäude. Im Einzugsbereich
dieses als EG Erlangen bezeichneten Gerichts lebten fast 795.000
Menschen, was es zur zweitgrößten derartigen Behörde Bayerns machte. Zugehöriges Revisionsgericht war das EOG Nürnberg.[4]

Beim EG Erlangen wurden in den Jahren 1934 bis 1945 insgesamt
3.560 Erbgesundheitsverfahren gegen ebenso viele Personen geführt,
wobei in fast 78 % der Verfahren – zum Teil nach mehreren Instanzen – ein Sterilisationsbeschluss erging.[5] 1.733 der 3.560 Personen,
die als »*erbkrank*« angeklagt wurden – und damit 48,7 % –, waren
weiblich. Die jüngste Betroffene war gerade einmal elf Jahre alt, als
der Nürnberger Amtsarzt im Herbst 1934 ihre Unfruchtbarmachung
beantragte, die älteste, eine 56-jährige Mutter dreier erwachsener
Kinder, die bereits zwei Enkel hatte, wurde Anfang 1935 vom selben
Amtsarzt vor Gericht gebracht. Bei beiden hielt die Erlanger Kammer ein Erbleiden für gegeben und erkannte auf Sterilisation, so dass
Ende 1935 sowohl das mittlerweile 12-jährige Mädchen als auch die
zweifache Großmutter zwangsoperiert wurden. Die Verfahren gegen

diese beiden Nürnbergerinnen stellten jedoch Ausnahmen dar, denn die oben genannten 1.733 Sterilisationsanträge betrafen zu 98 % Frauen im Alter von 15 bis 45 Jahren, eine Altersspanne, die bei Frauen als reproduktionsfähiger Lebensabschnitt galt. Dass sich die Amtsärzte und Anstaltsleiter des hier betrachteten Gebiets bei Sterilisationsanträgen gegen Frauen fast vollständig auf die genannte Altersgruppe beschränkten, entsprach den Vorgaben des amtlichen Gesetzeskommentars, demzufolge eine Antragstellung dann unterbleiben sollte, wenn die eines Erbleidens verdächtige Person aufgrund ihres Alters *nicht als fortpflanzungsfähig anzusehen* sei, also *im allgemeinen* bei Kindern unter 15 Jahren und bei Erwachsenen *im hohen Alter*: *Bei Frauen wird dies in der Regel anzunehmen sein, wenn sie das 45. bis 50. Lebensjahr überschritten haben.*[6]

Diese Begrenzung der ärztlichen Antragspflicht auf die 15 bis 45-Jährigen ermöglicht es, die Anzahl der potentiell von dem Gesetz betroffenen Bewohnerinnen des untersuchten Gebiets genauer zu schätzen, um auf diese Weise einen Eindruck von dem Ausmaß der regionalen Erbgesundheitsgerichtsbarkeit zu vermitteln. Nach dem Ergebnis der Volkszählung von 1933 machten Frauen damals 51,4 % der Reichspopulation aus; 48 % der weiblichen Deutschen waren 15 bis 45 Jahre alt.[7] Unter der Voraussetzung, dass die Zahlenrelation von Männern und Frauen und der Altersaufbau der weiblichen Bevölkerung in der hier interessierenden Region weitgehend den Verhältnissen im gesamten Reich entsprach, waren von den fast 795.000 Bewohnern des Erlanger EG-Bezirks knapp 409.000 weiblich. Etwa 196.300 dieser Mädchen und Frauen (circa 48 %) dürften der Altersgruppe angehört haben, die der Gesetzeskommentar als fortpflanzungsfähig definierte. Stellt man diesen potentiell vom GzVeN betroffenen Einwohnerinnen die 1.733 Frauen gegenüber, gegen die tatsächlich ein Erbgesundheitsverfahren geführt wurde, so wird deutlich, dass im Bezirk des EG Erlangen schätzungsweise für jede 113. Frau im reproduktionsfähigen Alter ein Sterilisationsantrag gestellt wurde.

Über drei Viertel jener 1.733 Frauen – und zwar 1.330 – waren von Amtsärzten zur Unfruchtbarmachung vorgeschlagen worden.[8] 364 waren von Anstaltsleitern – in aller Regel von den ärztlichen Direktoren der örtlichen psychiatrischen Krankenhäuser – für *erbkrank* befunden und dem EG gemeldet worden. Nur 39 Frauen hingegen hatten den Antrag selbst gestellt; nicht alle dürften sich vollkommen freiwillig zu diesem Schritt entschlossen haben, denn Berichten in der damaligen medizinischen Fachpresse zufolge machten nicht wenige Amtsärzte den Versuch, die ihnen von dritter Seite als »*erbkrank*« Angezeigten zu einem solchen Selbstantrag zu überreden, bevor sie von ihrem eigenen Antragsrecht Gebrauch machten. Frauen wie die 29-jährige Handwerkergattin Babette A. aus dem Landkreis Fürth, die im Januar 1939 aus freien Stücken beim Erbgesundheitsgericht um ihre Unfruchtbarmachung bat, wurden von den Erlanger Richtern sogar mit Argwohn betrachtet, standen sie doch im Verdacht, das GzVeN zum Zwecke der Familienplanung »*mißbrauchen*« zu wollen. In solchen Fällen holte die Kammer für gewöhnlich verschiedene ärztliche Stellungnahmen darüber ein, ob die Antragstellerin »*tatsächlich an einer Erbkrankheit*« litt. Auch im Verfahren gegen die dreifache Mutter Babette A. zog das Gericht Erkundigungen bei verschiedenen behandelnden Ärzten ein. Darüber hinaus ordnete es eine stationäre Begutachtung in der psychiatrischen Universitätsklinik Erlangen an, wo Babette im Mai 1939 vierzehn Tage lang beobachtet wurde. Da sowohl der untersuchende Hochschulpsychiater als auch ein Teil der befragten freipraktizierenden Ärzte die Frau für »*erbkrank im Sinne des Gesetzes*« hielten, gaben die Richter Babettes Antrag am 22. Juni 1939 statt. Daraufhin wurde Babette A. in der Nürnberger Frauenklinik unfruchtbar gemacht.[9]

Die gleiche Entscheidung – nämlich einen Sterilisationsbeschluss – fällte das Erlanger EG in der großen Mehrzahl der hier betrachteten Verfahren. Von den 1.733 Frauen, die in den Jahren 1934 bis 1945 vor diesem Gericht standen, wurden 1.410 (81,4 %) in erster Instanz für »*erbkrank*« befunden und zur Unfruchtbarmachung verurteilt – im Unterschied zu Babette A. jedoch in aller Regel gegen ihren Willen. Nur 347 dieser Frauen (24,6 %) hatten den Mut, die EG-Entscheidung beim EOG anzufechten, 34 von ihnen gingen sogar mehrfach in Berufung, wenn – was nicht selten war – das Ergebnis der Revisionsverhandlung dem der Vorinstanz entsprach. 46 dieser insgesamt 347 Beschwerdeführerinnen erwirkten eine Aufhebung des gegen sie ergangenen Sterilisationsbeschlusses. Die anderen 301 wurden – wie auch die übrigen 1.063 erstinstanzlich Verurteilten – sterilisiert. Der geringe Anteil erfolgreicher Einsprüche – nur circa 13 % der Beschwerdeführerinnen setzten sich am Ende durch – zeugt von der Schwierigkeit, eine einmal beschlossene Sterilisation auf gerichtlichem Wege abzuwenden.

Dass weitaus die meisten Erbgesundheitsverfahren mit einem Sterilisationsbeschluss endeten – von den insgesamt 1.733 beim EG

Erlangen angeklagten Frauen wurden 1.364, also knapp 79 %, zur Unfruchtbarmachung verurteilt –, war vor allem eine Folge der gesetzlich festgeschriebenen Verfahrensstruktur. Denn bei Sterilisationsprozessen galten spezielle Rechtsgrundsätze, die dazu führten, dass die Rechtsprechung der Erbgesundheitsgerichte von vornherein tendenziös war. Wie die Analyse der Verfahrensrichtlinien ergab, entsprachen die Vorschriften für die EG-Verhandlungen weitgehend denen der freiwilligen Gerichtsbarkeit, einer zur Regelung nichtstreitiger Vormundschafts-, Nachlass- und Beurkundungssachen dienenden Zivilrechtspflege. Dieser Umstand reduzierte die Sterilisationsverfahren gleichsam auf einen Akt staatlicher Rechtspflege, der mit den Prinzipien des Zivil- und Strafprozessrechts nur wenig gemein hatte. Einer der zentralen Unterschiede war der so genannte Amtsbetrieb, der die Einflussmöglichkeiten der Betroffenen auf die Verhandlung extrem beschränkte. Da die Beweisaufnahme »*von Amts wegen*« erfolgte, lag die Entscheidung, welche Beweise erhoben wurden und damit Eingang in den späteren Beschluss fanden – als Beweise galten bei EG-Verfahren vor allem die Aussagen Dritter über den Gesundheitszustand sowie den Lebenswandel der Beklagten –, allein bei den Mitgliedern des Gerichts. Beweisanträge der Betroffenen zählten nur als Vorschläge für das Verfahren, weshalb die Stellung der Beklagten in der Verhandlung der eines Zeugen entsprach.[10] Diese rechtlose Position verhinderte, dass die Betroffenen in jenen Verfahren eine wirkliche Chance hatten. Im Grunde blieb ihnen nur eine Möglichkeit, den drohenden Sterilisationsbeschluss abzuwenden: Sie mussten den »*Beweis*« erbringen, dass sie nicht zur Zielgruppe des Sterilisationsprogramms gehörten.

Diese Zielgruppe war unter den Verfahrensbeteiligten jedoch keineswegs unumstritten. An der Umsetzung des GzVeN wirkten Vertreter verschiedener Professionen mit. Niedergelassene Ärzte, Standesbeamte, Angestellte von Wohlfahrtsämtern und Parteifunktionäre zeigten die Betroffenen beim Gesundheitsamt an, Sozialfürsorgerinnen und Polizeibeamte trugen Einzelheiten über deren Lebenswandel zusammen, Amtsärzte und Klinikpsychiater erstatteten Sterilisationsanträge und medizinische Gutachten, Richter fällten Urteile, Krankenhausärzte operierten. Trotz dieser intensiven Zusammenarbeit verfolgten die Vertreter der erwähnten Berufsgruppen sehr unterschiedliche Ziele. Während etwa die Mitarbeiter von Wohlfahrtsämtern in dem Gesetz ein Mittel zur Kostendämpfung im

Gesundheits- und Sozialbereich erblickten, mit dem sich gezielt die Fortpflanzung desjenigen Bevölkerungsteils verhindern ließ, der dem Staat Fürsorgekosten verursachte, betrachteten nicht wenige Ärzte die Vorschrift als einen Weg, für unheilbar gehaltene »*Erbleiden*« zu verhüten. Im Unterschied zu vielen Ärzten sah die kommunale Beamtenschaft daher weniger die Erkrankung einer Person als vielmehr deren Unterstützungsbedürftigkeit als zentrale Voraussetzung für die Sterilisation an. Da die hier beispielhaft genannten Professionen die Zielgruppe des GzVeN somit über unterschiedliche Merkmale definierten, konnten die Meinungen der Verfahrensbeteiligten, ob eine bestimmte Personen in das Sterilisationsprogramm einbezogen werden sollte, im Einzelfall stark auseinander gehen.[11]

Diese theoretischen Differenzen bei der Zielgruppendefinition bargen eine gewisse Chance für die angeklagten Frauen. Denn Betroffene, die einen der Verfahrensbeteiligten von ihrer »*Fortpflanzungswürdigkeit*« zu überzeugen vermochten, hatten die Möglichkeit, die Allianz der Gegenseite zu entzweien, was regelmäßig dazu führte, dass die Kammer kein Sterilisationsurteil fällte. Wegen ihrer schwachen Position im Erbgesundheitsverfahren waren die Betroffenen bei solchen Überzeugungsversuchen jedoch auf die Fürsprache Dritter angewiesen. Das sei zum Abschluss am Beispiel der 23-jährigen Liesl W., Tochter eines »*Erbhofbauern*« aus dem Bezirk Windsheim, illustriert, die von der unterschiedlichen Zielgruppendefinition der Verfahrensbeteiligten profitierte.

Liesls Unfruchtbarmachung war Ende 1937 vom Leiter der psychiatrischen Universitätsklinik Erlangen beantragt worden, wo sie damals für einige Wochen wegen einer akuten geistigen Störung in Behandlung gewesen war. Wie es in dem Antrag hieß, leide Liesl an Schizophrenie, einer Erkrankung, die nach dem GzVeN als »*Erbleiden*« galt. Diesem Antrag gab das EG Erlangen wenig später mit der Begründung statt, dass die fragliche Diagnose von einem einschlägigen Facharzt gestellt worden sei und daher »*zweifelsfrei*« feststehe. Gegen diesen Sterilisationsbeschluss legte Liesl mit ihrem Vater Einspruch ein. Dabei versicherte der Landwirt, er sei durchaus »*kein Gegner des Gesetzes, wenn es angewendet wird, wo sichs gehört, nämlich bei solchen Elementen, die dem Staat nur Kosten verursachen und sonst zu nichts taugen*«. Um zu untermauern, dass seine Tochter »*ein wertvolles Glied unseres Volkes*« sei, fügte er seiner Beschwerdeschrift eine Erklärung des Windsheimer Ortsbauernführers bei, in der Liesl als tüchtige Arbeitskraft und ihr Vater als treuer Parteigenosse geschildert wurde. Dennoch schloss sich auch das EOG zunächst der Meinung des Erlanger Klinikleiters an und erkannte erneut auf Sterilisation. Doch als auf das Betreiben des Vaters hin sogar der örtliche Parteiverband *»Bedenken«* gegen Liesls Unfruchtbarmachung anmeldete, begann einer der Richter zu zweifeln, ob deren Erkrankung *»tatsächlich als Schizophrenie aufzufassen«* sei. Aufgrund dieser Zweifel hob das Gericht den gegen Liesl W. verhängten Sterilisationsbeschluss in dritter Instanz wieder auf.[12]

Liesls Erfolg bei Gericht stellte allerdings eine Ausnahme dar, denn wie die hohe Verurteilungsrate zeigt, waren sich die verfahrensbeteiligten Berufsvertreter trotz grundsätzlicher Differenzen bei der Zielgruppendefinition in der Praxis zumeist von vornherein über die *»Fortpflanzungsunwürdigkeit«* der Betroffenen einig. Das lässt erkennen, dass sich die behördlichen und die ärztlichen Vorstellungen von *»Minderwertigkeit«* am Ende weitgehend deckten.

Anmerkungen

1 Vgl. Bock, Gisela: Zwangssterilisation im Nationalsozialismus. Studie zur Rassenpolitik und Frauenpolitik, Opladen 1986, S. 230–246.
2 § 1 des Gesetzes zur Verhütung erbkranken Nachwuchses vom 14.7.1933, abgedr. in: Gütt, Arthur/Ruttke, Falk/Rüdin, Ernst: Zur Verhütung erbkranken Nachwuchses. Gesetz und Erläuterungen, München (2) 1936, S. 73.
3 § 6 des GzVeN, ebd. S. 74.
4 Zu den Erbgesundheitsgerichten im Oberlandesgerichtsbezirk Nürnberg: Bayerisches Jahrbuch 1938, 49. Jg., München 1937, S. 333.
5 Die quantitativen Angaben zur Durchführung des GzVeN im Landgerichtsbezirk Nürnberg-Fürth basieren auf einer statistischen Auswertung der Registerbände des EG Erlangen 1934–1945 im Archiv des Oberlandesgerichts Nürnberg (OLG Nbg.).
6 Gütt/Ruttke/Rüdin, Zur Verhütung, S. 176, 180.
7 Statistisches Jahrbuch für das Deutsche Reich, 54. Jg., Berlin 1935, S. 11.
8 Eine Auflistung der Gesundheitsämter findet sich in: Bayerisches Jahrbuch, wie Anm. 4, S. 350.
9 OLG Nbg, Akten des EG Erlangen 63/39.
10 Gütt/Ruttke/Rüdin, Zur Verhütung, S. 219f., 227f.
11 Vgl. hierzu: Ley, Astrid: Nationalsozialistische Erbgesundheitspflege im Spannungsfeld gesellschaftlicher Interessen: Ideologische, ökonomische und medizinische Zielsetzungen bei der Zwangssterilisation, in: Horn, Sonia/Malina, Peter (Hg.): Medizin im Nationalsozialismus. Wege der Aufarbeitung, Wien 2002, S. 143–150.
12 OLG Nbg., Akten des EG Erlangen 593/37.

Gaby Franger
»Wir sind unschuldig wie der Herrgott ans Kreuz nach Auschwitz gekommen« Rosa Lehmann, Sintezza aus Mittelfranken

Rosa Lehmann, 1912 in Fürth geboren, lebt heute liebevoll umsorgt von der Familie ihres Sohnes in Nürnberg. Es ist Leben im Haus, die Enkeltöchter bringen ihre Schulfreundinnen und Nachbarsmädchen aus aller Welt mit, es wird gelacht und erzählt. Rosa Lehmann spricht gerne von ihrer Großfamilie, ihren Familientraditionen. Aber es gibt auch Erinnerungen, die sie sehr quälen, denn Rosa Lehmann ist Sintezza. Die groß eintätowierte Nummer 4592 auf dem schmalen Arm ist ein nicht verwindbares Mal. Rosa Lehmann wurde am 8. März 1943 mit ihrem Mann und zwei kleinen Kindern von Hersbruck nach Auschwitz deportiert. Johanna, »Niki« genannt, ihre dreijährige Tochter, und Adolf, »Wankele«, ihr achtjähriger Sohn, wurden dort umgebracht. Wankele war ihr ältestes Kind, drei weitere waren ihr in den schlechten Zeiten als Säuglinge gestorben. Die jüngste Tochter Niki war deshalb ihre große Freude gewesen.

Eine der überlieferten Familiengeschichten ist die der schönen blonden Adligen aus dem Schloss Burgfarrnbach, die sich in den Zigeunermusiker, der so wunderbar Cello spielte, verliebte. Sie gab ihren Namen »*für einen Laib Brot und ein paar Gulden*« auf und fuhr mit ihm durch die Lande. Rosa Lehmanns Ururgroßeltern stammen nachweislich aus Burgfarrnbach, von Vaterseite die »Höllenreiner«, von Mutterseite die »Delis«. Die Urgroßeltern väterlicherseits waren »*Zahnärzte*«, die mit den Pferden über Land zu den Bauern in die Dörfer ritten, »*haben einen Tee gekriegt und haben die Gebisse gerüstet, Zähne gerissen, davon haben sie gelebt*«. In alten Akten findet sich zu den Urgroßeltern Johann und Juliane Höllenreiner dann auch die Berufsbezeichnung: »*Gymnastikers- und Zahntechnikersehel[eute]*«[1].

Rosa erinnert sich an ihre Kindheit in Fürth, wo ihr Vater im Winter am Kanal arbeitete. Er hat für die großen Bierbrauereien »*Eis gehaun*«. Ihre Mutter flickte Schirme und machte »*was halt zu arbeiten war, denn es waren ja viele Kinderle da, 11 Kinder, die wollen ernährt sein*«.

Die Familie lebte in der Königstraße 7 im Hinterhaus, vorne war die Gaststätte Bauer. Nebenan wohnten Goldschläger, die ganze Familie bearbeitete die feinen Goldblättchen in Heimarbeit und sie als Kinder schauten durch das Fenster zu. Rosa erinnert sich auch gerne an ihre Schulzeit im »*Michelschulhaus*«. Als sie ungefähr 12 Jahre alt war, zog die Familie nach München. Dort arbeitete der Vater als Pferdehändler, die Mutter handelte mit Textilien und hatte »*überall Kundschaft*«.

Auch Rosa Lehmann wurde Händlerin, als ihre Mutter erkrankte und den Beruf nicht mehr ausüben konnte.

»*Da haben sie mich geprüft, ob ich lesen und schreiben kann, ich musste laut vorlesen und sie haben mich Verschiedenes gefragt. Ich habe immer prompt antworten können, und da haben sie gesagt, ›Setzen Sie sich einen Moment raus Fräulein Höllenreiner‹. Als Fräulein haben sie mich betitelt, die Herren vom Amt. Dann sagten sie, ›weil die Mama krank ist, wird Ihnen das Handelsgewerbe überstellt‹. Schöne Kundschaft habe*

Rosa mit ihrem Vater vor ihrem
Wohnwagen in München

ich mir gemacht. Ich konnte überallhin, wenn die Polizei kommt, muss ich ja einen Wandergewerbeschein haben, ich habe ja auch mein Steuerheft dabeigehabt. Also ich bin da nicht schwarzgegangen und mein Mann auch nicht.«

Ihren Mann Josef Lehmann lernte Rosa in Augsburg kennen. Er kam mit nach München, um sich ihren Eltern vorzustellen, was sie im Rückblick als eine sehr schöne Zeit empfindet.

»Da haben wir Fahrten gemacht von München nach Fulda zu seinen Leuten, hinten drauf ein Koffer auf dem Motorrad, eine 500er BMW haben wir gehabt. Wir haben uns ehrlich durch die Welt geschlagen. Er war eine Seele von Mensch. So gut war er. Für Frau und Kinder. Wenn er mal abends ausgegangen ist, mal zwei Stunden karteln, ist er nicht gekommen, ohne dass er eine Schokolade gebracht hat oder einen Krapfen. Er war der beste Mann auf der ganzen Welt.«

Die Familie ging nach Hersbruck, wo inzwischen auch Rosas Eltern und einige der Geschwister lebten. Rosa erwarb mit ihrem Mann

Rosa und ihr Mann in Motorrad-
kluft

ein Häuschen mit einem großen Grundstück und von dort aus gingen sie zu ihren Kunden.

»In der ganzen Umgebung waren wir bekannt. Wir waren beliebt in Hersbruck, auch bei den Behörden. Wir haben uns nichts zuschulden kommen lassen, keinen Streit oder Raufereien oder Stehlen oder so was Unverschämtes in den vielen Jahren.«

In den ersten Jahren des Nationalsozialismus kann sie sich auch eigentlich nicht daran erinnern, dass ihnen die Leute in Hersbruck negativ entgegengetreten wären. Rosa und ihr Mann haben dort geheiratet, *»kirchlich und standesamtlich«*, ihr Mann wurde wie alle anderen jungen Männer auch zum Militär eingezogen, der Sohn ging in die Schule. *»Da haben sie uns auch verschont mit allem Bösen. Müsst ich lügen. Mein Mann war doch auch Soldat, zweieinhalb Jahre.«*

Doch die Familie wurde wie fast alle Sinti von der Zentralen Zigeunerstelle erfasst, vermessen, einige der Familienmitglieder wurden zu »Zigeunern« erklärt, andere nicht.[2]

»Und weil mein Mann als Zigeuner gegolten hat, haben sie ihn als Soldat gleich ausgezogen und haben uns nach Auschwitz, nach Birkenau gebracht, das Zigeunerlager sozusagen, da sind nur die Zigeuner hingekommen. ... Und dann sind wir weggekommen von der Steingasse 10, mit dem Adolf und der Johanna, der Bub hieß noch Höllenreiner, weil der unehelich geboren ist, und die Johanna Lehmann.«

Rosas Eltern wurden nicht deportiert.

»Die Mutter hat die ganze Zeit in Hersbruck bleiben können, mein Vater ist doch als deutsch erklärt worden, er war dann sozusagen kein Zigeuner, aber die Mama war eine echte Zigeunerin. Sie waren verheiratet und da haben sie keinen Anspruch auf meine Mutter gehabt.«

Rosa, die immer ein rechtschaffenes Leben geführt hat, kann die Deportation bis heute nicht fassen:

»Von uns hat keiner eine Vorstrafe gehabt. Und nun Auschwitz. Die haben uns gestempelt, unglaublich. Der Bub, acht Jahre war er alt, mit der Schultasche haben sie ihn aus der Schule geholt und mein schönes Mädele war drei Jahre, die Verbrecher, die Mörder.«

Am 18. März 1943 traf die Familie in Auschwitz ein, Adolf wurde einen Monat später ermordet,[3] Johanna starb im darauf folgenden Jahr.[4]

»Wir sind unschuldig wie der Herrgott ans Kreuz nach Auschwitz gekommen, die Nummer auf dem Arm, die habe ich auch auf dem Kleid tragen müssen. Auf dem Sträflingskleid, wir hatten ja keine Unterhosen, keine Strümpfe, keine Schuh, keine Unterhosen, kein Hemmert, bloß das leinene Sträflingskleid, haben wir angekriegt. Eine Glatze, keine Haare, nix.«

Diese Erlebnisse lassen Rosa Lehmann bis heute nicht zur Ruhe kommen, immer wieder durchlebt sie das Schreckliche, wird davon in ihren Träumen verfolgt.

»Die schönen Kinder, unschuldig, das bleibt ewig da drinnen. Wenn ein Zug kam, haben sie die Kinder genommen zum Baden, die Haare haben sie ihnen abgeschnitten, in einen Sack getan, dann haben sie die Haare fortgefahren, säckeweise hast du die Haare gesehen. Die Kinder haben sie gleich rein, haben das fließende Gas runtergelassen. Haben die Kinder umgebracht, die Mörder. Jesus Christus, erhöre mich, so eine Schande, unschuldige Kinder. Sieben Öfen. Tag und Nacht ist die Schicht durchgegangen. Ich sehe noch zwei Mädle, ich weiß nicht, ob es jüdische Mädchen waren oder Zigeunerkinder, die haben gewunken, die vergesse ich mein Leben nicht. So lange schwarze Haare haben sie gehabt, so schön, und ich habe ih-

Rosa und Josef Lehmann mit ihren beiden Kindern
Johanna »Niki« * 15.5.1940 in Nürnberg, † 17.1.1944 in Auschwitz
Adolf »Wankele« * 26.12.1935 in München, † 23.4.1943 in Auschwitz

*nen gewunken und habe gedacht, sie bringen sie wirklich bloß
zum Baden. Tag und Nacht sieben Öfen. Und wir waren doch
bloß ein paar Öfen weg von denen. Das kann man niemandem
sagen. Wie hat er immer gesagt, mein Bub: ›Mama, ich will doch
heim auf unseren Diwan.‹ Wenn ein Kind seine Mutter nach
einem Stückchen Brot fragt und sie kann ihm keines geben ...
Freitags gab es immer eine Scheibe Wurst, Niki sagte eines
Morgens strahlend, heute ist Freitag, da bekomme ich zwei Wurst,
da hab ich ihr mein Stückchen gegeben. Das Schlimmste, was
es auf der Welt gibt, ist, wenn ein Kind sagt, ›Mama, Hunger‹,
und Du kannst ihm nichts geben. Das möchte ich nimmer mitmachen.«*

Josef Lehmann kam von Auschwitz nach Bergen-Belsen, Rosa nach
Ravensbrück und von dort aus nach Schlieben, ein Nebenlager von
Buchenwald.

Nur sporadisch erfuhren die beiden nun noch voneinander. Von
Josef Lehmann wird in der Familie eine Postkarte aufbewahrt, in der
er die Schwiegereltern um Nachricht über den Verbleib seiner Frau
bittet. Auch Rosa konnte manchmal Post empfangen und schreiben
lassen, was ihr großen Trost und ein bisschen Überlebensmut gab.

In Schlieben musste Rosa Lehmann nun in einem Rüstungsbe-
trieb für die Kriegsmaschinerie arbeiten.

*»Da mussten wir unter SS-Führung in den Hasag-Werken Pan-
zerfaust machen. Es waren nur Frauen bei uns. Wir haben bloß
eine Baracke gehabt, eine Decke, kein Bett, wo die Zigeuner
drin waren, bei uns waren ja auch Polinnen, Russinnen. Aber
unser Zaun war Stacheldraht, wo man nicht hinlangen durfte,
alles unter Strom.
Und da mussten wir alle früh um fünfe aufstehen, fertig machen, da hast so eine Brühe kriegt, einen Brocken Brot. Dann
ist es losgegangen an der Panzerfaust, auf die Maschine. Erst
hast du einen Vorarbeiter kriegt, einen deutschen Mann, der
dich angelernt hat. Zweimal oder höchstens dreimal hat er's
gesagt. Da waren welche, die es nicht richtig gemacht haben,
Russenmädle, Polenmädle. Die haben sie gleich hinten raus,
abgeknallt. Da hast du das Schießen gehört und du warst drinnen mit Hunger, Durst und Todesangst, dass du jetzt auch hin-
auskommst und kriegst einen Genickschuss. Wehe, wenn du
die Sache nicht richtig machst. Mit Leib und Seele hast du da*

überlegen müssen, dass das i-Tüpfele wirklich sitzt, dass alles richtig ist.

Die SS-Weiber mit den Reitstiefeln, die haben dir einen Schlag gegeben, dann bist du ohnmächtig geworden, solche Verbrecher sind's. Und da hast du den Jesus gebeten, er soll dir die Kraft und die Gnad geben, dass du das ja kannst.«

Im April 1945 sollten die Häftlinge in eine Sandgrube geschafft und umgebracht werden. Rosa Lehmann konnte fliehen.

»Da hab ich die Nummer vom Sträflingskleid runter, hab es eingegraben unter einer Hecke, und habe von einer Acker-scheuch die Hose und Jacke angezogen. Über die Wiesen und Felder bin ich rübergelaufen zu einem einzelnen Bauernhaus. Da war ein altes gutes Mutterle und – der Jesus ist allmächtig und gut – sie hat mir gleich einen Rock gegeben, eine Bluse, Schuh und Strümpfe. Dann hat sie noch ein Tüchle genom-men, so ein rotes getupftes Kopftuch, und da hat's mir geräu-cherten Speck und Brote rein und erst zu essen gegeben. Ich war die reichste Frau der Welt, der glücklichste Mensch. Und dann hab ich doch wieder gehen müssen.«

Mit Hilfe des kleinen Essensvorrats und der Kleidung schaffte es Rosa Lehmann weiterzukommen, sie schmuggelte sich in einen Bus nach Leipzig, dort schlug sie sich zum Bahnhof durch und erwischte ei-nen Zug in Richtung Süden.

»Zu Fuß, immer weiter, immer weiter. Da war ein Bus nach Leipzig. ›Wie komm ich in den Bus rein?‹ Jetzt hab ich ein Kopf-tuch genommen und reinzogen und wie die anderen rein sind in den Bus, hoppla war ich auch schon drinnen. Hab keinen Mucks gemacht.

In Leipzig war noch mal ein Lager, wären wir alle noch mal auf das Lager kommen. Ich bin aber wieder weggelaufen in einen Bahnhof. Da war ein Zug, ich rein in den Zug, Nürnberger Stre-cke. Wo der stehen geblieben ist, bin ich ausgestiegen und bin gelaufen bis nach Hersbruck.«

Die Flucht war gefährlich, trotz des Chaos auf den Straßen kurz vor Kriegsende musste Rosa Lehmann sich hüten, kontrolliert zu werden. Sie schlief in Scheunen und erbettelte sich Essen bei Bauern.

»Der Krieg war noch nicht ganz vorbei, die Kontrollen waren noch schlimm. Von der SS und Polizei bist du doch kontrolliert worden. Ich hab mich halt verstellt, hab so ein Backen gemacht

und hab mir ein altes Kopftuch rum, wie so ein altes Mutterle.
Dabei war ich doch jung. Freilich habe ich in Scheunen ge-
schlafen, Essen habe ich erbettelt bei den Bauern. Der Herrgott
hat mich geführt, der Jesus hat mich heimgebracht.«
Im Dorf vor Hersbruck traf sie auf den Milchmann, der sie von früher kannte und sie nun das letzte Stückchen bis nach Hause mit-
nahm.

»Beim letzten Dorf vor Hersbruck, unser Milchmann fährt da
jeden Tag um fünf nach Hersbruck und bringt die Milch in die
Molkerei, die großen Kannen vom ganzen Dorf. Bei dem habe
ich schlafen dürfen, er hat mir zu essen geben und dann hat er
mich in der Früh gebracht. Da habe ich meinen Bruder getrof-
fen in der Früh und habe gesagt, erschreck bloß meine Mama
nicht, weil ich Angst hatte, dass sie vor Schreck einen Herz-
schlag kriegt, weil meine Mama da schon älter war und so an
uns gehangen ist. Und da hat er sie vorbereitet, der Heiner, und
ich bin rauf.«
Viele ihrer Cousins waren in den Konzentrationslagern umgekom-
men, den Eltern waren zwei Urnen mit der Asche von umgebrachten
Söhnen geschickt worden. Andere Brüder, die *»deutsche Frauen«*
geheiratet hatten, überlebten, auch ein Bruder, der schwer verletzt
aus dem Krieg zurückgekommen war. Ein anderer Bruder hatte schwere Misshandlungen in Dachau überstanden.

»Meinem Bruder Karl haben sie Salzwasser gespritzt und ihn
nackt ausgestellt im Winter in Dachau. Vierzehn Tage lang ha-
ben sie ihm Salzwasser gegeben und den Mund zuklebt, was
der hat mitgemacht, da darf ich nicht dran denken. Der Dr.
Beiglböck hat meinen Bruder so gequält, der hatte dann eine
Klinik in Hamburg und jetzt ist er tot.«
Die erste Zeit nach der Rückkehr nach Hersbruck war nicht einfach.
Haus, Grundstück und die bescheidene Habe der Familie waren verloren. Und nicht alle Leute waren freundlich.

»Aber ich habe mir nichts zuschulden kommen lassen, ich habe
überall geholfen, wo ich hab arbeiten können, ich hab ja nichts
gestohlen, ich war ja schon bekannt, auch auf dem Rathaus.
Im Gegenteil, da sind die Wachtmeister dann zu mir kommen
in die Wohnung und haben uns besucht und haben uns Glück
und Segen gewünscht, wie wir gekommen sind.«

Rosas Mann überlebte wie sie die Konzentrationslager. Das Ehepaar bekam zu seinem großen Glück noch 1953 einen Sohn. Josef Lehmann starb 1972.

» Was da drinnen ist, das kann man niemandem sagen, das bleibt ewig, das geht nimmer raus. Manchmal übernimmt einen das, nachts, wenn man schlafen will, dann kommen die Stunden, unerträglich. Das wünschte ich nicht meinem Todfeind, nicht mal der SS-Bande, die mich so gemartert haben, nicht mal denen wünsche ich, was ich mitgemacht hab.

Es ist unglaublich, was ein Mensch mitmachen kann, mehr wie ein Stück Vieh. Wenn ich meinen Jesus nicht gehabt hätte, ohne Jesus, ohne meinen Glauben hätte ich's nicht ausgehalten.«

Anmerkungen

1 Dillmann, Alfred: Zigeunerbuch, herausgegeben zum amtlichen Gebrauche im Auftrage des K. B. Staatsministeriums des Innern vom Sicherheitsbureau der K. Polizeidirektion München, München 1905, S. 100.
2 Vgl. dazu: Lewy, Guenter: »Rückkehr nicht erwünscht«. Die Verfolgung der Zigeuner im Dritten Reich, München/Berlin 2001.
3 Gedenkbuch. Die Sinti und Roma im Konzentrationslager Auschwitz-Birkenau (Männer), Auschwitz 1992, S. 120f. Der Junge ist hier unter »Kellenreiner« Adolf (der Name wurde falsch übertragen) eingetragen mit der Nummer 4.094. Sein Todesdatum wird mit dem 23.4.1943 angegeben. Sein Vater Josef Lehman hatte die Nummer 4.093.
4 Gedenkbuch. Die Sinti und Roma (Frauen), S. 298.

Gaby Franger
»Es leben die guten wie die schlechten Zeiten mit uns, und beide haben uns geformt.«[1] – Dr. Julie Meyer

Als Julie Meyer 1967 vom Stadtarchiv Nürnberg gefragt wurde, wie sie dazu gekommen sei, ihre Dissertation über das Thema *»Die Entstehung des Patriziats in Nürnberg«* zu schreiben, antwortete sie, dass nicht die spezielle Zuneigung zu ihrer Geburtsstadt Nürnberg die Themenauswahl bestimmt hatte, sondern

> *ich wollte an einem historisch-soziologischen Problem arbeiten und war besonders an dem Entstehen einer Klasse interessiert. Ich studierte in der wirren Zeit nach dem 1. Weltkrieg. Damals war die Universität München wiederholt wegen politischen Unruhen oder Kohlennot geschlossen. Es war daher leichter für mich Nürnberger als Münchner Archive zu benützen.*

Gleichzeitig erinnerte sie sich an die vielen guten Arbeitsstunden im Stadtarchiv:

> *Ich wurde da reizend behandelt, Tisch und Stuhl wurden mir an ein Fenster gestellt, das auf den Burgberg ging. Wie schön sah es bei gutem Wetter aus, wenn der Fahnenschwinger auf dem Giebel des Fembohauses seine Fahne gegen den blauen Himmel wehen ließ. Wie spitzwegisch gemütlich sah es aus, wenn nebenan der gute Pfarrer Geier die Pflanzen in seinen Blumentöpfen auf dem Fenstersims begoss.*[2]

Die Spurensuche nach einer *»der bekanntesten Nürnberger Jüdinnen«*[3], die Analyse ihrer Arbeiten als Wissenschaftlerin und ihrer Positionen als linksliberale Politikerin, ihres Engagements in der Nürnberger Volkshochschule und in der Sozialen Frauenschule sowie ihrer Aktivitäten im *»Centralverein deutscher Staatsbürger jüdischen Glaubens«* und in der Beratungsstelle der *»Reichsvertretung der deutschen Juden«* in Nürnberg ist noch nicht abgeschlossen. Mit diesem Beitrag, der sich vor allem auf biographische Notizen aus Briefen und Beiträgen zu von ihr formulierten politischen Positionen zur Frauenfrage in ihrer Nürnberger Zeit während der Weimarer Republik bezieht, wird ein erster Schritt der Aufarbeitung ihrer Biographie gemacht.

Julie Meyer wurde 1897 in Nürnberg als Tochter des Bankiers Max Meyer, Mitbegründer der »*Adas Israel Gemeinde*«[4] geboren. Ihre Mutter, Sabine Meyer, war Mitglied im Verein des Israelitischen Mädchenstifts.[5] Sie stammte aus dem in München ansässigen »*Feuchtwangerklan, der meist orthodox war und dessen Mitglieder kulturell nicht nur Deutsche, sondern ausgesprochene Bajuwaren*«[6] waren.

Julie besuchte die städtische Höhere Mädchenschule in Nürnberg, später die ihr angegliederten »*Realen Gymnasialkurse*«, dort erhielt sie das Reifezeugnis.[7] Sie studierte ab dem Wintersemester 1917/18 in München, u. a. bei Max Weber, der noch kurz vor seinem Tod ihre Doktorarbeit akzeptiert hatte. 1921 wechselte sie an die Philosophische Fakultät der Erlanger Universität, um die Dissertation 1922 zu beenden. 1928 wurde die Arbeit in den »*Mitteilungen des Vereins für Geschichte der Stadt Nürnberg*« veröffentlicht.[8]

Ihre Studienzeit in München war geprägt vom Ende des Ersten Weltkriegs und den Wirren der Räterepublik, von den Aktivitäten in der Münchner Freien Studentenschaft und den Vorlesungszyklen und Diskussionen mit dem von ihr sehr verehrten Lehrer Max Weber.

»*Als ich im Herbst 1917 nach München kam, saßen in den Hörsälen Frauen und Kriegskrüppel. Die Studenten hungerten und froren in ihren Buden und in den schlecht geheizten Hörsälen und Bibliotheken ... und es hungerte und fror die Stadt. ... Ich trat damals der Münchner Freien Studentenschaft bei, einer Organisation, die im Gegensatz zu den Verbindungen Lernen und Wissen als den Mittelpunkt des Studentenseins betrachtete und darüber hinaus die Kluft zwischen reiner Wissenschaft und den politischen und sozialen Strömungen der Zeit zu überbrücken suchte. Meinen Freunden und mir schienen in dieser Kriegszeit Farbentragen und Säbelfechten unsinniger denn je und die jüdischen Verbindungen genauso unzeitgemäß und reaktionär wie die anderen. ... Kurz nachdem ich in München war, trat Amerika in den Krieg ein und nun wussten wir, dass er verloren war. Und trotzdem studierten wir weiter, diskutierten in unseren Buden Politik, Literatur, Philosophie und Kunst und tranken dazu Erdbeerblättertee und aßen klebriges Kriegsbrot mit Gelberübenmarmelade.*«[9]

Julie Meyer, die radikal-liberale Politikerin

Acht Frauen waren 1921 im Nürnberger Vorstand der Deutschen Demokratischen Partei (DDP), den ersten Vorsitz hatte Käthe Günther.[10] 1927 befanden sich unter den acht führenden Persönlichkeiten der Partei drei Frauen, darunter Julie Meyer.[11]

Der *»Bayerische Landesverband deutsch-demokratischer Jugendvereinigungen«*, von Julie Meyer mitgegründet, hatte in Nürnberg seinen Sitz.[12] Sein Sprachrohr *»Das Echo der Jungen Demokratie«* bezeichnete sie gerne als *»ihr Kind«*[13]. Zusammen mit ihrem wichtigsten Mitstreiter in Bayern, Otto Stündt[14], setzte sie sich für die Weimarer Republik und gegen Militarismus und Antisemitismus ein.

Das *»Echo«* war ein wichtiges Forum für demokratische Diskussion und gegen die nationalsozialistische Bewegung in der Republik gerichtet. Hier kommentierte sie aktuelle politische Ereignisse und formulierte ihr Verständnis der Aufgaben der liberalen Partei. Der deutschnationalen Entwicklung in der DDP trat Julie Meyer schon früh vehement entgegen, was schließlich auch zum Bruch führte. Julie Meyer und Otto Stündt schlossen sich 1930 der Radikal-Demokratischen Partei an.[15]

Energisch bekämpfte Julie Meyer die Frustration, die innerhalb der linken Parteien über das Wahlverhalten der Frauen herrschte. Man hatte erwartet, dass sich das Engagement für das Frauenwahl-

Centralverein deutscher Staatsbürger
jüdischen Glaubens
Ortsgruppe Nürnberg.

Am Dienstag, den 15. Mai
abends 8 Uhr
spricht im Gemeindehaus

die Landtagskandidatin
Fräulein

Dr. Julie Meyer.

Alle weiblichen Angehörigen der Kultusgemeinden Nürnberg und Fürth sind herzlich willkommen.

J. A.:
Else Dormitzer.

Wahlwerbung für Julie Meyer, 1928,
Nürnberg-Fürther Isr. Gemeindeblatt

recht in den Wahlstimmen der Frauen niederschlage. Die Frauen zeigten jedoch kaum ein anderes Wahlverhalten als die Männer, denn

»es gibt wohl gemeinsame Fraueninteressen, aber keine gemeinsame Weltanschauung und damit Politik der Frauen …
Die Linke ist heute, da die Frau das Wahlrecht hat, ohne Zweifel enttäuscht. Das Frauenwahlrecht ist ihr parteipolitisch nicht zugute gekommen. Das wollen wir Frauen selbst, die wir den Parteien der deutschen Linken angehören, nicht leugnen, wenn wir es auch in das Reich der Märchen verweisen müssen, daß die Frauen im allgemeinen weiter rechts stünden als die Männer. Das Verhältnis ist hier ungefähr das gleiche, denn in Deutschland bestimmt heute noch die Klasse- oder Standeszugehörigkeit am meisten die politische Einstellung. Am Frauenwahlrecht aber ist heute nicht mehr zu rütteln. Eine Schicht, die sich einmal zu gleichberechtigtem Bürgertum emanzipiert hat, wird niemals in den alten Zustand zurückgestoßen werden können.«[16]

Julie Meyer prangerte die Entwicklung, Frauen auch in den linken Parteien immer weniger Funktionen zu übertragen und sie nicht mehr als Kandidatinnen aufzustellen, als für die Demokratie außerordentlich gefährlich an.

»Es gibt nichts langweiligeres, als wenn in einer Versammlung drei Männer hintereinander reden. Erfahrungsgemäß kann man sagen, daß das Publikum immer aufwacht, wenn sich in Männerstimmen hinein eine Frauenstimme erhebt. (Schon wegen der Rarität, sagte mir mal einer). Auch trauen sich unpolitische Frauen viel eher in eine politische Versammlung, wenn auch eine Frau mit auf dem Plakat steht und sie nicht Angst haben müssen, wie ein Fremdkörper im ›Männerqualm‹ zu sitzen. Gemischte Versammlungen sind wohl die beste Möglichkeit, für die Eingliederung der Frauen in die Parteien und für ihren Einfluß in den Parlamenten zu sorgen. Die zweite Möglichkeit liegt in der Aufteilung des Arbeitsgebiets. Noch heute werden im allgemeinen den Frauen die Frauen- und sozialen Fragen überwiesen. Das ist schon sachlich ein Fehler, denn politische Fragen, auch soweit sie Frauen angehen und besonders, wo es sich um soziale handelt, sind eine allgemein staatsbürgerliche Angelegenheit und müssen demokratisch von Männern und Frauen gemeinsam durchgearbeitet und durchgefochten

Julie Meyer als Rednerin, ca. 1923

werden. Sonst werden sie zu Interessenforderungen herabgewür-
digt. Andererseits werden die Frauen niemals zur vollen politi-
schen Gleichwertigkeit kommen, wenn sie nicht an allen
politischen Fragen mitarbeiten. Sie müssen endlich aus ihrem
Nebenstübchen heraus in den großen Saal der Politik geholt
werden. Es wäre der schönste Erfolg, wenn die Parteien endlich
ihre Frauengruppen auflösen könnten und zu einem einzelli-
gen Körper des staatsbürgerlichen Menschen würden. Man soll
nicht immer über dem Geschlecht den Menschen schlechthin
vergessen.«[17]

Die Zeit bis zur Emigration

1933 gründeten die jüdischen Körperschaften die »*Reichsvertretung*
der deutschen Juden«. In enger Zusammenarbeit mit der Berliner
Zentralstelle übernahm Julie Meyer die Beratungsstelle in Nürnberg
und damit überlebenswichtige Aufgaben für die Mitglieder der jüdischen Gemeinde. Sie führte juristische Beratungen durch, so über
Verhalten bei Vernehmungen, Entlassungen aus dem KZ, drohenden oder erfolgten Berufsverlusten und Einschränkungen, Umsied-
lungen aus Orten, die »*judenfrei*« gemacht wurden, zur Umschulung,

Auswanderung, in Pass- und Visaangelegenheiten, zur Vorsorge für die in Deutschland bleibenden Vermögenswerte. Sie kümmerte sich vor allem auch um die seelische Betreuung der jüdischen Bevölkerung.[18] Sie war damit aufs Äußerste gefährdet, denn sie galt als »*Gegnerin der deutschen Volkseinigung, der Nationalsozialistischen Bewegung und der von ihr erstrebten Ziele*« und als

> »*eine[s] jener Elemente, die unter dem Deckmantel demokratischer Phrasen und pazifistischer Redereien die internationalen jüdischen Ziele unterstützte*«.[19]

Dr. Hans Reichmann[20] berichtete über ihre Tätigkeit:

> »*Es darf nicht vergessen werden, daß diese Beratungs- und Hilfsarbeit in der Stadt und in dem Gau Julius Streichers erfolgte, wo Juden noch schutzloser waren als anderwärts. Die Aufrechterhaltung einer juristischen und wirtschaftlichen Beratungsstelle in Nürnberg und Franken war eine Tat, die höchsten Mut erforderte, weil Frau Dr. Julie Meyer-Frank gegen das Betätigungsverbot der Geheimen Staatspolizei verstieß und bei jedem Schritt in der Stadt des ›Stürmers‹ noch stärker gefährdet war als die Frauen und Männer, die in den juristisch-wirtschaftlichen Beratungsstellen im übrigen Reich tätig waren. Die Duldung durch den örtlichen Polizeipräsidenten war bei den im nationalsozialistischen Deutschland üblichen Spannungen zwischen Partei und Staat (Streicher – Polizeipräsident) keine absolute Sicherung gegen ein Einschreiten und schwerste politische Folgen.*«[21]

Im Exil

Am 9.7.1937 gelang ihr die Ausreise in die USA. Die erste Zeit muss sehr hart gewesen sein, wie eine überlieferte Karte aus dem Jahr 1939 an Thomas Dehler zeigt.

> »*Von mir gibt es nichts Erfreuliches zu berichten. Ich versuche sehr, beruflich etwas zu finden, leider hat bis jetzt noch nichts geklappt. Du weißt ja selbst wie das ist, wenn man für sich werben soll und dazu in einer fremden Sprache, die man in dem Augenblick weniger oder kaum beherrscht ... meine Aussichten sind nicht sehr groß, trotzdem werde ich alles tun was ich kann ... Ich habe oft so entsetzliche Depressionen, daß es manchmal nicht mehr zu ertragen ist ... Da Du mein einziger*

wirklicher Freund bist, kriegst Du einen Kummerbrief, ich wollte ich könnte Glückliches schreiben ...«[22]

Die Suche nach Existenzmöglichkeiten war immer auch überschattet von den Ereignissen in Deutschland, wie sie in ihren ersten Briefen nach dem Krieg an die Freunde schrieb.

»Kurz nachdem ich hier war, kam das Pogrom in Deutschland. Ich war gerade dabei zu einem Vortrag nach einer kleinen Stadt in Pennsylvania zu fahren, als der Radio als erstes herausplärrte, dass in Nürnberg alle Juden ermordet seien. Ich glaubte die Nachricht in diesem Umfange nicht, aber meine Mutter und so viele Freunde waren noch dort. Ich beschloss abzufahren, da, wenn man noch irgendwem helfen konnte, man jeden Pfennig Geld brauchte und bat eine Freundin, eine nicht-jüdische Amerikanerin, mir ein Telegramm nachzutelefonieren. Als ich ankam, war die Nachricht von den Vorgängen überall in Deutschland schon da. Ich hielt meine Rede und nachher noch eine zweite in einer Versammlung für die Community Chast (Hilfswerk der Stadt), da deren Veranstalter, alle Wohltätigkeitsorganisationen dort, Rotes Kreuz, Kirchliche usw., sofort beschlossen, einen Teil der Sammlung für deutsche Juden zu geben. Ich stand gerade da, Beträge mit in Empfang zu nehmen, als mir das Telegramm meiner Mutter übermittelt wurde, dass sie am Leben sei. Ich werde nie vergessen, wie diese Menschen in einer kleinen amerikanischen Stadt, die gar keine Beziehungen zu deutschen Juden hatten, und von denen viele deutscher Abstammung waren, da Geld gaben. Als ich tief in der Nacht zurückkam, stand meine Freundin bereits an der Bahn mit einem Affidavit für Mutter ... Dann war die Quote geschlossen und es begann die Jagd nach Visen für Lateinamerikanische Länder. Es kamen die verhängnisvollen Briefe von Leuten, die nicht abreisen wollten, bevor sie ihre Vermögensverhältnisse ›geordnet‹, von solchen die dableiben wollten, weil sie eine Pension hatten. Wie sehr waren die jüdischen Beamten deutsche Beamte. Der Krieg kam uns Europäern hier auch uns Pazifisten wie eine Befreiung. Wir wussten, dass alles besser war als der einseitige Krieg gegen Hilflose. Dann kamen die Deportierungen. Wir konnten zunächst nicht an den planmässigen Massenmord glauben, meinten, dass man dazu mehr Täter bräuchte als die Nazis finden könnten, glaubten, dass wenigstens die jungen

Menschen am Leben bleiben würden, da wir von dem Arbeiter-
mangel in Deutschland wussten. Dann fiel Frankreich. Es war
wie an dem Tage, als Hitler an die Macht kam. Es schien das
Ende Europas, das wir so geliebt ... Unsere Freunde kamen hier
mit kleinen Handköfferchen an, die Frauen in diesen kalten
Tagen mit leichten Sommerkleidern. Unter ihnen waren Her-
mann Kesten und Konrad Heiden. Damals war es gut, dass wir
alle soviel Kleider und Wäsche aus Deutschland mitgebracht
hatten und ausräumen konnten ... Es gab Zeiten, in denen wir
glaubten, dass nicht ein Jude in Europa mehr am Leben sei und
nach dem 20. Juli fürchteten wir für das Leben aller unserer
Freunde in Deutschland.«[23]

Julie Meyer konnte sich mit der Zeit an der renommierten »*Univer-*
sität im Exil«[24] an der »*New School for Social Research*« eine Karriere aufbauen. Sie begann als Hilfskraft für die emigrierte Professorin
Frieda Wunderlich[25] und erarbeitete sich mit ihren Beiträgen zur
Forschung und Lehre die Stellung einer Professorin.

»Ich unterrichte seit Jahren an der New School for Social
Research – auch University in Exile genannt –, Labor, was sich
ungefähr mit dem deckt, was wir einmal Sozialpolitik nann-
ten. Vorigen Monat bin ich Ass. Professor geworden. Die Be-
zahlung ist gering, aber die Arbeit ist sehr befriedigend. Ich habe
grosse Freude an unseren Studenten und manche sind meine
Freunde geworden.«[26]

»Ich habe länger gebraucht als die meisten anderen, um beruf-
lich Wurzeln zu fassen, habe sie aber nun in einem vertrauten
Boden, mein Einkommen ist immer noch sehr klein, aber die
Arbeit ist nicht nur eine Existenzgrundlage, sondern im wah-
ren Sinn des Wortes Beruf ein gutes Stück Lebensinhalt. Wahr-
scheinlich weiss ich heute über amerikanische Arbeiterfragen
mehr, als ich je über deutsche gewusst habe und auf diesem
Gebiet könnt Ihr nun Fragen an mich losschiessen. Daneben
habe ich mich viel mit Rasse- und Nationalitätenfragen beschäf-
tigt, auch darüber geschrieben, ein unerquickliches Gebiet, das
ich mir nicht herausgesucht habe, aber auf das unsereins of-
fensichtlich immer fällt.

... In der Fakultät stehe ich am besten mit Frieda Wunderlich,
die froh ist, nun dort nicht mehr die einzige Frau zu sein. Sie
war früher preussische demokratische Abgeordnete und wir

beide sind unter den Deutschen die einzigen, die nicht aus der Sozialdemokratie kommen.«[27]

Julie Meyer, die 1947 den Nürnberger Dr. Julius Frank heiratete, entschied sich in New York zu bleiben, wo sie Wurzeln gefasst hatte:

»Ja, dann gefällt mir noch, dass New York so eine wirklich internationale Stadt ist. Hier in meiner Gegend, die wie eine Kleinstadt ist, und wo jeder jeden kennt (das ist New York und seine »neighborhoods«) kaufe ich das Gemüse bei einem Italiener, den Fisch bei einem Griechen, die Kolonialwaren bei russischem Laden, zum Richten und Reinigen der Kleider gehe ich zu einer Armenierin, das Fleisch bei einem jüdischen Metzger aus Ladenburg in Baden, die Wäsche gebe ich zu einem Chinesen und den Kuchen gibt es natürlich bei einem österreichischen Konditor, der mich mit ›Küss die Hand gnä Frau‹ begrüsst.«[28]

Am schlimmsten traf sie der Sinneswandel ihres politischen Weggefährten der 20er Jahre, Otto Stündt, der in die NSDAP eingetreten war und dem sie in einem Brief, der ihr sehr schwer fiel, den notwendigen Abbruch ihrer Beziehungen begründete.

»... Ich gehöre nicht zu denen, die glauben Richter sein zu können, ich verstehe es, dass Menschen ohne von Grund aus schlecht zu sein, aus mangelndem Heroismus der Nazipartei beigetreten sind; aber auch bei denen glaube ich nicht, dass sie erwarten können, die alte Freundschaft mit jenen zu haben, deren nächste Angehörige und Freunde hingemordet wurden, während sie in der Uniform des Systems herumliefen, das dieses Verbrechen begangen hat. Was mich aber wirklich zu dem Schweigen brachte und völligem Unverständnis für Eure Klagen über Eure jetzige Lage, ist die schreckliche Tatsache, dass Du, Otto, Gedichte an Hitler geschrieben hast. ... Dazu hatte Dich kein Mensch gezwungen, und um das nicht zu tun, war kein besonderer Heldenmut nötig. Es haben unsere Freunde mit Dir gesprochen und Ihr wart nicht allein, um nicht durchhalten zu können wie die anderen. Irgendwie verliert damit auch die lange gemeinsame Arbeit früherer Jahre, die zu den besten Erinnerungen meines Lebens gehörte, ihren inneren Wert. War das Mitläufertum oder Überzeugung, muss ich mich heute bitter fragen ...«[29]

Diese Enttäuschung trug stark dazu bei, dass Julie Meyer sich trotz guter Freunde fremd fühlte in der alten Heimat. Bei ihrem Besuch in

Nürnberg 1955 traf sie sich mit ihrer alten Freundin und Weggefährtin ihrer Jahre an der Volkshochschule, Anna Steuerwald-Landmann[30], hielt Vorträge, machte Urlaub in den Bergen, aber

> *»den Eindruck, den ich schon in Nürnberg hatte, nämlich der Zugehörigkeit und der vollen Zugehörigkeit zur Landschaft und der Fremdheit zu den Menschen bei gleichzeitiger großer Nähe zu ein paar Freunden, hat sich nun durch den Aufenthalt in den Bergen noch verstärkt«.*[31]

Julie Meyer starb im August 1970. Anna Steuerwald-Landmann beschrieb in einem Nachruf ihre Freundin mit liebevollen und treffenden Worten:

> *»Julie Meyer konnte in den ›goldenen‹ 20er Jahren unseres Jahrhunderts über die Grenzen ihrer engeren Heimat hinaus wirken als profilierte Vertreterin ihrer Weltanschauung, die wohl am besten gekennzeichnet wird durch den Namen des Verbandes, dem sie leitend angehörte: Centralverband deutscher Staatsbürger jüdischen Glaubens. Sie war gleichzeitig führende Frau der Demokraten in Bayern und Helferin in vielen Sparten der jüdischen wie der allgemeinen Kultur- und Sozialarbeit.*
>
> *Als ihre Wirksamkeit in all diesen Bereichen jäh unterbrochen wurde, arbeitete sie als Leiterin der jüdischen Beratungsstelle, bis zu ihrer Fortwanderung nach den USA. Nur wer es miterlebte, kann ermessen, welches Maß an Mut und Kraft solche Arbeit damals erforderte: Bedrohungen, Vernehmungen, Haussuchungen usw. waren an der Tagesordnung.*
>
> *In New York stellte sich Julie Meyer sofort wieder in den Dienst der Sozialarbeit, kam nach langem Mühen wieder zu Anerkennung und entsprechender Stellung in ihrem Beruf. ... Immer ging es ihr um den Menschen und um Kontakt zu ihm.«*[32]

Anmerkungen

1 StAN F 14, Nr. 4, Brief an das Stadtarchiv Nürnberg vom 5.10.1965.
2 Ebd.
3 Rosenberg, Leibl: Spuren und Fragmente. Jüdische Bücher, Jüdische Schicksale in Nürnberg, Nürnberg 2000, S. 65.
4 »Adas Israel (Gemeinde Israels) – Israelitische Religionsgesellschaft e. V.« wurde 1875 von 32 orthodoxen Familien gegründet. Sie waren die Träger der Synagoge in der Essenweinstraße 7 (Rosenberg, Spuren, S. 169).
5 StAN C7/V 5939, Mitgliederliste der Jahresberichte des Mädchenstifts.
6 Meyer-Frank, Julie: Erinnerungen an meine Studienzeit, in: Lamm, Hans (Hg.): Von Juden in München. Ein Gedenkbuch, München 1958, S. 158–162, hier S. 158.

7   UAE C4/3c Nr. 17.
8   Dr. Julie Meyer: Die Entstehung des Patriziats in Nürnberg, Nürnberg 1928.
9   Meyer-Frank, Erinnerungen, S. 158.
10 Zu den Aktivitäten der Frauen bei den Liberalen vgl. Schaser, Angelika: Bürgerliche Frauen auf dem Weg in die linksliberalen Parteien (1908–1933), in: HZ 263, 1996, S. 641–680.
11 Müller, Petrus: Der politische Liberalismus in Nürnberg 1918-1945. Struktur, Stärke, Programmatik, Persönlichkeiten und politisches Verhalten, in: MVGN 78, 1991, S. 231–263, hier S. 234.
12 Vgl. dazu Müller, Der politische Liberalismus, S. 231.
13 BA NL 72, Nr. 126, Brief an Erkelenz vom 7.11.1924.
14 Müller, Petrus: Ott Stündt (1894–1970). Politiker, Schriftsteller und bewußter Christ im 20. Jahrhundert, in: Liberal 4, 1990, S. 103–115.
15 Die linksliberale DDP wurde 1918 gegründet. 1930 gründete der linke Parteiflügel die Radikaldemokratische Partei.
16 Meyer, Julie: Die dritte Frauengeneration in der deutschen Politik, in: Lion, Hilde/ Rathgen, Irmgard/Ulig-Beil, Else (Hg.): Für Gertrud Bäumer. Die dritte Generation, Berlin 1923, S. 40–46, hier S. 43.
17 Meyer, Julie: Die gefährdete Frauenstellung in der Republik, in: Echo 1, 1928, S. 2–4.
18 Müller, Arnd: Geschichte der Juden in Nürnberg, 1146–1945, Nürnberg 1968, S. 226.
19 PAAA, R100014.
20 Hans Reichmann war lange führend im »Centralverein deutscher Staatsbürger jüdischen Glaubens«, nach dem Krieg Direktor der »United Restitution Organisation«.
21 Müller, Geschichte, S. 226.
22 Archiv des Deutschen Liberalismus, Nachlass: Thomas Dehler, aus: N 53–227, 19.7.1939.
23 Nachlass Hanneliese Stündt, Rundbrief 8.8.1946. Für die Überlassung danke ich Dr. Petrus Müller.
24 Vgl. Krohn, Claus Dieter: Vereinigte Staaten von Amerika, in: Krohn, Claus-Dieter/ von zur Mühlen, Patrik/Paul, Gerhard/Winckler, Lutz (Hg.): Handbuch der deutschsprachigen Emigration 1933–1945, Darmstadt 1998, S. 446–466, hier S. 458.
25 Wobbe, Theresa: Frieda Wunderlich (1884–1965). Weimarer Sozialreform und die New Yorker Universität im Exil, in: Honegger, Claudia/Wobbe, Theresa (Hg.): Frauen in der Soziologie (Hg.): München 1998, S. 203–225.
26 Nachlass Hanneliese Stündt, Brief vom 5.4.1946.
27 Nachlass Hanneliese Stündt, Rundbrief 8.8.1946.
28 Ebd.
29 Nachlass Hanneliese Stündt, Brief vom 13.10.1947.
30 Franger, Gaby: Anna Steuerwald-Landmann (1892–1980). Eine Nürnbergerin des 20. Jahrhunderts, in: Bennewitz, Nadja/Franger, Gaby (Hg.): Am Anfang war Sigena. Ein Nürnberger Frauengeschichtsbuch, Cadolzburg 1999, S. 268–279.
31 Brief an Anna Steuerwald Landmann vom 25.7.55, überlassen v. Fam. Steuerwald.
32 Manuskript Anna Steuerwald-Landmann, überlassen von Fam. Steuerwald.

Frauenorte
»Jede Schneegans nennt sich Frau Doktor, weil der Mann es ist.«
Bertha-Kipfmüller-Straße in Pappenheim

In Pappenheim erinnert die Dr. Dr.-Bertha-Kipfmüller-Straße an eine Persönlichkeit, die von Zeitgenossinnen den Titel »*Frauenrechtlerin des Frankenlandes*« erhalten hatte.

Bertha Kipfmüller wurde am 28.2.1861 in Pappenheim geboren. Nach der Schule besuchte sie die königliche Kreislehrerinnenbildungsanstalt in München und unterrichtete zunächst in Eysölden bei Thalmässing, später in Schoppershof bei Nürnberg – als eine der ersten Lehrerinnen Mittelfrankens. 1886 gründete sie den »*Mittelfränkischen Lehrerinnenverein*«, an dessen Spitze sie 28 Jahre lang für eine Besserstellung der Lehrerinnen kämpfte. Während sie als

Dr. Dr. Bertha Kipfmüller

Lehrerin tätig war, bereitete sie sich auf das Abitur vor und studierte ab 1896 an der Philosophischen Fakultät der Universität Heidelberg. (In Bayern waren Frauen erst ab 1903 zum Studium zugelassen.) 1899 promovierte sie in den Fächern Germanistik, Sanskrit und vergleichende Sprachwissenschaften. Sie legte Wert darauf mit »*Fräulein Doktor*« angesprochen zu werden, da »*jede Schneegans ... sich in Bayern immer noch Frau Doktor [nennt], weil der Mann es ist*«. Von 1899 bis 1926 unterrichtete sie 27 Jahre lang in Nürnberg an der Höheren Mädchenschule am Frauentorgraben.

Ihr Leben lang setzte sie sich in Verbands- und Vereinsarbeit für die Rechte von Frauen und die Erweiterung ihrer Bildungschancen ein und plädierte vor allem für die Einrichtung von Mädchengymnasien. Sie engagierte sich als Mitbegründerin des »*Bayerischen Lehrerinnenverbandes*« und des »*Allgemeinen Deutschen Lehrerinnenvereins*« sowie in der Frauenbewegung u. a. als Mitinitiatorin und langjährige Kassiererin des Nürnberger Vereins »*Frauenwohl*«. Im Ruhestand begann sie nochmals ein Studium und promovierte mit 68 Jahren an der Juristischen Fakultät der Universität Erlangen mit dem Thema: »*Die Frau im Rechte der Freien Reichsstadt Nürnberg.*« In hohem Alter zog Kipfmüller wieder in ihr Geburtshaus nach Pappenheim und fand dort die Muße, sich mit Religionsphilosophie, Russisch und Sinologie zu beschäftigen. Sie starb am 3.3.1948 im Alter von 87 Jahren.

Jutta Beyer

Informationen:

Pappenheim liegt südlich von Weißenburg. 1946 wurde die Straße »Zum Weinberg« in »**Dr.Dr.-Bertha-Kipfmüller-Straße**« umbenannt.

Das Wohnhaus der Fürther Stadträtin Dr. Elisabeth Hölzl

Elisabeth (Else) Dannheisser wurde 1891 als Kaufmannstochter in Landau geboren, zog 1900 mit ihren Eltern nach München, bestand 1911 ihre Reifeprüfung am Königlichen Maximiliansgymnasium und heiratete 1912 den Elektroingenieur Josef Hölzl.

Sie studierte in Erlangen und an der TU München Natur- und Staatswissenschaften und promovierte 1918 in Erlangen mit dem Thema: »*Die Gemeindefinanzen der Stadt Fürth in Bayern von 1808-1903*«.

Am 15.6.1919 wurde Dr. Else Hölzl für die MSPD in den Fürther Stadtrat gewählt, dem sie bis zum 16.5.1922 angehörte. Danach ging sie mit ihrem Mann nach Freiburg. Er war dort zum SPD-Bürgermeister gewählt worden. Bis dahin war Josef Hölzl Leiter des Wirtschaftsamtes in Fürth gewesen.

Noch während der Schulzeit muss Else, Gymnasiastin aus großbürgerlichem jüdischem Haushalt, Josef Hölzl kennen gelernt haben, der aus sehr einfachen Verhältnissen stammte. Er war als unehelicher Sohn einer Wirtstochter und eines Müllergesellen in der Oberpfalz geboren, seine Eltern konnten erst heiraten, als der Vater Obermüller geworden war. Der begabte Junge kam mit der Unterstützung von Priestern in ein humanistisches Gymnasium mit Internat, das er nach sechs Jahren verlassen musste bzw. soll er, wie Else Hölzl später ihrem Sohn erzählte, »*davon gelaufen sein*«. Vermutlich haben Else und er sich auf SPD-Versammlungen kennen gelernt.

Else und Josef Hölzl (rechts im Bild), Anfang der 30er Jahre

Ehemaliges Wohnhaus von Elisabeth Hölzl im Zentrum von Fürth, Schwabacher Straße 40, 2. Stock

Nicht viel ist von Else Hölzls Tätigkeiten als Stadträtin überliefert, nur vereinzelt finden sich in den Tageszeitungen Hinweise auf ihr Wirken. So wurde am 28.6.1919 in der ersten Beilage der »*Fränki-schen Tagespost*« berichtet, dass Frau Dr. Hölzl im Wohlfahrts- und Fürsorgeausschuss sowie im Finanz- und Wirtschaftsausschuss, der »*11 Mann stark*« ist, vertreten sei.

Sie setzte sich für die Belange von Frauen ein, was in den Nach-kriegszeiten, in denen die Stellen weiblicher Arbeitskräfte zugunsten von Kriegsheimkehrern abgebaut wurden, kein einfaches Unterfan-gen war. Als die »*Fränkische Tagespost*« am 18.7.1919 meldete, dass die weiblichen Hilfskräfte bei der Stadt nun so weit »*entfernt*« seien, als es sich nicht um Stellen handelte, die schon vor dem Krieg mit weiblichen Dienstkräften besetzt waren, wird die »*Genossin Dr. Hölzl*« zitiert, die darum bat, die persönlichen Verhältnisse der Frauen zu berücksichtigen, um unnötige Härten zu vermeiden.

Neben ihrer Tätigkeit im Stadtrat und in der SPD führte Dr. Else Hölzl Ausbildungskurse für Betriebsräte durch, in denen sie deren Bedeutung hervorhob: »*Im Klassenkampf werden die Betriebsräte für die Arbeiter wertvolle Dienste leisten, sie sind berufen, zur Ver-wirklichung der sozialistischen Lehre zu arbeiten.*«

Sie war in der Pressekommission der Fürther SPD tätig und setzte sich hier für »*mehr Unterhaltungsstoff für die Frauen in der Parteipresse*« ein. Als Delegierte nahm sie an der Sozialdemokratischen Frauenkonferenz im September 1919 in Nürnberg teil.

1926 wurde ihr Sohn Franz in Freiburg geboren. Sie setzte dort ihre sozialpolitischen Tätigkeiten als Vorsitzende der Arbeiterwohlfahrt und in städtischen Ausschüssen fort.

Die Verfolgung der Familie begann schon im März 1933. Josef Hölzl wurde aus seinem Amt entfernt, kam für fünf Monate in Schutzhaft und starb aufgrund der erlittenen Schicksalsschläge 1936 an einem Gehirnschlag.

Im Februar 1939 gelang Else Hölzl mit ihrem Sohn die Auswanderung nach England. Dort schlug sie sich als Fabrikarbeiterin und Hausmutter in Privatschulen durch. 1940 heiratete sie den Flüchtling Fritz Wallach. 1943 wanderte die Familie in die USA aus. Dort baute sich Dr. Else Wallach eine neue Karriere als Mitarbeiterin im Blutlabor einer Universitätsklinik in New York auf. Sie arbeitete bis zu ihrem 80. Lebensjahr und starb am 17.7.1976 in New York. Auf ihren Wunsch wurde ihre Urne im Grab ihres ersten Ehemanns beigesetzt.

Gaby Franger

Informationen:

Das ehemalige **Wohnhaus Else Hölzls** liegt in der Schwabacher Straße 40 im Zentrum von Fürth.

Die Mercedes-Gleitze-Straße in Herzogenaurach

Lange bevor Lothar Matthäus als Herzogenaurachs berühmtester Fußballer Schlagzeilen machte, hatte die Stadt bereits eine Sportlerin hervorgebracht, die in den 20er und 30er Jahren in der damaligen In-Sportart Langstreckenschwimmen Furore gemacht, zahlreiche Rekorde aufgestellt hatte und heute trotzdem in Vergessenheit geraten ist. Nur Fritz Kurr hielt in den vergangenen Jahren die Erinnerung an seine berühmte Verwandte wach.

Obwohl die Schwimmerin den größten Teil ihres Lebens in England verbrachte, führt die Suche nach den Wurzeln ihrer Familie in die Aurachstadt. Mercedes Gleitze wurde am 18. November 1900 in England geboren, wohin es ihre reisefreudige Mutter, Anna Gleitze, geborene Kurr, verschlagen hatte. Anna Kurr entstammte einer alteingesessenen Herzogenauracher Familie; ihr Vater Fritz Kurr wohnte in einem kleinen Haus an der Würzburger Straße (Haus Nr. 94, neben dem ehemaligen Volkshaus, heute erstreckt sich hier das Puma-Areal). Seine abenteuerlustige Tochter landete um 1890 in Brighton. Sie heiratete den Konditor Gleitze und brachte drei Töchter zur Welt. Die jüngste Tochter Mercedes kam im Alter von zwei Jahren wegen einer Erkrankung der Mutter zu den Großeltern nach Herzogenaurach. Einen großen Teil ihrer Kinder- und Jugendjahre verbrachte sie in Herzogenaurach, wo sie auch die Schule besuchte. Als ihr deutscher Vater während des Ersten Weltkriegs in England interniert wurde, fand der Rest der Familie hier Zuflucht.

Mercedes Gleitze

Mercedes Gleitze ging nach Kriegsende zurück nach England und arbeitete seit 1919 als Stenotypistin in London. Ihre Karriere als Langstreckenschwimmerin begann Anfang der 20er Jahre. Der Versuch, als erste Frau den Ärmelkanal zu durchschwimmen, scheiterte 1922 an der rauen See und dem kalten Wasser. Die lange Liste ihrer sportlichen Leistungen beginnt 1923 mit dem Sieg bei einem Themseschwimmen, 1927 durchschwamm sie den Ärmelkanal in der Rekordzeit von 15 Stunden und 15 Minuten. Von 1923 bis 1932 konnte sie 52 Siege und Weltrekorde erringen. Beim Versuch von neuen Ausdauerrekorden lotete sie immer wieder die Grenzen menschlicher Leistungsfähigkeit aus, bis 1930 hatte sie die Siegeszeit beim Endurance Swim vor Kapstadt auf unglaubliche 46 Stunden heruntergeschraubt. Mercedes Gleitze nahm an allen großen Wettbewerben ihrer Zeit in Europa, Afrika, Neuseeland und Australien teil, sie durchquerte 1928 die Straße von Gibraltar, durchschwamm 1929 den eiskalten Firth of Forth und schaffte im selben Jahr die 100-Meilen-Strecke rund um die Isle of Man. Sie war eine weltberühmte Profisportlerin mit einem Werbevertrag der Firma Rolex, die noch heute mit ihren Leistungen wirbt. Ihr langjähriger Trainer, der Ire Carey, wurde auch ihr Ehemann, sie hatten zusammen drei Kinder.

Die tiefreligiöse Schwimmerin gründete in Leicester ein Hilfswerk für obdachlose und hungernde Menschen, in das ein Großteil ihrer Startgagen und Sponsorengelder floss. Ihr »*Haus der Armen*« fiel bei deutschen Bombenangriffen in Schutt und Asche. Mercedes Gleitze litt mit zunehmendem Alter immer stärker unter den Spätfolgen ihres Sports. Der lange Aufenthalt im oft eiskalten Wasser hat te ihre Gelenke versteift und raubte ihr die Gehfähigkeit. Die letzten Jahrzehnte ihres Lebens konnte sie nur noch im Bett liegend verbringen. Sie starb am 9. Februar 1981 in ihrem Haus im Londoner Stadtteil Kingsbury.

Irene Lederer

Informationen

Die **Mercedes-Gleitze-Straße** in Herzogenaurach befindet sich in der Innenstadt zwischen der Hans-Maier-Straße und dem Freibad.

Von wohltätigen Stiftungen jüdischer Familien
Nathanstift und Krautheimer Krippe in Fürth

Im November 1906 erhielt die Stadtverwaltung Fürth Post aus Meran. In seinem Schreiben teilte Alfred Nathan der Stadt mit:

> *Zum ehrenden Gedächtnis an meine teueren, heißgeliebten Eltern, Sigmund und Amalie Nathan, Bankierseheleute von Fürth, übermache ich der Stadtgemeinde Fürth, einem mündlich erklärten Wunsch meiner teuren, unvergesslichen Mutter entsprechend, den Betrag von 300.000 Mark zur Begründung einer Stiftung, welche den Namen meiner teuren Eltern tragen soll und die Errichtung eines Wöchnerinnen- und Säuglingsheims bezweckt.*«

Die Geburtsstadt der Stifter sollte dafür kostenlos ein Grundstück zur Verfügung stellen, die Grundsteinlegung möglichst am 19. März 1907, dem Geburtstag der Mutter oder am 17. Juli, dem Geburtstag des Vaters, stattfinden.

Bürgermeister Kutzer begrüßte die Initiative und betonte, dass

> *gerade auf dem Gebiete der Wöchnerinnen und Säuglings-*

Das Nathanstift wurde 1909 von Stadtbaurat Otto Hölzer im monumentalen Jugendstil erbaut

348

*fürsorge in einer Industriestadt wie Fürth, das eine hohe Kin-
dersterblichkeit hat, in allererster Linie mit sozialen Einrichtungen einzusetzen«* sei.

Im Februar 1907 wurde die staatlich genehmigte Nathanstiftung errichtet, die der

> *»Erhaltung des Lebens der Säuglinge [dient] und der Kräfti-
> gung ihrer Gesundheit, indem sie in einem Heime eine gute
> Geburt ermöglicht und solchen Säuglingen, deren Leben oder
> Lebenskraft infolge ungenügender Pflege oder ungeeigneter Er-
> nährung in Gefahr schwebt, Heilung und Pflege gewährt.«*

Die Angebote in diesem Säuglings- und Wöchnerinnenheim umfassten
Schwangerschaftsberatung, Entbindungsmöglichkeiten und Pflege im
Wochenbett. Das Säuglingsheim nahm pflegebedürftige Säuglinge
unter einem Jahr auf, deren Mütter nicht imstande waren selbst zu
stillen, *»also z. B. Dienstmädchen, die in der zweiten Woche nach
der Entbindung wieder eine Stelle annehmen«* oder Arbeiterinnen,
die nach Ablauf von sechs Wochen wieder in die Fabrik gingen, sowie
»Ladnerinnen, Näherinnen«, die wieder arbeiten mussten.

Das Nathanstift bestand bis 1967.

Die Krautheimer Krippe

Martha Krautheimer, Gattin des Bankiers Nathan Krautheimer, stammte aus der Fürther Hopfenhändlerfamilie Landmann. 1912 stiftete sie
zum Gedächtnis ihres verstorbenen Mannes die Säuglingskrippe zur
Entlastung arbeitender Frauen.

Im Vertrag der Stadt Fürth mit Martha Krautheimer wurde festgelegt, dass *»Säuglinge ehelicher wie unehelicher Abstammung ohne
Unterschied der Konfession Aufnahme finden«* sollten. In Ausnah-
mefällen sollten auch Kinder, die dem Säuglingsalter entwachsen waren, aufgenommen werden.

Die Krautheimer Krippe wurde im Auftrag der Stadt Fürth vom *»St.
Johanniszweigverein«* verwaltet, der schon seit Mitte des 19. Jahrhunderts eine Krippe betrieb. 1935 nutzte die Vorstandschaft die Möglichkeit, durch eine Namensänderung die Erinnerung an die in der NS-Zeit
nun unliebsame Stifterfamilie auszulöschen und die Krautheimer Krippe in Johanniskrippe umzubenennen.

Im Gedenken an die Stifter der Krippe, in der bis 1966 Kinder be-
treut wurden, eröffnete die Stadt Fürth im Jahr 1978 den *»Krautheimer*

Anna Steuerwald-Landmann enthüllt 1978 einen Gedenkstein für die Stifter

Kindergarten«. Ein Gedenkstein wurde 1978 von Anna Steuerwald-
Landmann, der Schwester von Martha Krautheimer, enthüllt.

Gaby Franger

Informationen:

Nathanstift: Tannenstraße 17/19, 90762 Fürth, gegenüber der Einmün-
dung der Tannenstraße in die Sigmund-Nathan-Straße. Von 1967 bis Sommer 2002 befand sich die Hans-Böckler-Schule in dem Haus.

Krautheimer Krippe: Maistraße 18, 90762 Fürth, neben dem ehemaligen
Nathanstift, auf dem Schulhof des Helene-Lange-Gymnasiums, im Gebäude
ist ein historischer Gedenkraum zu Ehren von Nathan und Martha Krautheimer eingerichtet. Auskunft: Hausmeister, Hr. Mietz, Tel. 09 11/9 74 20 08.

Der **Krautheimer Kindergarten** mit Gedenktafel befindet sich im Stadt-
park, Otto-Seeling-Promenade 45, 90762 Fürth. Er heißt allerdings inzwischen Stadtpark-Kindergarten.

»Eine geeignete Häuslichkeit«
Das Israelitische Mädchenstift in Nürnberg

*»Die Zeit, in der wir leben, ist eine sehr ernste; wir befinden
uns im Jahrhundert der sozialen Reformen und Umwälzungen
auf allen Gebieten menschlichen Schaffens. Das weibliche Geschlecht kann sich nicht mehr ausschließlich mit der Domäne
des häuslichen Herdes begnügen; die veränderten Verhältnisse
bringen es mit sich, daß der Wirkungskreis der Mädchen und
der Frau vielfach in das Gebiet des Erwerbslebens des Mannes
hineinragt, und schon frühzeitig ist so manches junge Mädchen
gezwungen, das elterliche Haus, die Familie zu verlassen, um
sich unter fremden Menschen zu einem Lebensberufe vorzubereiten oder sich den Lebensunterhalt zu verdienen.«*

Auch wenn davon gesprochen wird, dass Mädchen »gezwungen« sind
berufstätig zu werden, was ja für viele in schwierigen ökonomischen
Verhältnissen zutraf, zeigt dieses Zitat aus dem ersten Jahresbericht
des Israelitischen Mädchenstifts, dass jüdischen Bürgern und der Israelitischen Kultusgemeinde die Förderung von jungen Frauen ein
wichtiges Anliegen war.

Max Heim, der als Rentier in Frankfurt lebte, hatte kurz vor seinem Tod im Jahr 1900 verfügt, dass aus seinem Nachlass ein Kapital
in Höhe von 100.000 Mark für ein Mädchenstift in Nürnberg bestimmt sei. Seine Witwe Else Heim regelte mit der Israelitischen Kultusgemeinde die Verfahrensweise und am 2. Mai 1903 wurde der
»Verein Israelitisches Mädchenstift« ins gerichtliche Vereinsregister
in Nürnberg eingetragen. Schon im Laufe des ersten Jahres wurden
365 Mitglieder gewonnen, die regelmäßig Beiträge zahlten.
Der Verein gab sich

*»den milden Zweck, herangewachsenen und einer geeigneten
Häuslichkeit entbehrenden israelitischen Mädchen, welche sich
in Nürnberg oder in näherer Umgebung dieser Stadt einem eh-
renhaften Berufe widmen, den Schutz eines gesitteten und geord-
neten Hauswesens zu gewähren, sowie auch, falls die Mittel
dazu ausreichen, die Gelegenheit zur Fortbildung zu verschaffen.«*

Die Mädchen sollten nicht jünger als 15 Jahre sein und die Verwaltung erfolgte durch fünf Damen und zehn Herren, unter denen möglichst ein Arzt sein sollte.

Die Stelle der ersten Leiterin wurde in verschiedenen jüdischen Zeitungen ausgeschrieben, aus 21 Bewerbungen wurde Fräulein Amalie Mandelbaum aus Crailsheim ausgewählt. Als diese 1908 heiratete, wurde Frau Ernestine Cohn, bis dahin Hausdame des Israelitischen Waisenhauses in Kassel, ihre Nachfolgerin. Sie wurde 1912 abgelöst von Frau Bertha Goldschmidt aus Neumarkt. Die letzte Vorsteherin war Frau Fri(e)da Krämer, die ab 1923 im Mädchenstift lebte und arbeitete. Auch die Herkunft der Leiterinnen weist auf die Mobilität berufstätiger Frauen in dieser Zeit hin.

Am 1. Juli 1903 wurde der Haushalt mit 5 Pfleglingen eröffnet, am 6. September fand die feierliche Einweihung im 2. und 3. Stock der Adlerstraße 40 statt.

Der Tagesablauf sollte möglichst dem in einer Familie entsprechen.

»Am Morgen erhalten die Pfleglinge Kaffee und 2 Weiss-Brot, mittags Suppe, Fleisch und Gemüse – 2mal wöchentlich Mehl-

Hochstraße 2. Im 3. und 4. Stock des fünfgeschossigen Hauses mit den markanten achteckigen Erkern befand sich das Israelitische Mädchenstift von 1906 bis 1938

speise, abends Braten und Beilage oder Aufschnitt, Wurst und Thee, wie dies in einer bürgerlichen Familie Brauch ist. Für 10 Uhr und 4 Uhr nehmen sie Butterbrot und Obst mit ins Geschäft. Bei Tisch haben die Mädchen abwechselnd zu bedienen, den Tisch zu decken, aufzutragen, abzuräumen und beim Spülen resp. Abtrocknen mitzuhelfen. Den Abend verbringen sie gemeinsam, indem sie schneidern, Kleider ausbessern, mit Handarbeiten, Lesen u.s.w. Sie besuchen hie und da geeignete Vorstellungen im Theater, die Volkskonzerte, folgen den freundlichen Einladungen zu den Vorträgen verschiedener Vereine – oftmals in Begleitung der Leiterin.

Am Sonntag helfen die Mädchen in der Hauswirtschaft und Küche, am Nachmittag unternehmen sie in Begleitung der Leiterin gewöhnlich zu Fuß einen größeren Ausflug ...«

Damit auch alles seine Richtigkeit hatte, besuchten die »*Damen der Verwaltung*« im Turnus regelmäßig das Stift, besonders gerne zur Essenszeit, um sich von der richtigen Führung des Hauswesens zu überzeugen.

Da in der Adlerstraße nur für zehn Mädchen Platz war, fand am 12. August 1906 der Umzug in die neuen Räume in der Hochstraße 2 statt, wo regelmäßig 22 Mädchen wohnen konnten. Im dritten Stockwerk befanden sich das Speisezimmer, Wohnzimmer, Krankenzimmer, das Wohnzimmer der Vorsteherin, zwei Schlafzimmer für Pfleglinge, Mädchenzimmer, Küche, Speise und Badzimmer; im vierten Stockwerk die übrigen Schlafräume für die Pfleglinge und Aufbewahrungsräume.

Zum 10-jährigen Bestehen wurde im Jubiläumsbericht vom 19.12.1913 erneut betont, wie wichtig es sei, Bedingungen zu schaffen, um Mädchen aus ärmeren Verhältnissen eine Ausbildung zu ermöglichen:

»Immer mehr verschafft sich der Gedanke Raum, daß die Allgemeinheit die Verpflichtung hat, den wirtschaftlich Schwachen zum Aufstieg zu verhelfen und insbesondere der Jugend Gelegenheit zu verschaffen, sich zu einem ehrbaren Berufe vorbereiten zu können, damit sie später ihr Fortkommen findet. Dies gilt nicht nur für die männliche Jugend, sondern in gleichem Maße für die der Schule entwachsenen Mädchen. Die auf dem Lande oder in kleinen Städten aufgewachsenen Mädchen sind in der Regel darauf angewiesen, in Schulen und Geschäften der Großstadt ihre Ausbildung und alsdann Stellung zu suchen.

Die entsprechende Unterbringung der Tochter bildet hiebei die Hauptsorge der Eltern; das im jugendlichen Alter stehende Mädchen, das bisher in elterlicher Obhut stand, bedarf eines wirksamen Schutzes gegen die Gefahren der Großstadt, bedarf eines auf Herz und Gemüt wirkenden Familienlebens, in welchem es die freien Stunden außerhalb des Dienstes verbringen kann, damit es nach den Mühen des Tages Ruhe, Erholung, aber auch Aufmunterung zu weiterer Arbeit findet.«
In diesen ersten zehn Jahren hatten 102 Mädchen Aufnahme gefunden, von denen ein großer Teil drei Jahre im Stift lebte. Sie arbeiteten als Kontoristinnen, Putzmacherinnen und Schneiderinnen, Verkäuferinnen, Lehrmädchen, Modistinnen, Kassiererinnen oder besuchten die Frauenarbeitsschule, die städtische Mädchenhandelsschule, das Lohmann'sche Institut bzw. die kaufmännischen Kurse Sabel. Im Jahr 1915 kam eine erste Gymnasiastin hinzu.

Während des Ersten Weltkrieges, in dem die Mitglieder des Vereins ihre Vaterlandsliebe zum Ausdruck brachen – *»Es ist unser aller*

Frieda Krämer, 1930er Jahre

*Wunsch, dass der Krieg baldigst ruhmvoll für Deutschland und
seine Verbündeten endigen möge«* – gestaltete sich die Versorgung
der Mädchen schwierig. Der Betrieb konnte jedoch auch während
der Kriegsjahre durch das Entgegenkommen der Stadtverwaltung,
Spenden der Vereinsmitglieder und mit Hilfe der ländlichen Angehörigen aufrechterhalten werden.

In der Inflationszeit schmolz das Stiftungsvermögen,

> *das entsprechend den Friedensgrundsätzen in staatlichen und
> städtischen Werten zum Theil glücklicherweise auch in Hypo-
> theken angelegt war, auf einen Bruchteil zusammen.«*

Mit Eintreten der wirtschaftlichen Stabilisierung wurden die Verhältnisse wieder geregelter.

Mit dem Nationalsozialismus wurde die Arbeit des Mädchenstifts
immer schwieriger und schließlich nahezu unmöglich. Als jüdische
Kinder die Regelschulen nicht mehr besuchen konnten, wurden aus-
wärtige Schulkinder aufgenommen, die die jüdische Volksschule in
der nahe gelegenen Oberen Kanalstraße besuchten.

In der Generalversammlung am 19. Januar 1939 musste die Auflösung des Vereins beschlossen werden:

> *»Seit dem 10.11.1938 kann die vom Verein Mädchenstift inne-
> gehabte Wohnung für die Zwecke des Vereins nicht mehr aus-
> genützt werden. Die Wohnung ist jetzt an verschiedene jüdische
> Familien vermietet. Die Leiterin des früheren Mädchenstifts,
> Frau Krämer, bewohnt gleichfalls dort ein Zimmer.«*

Frieda Krämer, geb. Oestreicher, wurde am 24. März 1942 nach Izbica
deportiert. Niemand kehrte von dort zurück.

Gaby Franger

Informationen:

Das ehemalige **Israelitische Mädchenstift** in Nürnberg war von 1903 bis
1906 in der Adlerstraße 40 (2. u. 3. Stock) und von 1906 bis 1938 in der
Hochstraße 2 (3. u. 4. Stock). In den Räumen der Adlerstraße befindet sich
heute das Nürnberger Menschenrechtszentrum, in der Hochstraße das
bekannte Nürnberger Szenecafé Balazzo Brozzi.

Literaturhinweise Frauenorte

Thalmässings reiche Frauengräber
Pfauth, Ulrich: Museumsführer, hrsg. v. Vor- und Frühgeschichtlichen Museum Thalmässing, Nürnberg 1989
Zeitler, John Patrick: Keltischer Schmuck und keltisches Geschirr, hrsg. v. Vor- und Frühgeschichtlichen Museum Thalmässing, Nürnberg 1997

Reine Männerwelten? Militärische Stützpunkte am Limes
Auf den Spuren der Römer im Landkreis Weißenburg-Gunzenhausen, hrsg. v. Kreisverkehrsamt Gunzenhausen, Gunzenhausen o. J.
Pomeroy, Sarah B.: Frauenleben im klassischen Altertum, Stuttgart 1985
Rathsam, Wolfgang: Die Römer im Gunzenhäuser Land, Gunzenhausen 1983

Die ersten Fränkinnen in Franken
Museum Gunzenhausen: Der frühmittelalterliche Friedhof von Westheim. Begleitheft zur Sonderausstellung, Gunzenhausen 1987
Reiß, Robert: Der merowingerzeitliche Reihengräberfriedhof von Westheim (Kreis Weißenburg-Gunzenhausen), Nürnberg 1994
Reiß, Robert: Die ersten Franken in Franken, Begleitheft zur Ausstellung, Nürnberg 1994

Äbtissin Walpurgis und Nonne Hugeburg
Das Kloster Heidenheim
Bodarw, Katrinette: Frauenleben zwischen Klosterregeln und Luxus?, in: Brandt, Helga/Koch, K. Julia (Hg.): Königin, Klosterfrau, Bäuerin. Frauen im Frühmittelalter, Münster 1997, S. 117–143
Brunner, Horst: Hugeburg von Heidenheim (um 740 bis nach 787), in: Meidinger-Geise, Inge (Hg.): Frauengestalten in Franken, Würzburg 1985, S. 18–22
Jackson-Holzberg, Christine: Die heilige Walburga, in: Meidinger-Geise, Inge (Hg.): Frauengestalten in Franken, Würzburg 1985, S. 9–13

Verehrte Kunigunde und andere Heilige
Ein gotischer Altar in Dietenhofen
Baumgärtner, Ingrid (Hg.): Kunigunde – eine Kaiserin an der Jahrtausendwende, Kassel 1997
Dinzelbacher, Peter: Heilige oder Hexe? Schicksale auffälliger Frauen

in Mittelalter und Frühneuzeit, Zürich 1995
Dinzelbacher, Peter/Bauer, Dieter R. (Hg.): Religiöse Frauenbewe-
gung und mystische Frömmigkeit im Mittelalter, Köln/Wien 1988
Dinzelbacher, Peter/Bauer, Dieter R. (Hg.): Frauenmystik im Mittel-
alter, Ostfildern bei Stuttgart 1985
Kollar, Josef (Hg.): Markt Dietenhofen, Dietenhofen 1985

Klatsch und Tratsch. Eine Wandfresko in Kriegenbrunn

Althans, Birgit: Der Klatsch, die Frauen und das Sprechen bei der
Arbeit, Frankfurt a. M. 2001
Kutsch, Ernst: Kriegenbrunn: Die ehemalige Wehrkirche. Kunstführer,
Regensburg 1986
Kutsch, Ernst: Die Fresken der Kirche in Kriegenbrunn, in: EB 24,
1977, S. 78–98

Frauenklöster in der Region

Bennewitz, Nadja: »Meinten Sie vielleicht, wir sollten einen Mann
nehmen? Davor behüt uns Gott!« Frauen in der Nürnberger Reformationszeit, hrsg. v. forum erwachsenenbildung, Nürnberg 1999
Bennewitz, Nadja: FrauenRäume in einer mittelalterlichen Stadt, in:
Frauen in der Einen Welt. Zs. f. interkulturelle Frauenalltagsforschung
2, 1997, S. 9–36
Borchardt, Karl: Die geistlichen Institutionen in der Reichsstadt Ro-
thenburg o. d. T. und dem zugehörigen Landgebiet von den Anfängen
bis zur Reformation, Neustadt a. d. Aisch 1988
Caritas Pirckheimer. Katalog zur Ausstellung der Katholischen Stadt-
kirche, Nürnberg 1982
Fries, Walter: Kirche und Kloster zu St. Katharina in Nürnberg, in:
MVGN 25, 1924, S. 5–143
Kist, Johannes: Klosterreform im spätmittelalterlichen Nürnberg, in:
ZBKG 32, 1963, S. 31–45
Kressel, Hans: Kleinod im Frankenland. Die St.-Andreas-Kirche zu
Kalchreuth, Kalchreuth/Erlangen (4) 1985
Oehl, Wilhelm (Hg.): »Das Büchlein von der Gnaden Überlast« von
Christine Ebner, Paderborn 1924
Opitz, Claudia: Evatöchter und Bräute Christi. Weiblicher Lebens-
zusammenhang und Frauenkultur im Mittelalter, Weinheim 1990
Pfanner, Josef (Hg.): Die »Denkwürdigkeiten« der Caritas Pirckheimer,
Landshut 1962

Pilz, Kurt: Kalchreuth und seine Pfarrkirche St. Andreas. Geschichte und Kunstwerke, in: EB 21, H. 2, 1974, S. 57–152

Ringler, Siegfried: Viten- und Offenbarungsliteratur in Frauenklöstern des Mittelalters. Quellen und Studien, München 1980

St. Klara Nürnberg. Kunstführer, Regensburg 2000

Schneider, Karin: Die Bibliothek des Katharinenklosters in Nürnberg und die städtische Gesellschaft, in: Moeller, Bernd u. a. (Hg.): Studien zum städtischen Bildungswesen des späten Mittelalters und der frühen Neuzeit, Göttingen 1983, S. 70–83

Schraut, Elisabeth: Stifterinnen und Künstlerinnen im mittelalterlichen Nürnberg, Nürnberg 1987

750 Jahre Engelthal, Mitteilungen der Altnürnberger Landschaft, 43. Jg., Sonderheft 1, 1994

Tittmann, Ekkehart: Rothenburg und seine Kunst im Spätmittelalter, in: Jb. d. hist. Vereins f. Mittelfranken 97, 1994/95, S. 373–400

Voit, Gustav: Engelthal. Geschichte eines Dominikanerinnenklosters im Nürnberger Raum, 2 Bde., Nürnberg 1977/78

Eine »widerspenstige hausfraw«
Dorothea Landauerin von Wolkersdorf

Bennewitz, Nadja: Sigenas »Schwestern« im mittelalterlichen Nürnberg. Frauen in der spätmittelalterlichen Stadt, Nürnberg 2000

Gümbel, Albert: Dorothea Hallerin. Der Eheroman einer Dürerischen Frauengestalt, Nürnberg 1925

Die markgräfliche High Society im Münster von Heilsbronn

Geißendörfer, Paul: Ein Gang durch das Münster Heilsbronn, Heilsbronn o. J.

Kutter, Erni: Der Kult der drei Jungfrauen. Eine Kraftquelle weiblicher Spiritualität neu entdeckt, München 1997

Schuhmann, Günther: Die Hohenzollern-Grablegen in Heilsbronn und Ansbach, Regensburg 1989

Steinhausen, Georg (Hg.): Deutsche Privatbriefe des Mittelalters, Bd. 1, Berlin 1899

Pfalzgräfin Dorothea-Maria erhält die Burg Hilpoltstein

Platz, Kai Thomas: Hilpoltstein vom Frühmittelalter bis zur frühen Neuzeit, Neustadt a. d. Aisch 2000

Gräfin Franziska Barbara
Eine Flüchtlingsfrau in Wilhermsdorf

Dürr, Armin: Vom Ministerialensitz zur Marktgemeinde. Wilhermsdorf von 1096 bis 1996, Wilhermsdorf 1995

Die Sophienquelle in Grünsberg

Schönwald, Ina: Die Patrizierfamilie Paumgartner auf Burg Grünsberg. Studien zum Selbstverständnis des Nürnberger Patriziats im ersten Drittel des 18. Jahrhunderts, Lauf a. d. Pegnitz 2001.

Entdeckung eines Kindsmordes
Der Laimersberg bei Langenfeld

Hofmann, Hanns Hubert: Acta, ein vergraben gefundenes, ermordetes Kind betreffend, Anno 1746. Eine soziokulturelle und rechtshistorische Studie aus dem Leben der Unterständischen, in: Harmening, Dieter u. a. (Hg.): Volkskultur und Geschichte. Festgabe für Josef Dünninger zum 65. Geburtstag, Berlin 1970, S. 66–85

Einflussreiche Frauen in Ansbach und Unterschwaningen

Bachmann, Erich (Bearb.): Residenz Ansbach. Hofgarten und Orangerie, München 1998

Clairon, Hypolite: Betrachtungen über sich selbst, und über die dramatische Kunst. Bd. 1, Zürich 1798. 2. ergänzter Band 1799

Dallhammer, Hermann: Ansbach. Geschichte einer Stadt, Ansbach 1993

Fischer, Johann Bernhard: Geschichte und ausführliche Beschreibung der Markgräflich=Brandenburgischen Haupt= und Residenz=Stadt Anspach, oder Onolzbach, Anspach (!) 1786

Möhrmann, Renate (Hg.): Die Schauspielerin. Zur Kulturgeschichte der weiblichen Bühnenkunst, Frankfurt a. M. 1989

Schmidt-von Essen, Maren Isabell: Mademoiselle Clairon. Verwandlungen einer Schauspielerin, Frankfurt a. M. u. a. 1994

Schuhmann, Günther: Die Markgrafen von Brandenburg-Ansbach, Ansbach 1980

Frau von Schardt und Amalie von Helvig
Gelehrte Luft im Schlösschen Mörlach

Bissing, Henriette von: Das Leben der Dichterin Amalie von Helvig, Berlin 1889

Füssel, Johann Michael: Unser Tagebuch oder Erfahrungen und Bemerkungen eines Hofmeisters ..., Erlangen 1788, Ndr. 1976

Hetzelein, Georg: Der Freiherr auf Mörlach und seine dichtende Tochter Amalie, in: ders.: Drei südfränkische Gestalten, Schwabach o. J., S. 3-36

Ow, Meinrad Freiherr von: Warren Hastings und Marianne von Imhoff, in: Jb. d. Hist. Vereins f. Mfr. 92, 1984/85, S. 299–304

Das Mädchenschulhaus in Herzogenaurach

Wirth, Heinz: Schule im Aufwind, in: Stadt Herzogenaurach (Hg.): Aus der 1000-jährigen Geschichte Herzogenaurachs, 2002, S. 180–201

»Jede Schneegans nennt sich Frau Doktor, weil der Mann es ist.« Bertha-Kipfmüller-Straße in Pappenheim

FIBiDoZ (Hg.): »Verlaßt Euch nicht auf die Hülfe der deutschen Männer!« Stationen der bürgerlichen und proletarischen Frauenbewegung in Nürnberg, Nürnberg 1990

Das Wohnhaus der Fürther Stadträtin Dr. Elisabeth Hölzl

Franger, Gaby: Aberkennung der akademischen Würde. Lebenswege Erlanger Doktorandinnen, in: Bennewitz, Nadja/Franger, Gaby (Hg.): »Die Erlangischen Mädchen sind recht schön und artig ...« Ein Erlanger Frauengeschichtsbuch, Cadolzburg 2002, S. 168–177

Die Mercedes-Gleitze-Straße in Herzogenaurach

Lohmaier, Gotthard: Vom Glanz der Gleitze-Sisters, in: Weisendorfer Bote, Jahrgang 2000, S. 176–205

Von wohltätigen Stiftungen jüdischer Familien
Nathanstift und Krautheimer Krippe in Fürth

Franger, Gaby: Die Landmanns. Emigrationsgeschichte einer jüdischen Familie aus Fürth, in: Frauen in der Einen Welt (Hg.): Flucht, Vertreibung, Exil, Asyl, Nürnberg 1990

»Eine geeignete Häuslichkeit«
Das Israelitische Mädchenwohnheim in Nürnberg

Nürnberg-Fürther Isr. Gemeindeblatt, 1928, 1935

StAN C7/V 5939, Jahresberichte